지방자치법강의

한 수 동

법률출판사

머리말

원칙과 소신을 가지고 시민을 위한 공정한 행정을 하리라는 마음가짐으로 공무원이 되어 30년 가까이 여러 부서에서 수많은 업무를 수행해 왔고 여러 기관에서 근무하며 다양한 조직체계를 경험하였다.

특히 지방자치단체에서 근무하면서 중앙행정기관과는 다른 많은 현실적인 감각이 필요했고 아직은 중앙행정기관의 지도와 감독을 받는 우리나라 지방자치제도의 현실은 업무를 하는데 많은 어려움을 감수해야만 했다.

한편 행정을 수행함에 있어서, 지방자치 관련 규정과 이에 대한 사례를 찾아 여러 책을 펼치는 번거로움을 겪어왔다. 이런 과정 속에서 나는 현재 출간되어 있는 지방자치법에 관한 교과서들이 외국의 이론 소개와 학설대립에 치우쳐 있다는 사실을 알게 되었다.

그래서 나는 우리나라 지방자치법에 대한 알기 쉬운 이해를 위해 필요한 내용을 체계적으로 정리해 많은 이들의 번거로움을 덜어주는 한편, 나의 경험과 행정의 사례들을 공유하기로 마음먹고 이 책에 대한 작업을 시작하게 되었다.

지방자치법에 대한 이해는 단편적인 법 소항에 내한 공부가 되어서는 인 되며 다양한 사례와 판례를 연계하여 체계적이고 종합적인 공부가 되어야 한다.

따라서 이 책은 우리나라 현행 지방자치법의 조문에 따라 그 개념과 내용을 설명하고 이 규정들에 의해 시행되고 있는 행정실태와 판례들을 함께 소개하여 단순한 이론서를 넘어 지방자치법을 한눈에 쉽게 이해할 수 있도록 구성하는데 주력하였다.

이 책은 지방자치법의 편제에 맞추어 전체를 8장으로 구성하였다. 제1장에서는 먼저 우리나라 법률체계에 대한 개괄과 지방자치의 연혁, 지방자치단체의 종류와 사무에 대해서 그 내용을 살피고 지방자치단체의 실태를 실어 현장감을 더하였다.

제2장에서는 주민의 자격과 권리에 관한 내용을 설명하면서 각종 절차들을 표로 작성하여 그 이해를 높이고자 하였다.

제3장에는 자치법규를 담았는데, 일반인들에게는 다소 생소한 조례와 규칙에 관한 사항을 지방의 실제 사례를 통해 설명하고자 하였다.

제4장과 제5장은 지방의회의 조직과 구성원인 지방의회 의원, 지방의회의 운영, 지방자치단체장을 비롯한 각종 행정기관에 대한 내용으로 구성되어 있으며 대법원 판례와 행정자치부의 유권해석내용을 법조항에 맞게 상세히 소개하려고 노력하였다.

제6장에서는 지방자치단체의 재무부분, 즉 재정에 대한 운영원칙과 예산 및 결산에 관한 사항을 설명하고 있다.

제7장에서는 요즘 문제가 되고 있는 지방자치단체 상호 간의 관계에 대해 여러 실례와 현실적 사례를 포함하여 종합적으로 기술하였다. 그리고 마지막 제8장은 국가의 지도 · 감독 관련 내용으로 중앙행정기관이 지방자치단체에 대하여 갖는 각종 감독의 모습을 살펴보고 있다.

특히 이 책에서는 지방자치법에 대한 외국의 사례나 입법례 그리고 각종 학설을 소개하는 것이 아니라 현재 우리나라 지방자치법을 조항별로 설명하면서, 판례를 통한 해석과 현실에 맞는 적용을 통해 이해도를 높이고 현장감을 실어 기존의 지방자치법 서적들과의 차별화를 시도하였다.

따라서 저자는 이 책이 전국의 30만 명이 넘는 지방자치단체 공무원, 지방의원, 지방자치법 공부를 시작하는 법학도 그리고 사명감을 가지고 공무원을 준비하는 일반인들에게 지방자치법에 대해 알 수 있는 작은 기회가 되고 조금이나마 도움이 되기를 기대한다.

평소 큰 배움도 없고 학자도 아닌 내가 오로지 순수한 열정으로 집필을 계속할 수 있도록 힘이 되어준 것은 선후배 동료 공무원들의 격려와 나 자신과의 약속, 특히 군복무중인 아들의 믿음과 딸에 대한 애틋함 때문이었다.

끝으로 어려운 출판 여건 속에서도 흔쾌히 출간을 해주신 법률출판사 김용성 사장님과 보잘 것 없는 원고를 독자들이 쉽게 읽을 수 있도록 아름답게 편집해준 편집부 여러분께도 깊은 감사를 드린다.

2015년 가을

맑고 푸른 구로의 집무실에서

한 수 동

차 례

제1장 총 칙

제2장 주 민

제3장 자치법규

제4장 지방의회

제5장 집행기관

제6장 재 무

제7장 지방자치단체 상호 간의 관계

제8장 국가의 지도 · 감독

부록

제1장

총 칙

제1장

총 칙

1. 우리나라의 법률체계

1) 헌법

우리나라의 최고규범으로 여겨지는 헌법은 한마디로 정의할 수는 없으나 일반적으로 국가의 통치조직과 통치작용의 기본원리 및 국민의 기본권을 보장하는 근본 규범을 말한다.

형식적 의미의 헌법은 규정되어 있는 내용과 관계없이 '헌법'이라는 이름을 가진 규범을 뜻하며 곧 성문헌법(成文憲法)을 말한다. 이와는 반대로 불문헌법(不文憲法) 국가에는 이런 '헌법'이라는 이름을 가진 헌법이 존재하지 않기 때문에 '영국에는 헌법이 없다.'는 표현이 등장하기도 한다. 우리나라의 경우 헌법은 1948년 7월 17일에 제정되었고, 9차례 개정[1]하였으며, 전문과 총강(總綱), 국민의 권리와 의무, 국회, 정부, 법원, 헌법재판소, 선거관리, 지방자치, 경제 등 10장으로 나누어진 전문 130조와 부칙으로 구성되어 있다.

실질적 의미의 헌법은 규범의 형식과 관계없이 국가의 통치조직 · 작용의 기본원칙에 관한 규범을 총칭한다. 실질적 의미의 헌법에는 형식적 의미의 헌법뿐 아니라 정부조직

1) 제1차 개정: 1952년, 제2차 개정: 1954년, 제3차 개정: 1960년 5월, 제4차 개정: 1960년 10월, 제5차 개정: 1962년-제3공화국, 제6차 개정: 1969년, 제7차 개정: 1972년-유신헌법, 제8차 개정: 1980년-제5공화국, 제9차 개정: 1987년-제6공화국

법 · 국회법 · 법원조직법 · 정당법 · 선거법 등의 법률과 관련 명령 · 규칙, 헌법적 관습 등 명칭과 존재 형식에 불구하고 국가의 통치조직과 작용에 관한 기본원칙을 규율하는 모든 규범이 포함된다.

형식적 의미와 실질적 의미의 헌법은 그 내용과 범위가 반드시 일치하지는 않는다. 대부분 법학에서 '형식적' 의미라는 것은 양식이나 형식을 갖고 있느냐로 구분하는데 형식적 의미의 헌법이란 '헌법'이라는 법 이름 아래 규정되어 있는 헌법전(憲法典)을 의미하는 것으로 이해된다.

우리나라의 헌법은 개정을 하고자 할 경우 헌법에 규정된 대로 제안(국회 재적의원 과반수 찬성 또는 대통령의 발의로 제안)하고, 제안된 헌법 개정안은 대통령이 20일 이상의 기간을 두고 공고하며, 우리가 입법기관이라 부르는 국회의 의결(헌법 개정안은 공고된 날로부터 60일 이내에 의결해야 하며 재적의원 2/3 이상의 찬성을 얻어야 함)을 거쳐 일반 법률에는 볼 수 없는 절차인 국민투표를 실시하여 확정된다.[2] 헌법 개정안이 확정된 때에는 대통령이 이를 즉시 공포해야 한다.

흔히 우리나라의 헌법개정절차는 '법'이나 '법률'의 개정절차보다 어렵기 때문에 경성(硬性)헌법으로 분류된다고 설명되어진다.

2) 법률과 법령

(1) 법률

우리나라 헌법 다음의 효력과 체계, 그리고 지위를 갖는 법률은 흔히 법의 이름에 '~법' 혹은 '~법률'이라고 명칭되어지고[3] 국회에 제출되어 심사를 받아 가결되어 공포되는 법을 말한다. 물론 이에 대해 많은 학자들은 실질적인 의미의 법률에 대해 설명하기도 하나 여기서 말하는 '법률'은 형식적인 의미로서 국회에 제출되어 심사를 마친 후 본회의에서 의결되어 대통령에게 이송되며 공포되어지는 일련의 절차를 거치는 법률을

2) 국회가 의결한 후 30일 이내에 국민투표를 실시하여야 하며 국회의원 선거권자의 과반수 이상이 투표하며 투표자 과반수 이상의 찬성을 얻어야 확정된다.

3) '법'과 '법률'이 어떻게 다른지에 대해서 아직 구체적으로 설명하는 학자들은 없다. 다만 법의 이름이 지나치게 길거나 수식어가 많은 경우 '법률'로 명칭되어지는 경우가 많다.

뜻하는 것이다. 많은 법에서 '법률'과 '법령'을 달리 사용하고 있으므로 이에 대한 비교 정의가 필요하며 각종 규정에서 거론되는 법률이나 법령의 의미도 다 달라 이에 대해 살펴볼 필요가 있다.

(2) 법령

헌법 제117조제1항에서 규정하고 있는 '법령'에는 앞서 설명한 국회의 심사를 거치는 소위 형식적 의미의 '법률' 이외에 헌법 제75조 및 제95조 등에 의거한 '대통령령', '총리령' 및 '부령'과 같은 법규명령이 포함되는 것으로 이해된다. 그런데 이외에도 헌법재판소는[4] "법령의 직접적인 위임에 따라 수임행정기관이 그 법령을 시행하는데 필요한 구체적 사항을 정한 것이면 그 제정형식이 비록 법규명령이 아닌 고시, 훈령, 예규 등과 같은 행정규칙이더라도, 그것이 상위법령의 위임한계를 벗어나지 아니하는 한, 상위법령과 결합하여 대외적인 구속력을 갖는 법규명령으로서 기능하게 된다고 보아야 한다."고 판시하는 바에 따라 헌법 제117조제1항에서 규정하는 '법령'에는 법규명령으로서 기능하는 행정규칙이 포함된다고 해석하여야 할 것이다.

3) 명령

명령이란 법령상의 수권(授權)에 근거하여 행정권을 정립하는 규범으로서 국민과의 관계에서 일반구속적인 규범을 의미한다. 흔히 행정법에서 이를 '행정입법'이라는 강학(講學)상의 용어를 사용하여 이를 설명하고 있는데, 입법기관인 국회의 심의를 거치지 않았지만 실제 법적인 구속력을 가지고 있어 국민들이 준수해야 하는 행정부가 만드는 규범을 의미한다. 즉 우리가 흔히 입법기관은 국회라 여기고 국회만이 법령을 만드는 것으로 이해하고 있는 삼권분립하에서 정책의 집행을 위하여 행정부가 만드는 법령이라는 의미에서 이를 학자들이 '행정입법'[5]이라고 설명하고, 여기에는 법규명령(法規命令)과 행정규칙(行政規則)이 있다.

4) 헌법재판소 2002. 10. 31. 2001헌라1
5) 원래 입법권은 국회에 있다고 헌법에 규정하고 있어 이와 구별하기 위한 개념으로 사용되어짐.

법규명령이란 행정권이 정립하는 일반적 · 추상적 규정으로 행정주체와 국민에 대하여 직접 효력 즉 구속력을 가지는 규범으로 형식적 의미의 법률(국회가 심의 · 의결하는 법)에는 속하지 않지만 실질적으로 법률과 같은 성질을 갖는다.[6] 법규명령에는 흔히 '시행령'이라고 하는 대통령령, 행정각부의 장관이 발하는 부령(보통 '시행규칙'이라 한다), 중앙선거관리위원회규칙, 헌법재판소규칙, 대법원규칙 등이 있다. 그런데 법령에서 행정처분의 요건 중 일부 사항을 부령으로 정할 것을 위임한 데 따라 시행규칙 등 부령에서 이를 정한 경우에 그 부령의 규정은 국민에 대해서도 구속력이 있는 법규명령에 해당한다고 할 것이지만, 법령의 위임이 없음에도 법령에 규정된 처분 요건에 해당하는 사항을 부령에서 변경하여 규정한 경우에는 그 부령의 규정은 행정청 내부의 사무처리 기준 등을 정한 것으로서 행정조직 내에서 적용되는 행정명령의 성격을 지닐 뿐 국민에 대한 대외적 구속력은 없다고 보아야 한다[7].

행정규칙은 행정기관이 정립하는 일반적 · 추상적인 규정이지만 행정조직 내부에서만 효력을 가질 뿐 국민에게도 강제하는 구속력 즉 대외적인 구속력을 가지지 않는 규정이다. 행정규칙은 대부분 훈령(고시)의 형식으로 존재하는 것이 일반적이며 행정청 내부의 사무처리 기준을 규정하고 있기도 하다. 다만 형식이 '고시' 또는 '공고'라 하더라도 그 법적 성질은 일률적으로 판단될 것이 아니라 고시에 담겨진 내용에 따라 구체적인 경우마다 달리 결정된다고 보아야 한다. 즉, 고시가 일반 · 추상적 성격을 가질 때는 법규명령 또는 행정규칙에 해당하지만, 고시가 구체적인 규율의 성격을 갖는다면 행정처분에 해당한다.[8]

---

6) 위임입법이란 법률 또는 상위명령에서 구체적으로 범위를 정하여 위임받은 사항에 관하여 법규로서의 성질을 가지는 일반적 · 추상적 규범을 정립하는 것을 의미하는 것으로서 형식적 의미의 법률(국회입법)에는 속하지 않지만 실질적으로는 행정에 의한 입법으로서 법률과 같은 성질을 갖는 법규의 정립이기 때문에 권력분립주의 내지 법치주의 원리에 비추어 그 요건이 엄격할 수밖에 없으니 법규적 효력을 가지는 행정입법의 제정에는 반드시 구체적이며 명확한 법률의 위임을 요하는 것임. 그런데 법률이 정관에 자치법적 사항을 위임한 경우에는 헌법 제75조, 제95조가 정하는 포괄적인 위임입법의 금지는 원칙적으로 적용되지 않는다고 봄이 상당함. 우선 헌법 제75조, 제95조의 내용을 보면, 그 문리해석상 정관에 위임한 경우까지 그 적용 대상으로 하고 있지 않다. 즉 헌법상의 포괄위임입법금지 원칙은 법규적 효력을 가지는 행정입법의 제정(법규명령)을 주된 대상으로 하고 있는 것임: 헌재 2001. 4.26. 2000헌마122

7) 대법원 2013.09.12. 2011두10584

행정규칙은 엄밀한 의미의 법규가 아니므로 공무원이 행정규칙에 위반하여도 위법이 되지는 않는다. 즉 법적 구속력이나 외부효과가 결여되어 공권력의 행사로 볼 수 없지만, 헌법재판소는 행정규칙도 그것이 별도의 집행행위를 기다리지 않고 직접 기본권을 침해할 때에는 헌법소원심판의 대상이 될 수 있다고 판시한 바 있다.[9]

4) 자치법규

자치법규에는 법령의 범위 안에서 그 사무에 관하여 지방의회의 의결을 얻어 제정하는 '조례(條例)'와 지방자치단체의 장이 법령 또는 조례가 위임하는 범위 안에서 그 권한에 속하는 사무에 관하여 제정하는 '규칙(規則)'이 있다.

넓은 의미의 자치법규에는 지방자치단체의 장에게 위임하여 정하도록 하는 법규 보충적인 내부훈령과 그 권한의 범위에서 직권으로 정하는 훈령도 포함되나, 지방자치법은 조례와 규칙만을 자치법규의 형식으로 규정하고 있다.

(1) 조례(條例)

조례(條例, local law)란 지방자치단체가 그 권한에 속하는 사무에 관하여 법령의 범위 내에서 지방의회의 의결을 통해 자율적으로 제정하는 자치 규범을 말하며, 헌법은 제117조 제1항에서 지방자치단체의 조례제정권을 헌법적 차원에서 보장하고 있다. 조례의 내용에는 자치단체의 자치사무수행과 관련된 모든 분야뿐만 아니라 단체위임사무도 포함되며, 외부적인 효력을 갖고 일반적·추상적인 성질을 갖는 것뿐만 아니라 내부적인 관계의 규율, 구체적인 사항에 관한 규율도 그 내용으로 할 수 있다.

(2) 규칙(規則)

여기서 말하는 규칙이란 자치입법 중 지방자치단체장이 법령이나 조례가 위임한 범위에서 제정하는 자치법규이다. 이 규칙은 지방자치단체장이 의회의 관여 없이 즉 의회의 심사를 거치지 않고 독자적으로 제정하는 것으로, 법령 또는 조례의 위임에 의하여

---

8) 헌재 1998.4.30. 97헌마141
9) 헌재 1990.10.15. 89헌마178

제정되어 법규적 성질을 갖는 '위임규칙'과 교육훈련이나 내부조직과 관련되어 행정규칙적인 성질을 갖는 '직권규칙'이 있다. 위임규칙을 법령의 위임에 따라 제정되는 '법령위임규칙'과 조례의 위임에 따라 제정되는 '조례위임규칙'으로 구분하기도 한다.

또한, 조례의 위임이 없더라도 조례를 집행하기 위하여 필요한 사항에 관하여 규칙을 제정할 수 있는데 이를 조례위임규칙과 구별하기 위하여 '조례집행규칙'이라 부르기도 한다.

지방자치단체가 제정한 규칙은 사무집행을 위한 내부기준에 불과하여 법규성이 없으므로 대외적으로 국민이나 법원을 기속하지 않으며 규칙에서 정한 기준에 적합하더라도 그 처분이 바로 적법한 것은 아니라고 본다[10]

또한 지방자치단체의 규칙으로 정한 행정처분의 기준은 행정처분 등에 관한 사무처리기준과 처분절차 등 행정청 내의 사무처리준칙을 규정한 것에 불과하므로 행정조직 내부에 있어서의 행정명령의 성격을 지닐 뿐, 대외적으로 국민이나 법원을 구속하는 힘이 없고, 그 처분이 위 규칙에 위배되는 것이라 하더라도 위법의 문제는 생기지 아니하고, 또 위 규칙에서 정한 기준에 적합하다 하여 바로 그 처분이 적법한 것이라고도 할 수 없으며, 그 처분의 적법여부는 위 규칙에 적합한지의 여부에 따라 판단할 것이 아니고 관계 법령의 규정 및 그 취지에 적합한 것인지 여부에 따라 개별적 · 구체적으로 판단하여야 한다.[11]

(3) 자치법규의 효력

① 자치법규의 상호 간의 효력

자치법규인 조례와 규칙 사이에는 일반적 의미에 있어서의 형식적 효력에는 그 우열의 차이가 없다. 즉 원칙적으로 조례로써 규율할 사항과 규칙으로 규율할 사항이 서로 다른 영역이므로 충돌의 우려가 없다. 그러나 현실적으로 어떤 내용은 조례로 정하고 어떤 내용은 규칙으로 정할 사항인가에 대해 명확히 구분되어 있지 않고, 정확한 기준

10) 대법원 2002. 1.22. 2001두8414, 대법원 1995. 10. 17. 94누14148
11) 대법원 1995.10.17. 94누14148

도 없기 때문에 서로 혼용되고 있고, 이들 사이에 서로 상충되는 사항이 있을 경우 문제가 발생하기도 한다. 이렇게 같은 내용으로 규정된 자치법규 상호 간의 효력은 조례가 우선한다고 보는 것이 타당하다. 일반적으로 조례는 제3자 즉 주민에게 효력을 미치는 것이고 규칙은 내부적인 조직이나 구성원에게만 효력을 미치는 사항으로 구별되는 경향이 있다.

② 시간적 효력

자치법규는 법령과 마찬가지로 공포·시행되어 실효 또는 폐지될 때까지 효력을 가지며, 특별한 규정이 없는 한 공포한 날부터 20일을 경과함으로써 효력이 발생하며(지방자치법 제26조제8항), 원칙적으로 시행 이후에 발생한 사실에 대하여만 효력이 미친다. 다만, 예외적으로 주민에게 이익을 주는 것은 소급효가 인정될 수 있지만 주민의 권리제한, 의무의 부과 또는 벌칙을 정하는 자치법규는 소급효가 인정되지 않는다는 것이 통설이다.

③ 지역적(공간적) 효력

자치법규 효력의 범위는 해당 지방자치단체의 구역 안에 한정되는 것이 원칙이다. 다만, 예외적으로 자치법규가 그 지방자치단체의 구역 밖에서도 효력을 가질 수 있는 경우가 있는데 다음과 같다.

가. 지방자치단체의 장이 그 권한에 속하는 사무의 일부를 다른 지방자치단체의 구역에 있는 법인·단체 또는 그 기관이나 개인에게 위탁하는 경우(지방자치법 제104조제3항)

나. 공공시설을 관계 지방자치단체의 동의를 얻어 당해 지방자치단체의 구역 밖에 설치한 경우(지방자치법 제144조제3항)

다. 소관사무의 일부를 다른 지방자치단체 또는 그 장에게 위탁하여 처리하게 하는 경우(지방자치법 제151조제1항)

④ 대인적 효력

자치법규는 해당 지방자치단체의 주민에 대하여만 효력이 미치는 것이 원칙이다. 다만, 예외적으로 당해 지방자치단체의 구역에 들어 온 다른 지방자치단체의 주민이나 당해 지방자치단체와 특별한 관계를 가진 자(공공시설의 이용자, 공물의 특별허가사용자 등)에 대하여는 그 효력이 미친다.

입법의 종류

- 국회 입법 ……………………………… 법률
- 행정상 입법
  - 국가행정상 입법
    - 법규명령…대통령령, 총리령, 부령
    - 행정규칙…훈령, 예규, 지시, 일일명령
  - 자치입법
    - 자치법규…조례, 규칙
    - 행정규칙…훈령(규정), 예규(지침 · 요령), 지시, 일일명령

법률 체계

헌법		개념정립		3권분립
법률				국회의결, 헌법준수
명령	➡	제정절차	➡	대통령과 국무총리 그리고 장관
조례				지방의회의 의결
규칙		효력순위 (상위법우선↓)		지방자치단체장

입법절차 관련

법률
법률안 거부와 재의결
공포와 효력발생
법률안 국회의결
국무회의 심의
법률안 제출

⬆ **법률과 명령비교** ⬆

법규명령
서명 및 관보게재
국무회의 심의
법제처 사전심사
입법예고
소관부처 성안

2. 지방자치 총설

1) 지방자치의 의의

지방자치제도라 함은 일정한 지역을 단위로 일정한 지역의 주민이 그 지방주민의 복리에 관한 사무 · 재산관리에 관한 사무 · 기타 법령이 정하는 사무를 그들 자신의 책임하에서 자신들이 선출한 기관을 통하여 직접 처리하게 함으로써 지방자치행정의 민주성과 능률성을 제고하고 지방의 균형 있는 발전과 아울러 국가의 민주적 발전을 도모하는 제도이다.

지방자치제도는 헌법 제111조, 제118조에서 제도적으로 보장하고 있는 바, 그 본질적 내용은 자치단체의 보장, 자치기능의 보장 및 자치사무의 보장으로 이루어져있다[12]

즉 지방자치의 본질적 내용은 자치단체의 보장, 자치기능의 보장 및 자치사무의 보장이고, 우리 헌법상 자치단체의 보장은 단체자치와 주민자치를 포괄하는 것으로 설명된다.[13]

12) 헌재 1994. 12.29. 94헌마201: 2001. 6.28. 2000헌마735
13) 2005헌마403

2) 지방자치의 형태

지방자치에는 기본적으로 두 가지의 측면이 있다. 하나는 지방자치단체와 국가(중앙정부)와의 관계이고 다른 하나는 그 지방자치단체와 주민과의 관계이다.

지방자치를 지방자치단체와 국가(중앙정부)와의 관계라는 측면에서, 즉 지방자치단체의 자치권을 중심으로 이해할 때 이를 단체자치라 하고, 지방자치를 지방자치단체 안의 정부와 주민과의 관계라는 측면에서, 즉 주민의 자치운영에의 참여에 중점을 두고 이해할 때 이를 주민자치라고 한다.

(1) 단체자치

단체자치는 이를 법률적 의미의 자치라고도 하는 바, 국가로부터 독립한 지방자치단체에 의한 자치라는 뜻으로 해석된다. 즉, 국가와는 별개의 법인격을 갖는 지방자치단체의 존재를 인정하고, 지방자치단체의 사무는 가능한 한 국가의 관여나 감독 없이 단체로 하여금 처리하게 하는 제도이다. 국가가 통치권을 가지고 있는 것과 같이 지방자치단체도 국가에서 독립된 공법인으로서 자치권을 갖고 있어, 이를 토대로 지방자치단체가 자주적으로 그 의사를 결정하고 그것을 실현하는 형태의 자치를 단체자치라고 한다.

(2) 주민자치

주민자치는 이를 정치적 자치라고도 하는 바, 지방의 사무를 그 지방의 주민에 의해서 처리하는 형태를 말한다. 이 때 주민은 대표자를 선출하여 이들에게 행정처리를 맡기거나 특정한 문제에 대해서는 직접 스스로의 의사를 실현시키기도 하는데, 주민의 참여에 의해서 자치사무를 처리한다는 측면에서 지방자치의 의의를 찾는 것이 주민자치이다.

단체자치와 주민자치의 비교[14)]

구분	주민자치	단체자치
자치의 의미	정치적 의미	법률적 의미
자치권 인정주체(학설)	주민(고유권설)	중앙정부(전래설)
중시하는 권리	주민의 권리	자치단체의 권능
중앙과 지방의 관계	권능적 협력관계	권력적 감독관계
중앙통제방식	입법 및 사법통제	행정통제
지방정부형태	기관통합형	기관대립형
우월적 권능	의결권능	집행권능
자치단체의 지위	단일적 성격	이중적 성격
국가와 자치사무의 구분	구분하지 않음	엄격히 구분함
발달한 국가(예)	영국	프랑스, 독일, 일본

(3) 구별실익

주민자치와 단체자치의 구별은 기본적으로는 중앙정부의 감독과 통제가 지방정부에 대하여 얼마나 작용하는가를 구별해 주는데 그 실익이 있다. 즉, 주민자치는 중앙정부의 감독·관리가 거의 없고 또한 지방정부가 수행하는 사무에 있어 국가사무·지방사무의 구별이 없는 것을 특징으로 하고 있다. 그러나 단체자치에서는 지방자치단체의 사무가 중앙정부의 위임사무와 자체의 고유사무 즉 자치사무로 구분되어 있으며, 자치단체의 성격은 국가의 보통행정기관으로서의 지위와 지방자치단체로서의 독자적 지위의 이중적 지위를 가지고 있다.

3) 우리나라 지방자치관계법령 체제

우리가 흔히 말하는 지방자치법이란 지방자치법이라는 이름을 가진 하나의 법률을 의미하지만, 실제 지방자치법은 지방자치단체의 법적 지위와 조직, 그리고 업무와 작용형식 등에 관한 전체의 법규를 일컫는다. 따라서 현재 우리나라의 지방자치법은 하나의 단일한 법전으로 구성되어 있는 것은 아니며, 지방자치법 이외에 지방공무원법, 지방세

---

14) 정세욱, 지방자치학, 법문사, 2002

법 등 여러 개의 법률로 구성되어 있다고 이해해야 할 것이다.

(1) 헌법상 지방자치 관계조항

지방자치제도는 헌법 제8장 제117조 및 제118조에 다음과 같이 보장되어 있다.

① 지방자치단체의 권능 및 자치입법권

지방자치단체는 주민의 복리에 관한 사무를 처리하고 재산을 관리하며, 법령의 범위 안에서 자치에 관한 규정을 제정할 수 있다.

② 지방자치단체의 종류

지방자치단체의 종류는 법률로 정한다.

③ 지방의회의 구성과 지방선거

가. 지방자치단체에 의회를 둔다.

나. 지방의회의 조직 · 권한 · 의원선거와 지방자치단체장의 선임방법 기타 지방자치단체의 조직과 운영에 관한 사항은 법률로 정한다.

(2) 지방자치관계 법률의 구성체계

앞서 기술했듯이 지방자치에 관한 일반법은 지방자치법이며, 지방자치의 구성원적 요소에 대한 부분의 선거관계는 공직선거법에 의하며, 지방자치단체를 구성하는 공무원에 대해서는 지방공무원법과 지방공무원교육훈련법에 의해 규정된다. 우리나라는 지방자치의 사무 중 특별하게 '교육사무'에 대해서는 특별법으로 지방교육자치에 관한 법률에 의하며, 지방재정관계에 대해서는 지방재정법, 지방교부세법, 지방세법 등에 규정되어 구성되어 있다.

(3) 지방자치에 관련한 법령에는 다음과 같은 것들이 있다.

1. 대한민국 헌법
2. 지방자치법 및 지방자치법 시행령
3. 행정구역 조정업무 처리에 관한 규칙(행정자치부령)

4. 지방자치단체에 대한 행정사무감사규정
5. 지방분권 및 지방행정체제개편에 관한 특별법 및 지방분권 및 지방행정체제개편에 관한 특별법 시행령
6. 지방자치단체의 행정기구와 정원기준 등에 관한 규정(대통령령) 및 지방자치단체의 행정기구와 정원기준 등에 관한 규정 시행규칙(행정자치부령)
7. 지방자치단체에 두는 국가공무원의 정원에 관한 법률 및 지방자치단체에 두는 국가공무원의 정원에 관한 법률 시행령
8. 지방자치단체에 두는 고위공무원단 직위의 직무등급표시에 관한 규칙
9. 주민투표법
10. 서울특별시 행정특례에 관한 법률 및 서울특별시 행정특례에 관한 법률 시행령(대통령령)
11. 제주특별자치도 설치 및 국제자유도시 조성을 위한 특별법 및 제주특별자치도 설치 및 국제자유도시 조성을 위한 특별법 시행령
12. 세종특별자치시 설치 등에 관한 특별법 및 세종특별자치시 지원위원회 등의 설치·운영에 관한 규정(대통령령)
13. 지방교육자치에 관한 법률 및 지방교육자치에 관한 법률 시행령

4) 한국 지방자치법의 연혁[15)]

(1) 제1공화국

우리나라는 1948년 7월 제헌헌법에서 지방자치제도를 인정하여 1949년 7월 4일 법률 제32호로 지방자치법을 제정하였다. 이 최초의 지방자치법은 자치계층을 중층제(中層制)로 하여 광역자치단체로는 도와 서울특별시를, 기초자치단체로는 시·읍·면을 두고, 자치단체의 장과 의회간의 기관분립형을 채택하였다. 반면 자치단체장 중에서 시·도지사는 임명제를, 시·읍·면장은 의회에서 간선으로 하여 지금과는 다른 모습의 지

15) 이주희, 지방자치법 이론과 운영, 서강출판사, P17

방자치를 채택하였다. 그리고 이에 따라 1952년 4월 25일에 최초로 시 · 읍 · 면의회 의원선거를 실시하였고 5월 10일에는 도의회 의원선거를 실시하였다.(서울 · 경기 · 강원도는 제외됨)

그러다 1956년 2월 13일 법률 제385호에 의거하여 자치단체장을 주민 직선제로 선출하도록 개정하였고, 또다시 1958년 12월 26일 법률 제501호에 의하여 임명제로 개정하였다.

(2) 제2공화국

제2공화국이 들어서면서 1960년 11월 1일 자체단체장을 주민직선제로 개정하여 서울특별시장 · 도지사, 시 · 읍 · 면장, 동 · 리장 선거를 실시하였다.

(3) 제3공화국

제3공화국 1961년 5월 16일 군사혁명 포고 제4호에 의거해서 전국 지방의회를 해산하고 그 권한 대행을 상급기관이 수행하도록 하였으며, 1961년 9월 1일 지방자치에 관한 임시조치법을 제정하여 읍 · 면 자치제도를 폐지하고 대신에 군을 기초단체로 하였다.

또 1962년 12월 25일 제3공화국 헌법 부칙 제7조 제3항에 "이 헌법에 의한 최초의 지방의회 구성시기에 관하여는 법률로 정한다."는 규정을 둠으로써 지방의회를 구성하지 않고, 자치단체장은 임명제로 운영하였다.

(4) 제4공화국

제4공화국이 시작되는 1972년 12월 27일에는 유신헌법 부칙 제10조에서 "이 헌법에 의한 지방의회는 조국 통일이 이루어질 때까지 구성하지 아니한다."는 규정을 두어 지방자치를 실제 시행하지 않았다.

(5) 제5공화국

제5공화국이 시작되는 1980년 10월 27일 "이 헌법에 의한 지방의회는 지방자치단체의 재정자립도를 감안하여 순차적으로 구성하되, 그 구성시기는 법률로 정한다."는 규정을 두어 지방의회를 구성하지 않는 동시에 자치단체장은 임명제로 운영하였다.

(6) 제6공화국 이후

제6공화국이 시작되면서 ① 헌법 제117조, 제118조에서 지방자치를 제도적으로 보장하고 지방자치법을 1988년 4월 6일 법률 제4004호로 현재 형식적 의미의 지방자치법을 전문개정하였다. ② 1995년 8월 4일에 도농복합형태의 시 설치기준을 완화하였고, ③ 1998년 7월 1일에 민선 제2기 지방자치체제 출범시켜 시 · 군 · 자치구의 부단체장을 지방직으로 전환하였다. ④ 1999년 8월 31일에 지방자치법 일부개정을 통해 조례제 · 개정청구권과 주민감사청구제 등을 도입하여 주민의 직접적 자치행정 참여활성화를 발전시켰으며, 자치단체 간 분쟁조정 기능 강화, 단체장 · 의장 협의회 등도 제도화시켜 자치행정에 대한 국정의 통합성 · 계속성 확보에 노력하였다. ⑤ 2003년 7월 18일에는 도농복합도시에 대한 정책적 시승격 근거를 마련하고 지방의원의 명예직 용어를 삭제하였다. ⑥ 그 뒤 주민투표법(2004), 주민소송제 도입(2005), 주민소환에 관한 법률(2006), 지방교육자치에 관한 법률을 전면개정(2006)하고 급여개념의 '월정수당'을 도입하여 지방의원의 유급화를 실시하고 제주특별자치도 설치 및 국제자유도시 조성을 위한 특별법(2006) 등을 제정 · 시행하였다.

현재 지방자치법은 2015년 8월 현재 법률 제12738호로 2014년 6월부터 시행되고 있으며 50차례의 개정을 거쳐 지금에 이르고 있다.

5) 현행 지방자치법의 내용

> **지방자치법(이하 "법"이라고 한다) 제1조(목적)** 이 법은 지방자치단체의 종류와 조직 및 운영에 관한 사항을 정하고, 국가와 지방자치단체 사이의 기본적인 관계를 정함으로써 지방자치행정을 민주적이고 능률적으로 수행하고, 지방을 균형 있게 발전시키며, 대한민국을 민주적으로 발전시키려는 것을 목적으로 한다.

현행 지방자치법은 총 10장, 총 175개조, 부칙으로 구성되어 있고 장별로 그 내용을 살펴보면 다음과 같다.

『제1장 총강』(제1조~제11조)에서는 제1절 총칙(목적, 자치단체의 종류, 지방자치단체의 법인격 및 관할), 제2절 지방자치단체의 관할구역(명칭, 구역, 구역변경, 폐치 · 분합, 소재지), 제3절 지방자치단체의 기능과 사무(사무처리의 기본원칙, 사무범위, 사무배분기준, 국가사무처리제한)으로 구성되어 있다.

『제2장 주민』(제12조~제21조)에서는 주민의 자격, 권리, 주민투표, 조례의 개정 · 개폐청구, 주민의 감사청구, 주민소환, 주민의 의무에 관한 내용을 규정하고 있다.

『제3장 조례와 규칙』(제22조~제28조)에서는 조례 · 규칙효력범위, 제정절차, 조례위반에 대한 과태료, 조례의 보고 등에 관한 사항을 규정하고 있다.

『제4장 선거』(제29조)에서는 1988년 전면 개정 시에는 지방자치단체장과 지방의원의 선거에 관한 규정을 하였으나, 제29조의 지방선거에 관한 법률제정의 근거규정만을 남기고 삭제한 후에 1994년 『공직선거법령』이 제정되어 시행되고 있다.

『제5장 지방의회』(제30조~제92조)에서는 제1절 조직, 제2절 지방의회 의원, 제3절 권한, 제4절 소집과 회기, 제5절 의장과 부의장 제6절 위원회, 제7절 회의, 제8절 청원, 제9절 의원의 사직 · 퇴직과 자격심사, 제10절 징계, 제11절 사무기구와 직원으로 구성되어 있다.

『제6장 집행기관』(지93조~제121조)에서는 제1절 지방자체단체장, 제2절 보조기관, 제3절 소속행정기관, 제4절 하부행정기관, 제5절 교육 · 과학 · 체육에 관한 기관 등에 관한 사항을 규정하고 있다.

『제7장 재무』(제122조~제138조)에서는 제1절 재정운영의 기본원칙, 제2절 예산 및 결산, 제3절 수입 및 지출, 제4절 보칙 등에 관한 사항을 규정하고 있다.

『제8장 지방자치단체 상호관의 관계』(제147조~제165조)에서는 제1절 지방자치단체간의 협력과 분쟁조정, 제2절 행정협의회, 제3절 지방자치단체조합 등에 관한 사항을 규정하고 있다.

『제9장 국가의 지도 · 감독』(제166조~제172조)에서는 지방자치단체사무에 대한 지도지원, 수임사무 처리의 지도감독, 중앙행정기관과 지방자치단체간의 협의조정, 위법 · 부당한 명령 · 처분의 시정, 지방자치단체장에 대한 직무이행령 등에 관한 사항을 규정하고 있다.

마지막 『제10장 서울특별시 등 대도시와 제주특별자치도의 행정특례』(제173조~제175조)에서는 자치구의 재원, 서울특별시 행정특례를 인정하는 법률제정의 근거 등을 두고 있다.

3. 지방자치단체의 종류와 구조

1) 지방자치단체의 종류

우리나라의 헌법은 제117조에서 '지방자치단체의 종류는 법률로 정한다.'고 규정하고 이에 관하여 지방자치법 제2조 제1항은 보통지방자치단체의 종류를 '특별시, 광역시, 특별자치시, 도, 특별자치도'와 같은 광역자치단체와 '시, 군, 구'와 같은 기초자치단체로 나누고 있고, 동조항 제3항에서는 제1항과 달리 특별지방자치단체 설치가능성을 규정하고 있다.

보통 하나의 자치단체가 그 구역 안에 다른 지방자치단체를 포함하고 있어 지방자치단체가 중첩되어 있는 경우를 '중층제'라고 하는데 보통 단층제, 중층제 또는 3층제로 구분되는바, 우리나라는 기초자치단체와 광역자치단체로 구분함으로써 중층제를 취하고 있는 것을 알 수 있다. 자치단체가 중첩되어 있는 경우[16) 즉 중층제의 경우는 광역적 사무와 협역적 사무의 분업처리 필요성이나 정치적 필요성 등에 따라 여러 나라가 채택하고 있으며 자치 계층 간의 기능분담으로 단층제의 단점을 보완할 수 있어 그 의의가 매우 크다고 보여진다.

16) 우리나라 서울특별시라는 자치단체가 25개의 자치구 자치단체를 포함하는 것을 뜻한다.

법 제2조(지방자치단체의 종류) ① 지방자치단체는 다음의 두 가지 종류로 구분한다.

1. 특별시, 광역시, 특별자치시, 도, 특별자치도
2. 시, 군, 구

② 지방자치단체인 구(이하 "자치구"라 한다)는 특별시와 광역시의 관할 구역 안의 구만을 말하며, 자치구의 자치권의 범위는 법령으로 정하는 바에 따라 시 · 군과 다르게 할 수 있다.

③ 제1항의 지방자치단체 외에 특정한 목적을 수행하기 위하여 필요하면 따로 특별지방자치단체를 설치할 수 있다.

④ 특별지방자치단체의 설치 · 운영에 관하여 필요한 사항은 대통령령으로 정한다.

(1) 보통지방자치단체

우리나라의 자치계층은 세계적인 추세와 같이 중층제(영국, 독일, 일본)를 이루고 있는 바, 광역자치단체로 특별시 · 광역시 · 도 및 특별자치도 · 시가 있으며 이는 상급자치단체 또는 중간자치단체로 불려지고 있고, 기초자치단체로는 시 · 군 · 자치구가 있으며 이를 하급자치단체라고도 한다. 그러나 양자는 독립한 법인격체로 법률에 특별한 규정이 없는 한, 상하관계로 보여지는 것은 맞지 않으므로 상급이나 하급의 표현은 적절하지 않다.

현재 우리나라의 특별시는 서울특별시만 존재하는데 서울특별시는 서울특별시 행정특례에 관한 법률에 의하여 같은 광역자치단체인 광역시나 도에 비하여 보다 넓은 범위의 자치권을 인정하고 있다. 그리고 과거 '직할시'라는 명칭은 1995년 '광역시'[17]로 변경되었는데 현재 그 설치 기준은 법령상 근거가 존재하지 않는다.

시 · 군 · 자치구는 같은 기초자치단체이지만 그 자치권의 폭은 시 · 군이 자치구보다 넓다. 그 이유는 자치구가 특별시나 광역시의 행정구역 안에 있는 자치단체이고 면적규모도 작아 그 권한을 제한받고 있기 때문이다. 그 구체적인 내용은 지방자치법 시행령

17) 부산은 1962년, 대구는 1981년, 광주가 1986년, 대전이 1988년, 울산이 1997년 행정내부의 기준에 따라 승격됨

〈부록〉을 보면 알 수 있다.

우리나라는 앞서 살펴보았듯이 자치단체의 계층제도 중에서 중층제를 채택하고 있으나 이에 대해서 ⓐ 서울특별시의 비대화 및 타 시 · 도와의 격차, ⓑ 도의 중간자치단체로서의 기능중복문제, ⓒ 대도시(특별시, 광역시)에 있어서 자치계층으로서의 자치구제도의 필요성 여부, ⓓ 광역시제도의 존폐여부 등의 문제점이 여기저기서 지적되어 재검토가 요구되기도 한다. 특히 '군'은 실제 우리나라 농촌 생활권의 단위로 적합하지 않고 대도시의 경우는 종합생활권의 성격을 지니고 있음을 간과한 채 '자치구'를 규정하는 것이 적합하지 않다는 비판이 있다

(2) 특별지방자치단체

특별지방자치단체는 강학상 특수한 목적 수행을 위하여 보통지방자치단체와는 다른 관할구역, 주민 또는 구성원, 자치권을 구성요소로 하는 자치법인을 말한다. 따라서 특별지방자치단체는 보통지방자치단체와는 다른 구역과 구성원을 갖고 자치권도 특수목적의 수행범위 안에서 인정되는 특색을 가진 것으로 설명되어진다.

많은 학자들이 특별지방자치단체의 예로 지방자치단체조합을 들고 있는데[18], 우리나라는 특별지방자치단체의 설치 · 운영에 관한 대통령령도 제정되어 있지 않고 지방자치단체조합이 자신의 고유한 구역도 가지고 있지 않아 특별지방자치단체인가에 대해서는 많은 논란이 있는 실정이다[19].

외국의 경우는 상하수도 사업과 관련된 목적조합(프랑스, 독일, 일본 등)과 교육을 전담하는 특별구(미국 등)가 특별지방자치단체의 지위를 갖고 있다.

지방자치단체조합은 외국에서는 특별지방자치단체로서 지위를 부여하고 있으나, 우리나라 지방자치법의 규정은 이런 명시적인 부분이 없으므로 그 법적근거와 성격이 명확하지 않다.

18) 김남진 · 김연태, 행정법(Ⅱ), p76 : 류지태 · 박종수, 행정법신론, p831
19) 홍정선, 행정법원론(하), 84쪽

2) 지방자치단체의 구조

(1) 지방자치단체의 법인격

지방자치단체는 법인(法人)이다. 엄격하게 말하면 지방자치단체는 주민에 의하여 선출된 지방자치단체장과 지방의원으로 하여금 주민의 복지를 실현하기 위하여 즉 공공적 사무를 집행하는 조직된 지역적인 공법상의 법인이다.

지방자치단체가 법인이라는 것은 국가나 개인과 같이 별도의 권리와 의무의 주체가 된다는 것으로, 단순히 국가의 행정을 위하여 설치한 행정구역이 아니라는 것을 의미한다. 따라서 지방자치단체는 권리와 의무의 주체로서 권리를 누리며 의무를 이행하고 스스로 재산을 취득하거나 관리 · 매각하며 사업을 경영하기도 하는 주체가 되며, 소송시 소송의 객체와 주체가 될 수 있으며, 지방세를 부과하는 재정권의 주체가 되기도 한다.

> 법 제3조(지방자치단체의 법인격과 관할) ① 지방자치단체는 법인으로 한다.
>
> ② 특별시, 광역시, 특별자치시, 도, 특별자치도(이하 "시 · 도"라 한다)는 정부의 직할(直轄)로 두고, 시는 도의 관할 구역 안에, 군은 광역시, 특별자치시나 도의 관할 구역 안에 두며, 자치구는 특별시와 광역시, 특별자치시의 관할 구역 안에 둔다.
>
> ③ 특별시 · 광역시 및 특별자치시가 아닌 인구 50만 이상의 시에는 자치구가 아닌 구를 둘 수 있고, 군에는 읍 · 면을 두며, 시와 구(자치구를 포함한다)에는 동을, 읍 · 면에는 리를 둔다.
>
> ④ 제7조제2항에 따라 설치된 시에는 도시의 형태를 갖춘 지역에는 동을, 그 밖의 지역에는 읍 · 면을 두되, 자치구가 아닌 구를 둘 경우에는 그 구에 읍 · 면 · 동을 둘 수 있다.

(2) 정부의 관할

지방자치법 제3조 제2항은 '특별시, 광역시, 특별자치시, 도, 특별자치도는 정부의 직할(直轄)로 두고'라고 규정하여 지방자치단체 간의 관계를 명시하고 있다. 이 규정은 이들이 광역적 지방자치단체라는 성격을 표시하고, 이들과 정부가 직접 교섭하고 연락한다는 의미를 표현하고 있다.

(3) 관할 구역

우리나라 지방자치법은 시는 도의 관할 구역 안에 두고, 군은 광역시 · 특별자치시나 도의 관할 구역 안에 두며, 자치구는 특별시와 광역시 · 특별자치시의 관할 구역 안에 두도록 하고 있다[20]. 관할구역의 의미는 '관할'이라는 감독 · 지도의 의미인 상급기관과 하급기관의 의미가 아니라 해당 구역 안에 존재하며 둘 이상의 구역에 걸쳐서 존재할 수 없다는 의미를 표현하고 있는 것이다.

(4) 자치단체의 하부행정조직

우리나라의 도시제도는 다음과 같은 모습을 보이고 있다. 첫째는 특별시 · 광역시와 같은 대도시는 그 안에 구를 자치구로 하여 2계층 자치제로 하고 둘째, 인구 50만 이상의 중도시에는 구를 설치할 수 있으되 이는 자치단체의 자치구가 아닌 단순한 자치단체의 보조행정기구인 행정구로 하고 있다. 그리고 셋째는 인구 50만 미만의 소도시로서 하부행정조직으로 동만을 두고 있으며, 마지막으로 도농복합(都農複合)형태의 시로 여기서는 읍 · 면 · 동을 둘 수 있도록 하고 있다.

4. 자치단체의 구역(區域)

1) 구역의 의의

구역이라 함은 일정한 목적을 달성하기 위하여 일정한 기준에 따라 국토공간을 구분하여 놓은 지리상의 한계를 말한다. 그리고 행정구역이란 합리적이고 능률적인 국가목표를 추구하고 자치권능을 구현시켜 국민생활의 편익을 도모하기 위하여 설정된 지역적 구역을 말한다. 따라서 지방자치단체의 관할구역이라 함은 그 지방자치단체가 자신의 권한을 행사할 수 있는 장소적 범위를 말한다. 자치권이 미치는 관할 구역의 범위에

---

20) 제주특별자치도는 산하에 행정시인 제주시와 서귀포시를 두고 있다. 이는 제주특별자치도 설치 및 국제자유도시 조성을 위한 특별법에 근거하고 있다.

는 육지는 물론 바다도 포함되고, 공유수면에 대해서는 헌법재판소가 "수산업법 제8조 및 제41조 제2항, 공유수면 관리법 제4조 및 제5조, 연안관리법 제8조 등의 개별법률 규정들, 학계의 통설, 대법원의 판례 및 법제처의 의견을 종합하건대, 지방자치단체의 구역은 주민 · 자치권과 함께 자치단체의 구성요소이며, 자치권이 미치는 관할 구역의 범위에는 육지는 물론 바다도 포함되므로, 공유수면에 대한 지방자치단체의 자치권한이 존재한다. 지방자치단체가 관할하는 공유수면의 행정구역 경계에 관하여는 법률로 규정하지 않고 있어서, 공유수면에 대한 행정구역을 구분하는 법률상의 경계는 존재하지 않지만, 지방자치단체 등의 행정기관이 수산업법상의 어업허가 내지 어업면허, 어업단속행위, 공유수면관리법상의 공유수면에 대한 점용 내지 사용허가 등 개별 법률들에 의한 행정권한을 행사함에서 있어서 국립지리원이 간행한 지형도상의 해상경계선을 행정구역 경계선으로 인정해온 행정관행이 존재하고, 이러한 행정관행이 오랜 기간 동안 존재하여 왔고, 지형도상 해상경계선이 해상에서의 행정구역 경계선이라는 점에 대한 지방자치단체들과 일반국민들의 법적확신이 존재한다고 할 것이므로, 국립지리원이 간행한 지형도상의 해상경계선은 행정관습법상 해상경계선으로 인정될 뿐만 아니라 행정판례법상으로도 인정되고 있기 때문에, 불문법상의 해상경계가 된다."[21]고 판시하여 지방자치단체의 자치권한이 존재한다고 보고 있다.

현재 우리나라 지방자치법은 제4조에서 '지방자치단체의 명칭과 구역은 종전과 같이 하고'라고 규정하고 있는 바, 여기서 '종전'의 의미[22]는 현행 지방자치법의 전면 개정 시점인 1988년 5월 1일 이전의 명칭으로 한다는 의미이다.

앞서 살펴보았듯이 우리나라의 지방자치단체의 계층구조가 중층제이므로 전국의 지역은 제1차적 지방자치단체(시 · 군 · 자치구)의 구역인 동시에 제2차적 지방자치단체(특별시 · 광역시 · 도)의 구역으로 중복하여 책정되므로 시 · 군 · 자치구의 구역은 동시에

21) 헌재 2004. 9. 23. 2000헌라2

22) 지방자치법 제4조 제1항은 지방자치단체의 관할구역 경계를 결정할 때 '종전'에 의하도록 하고 있고, 지방자치법 제4조 제1항 등의 개정 연혁에 비추어 보면 '종전'이라는 기준은 최초로 제정된 법률조항까지 순차 거슬러 올라가게 되므로, 1948. 8. 15. 당시 존재하던 관할구역의 경계가 원천적인 기준이 됨 : 대법원 2015.6.11., 2013도14334

시 · 도의 구역으로 된다.

법 제4조(지방자치단체의 명칭과 구역) ① 지방자치단체의 명칭과 구역은 종전과 같이 하고, 명칭과 구역을 바꾸거나 지방자치단체를 폐지하거나 설치하거나 나누거나 합칠 때에는 법률로 정한다. 다만, 지방자치단체의 관할 구역 경계변경과 한자 명칭의 변경은 대통령령으로 정한다.

② 제1항에 따라 지방자치단체를 폐지하거나 설치하거나 나누거나 합칠 때 또는 그 명칭이나 구역을 변경할 때에는 관계 지방자치단체의 의회(이하 "지방의회"라 한다)의 의견을 들어야 한다. 다만, 주민투표법 제8조에 따라 주민투표를 한 경우에는 그러하지 아니하다.

③ 제1항에도 불구하고 다음 각 호의 지역이 속할 지방자치단체는 제4항부터 제7항까지의 규정에 따라 행정자치부장관이 결정한다.

1. 공유수면 관리 및 매립에 관한 법률에 따른 매립지
2. 공간정보의 구축 및 관리 등에 관한 법률 제2조제19호의 지적공부(이하 "지적공부"라 한다)에 등록이 누락되어 있는 토지

④ 제3항제1호의 경우에는 공유수면 관리 및 매립에 관한 법률 제28조에 따른 면허관청 또는 관련 지방자치단체의 장이 같은 법 제45조에 따른 준공검사 전에, 제3항제2호의 경우에는 공간정보의 구축 및 관리 등에 관한 법률 제2조제18호에 따른 소관청(이하 "지적소관청"이라 한다)이 지적공부에 등록하기 전에 각각 행정자치부장관에게 해당 지역이 속할 지방자치단체의 결정을 신청하여야 한다. 이 경우 제3항제1호에 따른 매립지의 매립면허를 받은 자는 면허관청에 해당 매립지가 속할 지방자치단체의 결정 신청을 요구할 수 있다.

⑤ 행정자치부장관은 제4항에 따른 신청을 받은 후 지체 없이 그 사실을 20일 이상 관보나 인터넷 등의 방법으로 널리 알려야 한다. 이 경우 알리는 방법, 의견의 제출 등에 관하여는 행정절차법 제42조 · 제44조 및 제45조를 준용한다.

⑥ 행정자치부장관은 제5항에 따른 기간이 끝난 후 제149조에 따른 지방자치단체중앙분쟁조정위원회(이하 이 조에서 "위원회"라 한다)의 심의 · 의결에 따라 제3항 각 호의 지역이 속할 지방자치단체를 결정하고, 그 결과를 면허관청이나 지적소관청, 관계 지방자치단체의 장 등에게 통보하고 공고하여야 한다.

⑦ 위원회의 위원장은 제6항에 따른 심의과정에서 필요하다고 인정되면 관계 중앙행정기관 및 지방자치단체의 공무원 또는 관련 전문가를 출석시켜 의견을 듣거나 관계 기관이나 단체에 자료 및 의견 제출 등을 요구할 수 있다. 이 경우 관계 지방자치단체의 장에게는 의견을 진술할 기회를 주어야 한다.

⑧ 관계 지방자치단체의 장은 제3항부터 제7항까지의 규정에 따른 행정자치부장관의 결정에 이의가 있으면 그 결과를 통보받은 날부터 15일 이내에 대법원에 소송을 제기할 수 있다.

⑨ 행정자치부장관은 제8항에 따라 대법원의 인용결정이 있으면 그 취지에 따라 다시 결정하여야 한다.

법 제4조의2(자치구가 아닌 구와 읍 · 면 · 동 등의 명칭과 구역) ① 자치구가 아닌 구와 읍 · 면 · 동의 명칭과 구역은 종전과 같이 하고, 이를 폐지하거나 설치하거나 나누거나 합칠 때에는 행정자치부장관의 승인을 받아 그 지방자치단체의 조례로 정한다. 다만, 명칭과 구역의 변경은 그 지방자치단체의 조례로 정하고, 그 결과를 특별시장 · 광역시장 · 도지사에게 보고하여야 한다.

② 리의 구역은 자연 촌락을 기준으로 하되, 그 명칭과 구역은 종전과 같이 하고, 명칭과 구역을 변경하거나 리를 폐지하거나 설치하거나 나누거나 합칠 때에는 그 지방자치단체의 조례로 정한다.

③ 인구 감소 등 행정여건 변화로 인하여 필요한 경우 그 지방자치단체의 조례로 정하는 바에 따라 2개 이상의 면을 하나의 면으로 운영하는 등 행정 운영상 면(이하 "행정면"이라 한다)을 따로 둘 수 있다.

④ 동 · 리에서는 행정 능률과 주민의 편의를 위하여 그 지방자치단체의 조례로 정하는 바에 따라 하나의 동 · 리를 2개 이상의 동 · 리로 운영하거나 2개 이상의 동 · 리를 하나의 동 · 리로 운영하는 등 행정 운영상 동 · 리(이하 "행정동 · 리"라 한다)를 따로 둘 수 있다.

⑤ 행정동 · 리에 그 지방자치단체의 조례로 정하는 바에 따라 하부 조직을 둘 수 있다.

인구 규모별 행정구역 현황[23)]

가. 시 · 도(17)

구분	시 · 도
1,000만 이상	서울, 경기
300만 이상 400만 미만	부산, 경남
200만 이상 300만 미만	대구, 인천, 충남, 경북
100만 이상 200만 미만	광주, 대전, 울산, 강원, 충북, 전북, 전남
100만 미만	세종, 제주

나. 시(74)

구분	계	시 명칭
100만 이상	2	수원, 창원,
100만 미만 70만 이상	5	성남, 고양, 용인, 부천, 안산
50만 이상 70만 미만	8	청주, 전주, 남양주, 안양, 천안, 화성, 김해, 포항
40만 이상 50만 미만	3	평택, 의정부, 구미
30만 이상 40만 미만	6	시흥, 파주, 광명, 진주, 원주, 익산
25만 이상 30만 미만	10	여수, 김포, 군포, 아산, 군산, 광주, 순천, 춘천, 경주, 양산
20만 이상 25만 미만	8	경산, 거제, 목포, 강릉, 오산, 충주, 이천, 양주
15만 이상 20만 미만	8	구리, 안성, 안동, 서산, 당진, 의왕, 포천, 광양
10만 이상 15만 미만	13	하남, 통영, 제천, 김천, 논산, 정읍, 사천, 공주, 영주, 밀양, 보령, 상주, 영천
10만 미만	11	동두천, 동해, 나주, 김제, 남원, 속초, 문경, 삼척, 과천, 태백, 계룡

23) 지방자치단체 행정구역 및 인구현황, 행정자치부, 2013

다. 군(84)

구분	계	군 명칭
10만 이상	7	울주, 달성, 청원, 기장, 칠곡, 양평, 여주
7만 이상 10만 미만	8	음성, 홍성, 완주, 예산, 무안, 해남, 부여, 고흥
5만 이상 7만 미만	23	함안, 강화, 화순, 진천, 창녕, 거창, 태안, 가평, 고창, 영암, 서천, 부안, 영광, 고성(경남), 의성, 금산, 완도, 옥천, 울진, 영동, 합천, 하동
3만 이상 5만 미만	33	철원, 담양, 남해, 장성, 보성, 횡성, 연천, 예천, 성주, 청도, 신안, 평창, 장흥, 함양, 영월, 강진, 영덕, 정선, 괴산, 산청, 함평, 고령, 증평, 보은, 봉화, 진도, 인제, 청양, 단양, 곡성, 고성(강원), 순창, 의령
3만 미만	13	임실, 양양, 구례, 화천, 진안, 청송, 무주, 군위, 양구, 장수, 옹진, 영양, 울릉

라. 자치구(69)

구분	계	자치구 명칭
50만 이상	9	서울 송파, 대구 달서, 서울 강서 · 노원 · 강남, 인천 부평, 인천 남동, 서울 관악, 서울 은평
40만 이상 50만 미만	14	인천 서, 대전 서, 서울 양천, 서울 강동 · 성북, 대구 수성, 서울 서초, 광주 북, 대구 북, 서울 구로, 부산 해운대, 서울 중랑, 인천 남, 서울 동작
30만 이상 40만 미만	16	광주 광산, 부산 부산진, 서울 마포 · 영등포 · 동대문 · 광진 · 도봉, 대구 동, 울산 남, 부산 사하, 인천 계양, 서울 강북, 대전 유성, 서울 서대문, 광주 서, 부산 북
20만 이상 30만 미만	15	서울 성동, 인천 연수, 부산 남 · 동래, 대전 중, 부산 금정, 대전 동, 부산 사상, 울산 중, 서울 금천 · 용산, 광주 남, 대구 서, 부산 연제, 대전 대덕
10만 이상 20만 미만	9	울산 북, 부산 수영, 울산 동, 대구 남, 서울 종로, 부산 영도, 서울 중, 부산 서, 광주 동
10만 미만	6	부산 동, 부산 강서, 대구 중, 인천 동, 인천 중, 부산 중

행정구역 총괄

		시 · 군 · 구				행정시 · 자치구가 아닌 구		읍 · 면 · 동				출장소			
		계	시	군	구	시	구	계	읍	면	동	계	시도	시군구	읍면
계(17)		227	74	84	69	2	33	3,487	216	1,198	2,073	78	6	16	56
특별시	서울	25			25			423			423				
광역시	부산	16		1	15			214	2	3	209	1		1	
	대구	8		1	7			139	3	6	130	2			2
	인천	10		2	8			146	1	19	126	8	1	4	3
	광주	5			5			94			94				
	대전	5			5			77			77				
	울산	5		1	4			56	4	8	44				
특별자치시	세종							11	1	9	1				
도	경기	31	27	4			20	547	32	109	406	7		5	2
	강원	18	7	11				193	24	95	74	7	1		6
	충북	12	3	9			2	153	15	87	51	2	2		
	충남	15	8	7			2	205	24	137	44	2			2
	전북	14	6	8			2	241	14	145	82	2		1	
	전남	22	5	17				296	33	196	67	26	1	1	24
	경북	23	10	13			2	331	36	202	93	14		1	13
	경남	18	8	10			5	318	20	177	121	7		3	4
특별자치도	제주					2		43	7	5	31				

2) 지방자치단체의 폐치(廢置) · 분합(分合)과 명칭변경 등

(1) 방법

지방자치단체의 법인격에 변동을 가져오는 폐치분합[24]과 명칭변경은 상대적인 중요성과 주민에 미치는 영향을 감안하여 법률로 정하되 본질에 영향을 주지 않는 한자 명칭의 변경은 대통령령으로 정한다. 또한 자치단체는 그대로 존치하면서 지역주민 일부에 영향을 미치는 자치단체간 경계변경은 대통령령으로 정한다.[25]

자치단체의 행정구역 조정 수단

법률로 정하는 사항	대통령령으로 정하는 사항
자치단체의 폐치 분합과 명칭변경	자치단체의 관할구역 경계변경 자치단체의 한자 명칭 변경

(2) 매립지와 지적누락지의 관할구역 편입결정

지방자치단체의 구역에 관하여 지방자치법은 공유수면 관리 및 매립에 관한 법률에 따른 매립지가 속할 지방자치단체는 행정자치부장관이 결정한다고 규정하면서, 관계 지방자치단체의 장은 그 결정에 이의가 있으면 결과를 통보받은 날로부터 15일 이내에 대법원에 소송을 제기할 수 있다고 규정하고 있다. 따라서 매립지가 속할 지방자치단체를 정하는 결정에 대하여 대법원에 소송을 제기할 수 있는 주체는 관계 지방자치단체의 장일 뿐 지방자치단체가 아니다.

그리고 지방자치법 제4조 제3항, 제5항, 제6항, 제7항, 제8항, 제9항 등 관계 법령의 내용, 형식, 취지 및 개정 경과 등에 비추어 보면, 2009. 4. 1. 법률 제9577호로 지방자치법이 개정되기 전까지 종래 매립지 등 관할 결정의 준칙으로 적용되어 온 지형도상

24) 지방자치단체를 폐지하고 병합하는 법률을 제정할 수 있으나, 지방자치단체의 이러한 폐지 · 병합은 지방자치단체의 자치권의 침해문제와 더불어 그 주민의 헌법상 보장된 기본권의 침해문제도 발생할 수 있다(1995.3.23. 94헌마175)

25) 시 · 도 경계변경은 사실상 시 · 군 · 구 경계변경을 의미하므로 입법 효율성을 고려하여 시 · 도, 시 · 군 · 구 경계변경을 1995년 대통령령으로 정하도록 단일화하였음.

해상경계선 기준이 가지던 관습법적 효력은 위 지방자치법의 개정에 의하여 변경 내지 제한되었다고 보는 것이 타당하고, 행정자치부장관은 매립지가 속할 지방자치단체를 정할 때에 상당한 형성(形成)의 자유를 가지게 되었다. 다만 그 관할 결정은 계획재량적 성격을 지니는 점에 비추어 위와 같은 형성의 자유는 무제한의 재량이 허용되는 것이 아니라 여러 가지 공익과 사익 및 관련 지방자치단체의 이익을 종합적으로 고려하여 비교 · 형량해야 하는 제한이 있다. 따라서 행정자치부장관이 위와 같은 이익형량을 전혀 행하지 않거나 이익형량의 고려 대상에 마땅히 포함시켜야 할 사항을 누락한 경우 또는 이익형량을 하였으나 정당성 · 객관성이 결여된 경우에는 그 매립지가 속할 지방자치단체 결정은 재량권을 일탈 · 남용한 것으로서 위법하다고 보아야 한다.

또한 매립지가 속할 지방자치단체를 정할 때 고려해야 할 관련 이익의 범위 등은 2009년 4월 법률 제9577호 지방자치법 개정의 취지 등에 비추어 일반적으로 다음과 같은 사항이 포함되어야 한다. ① 매립지 내 각 지역의 세부 토지이용계획 및 인접 지역과의 유기적 이용관계 등을 고려하여 관할구역을 결정함으로써 효율적인 신규토지의 이용이 가능하도록 해야 한다. ② 공유수면이 매립에 의하여 육지화 된 이상 더는 해상경계선만을 기준으로 관할 결정을 할 것은 아니고, 매립지와 인근 지방자치단체 관할구역의 연결 형상, 연접관계 및 거리, 관할의 경계로 쉽게 인식될 수 있는 도로, 하천, 운하 등 자연지형 및 인공구조물의 위치 등을 고려하여 매립지가 토지로 이용되는 상황을 전제로 합리적인 관할구역 경계를 설정하여야 한다. ③ 매립지와 인근 지방자치단체의 연접관계 및 거리, 도로, 항만, 전기, 수도, 통신 등 기반시설의 설치 · 관리, 행정서비스의 신속한 제공, 긴급상황 시 대처능력 등 여러 요소를 고려하여 행정의 효율성이 현저히 저해되지 않아야 한다. ④ 매립지와 인근 지방자치단체의 교통관계, 외부로부터의 접근성 등을 고려하여 매립지 거주 주민들의 입장에서 어느 지방자치단체의 관할구역에 편입되는 것이 주거생활 및 생업에 편리할 것인지를 고려해야 한다. ⑤매립으로 인근 지방자치단체들 및 그 주민들은 그 인접 공유수면을 상실하게 되므로 이로 말미암아 잃게 되는 지방자치단체들의 해양 접근성에 대한 연혁적 · 현실적 이익 및 그 주

민들의 생활기반 내지 경제적 이익을 감안해야 한다.[26]

(3) 지방의회 의견수렴

지방자치단체의 폐치분합과 명칭변경 및 구역을 변경할 때에는 관계 지방자치단체의 의회의 의견청취를 통해 의견수렴을 하여야 한다. 그런데 2004년 주민투표제가 도입된 후로는 자치단체인 법인격에 변동을 가져오거나 주민에게 미치는 영향이 막대한 사안은 주민투표를 통해 주민의 의사를 확인하고 있다[27].

법률의 규정을 보면 문구가 '지방의회의 의견을 들어야 한다.'로만 되어있는바, 반드시 찬성을 받아야한다는 의미로 해석되지는 않는다. 그리고 이와 같은 지방의회의 의견과 주민투표의 결과가 입법자를 구속하는 구속력이 주어지지 않아 실제 많은 어려움을 겪고 있다.[28] 그러나 현실적으로 반대하는 의견이 많은 경우 정책의 민주적 정당성이 확보되지 못해 무산되는 경우가 발생한다.[29]

여기서 문제의 소지가 될 수 있는 것은 '매립지'의 경우인데 이에 대해 대법원은 "안전행정부장관은 공유수면 관리 및 매립에 관한 법률에 따른 매립지가 속할 지방자치단체를 지방자치법 제4조 제4항부터 제7항까지의 규정 및 절차에 따라 결정하면 되고, 관계 지방의회의 의견청취 절차를 반드시 거칠 필요는 없다."[30]고 판시하고 있다.

3) 자치단체의 변동현황

행자부가 매년 발표하는 통계를 살펴보면 지방자치단체의 폐지 · 분합은 자치단체 간 합의 또는 지역주민 및 지방의회의 찬성 등이 전제되어야 하므로 95년 이후 시군 통합 추진으로 설치된 도농복합형태의 시 설치 외에는 큰 폭으로 변동한 경우가 없다. 즉 95

26) 대법원 2013.11.14. 2010추73
27) (사례) 제주도 행정체제개편 주민투표, 청주 · 청원 통합 주민투표(2005년)
28) 자치단체의 폐지에 대한 이해관계자들의 참여 즉, 의견개진의 기회부여는 문제가 된 사항의 본질적 내용과 그 근거에 관하여 이해관계인에게 고지하고 그에 관한 의견의 진술기회를 부여함으로써 그 진술된 의견이 국회에 입법자료를 제공하는 기능을 하도록 하면 족하며, 입법자가 그 의견에 반드시 구속되는 것으로 볼 수는 없다(헌재 1995. 3. 23. 94헌마175)
29) 청주 · 청원 통합 주민투표(2005년) 결과 청원군의 반대가 많아서 결국 통합이 무산되었음.
30) 대법원 2013.11.14, 2010추73

년에는 79개 시·군을 통합하여 39개 도농복합형태의 시를 설치하여 94년 136개이던 군의 수가 85개로 51개가 감소하는 특징을 보였다.

시의 수는 소폭의 증가세를, 군의 수는 상대적으로 완만한 감소세를 보이고 있으며, 일반구는 2002년까지 감소세에 있다가 그 이후로는 증가세를 보이고 있다.

시의 수는 완만한 증가추세를 보이고 있으며, 이는 주로 수도권 지역의 인구증가, 도시화로 군이 시로 승격함에 따른 결과이며, 반대로 군은 도시화된 군의 시 승격으로 인해 감소세를 보이고 있는 것이다.

특히 2004년 이후 2006년 7월 출범된 제주특별자치도는 자치단체가 아닌 2개의 행정시(제주시, 서귀포시)만을 설치하여 기존의 4개 시.군(제주시, 서귀포시, 북제주군, 남제주군)이 폐지되고 2010년 마산·창원·진해가 통합되어 2004년 이후 변동이 없던 시·군의 수가 총 6개 감소하였다.

자치구의 수는 1998년에 울산광역시 설치에 따른 증가 외에는 기간 내 변동이 없었으며, 일반구는 자치구로의 전환('98, 울산), 인구감소에 따른 폐지('01, 마산), 인구 및 행정수요 증가에 따른 신설(안산, 수원, 고양, 용인, '08 천안), 통합에 따른 신설('10년 창원)에 따라 증감하였다.

읍과 면은 큰 변동이 없으며, 동은 1998년 지방행정 구조조정에 따른 과소동 통합에 의해 줄었으며, 2009년에는 전국 소규모 동 통폐합추진에 따라 13개 동이 감축되었다.

인구의 경우 2015년 1월 1일 기준 서울, 인천, 경기 등 '수도권'의 인구가 전체의 49.4%를 차지하고 있으며, 2014년과 인구를 비교해 볼 때, 서울·부산·대구, 대전을 제외한 광역시의 인구는 증가하였고, 도의 경우도 전북·전남을 제외하고는 증가하였다.

4) 구역변경

(1) 종류

자치행정의 효율성 증대 등을 이유로 구역변경이 필요한 경우가 있는데, 구역의 변경에는 지방자치단체의 전체 법인격을 수반하는 폐치·분합과 지방자치단체간의 경계를 변경하는 경계변경이 있다.

폐치 · 분합은 ① 하나의 지방자치단체를 폐지하고 그 구역을 인접한 다른 지방자치단체의 구역에 편입하는 폐지와 ② 지방자치단체 구역의 일부를 나누어 독자적으로 새로운 지방자치단체를 설립하기 위한 분립(分立) 혹은 설치, ③ 둘 이상의 지방자치단체를 합병하여 그 구역에 새로운 지방자치단체를 설립하는 통합(合體), ④ 기존 지방자치단체를 폐지하고 그 구역에 여러 개의 새로운 지방자치단체를 설립하는 분할 등으로 나눈다.

(2) 자치구가 아닌 구와 읍 · 면 · 동 등의 명칭과 행정구역 변경

자치구가 아닌 구와 읍 · 면 · 동 등의 명칭과 구역은 종전과 같이 하고 이를 폐지하거나 설치하거나 나누거나 합칠 때에는 행정자치부장관의 승인을 받아 그 지방자치단체의 조례로 정한다. 다만, 명칭과 구역의 변경은 그 지방자치단체의 조례로 정하고, 그 결과를 특별시장 · 광역시장 · 도지사에게 보고하여야 한다.

리의 구역은 자연 촌락을 기준으로 하되, 그 명칭과 구역은 종전과 같이 하고, 명칭과 구역을 변경하거나 리를 폐지하거나 설치하거나 나누거나 합칠 때에는 그 지방자치단체의 조례로 정한다.

인구 감소 등 행정여건 변화로 인하여 필요한 경우 그 지방자치단체의 조례로 정하는 바에 따라 2개 이상의 면을 하나의 면으로 운영하는 등 행정 운영상 면을 따로 둘 수 있고, 동 · 리에서는 행정 능률과 주민의 편의를 위하여 그 지방자치단체의 조례로 정하는 바에 따라 하나의 동 · 리를 2개 이상의 동 · 리로 운영하거나 2개 이상의 동 · 리를 하나의 동 · 리로 운영하는 등 행정 운영상 동 · 리를 따로 둘 수 있다.

행정동 · 리에 그 지방자치단체의 조례로 정하는 바에 따라 하부 조직을 둘 수 있다. 이에 따라 자치단체들은 통 · 반 등 하부조직을 설치하고 있으나, 이는 임의규정이므로 설치된 통 · 반을 조례로 폐지하는 것은 상위법에 저촉되지는 않는다.

(3) 구역변경에 따른 효과

지방자치단체의 경계변경이나 폐치 · 분합이 이루어지게 되면 지방자치단체간의 사무 및 재산의 승계, 소속기관의 구성과 조정, 예산조치, 자치법규의 효력, 결산 등 여러 가지에 영향을 미치게 된다. 따라서 지방자치법은 자치단체의 구역변경의 경우에 발생하는 법률효과를 규정하고 있다.

구역변경의 경우 새로 지역을 승계하게 된 지방자치단체는 그 사무와 재산을 승계하는 것이 원칙이며, 지역에 의하여 구분하기 어려운 경우는 광역자치단체의 경우는 행정자치부 장관이, 기초자치단체의 경우는 광역자치단체의 장이 그 사무와 재산의 한계 및 승계할 지방자치단체를 지정한다.

> **법 제5조(구역을 변경하거나 폐치 · 분합할 때의 사무와 재산의 승계)** ① 지방자치단체의 구역을 변경하거나 지방자치단체를 폐지하거나 설치하거나 나누거나 합칠 때에는 새로 그 지역을 관할하게 된 지방자치단체가 그 사무와 재산을 승계한다.
>
> ② 제1항의 경우에 지역에 의하여 지방자치단체의 사무와 재산을 구분하기 곤란하면 시 · 도에서는 행정자치부장관이, 시 · 군 및 자치구에서는 특별시장 · 광역시장 · 특별자치시장 · 도지사 · 특별자치도지사(이하 "시 · 도지사"라 한다)가 그 사무와 재산의 한계 및 승계할 지방자치단체를 지정한다.

여기서 '재산'에 채무가 포함되는지에 대해 논란이 있을 수 있는 바, 지방자치법 제142조 제1항 및 제3항의 규정 내용에 비추어 볼 때 '재산'이라 함은 현금 외의 모든 재산적 가치가 있는 물건 및 권리만을 말하는 것으로 채무는 이에 포함되지 않는다고 해석하는 것이 바람직하다.[31]

지방자치단체의 경계변경과 폐치 · 분합의 경우 주민은 새로이 관할하게 된 지방자치단체의 주민으로서의 지위를 누리고, 예산은 새로 지체 없이 편성하여야 하며, 결산은 없어진 지방자치단체의 경우 수입과 지출이 없어진 날로써 마감하고 사무를 인수한 지

31) 대법원 2008.02.01. 자2007카기65

방자치단체의 의회의 승인을 받아야 한다.

법 제131조의2(지방자치단체를 신설하는 때의 예산) ① 지방자치단체를 폐지하거나 설치하거나 나누거나 합쳐 새로운 지방자치단체가 설치된 경우에는 지체 없이 그 지방자치단체의 예산을 편성하여야 한다.

② 제1항의 경우에 해당 지방자치단체의 장은 예산이 성립될 때까지 필요한 경상적 수입과 지출을 할 수 있다. 이 경우 수입과 지출은 새로 성립될 예산에 포함시켜야 한다.

법 제134조의2(지방자치단체가 없어진 때의 결산) ① 지방자치단체를 폐지하거나 설치하거나 나누거나 합쳐 없어진 지방자치단체의 수입과 지출은 없어진 날로써 마감하되, 그 지방자치단체의 장이었던 사람이 이를 결산하여야 한다.

② 제1항의 결산은 제134조제1항에 따라 사무를 인수한 지방자치단체의 의회의 승인을 받아야 한다.

5) 사무소의 소재지

지방자치단체의 사무소의 소재지는 종전과 같다. 자치구가 아닌 구 및 읍 · 면 · 동의 경우에도 같다. 지방자치단체의 명칭 및 구역과 함께 주사무소의 소재지도 종전에 의하게 하는 이유는 이 모든 것이 역사적으로 형성된 것으로 계속성을 띠어왔기 때문이다. 또한 지방자치단체의 주사무소의 위치를 어디로 할 것이냐의 문제는 경제적 · 역사적 그리고 문화적으로 여러 가지 영향력을 지니는 일인 바, 이를 변경하는 것은 많은 이해관계의 대립이 있고 주민들의 불편도 고려되어야 하는바 쉽게 결정될 수 있는 것이 아니다.

법 제6조(사무소의 소재지) ① 지방자치단체의 사무소의 소재지와 자치구가 아닌 구 및 읍 · 면 · 동의 사무소의 소재지는 종전과 같이 하고, 이를 변경하거나 새로 설정하려면 지방자치단체의 조례로 정한다. 이 경우 면 · 동은 제4조의2제3항 및 제4항에 따른 행정면(行政面) · 행정동(行政洞)을 말한다.

② 제1항의 조례는 그 지방의회의 재적의원 과반수의 찬성을 받아야 한다.

지방자치단체의 사무소는 자치행정사무를 집행하는 장소이므로 행정서비스를 제공함에 있어 주민의 편의와 행정능률을 우선적으로 고려하여 소재지를 정하여야 할 것이다.

사무소의 소재지를 변경하거나 새로 설정하려면 지방자치단체의 조례로 정하여야 할 것이며, 그 조례의 경우 중요성을 감안하여 지방의회의 재적의원 과반수의 찬성을 받아야 한다.

6) 시 · 읍의 설치기준

시와 읍은 도시화된 지역으로 행정사무의 조직과 내용이 농촌 등과는 다를 수 밖에 없어 지방자치법은 시와 읍이 되기 위한 요건을 정하여 시나 읍의 증설을 방지하여 효율적인 행정을 수행하고자 한다.

법 제7조(시 · 읍의 설치기준 등) ① 시는 그 대부분이 도시의 형태를 갖추고 인구 5만 이상이 되어야 한다.

② 다음 각 호의 어느 하나에 해당하는 지역은 도농(都農) 복합형태의 시로 할 수 있다.

1. 제1항에 따라 설치된 시와 군을 통합한 지역
2. 인구 5만 이상의 도시 형태를 갖춘 지역이 있는 군
3. 인구 2만 이상의 도시 형태를 갖춘 2개 이상의 지역의 인구가 5만 이상인 군. 이 경우 군의 인구가 15만 이상으로서 대통령령으로 정하는 요건을 갖추어야 한다.
4. 국가의 정책으로 인하여 도시가 형성되고, 제115조에 따라 도의 출장소가 설치된 지역으로서 그 지역의 인구가 3만 이상이고, 인구 15만 이상의 도농 복합형태의 시의 일부인 지역

③ 읍은 그 대부분이 도시의 형태를 갖추고 인구 2만 이상이 되어야 한다. 다만, 다음 각 호의 어느 하나에 해당하면 인구 2만 미만인 경우에도 읍으로 할 수 있다.

1. 군사무소 소재지의 면
2. 읍이 없는 도농 복합형태의 시에서 그 면 중 1개 면

④ 시 · 읍의 설치에 관한 세부기준은 대통령령으로 정한다.

(1) 시(市)

① 시는 그 대부분이 도시의 형태를 갖추고 인구 5만 이상이 되는 지역 중 ⓐ 해당지역의 시가지를 구성하는 지역 안에 거주하는 인구의 비율이 전체인구의 60퍼센트 이상일 것, ⓑ 해당지역의 상업·공업, 그 밖의 도시적 산업에 종사하는 가구의 비율이 전체 가구의 60퍼센트 이상일 것, ⓒ 1인당 지방세납세액, 인구밀도 및 인구증가 경향이 행정자치부령[32]으로 정하는 기준 이상일 것의 요건을 갖추어야 한다.

② 도농복합시(都農複合市) 또는 도농통합시(都農統合市)란 도시(동) 지역과 농촌(읍, 면) 지역이 통합된 형태의 시를 말한다. 대한민국에서는 1995년 지방자치제의 시행으로 인해 시(市)와 주변 군(郡)을 통합하면서 많은 도농복합시가 탄생하였다. 1995년 1월1일 32개의 도농복합시가 탄생한 이후, 2013년 9월 23일 여주시, 2014년 7월 1일 통합 청주시가 출범하면서 현재 56개의 도농복합시가 탄생했다.

그리고 ⓐ 기존의 시와 군을 통합한 지역, ⓑ 인구 5만 이상의 도시형태를 갖춘 지역이 있는 군, ⓒ 인구 2만 이상의 도시형태를 갖춘 2개 이상의 지역의 인구가 5만 이상인 군(이 경우 군의 인구가 15만 이상으로서 대통령령으로 정하는 요건을 갖추어야 한다), ⓓ 국가의 정책으로 인하여 도시가 형성되고, 제115조에 따라 도의 출장소가 설치된 지역으로서 그 지역의 인구가 3만 이상이고, 인구 15만 이상의 도농복합형태의 시의 일부인 지역[33]은 도농복합형태의 시로 할 수 있다.

(2) 읍

읍은 대부분 도시의 형태를 갖추고 인구가 2만 이상이 되어야 한다. 다만 인구가 그 미만이더라도 군사무소 소재지의 면이나 읍이 없는 도농복합형태의 시에 있어서 그 면

32) 행정구역 조정업무 처리에 관한 규칙(행정자치부령 제1호) 제6조에 의하면 ① 1인당 지방세납세액이 인구 10만 이하인 시의 평균 이상일 것 ② 인구밀도가 10만 이하인 시(도농복합형태의 시는 제외한다)의 평균인구밀도보다 높을 것 ③ 인구증가 경향은 시가지를 구성하는 지역 내의 거주인구 및 상업·공업 기타 도시적 산업에 종사하는 가구가 최근 5년간 증가경향에 있을 것이다

33) 예를 들어 충남 계룡시가 있다

중 1개면인 경우에는 읍으로 할 수 있다.

(3) 특별시와 광역시

현재 우리나라 지방자치법은 시와 읍의 설치기준은 규정하고 있으나 특별시와 광역시의 설치기준은 규정하고 있지 않다. 과거에는 통상 인구가 100만 상회시 면적, 지리적 여건, 잔여지역에 미치는 영향, 재정자립도 등을 종합 검토하여 설치되었다.

5. 자치단체의 사무

1) 사무처리의 기본원칙

(1) 지방자치단체의 사무

지방자치법 제8조 제1항은 지방자치단체가 '그 사무'를 처리할 때의 사무처리 기본원칙을 규정하고 있다. 이 조항에 규정된 '그 사무'는 법 제9조에서 규정하고 있는 '관할구역의 자치사무'와 '법령에 따라 지방자치단체에 속하는 사무'를 말한다.

(2) 주민의 편의 및 복리증진의 원칙

지방자치의 목적은 헌법 제117조[34]에서 규정하듯이 주민의 복리증진이므로 지방자치단체의 사무처리도 그에 부합하도록 주민의 편의 및 복리에 부합하도록 하여야 한다. 즉 지방행정을 집행하면서 가장 최우선의 가치를 주민의 편의 및 복리를 증진하는 것에 두어서 행해야 할 것이다.

> 법 제8조(사무처리의 기본원칙) ① 지방자치단체는 그 사무를 처리할 때 주민의 편의와 복리증진을 위하여 노력하여야 한다.
> ② 지방자치단체는 조직과 운영을 합리적으로 하고 그 규모를 적정하게 유지하여야 한다.
> ③ 지방자치단체는 법령이나 상급 지방자치단체의 조례를 위반하여 그 사무를 처리할 수 없다.

---

34) 헌법 제117조 제1항에서 '지방자치단체는 주민의 복리에 관한 사무를 처리하고…'라고 규정됨

(3) 조직 및 운영의 합리화 원칙

지방자치단체는 주민의 부담을 바탕으로 존속하는 것이기 때문에 지방자치단체의 조직을 합리화하고 운영의 합리화를 위해 그 규모를 적정하게 유지하여야 한다. 조직의 합리화란 관할구역의 크기와 주민의 수, 경제적 상황과 사무의 범위 등을 고려하여 가장 적절한 규모와 조직을 유지하는 것이고 운영을 합리화하는 것은 능률적이고 경제적인 업무를 수행하는 것을 말한다고 할 수 있다.

(4) 법령 등에 부합하는 사무처리 원칙

지방자치단체는 국가와 더불어 하나의 통일적인 법질서를 형성하고 질서를 유지해야 하는 바 다른 지방자치단체나 국가와 달리 독립적으로 활동하는 존재가 아니다. 따라서 지방자치단체는 국가의 법령이나 상급 지방자치단체의 조례에 부합하도록 사무를 처리하여야 한다. 여기서 법령이란 앞서 법률체계에서 지적했듯이 헌법과 법률 그리고 행정입법으로 칭해지는 시행령과 시행규칙 즉 법규명령을 의미한다[35]고 보이며 이는 헌법 제117조 제1항에서 규정하는 '법령'의 의미와 동일한 것으로 해석된다.

여기서 문제의 소지가 있는 것은 지방자치단체의 명칭에서 '상급 지방자치단체'라는 표현을 규정하는 것이다. 즉 광역자치단체는 기초자치단체의 상급기관이 아니고 독립된 법인이므로 이는 바람직하지 못한 표현이며, 문리적으로 해석할 때 상급 지방자치단체의 '조례'만 위반해서는 안 되는 것으로 '규칙'은 위반해도 된다고 해석될 수 있는바, 지방자치법 제24조가 "시 · 군 및 자치구의 조례나 규칙은 시 · 도의 조례나 규칙을 위반해서는 안 된다."고 명시하고 있는 상황에서 처리원칙은 '조례'만 명시하여 규정하는 것도 형평에 맞지 않아 사후 입법보완이 필요한 부분이라 판단된다.

2) 지방자치단체의 사무범위

지방자치법 제9조 제1항은 "지방자치단체는 그 관할구역의 자치사무와 법령에 의하

35) 헌법재판소 2002.10.31. 2001헌라1

여 지방자치단체에 속하는 사무를 처리한다."고 규정하였다. 즉, 지방자치단체의 사무는 자치사무(고유사무)와 법령에 의하여 그 단체에 소속된 위임사무로 설명되어진다. 위임사무에는 단체위임사무와 기관위임사무가 있는 바, 기관위임사무란 국가 등이 지방자치단체의 장 기타의 기관에 대하여 위임한 사무이다. 기관위임사무는 국가의 사무가 지방자치단체의 장 등에게 위임된 것이므로 그 처리의 효과가 국가에 귀속되는 결론적으로 국가의 사무이다. 즉 지방자치단체의 장 기타의 기관은 기관위임사무를 처리하는 범위 안에서는 지방자치단체의 기관이 아니고, 그 사무를 위임한 국가 등의 기관의 지위에서 사무를 집행하는 것이다.

법 제9조(지방자치단체의 사무범위) ① 지방자치단체는 관할 구역의 자치사무와 법령에 따라 지방자치단체에 속하는 사무를 처리한다.

② 제1항에 따른 지방자치단체의 사무를 예시하면 다음 각 호와 같다. 다만, 법률에 이와 다른 규정이 있으면 그러하지 아니하다

1. 지방자치단체의 구역, 조직, 행정관리 등에 관한 사무
   가. 관할 구역 안 행정구역의 명칭 · 위치 및 구역의 조정
   나. 조례 · 규칙의 제정 · 개정 · 폐지 및 그 운영 · 관리
   다. 산하(傘下) 행정기관의 조직관리
   라. 산하 행정기관 및 단체의 지도 · 감독
   마. 소속 공무원의 인사 · 후생복지 및 교육
   바. 지방세 및 지방세 외 수입의 부과 및 징수
   사. 예산의 편성 · 집행 및 회계감사와 재산관리
   아. 행정장비관리, 행정전산화 및 행정관리개선
   자. 공유재산관리(公有財産管理)
   차. 가족관계등록 및 주민등록 관리
   카. 지방자치단체에 필요한 각종 조사 및 통계의 작성
2. 주민의 복지증진에 관한 사무

가. 주민복지에 관한 사업

나. 사회복지시설의 설치 · 운영 및 관리

다. 생활이 곤궁(困窮)한 자의 보호 및 지원

라. 노인 · 아동 · 심신장애인 · 청소년 및 여성의 보호와 복지증진

마. 보건진료기관의 설치 · 운영

바. 감염병과 그 밖의 질병의 예방과 방역

사. 묘지 · 화장장(火葬場) 및 납골당의 운영 · 관리

아. 공중접객업소의 위생을 개선하기 위한 지도

자. 청소, 오물의 수거 및 처리

차. 지방공기업의 설치 및 운영

3. 농림 · 상공업 등 산업 진흥에 관한 사무

가. 소류지(小溜池) · 보(洑) 등 농업용수시설의 설치 및 관리

나. 농산물 · 임산물 · 축산물 · 수산물의 생산 및 유통지원

다. 농업자재의 관리

라. 복합영농의 운영 · 지도

마. 농업 외 소득사업의 육성 · 지도

바. 농가 부업의 장려

사. 공유림 관리

아. 소규모 축산 개발사업 및 낙농 진흥사업

자. 가축전염병 예방

차. 지역산업의 육성 · 지원

카. 소비자 보호 및 저축 장려

타. 중소기업의 육성

파. 지역특화산업의 개발과 육성 · 지원

하. 우수토산품 개발과 관광민예품 개발

4. 지역개발과 주민의 생활환경시설의 설치 · 관리에 관한 사무

가. 지역개발사업

나. 지방 토목 · 건설사업의 시행

다. 도시계획사업의 시행

라. 지방도(地方道), 시군도의 신설 · 개수(改修) 및 유지

마. 주거생활환경 개선의 장려 및 지원

바. 농촌주택 개량 및 취락구조 개선

사. 자연보호활동

아. 지방하천 및 소하천의 관리

자. 상수도 · 하수도의 설치 및 관리

차. 간이급수시설의 설치 및 관리

카. 도립공원 · 군립공원 및 도시공원, 녹지 등 관광 · 휴양시설의 설치 및 관리

타. 지방 궤도사업의 경영

파. 주차장 · 교통표지 등 교통편의시설의 설치 및 관리

하. 재해대책의 수립 및 집행

거. 지역경제의 육성 및 지원

5. 교육 · 체육 · 문화 · 예술의 진흥에 관한 사무

가. 유아원 · 유치원 · 초등학교 · 중학교 · 고등학교 및 이에 준하는 각종 학교의 설치 · 운영 · 지도

나. 도서관 · 운동장 · 광장 · 체육관 · 박물관 · 공연장 · 미술관 · 음악당 등 공공교육 · 체육 · 문화시설의 설치 및 관리

다. 지방문화재의 지정 · 보존 및 관리

라. 지방문화 · 예술의 진흥

마. 지방문화 · 예술단체의 육성

6. 지역민방위 및 지방소방에 관한 사무

가. 지역 및 직장 민방위조직(의용소방대를 포함한다)의 편성과 운영 및 지도 · 감독

나. 지역의 화재예방 · 경계 · 진압 · 조사 및 구조 · 구급

(1) 관할구역의 자치사무

'자치사무'란 그 지방자치단체의 고유사무를 뜻하는 것으로 지방자치단체가 자기의 책임과 부담하에 자치단체의 존립유지 또는 주민의 복지증진을 위하여 처리하는 사무이며, 지방자치단체의 본래적 사무라는 의미에서 고유사무라고도 한다. 자치사무에 관하여는 그 자치단체가 그 시행여부를 자주적으로 결정할 수 있음을 원칙으로 하고 있으나 법령에 의하여 사무처리 의무가 부과되는 경우도 있어 자치사무를 임의적 사무(또는 수의(隨意)적 사무)와 필요적 사무로 개념상 구분하기도 한다. 임의적 사무란 그 자치단체가 그 시행여부를 임의로 결정할 수 있는 자치사무를 말하고, 필요적 사무란 법령에 의하여 그 시행이 자치단체의 사무로 규정되어 있는 자치사무를 의미한다.[36)]

그런데 법 제9조제2항에서 '제1항에 따른 지방자치단체의 사무를 예시하면'이라고 규정하고 있는데 제1항에서 '법령에 따라 지방자치단체에 속하는 사무'는 그 법령에서 정해질 것이므로 제2항에서 예시하는 사무는 자치사무의 예로 보아도 무리가 없을 듯하다. 그러나 이 중에서도 개별법령에서 국가사무로 정하고 있다면 그것은 당연히 국가사무이므로 이 규정이 절대적일 수는 없음을 알 수 있다. 자치사무는 국가의 적극적 감독이 배제되고 소요경비도 자치단체 자체로 충당해야 하는 특징이 있다.

(2) 단체위임사무

단체위임사무는 본래 법률에서 국가나 광역지방자치단체의 사무로 규정하고 있는데 이 법률을 집행하는 법규명령에서 즉 대통령령이나 부령에서 그 사무를 다시 광역자치단체나 기초자치단체로 위임하여 수행할 수 있도록 하는 사무들을 말한다[37)]. 즉 단체위임사무는 국가사무를 광역자치단체 또는 기초자치단체에게 위임된 것과 광역자치단체 사무를 기초자치단체에 위임된 것으로 나누어질 수 있다. 일반적으로 위임사무라 함은 이 단체위임사무를 뜻한다. 이 단체위임사무에 대해 지방자치법의 문구를 보면 '법령에

36) 지방자치법 제9조에서 규정하고 있는 사무는 자치사무와 단체위임사무를 구분하지 아니하고 포괄해서 규정하고 있음.

37) 홍정선, 행정법원론(하), 박영사, p215

따라 지방자치단체에 속하는 사무'[38], '지방자치단체가 위임받아 처리하는 국가사무'[39] 등으로 표현되고 있으나 실제 자치사무와 구분이 어렵고 현재 이에 대한 사례를 찾아보기도 힘들다.

단체위임사무의 예시

- 시 · 군의 국세 및 도세징수사무(국세징수법 제8조, 지방세법 제53조)
- 시 · 도의 하천 보수 · 유지사무(하천법 제16조)
- 하천점용료 또는 사용료의 징수 사무(하천법 제33조)
- 국도의 유지 · 보수사무(도로법 제24조제1항, 제56조)
- 국도점용료 징수사무(도로법 제43조)
- 생활보호 사무(생활보호법) 등

다만 단체위임사무는 수임지방자치단체가 그 사무를 수행할 의무만 질 뿐이지만, 수임지방자치단체의 이름과 권한으로 수행하며 소송상 피고적격도 수임지방자치단체의 장이 갖는다. 그리고 소요되는 비용도 위임기관과 해당 자치단체가 분담하는 것이 원칙이며 위임기관이 위임한 사무에 대해서는 자치사무보다는 광범위한 감독이 허용된다.

(3) 기관위임사무

기관위임사무는 본래 법률에서 국가나 광역지방자치단체의 사무로 규정하고 있는데 이 법률을 집행하는 법규명령에서 즉 대통령령이나 부령에서 그 사무를 다시 광역자치단체의 장이나 기초자치단체의 장에게 위임하여 수행할 수 있도록 하는 사무들을 말한다[40]. 법 제102조 및 제103조, 행정권한의 위임 및 위탁에 관한 규정 제4조에서 그 근거를 찾을 수 있다.

기관위임사무는 지방자치단체의 장이 국가의 하나의 기관으로 수행하는 사무이므로 수행의무만 지닐 뿐 권한이 없어 반드시 법적 근거가 필요하다. 수임의 주체는 위임기

38) 지방자치법 제9조제1항
39) 지방자치법 제167조제1항
40) 홍정선, 행정법원론(하), 박영사, p219

관의 또 하나의 집행기관에 불과하므로 지방의회가 원칙적으로 관여할 수 없고 조례도 제정할 수 없으며, 소요되는 비용도 전액 위임기관이 부담하는 것이 원칙이다. 따라서 가장 광범위한 감독권이 이루어진다.

그리고 이렇게 국가가 지방자치단체장에게 기관위임한 사무의 경우는 지방자치단체의 장이 기관위임사무를 처리하는 것에 대해여 지방자치단체의 장을 상대로 취소소송을 제기하는 것은 허용되지 않는다고 할 것이다[41].

지방자치단체의 사무 유형 및 구분

구분	자치사무	단체위임사무	기관위임사무
정의	• 주민복리 등 자기 책임하에 처리하는 고유사무	• 법령에 의해 자치단체에 위임된 사무	• 법령에 의해 단체장에게 위임된 사무
법적 근거	• §9①"지방자치단체는 그 관할 구역의 자치사무를 … 처리한다."	• §9① "지방자치단체는 …법령에 의하여 지방자치단체에 속하는 사무를 처리한다."	• §102 "시도와 시군구에서 시행하는 국가사무는… 시·도지사와 시장·군수·구청장에게 위임하여 행한다."
경비 부담	• 지방비+국가장려적 보조금	• 지방비+국가 부담금	• 전액 국가 부담
의회 관여	• 가능	• 가능(조례제정권 포함)	• 불가능 (단, 국회 등이 감사하기로 한 부문 이외의 사항에 대해 가능)
국가 감독	• 소극적 위법성 감독 • §166 조언·권고, 자료요구 • §169 위법한 명령의 시정 • §171 보고, 위법사항 감사 • §172 재의요구지시, 제소	• 포괄적 합목적성 감독	• 포괄적 합목적성 감독 • §167 지도 및 감독 • §170 직무이행명령, 대집행 • §172 재의요구지시, 제소 ※위임위탁규정 §6취소·정지

41) 국가가 국토이용계획과 관련한 지방자치단체의 장의 기관위임사무의 처리에 관하여 지방자치단체의 장을 상대로 취소소송을 제기하는 것은 허용되지 않는다(대법원 2007.9.20. 2005두6935)

규정 형식	• "시도지사는 …을 하여야 한다."	• "시도에 …을 위임한다."	• "시도지사에게 …을 위임 한다."
사례	• 학교급식시설의 지원에 관한 사무(96추84)	• 판례 없음	• 골재채취업등록 및 골재 채취허가 사무(2004추34)

그런데, 법령상 지방자치단체의 장이 처리하도록 규정하고 있는 사무가 자치사무인지 아니면 기관위임사무에 해당하는지 판단하기가 쉽지 않은 게 현실이다. 판례는 법령의 규정 형식과 취지를 우선 고려하여야 할 것이지만, 그 외에도 그 사무의 성질이 전국적으로 통일적인 처리가 요구되는 사무인지 여부나 그에 관한 경비부담과 최종적인 책임귀속 주체 등도 아울러 고려하여 판단하여야 한다는 입장이다[42].

3) 지방자치단체의 사무배분

(1) 의의

행정사무의 배분이란 각종의 행정사무를 국가와 광역지방자치단체인 시·도 및 기초지방자치단체인 시·군·구에 분담시켜 그 사무처리에 관한 권한 및 책임을 부여하는 것을 말한다. 행정사무의 배분에는 그 처리를 위한 권한 및 책임의 배분이 수반되는 것이기 때문에 이를 기능배분이라고도 한다.

사무배분의 문제는 지방행정상의 계층구조와 밀접한 관련을 가진다. 즉 우리나라와 같이 지방자치계층이 2층 구조인 경우에는 국가-광역자치단체-기초자치단체(시·군·구)사이의 3원적으로 사무가 배분되는 것이다. 이에 따라 지방자치법 제9조 및 제10조에서는 국가와 지방자치단체 사이의 사무배분의 기준뿐만 아니라 시·도와 시·군·자치구 사이의 사무배분의 기준에 관하여도 규정하고 있다.

일본에서는 개개의 지방자치단체별로 사무배분을 하지는 아니하나 일반법인 지방자

42) 법령상 지방자치단체의 장이 처리하도록 하고 있는 사무가 자치사무인지, 기관위임사무에 해당하는지 여부를 판단함에 있어서는 그에 관한 법령의 규정 형식과 취지를 우선 고려하여야 할 것이지만 그 외에도 그 사무의 성질이 전국적으로 통일적인 처리가 요구되는 사무인지 여부나 그에 관한 경비부담과 최종적인 책임귀속의 주체 등도 아울러 고려하여 판단하여야 한다(대법원 2003. 4. 22. 2002두10483, 대법원 2009. 6. 11. 2008도6530)

치법에서 광역자치단체가 처리할 사무와 기초지방자치단체가 처리할 사무 및 자치단체의 장에게 위임할 기관위임사무를 예시하여 일괄 배정하는 이른바 예시적 개괄수권(槪括授權)방식을 채택하고 있는데 이것도 절충방식의 하나라 할 수 있다.

우리나라에서도 지방자치법 제9조 및 제10조에서 일본의 예에 따라 광역자치단체와 기초자치단체가 처리할 사무를 예시하여 일괄 배정하는 '예시적 개괄수권방식'을 채택하고 있다.

> **법 제10조(지방자치단체의 종류별 사무배분기준)** ① 제9조에 따른 지방자치단체의 사무를 지방자치단체의 종류별로 배분하는 기준은 다음 각 호와 같다. 다만, 제9조제2항제1호의 사무는 각 지방자치단체에 공통된 사무로 한다.
> 1. 시 · 도
>   가. 행정처리 결과가 2개 이상의 시 · 군 및 자치구에 미치는 광역적 사무
>   나. 시 · 도 단위로 동일한 기준에 따라 처리되어야 할 성질의 사무
>   다. 지역적 특성을 살리면서 시 · 도 단위로 통일성을 유지할 필요가 있는 사무
>   라. 국가와 시 · 군 및 자치구 사이의 연락 · 조정 등의 사무
>   마. 시 · 군 및 자치구가 독자적으로 처리하기에 부적당한 사무
>   바. 2개 이상의 시 · 군 및 자치구가 공동으로 설치하는 것이 적당하다고 인정되는 규모의 시설을 설치하고 관리하는 사무
> 2. 시 · 군 및 자치구
> 제1호에서 시 · 도가 처리하는 것으로 되어 있는 사무를 제외한 사무. 다만, 인구 50만 이상의 시에 대하여는 도가 처리하는 사무의 일부를 직접 처리하게 할 수 있다.
> ② 제1항의 배분기준에 따른 지방자치단체의 종류별 사무는 대통령령으로 정한다.
> ③ 시 · 도와 시 · 군 및 자치구는 사무를 처리할 때 서로 경합하지 아니하도록 하여야 하며, 사무가 서로 경합하면 시 · 군 및 자치구에서 먼저 처리한다.

(2) 사무배분의 원칙[43]

국가와 지방자치단체간의 사무(기능)배분은 지방자치법 제1조에서 밝힌 바와 같이 지

---

43) 和田英夫, 現代地方自治論, 評論社, 1965, p247-249

방자치행정의 민주성과 능률성이 최대한 발휘되고 지방의 균형적인 발전과 국가의 민주적 발전이 이루어질 수 있도록 배분되고 집행되어야 할 것이다. 사무배분의 원칙은 관점에 따라 약간씩 차이가 있을 수 있으나 일반적으로 현지성 · 경제성 · 책임성 · 종합성 등에 사무배분의 기준을 두고 있다.

① 현지성의 원칙

이 원칙은 현지주민의 기본수요와 욕구를 행정에 반영할 수 있도록 주민과 가까운 행정계층에 그 기능을 우선적으로 배분하여야 한다는 것으로 지역주민에 밀착된 사무는 기초자치단체가 담당하게 된다.

② 경제성의 원칙

중앙정부는 계획이나 기준을 설정하고 지방자치단체는 집행기능을 분담하여 지역적 특성이 반영될 수 있도록 기능을 배분해야 한다는 원칙으로 행정능률의 원칙이라고도 한다.

③ 책임성의 원칙

이 원칙은 행정사무에 대한 권한과 책임이 일치될 수 있도록 사무주체, 감독관계 및 경비부담 등을 고려하여 배분해야 한다는 것이다.

④ 종합성의 원칙

광범위하고 다양한 각 분야의 시책을 지역단위에서 종합하여 수행할 수 있도록 배분하여야 하는 것으로 행정의 종합조정기능을 강조하는 원칙이다.

(3) 사무배분의 기준

지방자치법 제10조에서는 광역자치단체인 시 · 도, 그리고 기초자치단체인 시 · 군 · 구에 대한 사무에 대하여 규정하고 있으며, 동법 제11조에서는 지방자치단체가 처리할 수 없는 국가사무로 7개 유형을 열거하고, 동법 제9조에서는 지방자치단체의 사무범위를 정하고 있다.

지방자치법에서 정한 사무배분기준을 중심으로 국가와 지방자치단체의 종류별 사무배분기준을 정리하면 다음과 같다.

법 제11조(국가사무의 처리제한) 지방자치단체는 다음 각 호에 해당하는 국가사무를 처리할 수 없다. 다만, 법률에 이와 다른 규정이 있는 경우에는 국가사무를 처리할 수 있다.

1. 외교, 국방, 사법(司法), 국세 등 국가의 존립에 필요한 사무
2. 물가정책, 금융정책, 수출입정책 등 전국적으로 통일적 처리를 요하는 사무
3. 농산물 · 임산물 · 축산물 · 수산물 및 양곡의 수급조절과 수출입 등 전국적 규모의 사무
4. 국가종합경제개발계획, 국가하천, 국유림, 국토종합개발계획, 지정항만, 고속국도 · 일반국도, 국립공원 등 전국적 규모나 이와 비슷한 규모의 사무
5. 근로기준, 측량단위 등 전국적으로 기준을 통일하고 조정하여야 할 필요가 있는 사무
6. 우편, 철도 등 전국적 규모나 이와 비슷한 규모의 사무
7. 고도의 기술을 요하는 검사 · 시험 · 연구, 항공관리, 기상행정, 원자력개발 등 지방자치단체의 기술과 재정능력으로 감당하기 어려운 사무

① 국가사무

국가사무는 국가의 존립유지 및 전국적인 통일을 요하는 주요정책에 관한 사무로서 다음과 같다.

가. 외교, 국방, 사법, 국세 등 국가의 존립에 필요한 사무

나. 물가정책, 금융정책, 수출입정책 등 전국적으로 통일적 처리를 요하는 사무

다. 농림 · 축 · 수산물 및 양곡의 수급조절과 수출입 등 전국적 규모의 사무

라. 국가종합경제개발계획, 직할하천, 국유림, 국토종합개발계획, 지정항만, 고속도로, 일반국도, 국립공원 등 전국적 규모 또는 이와 비슷한 규모의 사무

마. 근로기준, 측량단위 등 전국적으로 기준의 통일 및 조정을 요하는 사무

바. 우편, 철도 등 전국적 규모 또는 이와 비슷한 규모의 사무

사. 고도의 기술을 요하는 검사 · 시험 · 연구, 항공관리, 기상행정, 원자력개발 등 지방자치단체의 기술 및 재정능력으로 감당하기 어려운 사무

② 시 · 도사무

시 · 도의 사무는 일반적으로 시 · 군 · 자치구의 구역을 초월하는 사무로서 국가와 시 · 군 · 자치구의 중간적 단체로서 지도적 · 보완적 사무를 배분한다.

가. 행정처리 결과가 2개 이상의 시 · 군 및 자치구에 미치는 광역적 사무

나. 시 · 도 단위로 동일한 기준에 따라 처리되어야 할 성질의 사무

다. 지역적 특성을 살리면서 시 · 도 단위로 통일성을 유지할 필요가 있는 사무

라. 국가와 시 · 군 및 자치구간의 연락 · 조정 등의 사무

마. 시 · 군 및 자치구가 독자적으로 처리하기에는 부적당한 사무

바. 2개 이상 시 · 군 및 자치구가 공동으로 설치하는 것이 적당하다고 인정되는 규모의 시설의 설치 및 관리에 관한 사무 등이다.

③ 시 · 군 및 자치구사무

자치사무 중에서 시 · 도의 조정 통제가 불필요하고 주민편의상 현지에서 처리하는 것이 효율적인 사무를 배분한다.

가. 집행적 사무 : 사무처리가 관할 시 · 군 · 구에 미치는 집행사무(지방세징수,인 · 허가사무 등)

나. 주민편익사무 : 지역주민에 대한 직접적 봉사사무(민원사무, 청소사무 등)

다. 주민복지사무 : 주민의 후생 복리증진을 위한 사무(영세민구호사무, 보건사무, 아동복지사무 등)

라. 시설관리사무 : 주민을 위한 각종 시설유지 관리사무(사회복지시설운영, 도서관관리) 등이다.

④ 인구 50만 이상의 시의 사무특례

인구 50만 이상의 시(지방자치법 제3조 제3항의 규정에 의하여 자치구가 아닌 구를 설치할 수 있는 시)에 대해서는 도가 처리하는 사무의 일부를 직접 처리하게 할 수 있도록 되어 있으며(지방자치법 제10조 제21항 제2호), 동법시행령 제10조 제2항 별표3에

서 이를 예시하였고, 다만, 다른 법령에 이와 다른 규정이 있는 경우에는 그러하지 아니하도록 하고 있다.

⑤ 자치구 사무의 특례

자치구의 자치권의 범위는 법령으로 시·군과 다르게 정할 수 있도록 되어 있으며, 지방자치법시행령 제9조 및 별표 2는 자치구가 처리하지 않고 특별시·광역시에서 처리하는 사무의 특례를 인정하고 있다.

제2장

주 민

제2장

주 민

1. 의의

주민은 지방자치단체의 성립에 있어 불가결한 인적요소로 지방자치단체의 구역 안에 주소를 가진 자를 말한다.

> **법 제12조(주민의 자격)** 지방자치단체의 구역 안에 주소를 가진 자는 그 지방자치단체의 주민이 된다.

다른 법률에 특별한 규정이 없으면 주민등록법에 다른 주민등록지를 공법 관계에서의 주소로 한다[44]. 따라서 지방자치단체의 구성원인 주민이 되는 것은 공법관계의 문제이니 지방자치법상의 주민은 당해 지방자치단체의 구역 안에 주민등록법에 따른 주민등록지를 가진 자를 말한다. 다시 말해 해당 구역 내에 주소를 가지면 누구나 그 자치단체의 주민이 되는 것이지 적극적 의사나 별다른 행정행위를 요하지 않는다. 이와 관련하여 주민등록법 제6조제1항은 '30일 이상 거주할 목적으로 그 관할구역 안에 주소 또는 거소' 즉 주거지를 가진 자로서 주민등록법에 의하여 등록을 한 자를 주민으로 정하고 있다.

이와 관련하여 판례는 "주민등록법 제6조 제1항이 규정하는 주민등록 대상자의 요건

44) 주민등록법 제23조제1항

인 '30일 이상 거주할 목적으로 그 관할구역 안에 주소 또는 거소를 가질 것'이란 단순히 외형상 그러한 요건을 갖춘 경우를 말하는 것이 아니라, 주민등록법의 입법목적과 주민등록의 법률상 효과 및 지방자치의 이념에 부합하는 실질적 의미에서의 거주지를 갖춘 경우를 의미하는 것이고, 주민등록을 담당하는 행정청으로서는 주민등록 대상자가 이러한 실질적 요건을 갖추지 못하였다고 볼 만한 특별한 사정이 있는 경우에는 그 등록을 거부할 수 있다고 보아야 한다[45]."고 그 의견을 판시하고 있다. 또 주민등록의 신고는 행정청에 도달하기만 하면 신고로서의 효력을 발생하는 것이 아니라 행정청이 수리한 경우에 비로소 신고의 효력이 발생한다[46].

여기서 '주소'라는 것이 주민등록법상 주소인지 아니면 민법상의 주소인지에 따라 외국인이나 법인도 주민이 될 수 있는지를 해석하는 데 관건이 된다. 그러나 '주소'를 주민등록법상 주소로 보는 경우의 문제점은 주민등록법상 외국인은 주민등록을 할 수 없으므로 외국인은 지방자치법상 주민 자격이 없게 되는 것이다.

지방세법상 '주민세'도 관할 구역 안에 주소를 둔 개인과 법인에 대하여 부과하고, 실무상 외국인에게도 주민세를 부과하고 있는데, 같은 공법(公法)이면서도 주민의 개념에 차이가 있게 되는 문제가 발생한다. 또한, 주민등록법상 주소를 지방자치법상 주소로 보는 경우에는 법인을 주민 개념에 포섭하기 곤란한 부분이 있다.

한편, 지방자치법에서도 '주민'과 '국민인 주민'을 구분하여 사용하고 있는데, 주민등록법상 주소는 당연히 대한민국 국적 소지자에게만 부여되는 것으로서 지방자치법에서 별도로 '국민인 주민'으로 표현할 필요가 없다.

2. 주민의 권리

주민은 지방자치단체에 대하여 여러 가지의 개인적 공권(公權)을 가진다. 개인적 공

45) 서울행법 2007.11.23, 선고, 2007구합22009,
46) 대판 2009. 1.30, 2006다 17850

권이란 개인이 공법상 자기의 고유한 이익을 추구하기 위하여 행정주체에 대하여 일정한 행위를 요구할 수 있도록 개인에게 주어진 법적인 힘을 말한다[47]. 뿐만 아니라 개인적 공권은 행정권에 대하여 일정한 행위를 의무지우는 공법규정이 공익(公益)뿐만 아니라 사익(私益)에도 기여하고 있을 때 존재하므로 개인적 공권은 주관적 권리이며 법규의 집합인 객관적인 법은 아니라고 보여진다.

법 제13조(주민의 권리) ① 주민은 법령으로 정하는 바에 따라 소속 지방자치단체의 재산과 공공시설을 이용할 권리와 그 지방자치단체로부터 균등하게 행정의 혜택을 받을 권리를 가진다.

② 국민인 주민은 법령으로 정하는 바에 따라 그 지방자치단체에서 실시하는 지방의회 의원과 지방자치단체의 장의 선거(이하 "지방선거"라 한다)에 참여할 권리를 가진다.

1) 재산 및 공공시설 이용권

(1) 재산 및 공공시설의 정의

지방자치단체의 주민은 법령이 정하는 바에 의하여 소속 지방자치단체의 재산과 공공시설을 이용할 권리를 가진다. 이에 대해서는 지방자치법 제 142조제3항에서 '재산'이란 현금 외의 모든 재산적 가치가 있는 물건과 권리를 말하며, 이와 달리 정의규정은 없으나 '공공시설'은 주민의 복지를 증진할 목적으로 지방자치단체가 설치한 시설을 말한다. 일반적으로 공공시설의 종류에는 ① 교통시설 : 교통 신호등, 도로, 버스 터미널, 기차역, 지하철역, 공항, 여객선 터미널, 자전거 전용 도로 등, ② 여가시설 : 공원, 놀이터, 공설 운동장 등, ③ 통신시설 : 전화국, 우체국, 공중전화 등, ④ 문화시설 : 음악회장, 문화예술회관, 도서관, 박물관, 마을 회관, ⑤ 구민회관, 시민회관 등, ⑥ 의료시설 : 보건소 등, ⑦ 기타 공중 화장실 등이 있다.

이와 관련하여 지방자치법은 제13조에서는 주민의 공공시설이용권을 규정하고, 제144조에서 공공시설을 설치할 수 있는 근거를 정하며 제146조에서 지방공기업의 설

47) Loeser, System des Verwaltungsrechts, Bd. 1, S.308.

치 · 운영을 규정하고 있다, 따라서 '공공시설'은 법 제144조와 제146조를 모두 포함하는 넓은 의미로 해석될 수 있을 것이다.

재산과 공공시설이 같은 개념인지 다른 개념인지에 대해서는 논란이 있을 수 있으나, 큰 실익은 없다고 판단된다.

(2) 이용권의 주체

공공시설의 이용권자는 주민이다. 비주민에게도 관내의 공공시설의 이용이 허용되기는 하지만 제한될 수 있다. 여기서 주민은 자연인뿐만 아니라 법인도 포함되며 그 지방자치단체의 구역 내에 토지나 영업소를 가진 자도 유사한 공공시설이용권을 갖는다고 볼 수 있을 것이다.

(3) 이용권의 성질과 범위

주민의 공공시설이용권이 권리인지 반사적 이익인지 논란이 있을 수 있다. 그러나 정당한 이유 없이 이용이 거부되면 보장을 요구할 수 있는 청구권을 개인이 갖는다고 보일 때 이 공공시설이용권은 권리 특히 개인적 공권으로 보아야 하는 것이 바람직하다.

(4) 이용권의 한계

공공시설의 목적, 수용능력, 공공시설의 유지 및 관리 등을 위하여 법령(조례 및 규칙을 포함한다)이 정하는 경우에는 이용권리, 이용횟수, 이용방법 등의 제한을 가할 수 있다.

법 제144조(공공시설) ① 지방자치단체는 주민의 복지를 증진하기 위하여 공공시설을 설치할 수 있다.

② 제1항의 공공시설의 설치와 관리에 관하여 다른 법령에 규정이 없으면 조례로 정한다.

③ 제1항의 공공시설은 관계 지방자치단체의 동의를 받아 그 지방자치단체의 구역 밖에 설치할 수 있다.

2) 균등하게 행정의 혜택을 받을 권리

주민은 소속 지방자치단체로부터 균등하게 행정서비스, 공적부조 또는 자금지원 등 지방자치단체가 주민복리증진을 위하여 제공하는 모든 행정역무(行政役務)에 대하여 성별, 신분 등에 따른 차별 없이 동일한 자격으로 평등하게 혜택을 받을 권리를 가진다.

대법원은 이 조항의 해석과 관련하여 "지방자치법 제13조 제1항은 주민이 지방자치단체로부터 행정적 혜택을 균등하게 받을 수 있다는 권리를 추상적이고 선언적으로 규정한 것으로 위 규정에 의하여 주민이 지방자치단체에 대하여 구체적이고 특정한 권리가 발생하는 것이 아닐 뿐만 아니라, 지방자치단체가 주민에 대하여 균등한 행정적 혜택을 부여할 구체적인 법적 의무가 발생하는 것도 아니므로, 조례안으로 인하여 주민들 가운데 일정한 조건에 해당하는 일부 주민이 지원을 받게 되는 혜택이 발생하였다고 하여 위 조례안이 지방자치법 제13조 제1항에 위반한 것이라고 볼 수는 없다."[48]고 판시하여 이용권의 성질이 구체적으로 요구할 수 있는 것이 아니라 추상적이며 선언적이라는 성격을 밝히고 있다.

3) 선거권

국민인 주민은 법령으로 정하는 자에 따라 그 지방자치단체에서 실시하는 지방의회의원과 지방자치단체의 장의 선거에 참여할 권리를 가진다.

(1) 선거권

다음 각 호의 어느 하나에 해당하는 자는 그 구역에서 선거하는 지방자치단체의 의회의원 및 장의 선거권이 있다(공직선거법 제15조).

① 19세 이상의 국민으로서 공직선거법 제37조(명부작성)제1항의 선거인명부작성기준일 현재 그 지방자치단체의 관할 구역 안에 주민등록이 되어있는 자

② 출입국관리법 제10조(체류자격)의 규정에 따른 영주의 체류자격 취득일 후 3년이

48) 대판 2008. 6.12, 2007추42

경과한 19세 이상의 외국인으로서 제37조제1항의 선거인명부작성기준일 현재 출입국관리법 제34조(외국인등록표등의 작성 및 관리)의 규정에 따라 그 지방자치단체의 외국인등록대장에 등재된 자 그러나 공직선거법 제18조[49]의 규정에 의한 결격사유가 없어야 한다.

(2) 피선거권

주민의 피선거권은 선거일 현재 60일 이상 해당 지방자치단체 관할구역 안에 주민등록이 되어있는 25세 이상인 주민으로서 일정한 법정요건을 충족하면 지방의원이나 지방자치단체장으로 선거될 수 있다. 이 경우 60일의 기간은 폐치 · 분합 또는 구역변경에 의하여 중단되지 않는다. 지방자치단체의 사무소 소재지가 다른 자치단체의 관할구역 안에 있어 해당 자치단체의 장의 주민등록이 그 다른 자치단체의 관할구역 안에 있게 된 대에는 당해 자치단체의 관할구역 안에 주민등록이 되어 있는 것으로 본다. 다만 공직선거법 제19조의 결격사유에 해당하지 않아야 한다.[50]

---

49) 공직선거법 제18조 (선거권이 없는 자)

① 선거일 현재 다음 각 호의 어느 하나에 해당하는 자는 선거권이 없다.

1. 금치산선고를 받은 자
2. 금고 이상의 형의 선고를 받고 그 집행이 종료되지 아니하거나 그 집행을 받지 아니하기로 확정되지 아니한 자
3. 선거범, 정치자금법 제45조(정치자금부정수수죄) 및 제49조(선거비용 관련 위반행위에 관한 벌칙)에 규정된 죄를 범한 자 또는 대통령 · 국회의원 · 지방의회의원 · 지방자치단체의 장으로서 그 재임중의 직무와 관련하여 형법(특정범죄가중처벌 등에 관한 법률 제2조에 의하여 가중처벌되는 경우를 포함한다) 제129조(수뢰, 사전수뢰) 내지 제132조(알선수뢰) · 특정범죄가중처벌 등에 관한 법률 제3조(알선수재)에 규정된 죄를 범한 자로서, 100만 원 이상의 벌금형의 선고를 받고 그 형이 확정된 후 5년 또는 형의 집행유예의 선고를 받고 그 형이 확정된 후 10년을 경과하지 아니하거나 징역형의 선고를 받고 그 집행을 받지 아니하기로 확정된 후 또는 그 형의 집행이 종료되거나 면제된 후 10년을 경과하지 아니한 자(형이 실효된 자도 포함한다)
4. 법원의 판결 또는 다른 법률에 의하여 선거권이 정지 또는 상실된 자

50) 공직선거법 제16조제2항, 제3항, 제17조

주민의 직접참여방법

구분	주민발의	주민감사	주민투표	주민소송	주민참여예산	주민소환
근거	지방자치법 제15조	지방자치법 제16조	지방자치법 제14조	지방자치법 제17조	지방재정법 제39조	지방자치법 제16조
법률			주민투표법			주민소환법
제정 (시행)	1999.8 (2000.3)	1999.8 (2000.3)	2004.1 (2004.7)	2005.1 (2006.1)	2005.8 (2006.1)	2006.5 (2007.5)
취지	주민의 의사를 반영한 조례의 제 · 개정	지방행정 예산편성과 집행에 대한 주민감사	지방행정에 대한 견제와 감독	주민의 공동이익 보호	예산편성 시 주민수요와 의견반영	선출직에 대한 주민통제

4) 주민투표권

(1) 의의

주민투표는 주민들이 선출한 대표자들이 잘못된 판단이나 오류로 주민에게 큰 피해나 영향을 미칠 수 있을 경우에 이를 시정하기 위하여 주민들이 직접 의사표시를 하는 제도 중의 하나이다. 우리나라 지방자치법은 주민에게 과도한 부담을 주거나 중대한 영향을 미치는 지방자치단체의 주요 결정사항에 대하여 지방자치단체의 장이 주민투표를 붙일 수 있도록 명문화하고 있다.

법 제14조(주민투표) ① 지방자치단체의 장은 주민에게 과도한 부담을 주거나 중대한 영향을 미치는 지방자치단체의 주요 결정사항 등에 대하여 주민투표에 부칠 수 있다.
② 주민투표의 대상 · 발의자 · 발의요건, 그 밖에 투표절차 등에 관한 사항은 따로 법률로 정한다.

주민투표법이 제정되기 전에는 주민투표의 개념에 대해서는 이제껏 주민이 지방자치단체의 권한에 속하는 사항을 직접 결정하는 제도[51]로 설명되어지면서 법적구속력에

51) 김영삼, 주민참정제도에 관한 고찰, 허경교수 회갑기념논문집, 1999, P416

대한 논란이 있기도 했으나[52] 주민투표법이 제정되어 시행되면서 주민투표는 주민의 의사가 지방자치단체를 구속하는 법적인 효력을 부여하였다.

이와 관련 하여 주민투표법이 제정되기 전에 헌법재판소에 제기한 입법부작위위법확인소송[53]에서 헌재는 "헌법 제117조 및 제118조가 보장하고 있는 본질적인 내용은 자치단체의 보장, 자치기능의 보장 및 자치사무의 보장으로 어디까지나 지방자치단체의 자치권으로 헌법은 지역 주민들이 자신들이 선출한 자치단체의 장과 지방의회를 통하여 자치사무를 처리할 수 있는 대의제 또는 대표제 지방자치를 보장하고 있을 뿐이지 주민투표에 대하여는 어떠한 규정도 두고 있지 않다. 따라서 우리의 지방자치법이 비록 주민에게 주민투표권(제13조의2)과 조례의 제정 및 개폐청구권(제13조의3) 및 감사청구권(제13조의4)을 부여함으로써 주민이 지방자치사무에 직접 참여할 수 있는 길을 열어 놓고 있다 하더라도 이러한 제도는 어디까지나 입법자의 결단에 의하여 채택된 것일 뿐, 헌법이 이러한 제도의 도입을 보장하고 있는 것은 아니다. 그러므로 지방자치법 제13조의2가 주민투표의 법률적 근거를 마련하면서, 주민투표에 관련된 구체적 절차와 사항에 관하여는 따로 법률로 정하도록 하였다고 하더라도 주민투표에 관련된 구체적인 절차와 사항에 대하여 입법하여야 할 헌법상 의무가 국회에게 발생하였다고 할 수는 없다."고 판시하였다.[54]

(2) 주민투표권의 성질

우리나라 헌법은 간접적인 참정권으로 선거권(헌법 제24조), 공무담임권(헌법 제25조)을, 직접적인 참정권으로 국민투표권(헌법 제72조, 제130조)을 규정하고 있을 뿐 주민투표권을 기본권으로 규정하고 있지는 않다. 또한 우리 헌법은 제117조, 제118조에서 지방자치단체의 자치를 제도적으로 보장하고 있으나 이에 따라 보장되는 내용은 자치단체의 설치와 존속 그리고 그 자치기능 및 자치사무로서 이는 어디까지나 지방자치단체

52) 지방자치법주해, 지방자치법학회, 박영사, P78
53) 부작위위법확인소송은 부작위가 위법하다는 것을 확인하는 소송으로, 이 경우는 법을 만들어야 하는 의무가 있는데 만들지 않고 있는 상태가 위법하다는 것을 확인하는 것임.
54) 헌재 2001. 6.28, 2000헌마735

의 자치권의 본질적 사항에 관한 것이다.[55] 그러므로 자치사무의 처리에 주민들이 직접 참여하는 것을 의미하는 주민투표권을 헌법상 보장되는 기본권이라고 하거나 헌법 제37조 제1항의 '헌법에 열거되지 아니한 권리'의 하나로 보기는 어려워 보인다.

법은 주민에게 주민투표권(제13조의2), 조례의 제정 및 개폐청구권(제13조의3), 감사청구권(제13조의4) 등을 부여함으로써 주민이 지방자치사무에 직접 참여할 수 있는 길을 일부 열어 놓고 있지만 이러한 제도는 어디까지나 입법에 의하여 채택된 것일 뿐 헌법에 의하여 이러한 제도의 도입이 보장되고 있는 것은 아니라고 보이는바, 주민투표권은 법률이 보장하는 권리일 뿐이지 헌법이 보장하는 기본권 또는 헌법상 제도적으로 보장되는 주관적 공권으로 볼 수 없다.[56]

(3) 주민투표의 대상

주민에게 과도한 부담을 주거나 중대한 영향을 미치는 지방자치단체의 주요 결정사항에 대해서는 지방자치단체장은 주민투표를 부칠 수 있다.다만 예산 및 재산관리에 관한 사항, 조세에 관한 사항, 행정기구의 설치 · 변경에 관한 사항 등 주민투표에 부치기에 부적합한 사항은 대상에서 제외한다. 금지대상에 관하여 주민이 주민투표의 실시를 청구할 경우 단체장이 대표자증명서를 발급하지 않을 수 있으며, 주민투표청구심의회의 의결을 통해 각하되므로 서명수집 자체가 불가능하게 된다.

주민투표법 제7조(주민투표의 대상) ① 주민에게 과도한 부담을 주거나 중대한 영향을 미치는 지방자치단체의 주요결정사항으로서 그 지방자치단체의 조례로 정하는 사항은 주민투표에 부칠 수 있다.

② 제1항의 규정에 불구하고 다음 각 호의 사항은 이를 주민투표에 부칠 수 없다.

1. 법령에 위반되거나 재판중인 사항
2. 국가 또는 다른 지방자치단체의 권한 또는 사무에 속하는 사항

---

55) 헌재 1994. 12. 29. 94헌마201,

56) 헌재 2001. 6. 28. 2000헌마735

3. 지방자치단체의 예산 · 회계 · 계약 및 재산관리에 관한 사항과 지방세 · 사용료 · 수수료 · 분담금 등 각종 공과금의 부과 또는 감면에 관한 사항
4. 행정기구의 설치 · 변경에 관한 사항과 공무원의 인사 · 정원 등 신분과 보수에 관한 사항
5. 다른 법률에 의하여 주민대표가 직접 의사결정주체로서 참여할 수 있는 공공시설의 설치에 관한 사항. 다만, 제9조제5항의 규정에 의하여 지방의회가 주민투표의 실시를 청구하는 경우에는 그러하지 아니하다.
6. 동일한 사항(그 사항과 취지가 동일한 경우를 포함한다)에 대하여 주민투표가 실시된 후 2년이 경과되지 아니한 사항

이와 관련하여 '공공기관의 지방이전사업'은 주민투표의 대상사무인 지방자치단체의 자치사무가 아닌 국가사무에 해당하여 주민투표의 대상이 되지 않는다는 판례를 찾아 볼 수 있다[57].

조례로 규정한 대상 예시

서울특별시 조례

1. 다수 주민의 이용에 제공하기 위한 주요공공시설의 설치 및 관리에 관한 사항[58]
2. 주민투표법 제7조제2항제5호 에 따른 사항을 제외하고 다른 법률에 주민의 의견을 듣도록 한 사항
3. 그 밖에 주민의 복리 · 안전 등에 중대한 영향을 미치는 주요결정사항

경기도 조례

1. 다수 주민의 이용에 제공하기 위한 주요공공시설의 설치 및 관리에 관한 사항
2. 도와 민간이 공동출자하는 대규모 사업 등 주민에게 과도한 부담을 주는 사항
3. 주민투표법 제7조제2항제5호에서 규정된 사항을 제외하고 그 밖에 다른 법률에 의하여 주민의 의견을 듣도록 한 사항
4. 그 밖에 주민의 복리 · 안전 등에 중대한 영향을 미치는 주요 결정사항

57) 광주지방법원 2005구합4441
58) 지방자치단체가 설치 · 운영하는 환경 · 문화 · 체육시설로 하수처리장 쓰레기소각매립장, 청소

(4) 주민투표절차

주민투표절차

주민투표 청구권자 총수공표	지방자치단체의 장은 전년도 12월 31일 현재 주민투표청구권자 총수*를 산정하여 매년 1월 10일까지 공표(법 §9) *주민등록표, 재외국민의 국내거소신고표, 외국인등록표에 따라 산정
⬇	
청구인대표자 증명서 교부신청	청구인대표자는 인적사항과 주민투표청구의 취지 및 이유 등을 기재하여 지방자치단체의 장에게 청구인대표자증명서 교부 신청(법 §10) 지방자치단체의 장은 청구인대표자가 주민투표청구권자인지를 확인 후 청구인대표자증명서를 교부하고 그 사실을 공표(법 §10) 청구인대표자는 다른 주민투표청구권자에게 서면으로 서명요청권 위임 가능(법 §10)
⬇	
서명요청	청구인대표자와 서명요청권 수임자는 조례가 정하는 서명요청 기간(시도는 180일 이내, 시군구 90일 이내) 동안 주민투표청구권자를 대상으로 청구인명부에 서명 요청(법 §10) 서명자는 청구인서명부에 성명, 서명일자, 서명 등 기재 ※주민투표청구권자 1/20~1/5 이상의 서명 필요(조례로 정함)
⬇	
주민투표 청 구	청구인대표자는 서명요청기간이 만료되는 날부터 10일(광역) 또는 5일(기초) 이내에 지방자치단체의 장에게 주민투표청구서와 청구인 서명부 제출(법 §12) 지방자치단체의 장은 서명부의 유효서명 확인 후 투표청구사실 등을 공표하고 서명부 열람기간 및 시간장소를 공고(법 §12)
⬇	

년구민회관, 도서관, 장애인 · 노인복지시설 등

청구인 서명부 열람 및 이의신청	지방자치단체의 장은 청구인서명부 또는 사본을 7일간 공개된 장소에 비치 열람(법 §12) 서명에 이의가 있는 자는 열람기간 내에 지방자치단체장에게 서면으로 이의신청 지방자치단체장은 열람기간 종료일부터 14일 이내에 심사결정하고, 이를 즉시 청구인대표자와 이의신청인에게 통지(법 §12) 무효서명으로 판정되어 주민투표청구 주민수에 미달하는 경우, 조례로 정하는 기간 내에 보정(법 §12)

↓

청구수리 결 정	투표청구요건 등에 관하여 심사 후 수리 또는 각하(법 §12) 각하 시 단체장은 그 사유를 공표, 청구인대표자에게 통지(법 §12) 수리하는 경우에는 주민투표 실시(법 §13) 단체장 직권 및 지방의회 청구에 의한 주민투표의 경우 단체장 : 지방의회 재적의원 과반수 출석, 출석과반수 동의 필요 지방의회 : 과반수 출석과 출석의원 2/3 이상의 찬성 필요

↓

주민투표 발 의	지방자치단체의 장은 주민투표 청구요지를 공표하고, 관할선관위에 통지 지방자치단체의 장은 공표일로부터 7일 이내에 투표일과 주민 투표안을 공고발의(법 §13) ※지방자치단체 관할구역 전부 또는 일부에 공선법에 따른 선거가 실시되는 때에는 선거일 전 60일부터 선거일까지 주민투표 발의 불가

↓

투표인명부 작성확정	시군구의 장은 투표인명부작성기준일(투표일 전 19일)부터 5일 이내에 투표인명부와 부재자신고인명부 작성(법 §6) 투표인명부 작성기간 만료일의 다음날부터 3일간 명부열람 및 이의신청, 불복신청, 명부 누락자의 구제절차 등을 거쳐 명부확정(법 §6)

↓

주민투표 실 시	투표실시 및 관리는 관할선관위가 담당(법 §3) 주민투표 실시구역은 관할구역 전체이나, 특정지역 또는 주민에게만 이해관계가 있는 사항인 경우에 지방자치단체장이 지방의회의 동의를 얻어 관계 시군구 또는 읍면동을 대상으로 실시 가능(법 §16) ※ 투표일은 발의일부터 20~30일 범위 내에서 지방자치단체의 장이 관할선관위와 협의하여 지정(법 §16)
개표 및 투표결과 확 정	개표관리는 관할선관위가 담당(법 §3) 주민투표권자 총수의 1/3 이상의 투표와 유효투표수 과반수의 득표로 확정(법 §24) ※ 국가정책에 관한 주민투표인 경우에는 적용 배제 전체 투표수가 주민투표권자 총수의 1/3에 미달 시 미개표(법 §24) ※ 관할선관위는 개표결과 또는 미개표를 공표하고 지방자치 단체장에게 통지
불복절차	주민투표의 효력에 관하여 이의가 있는 주민투표권자는 관할 선관위위원장을 피소청인으로 주민투표권자 총수의 1/100 이상의 서명을 받아 투표결과가 공표된 날부터 14일 이내에 시도는 중앙선관위, 구시군은 시도 선관위에 소청(법 §25) 소청결정에 불복 시 관할선관위위원장을 피고로 그 결정서를 받은 날부터 10일 이내에 시도는 대법원, 구시군은 고등법원에 소 제기(법 §25)
재 투 표	주민투표의 일부 또는 전부무효 판결이 확정된 때에는 그 날부터 20일 이내에 무효로 된 투표구의 재투표 실시(법 §26) 이 경우 투표일은 늦어도 투표일전 7일까지 공고

(5) 주민투표의 결과

주민투표에 부쳐진 사항은 주민투표권자 3분의 1 이상의 투표와 과반수의 득표로 확정되며, 지방자치단체는 그 확정된 내용대로 행정 · 재정상의 조치를 위하여야 한다. 지방자치단체의 장 및 지방의회는 주민투표결과 확정된 사항에 대하여 2년 이내에는 이를 변경하거나 새로운 결정을 할 수 없다. 다만, 제1항 단서의 규정에 의하여 찬성과 반대 양자를 모두 수용하지 아니하거나 양자택일의 대상이 되는 사항 모두를 선택하지 아니하기로 확정된 때에는 그러하지 아니하다.

(6) 주민투표 현황

주민투표현황

-2014년 10월 기준-

주민투표명	실시지역	투표율(%)	개표결과(%)		투표결과	청구권자
제주도 행정구조 개편 ('05.7.27)	제주도	36.7	단일광역자치안	57.0	단일광역 자치안 채택	행정자치부 장관
			현행유지안	43.0		
청주·청원 통합 ('05.9.29)	충북 청주시	35.5	찬성	91.3	통합무산 (청원군 반대)	행정자치부 장관
			반대	8.7		
	충북 청원군	42.2	찬성	46.5		
			반대	53.5		
중·저준위 방사성폐기물 처분 시설 유치 ('05.11.2)	전북 군산시	70.2	찬성	84.4	경주시 선정	산업자원부 장관
			반대	15.6		
	경북 포항시	47.7	찬성	67.5		
			반대	32.5		
	경북 경주시	70.8	찬성	89.5		
			반대	10.5		
	경북 영덕군	80.2	찬성	79.3		
			반대	20.7		
서울시 무상급식지원범위 ('11.8.24)	서울시	25.7	소득하위 50%의 학생을 대상으로 2014년까지 단계적으로 실시		투표권자 1/3미만 투표로 미개표	서울시민 (1/20이상 .5%)
			소득 구분 없이 모든 학생을 대상으로 초등학교는 '11년부터, 중학교는 '12년부터 전면적으로 실시			

영주시 면사무소 이전관련 ('11.12.7)	경북 영주시 평은면 *실시지역 제한	39.2	영주시 평은면 평은리 산78번지 강동리 산 19번지 일대	91.7	평은리 일대 선정	영주 시민 (1/9 이상 .11%)
			영주시 평은면 오운리 산59번지,산57-16번지 일대	8.3		
청원·청주 통합 ('12.6.27)	충북 청원군	36.8	찬성	79.0	통합찬성 확인	행정안전부 장관
			반대	21.0		
남해 화력발전소 유치동의서 제출 ('12.10.17)	경남 남해군	53.2	찬성	48.9	유치반대	남해 군수
			반대	51.1		
완주·전주 통합 ('13.6.26)	전북 완주군	53.2 *사전투표 (20.11%)	찬성	44.7	통합반대 확인	안전행정부 장관
			반대	55.3		

5) 조례제정(制定) 및 개폐(改廢)청구권

(1) 의의

지방자치단체의 주민이 일정한 요건하에 해당 지방자치단체장에게 조례를 제정하거나 개정하거나 폐지할 것을 청구할 수 있는 권리를 조례제정개폐청구권이라 한다.

주민이 행정에 참여할 수 있는 수단은 청원, 진정, 주민제안 등 여러 가지가있겠으나, 조례 제정 및 개폐청구제도는 어떤 사안에 대하여 주민이 집단적으로 서명하여 청구하고, 그 청구는 반드시 의회에서 심의되어야 한다는 면에서 다른 참여제도와 다소 차이가 있다. 이 제도는 주민투표제와는 달리 여전히 해당 사안에 대한 최종 결정권이 지방의회에 있다는 점에서 커다란 차이가 있다.

법 제15조(조례의 제정과 개폐 청구) ① 19세 이상의 주민으로서 다음 각 호의 어느 하나에 해당하는 사람(공직선거법 제18조에 따른 선거권이 없는 자는 제외한다. 이하 이 조 및 제16조에서 "19세 이상의 주민"이라 한다)은 시 · 도와 제175조에 따른 인구 50만 이상 대도시에서는 19세 이상 주민 총수의 100분의 1 이상 70분의 1 이하, 시 · 군 및 자치구에서는 19세 이상 주민 총수의 50분의 1 이상 20분의 1 이하의 범위에서 지방자치단체의 조례로 정하는 19세 이상의 주민 수 이상의 연서(連署)로 해당 지방자치단체의 장에게 조례를 제정하거나 개정하거나 폐지할 것을 청구할 수 있다.

1. 해당 지방자치단체의 관할 구역에 주민등록이 되어 있는 사람
2. 재외동포의 출입국과 법적 지위에 관한 법률 제6조제1항에 따라 해당 지방자치단체의 국내거소신고인명부에 올라 있는 국민
3. 출입국관리법 제10조에 따른 영주의 체류자격 취득일 후 3년이 경과한 외국인으로서 같은 법 제34조에 따라 해당 지방자치단체의 외국인등록대장에 올라 있는 사람

② 다음 각 호의 사항은 제1항에 따른 청구대상에서 제외한다.

1. 법령을 위반하는 사항
2. 지방세 · 사용료 · 수수료 · 부담금의 부과 · 징수 또는 감면에 관한 사항
3. 행정기구를 설치하거나 변경하는 것에 관한 사항이나 공공시설의 설치를 반대하는 사항

③ 지방자치단체의 19세 이상의 주민이 제1항에 따라 조례를 제정하거나 개정하거나 폐지할 것을 청구하려면 청구인의 대표자를 선정하여 청구인명부에 적어야 하며, 청구인의 대표자는 조례의 제정안 · 개정안 및 폐지안(이하 "주민청구조례안"이라 한다)을 작성하여 제출하여야 한다.

④ 지방자치단체의 장은 제1항에 따른 청구를 받으면 청구를 받은 날부터 5일 이내에 그 내용을 공표하여야 하며, 청구를 공표한 날부터 10일간 청구인명부나 그 사본을 공개된 장소에 갖추어두어 열람할 수 있도록 하여야 한다.

⑤ 청구인명부의 서명에 관하여 이의가 있는 자는 제4항에 따른 열람기간에 해당 지방자치단체의 장에게 이의를 신청할 수 있다.

⑥ 지방자치단체의 장은 제5항에 따른 이의신청을 받으면 제4항에 따른 열람기간이 끝난 날부터 14일 이내에 심사 · 결정하되, 그 신청이 이유 있다고 결정한 때에는 청구인명부를 수정하고, 이를 이의신청을 한 자와 제3항에 따른 청구인의 대표자에게 알려야 하며, 그 이의신청이 이유 없다고 결정한 때에는 그 뜻을 즉시 이의신청을 한 자에게 알려야 한다.

⑦ 지방자치단체의 장은 제5항에 따른 이의신청이 없는 경우 또는 제5항에 따라 제기된 모든 이의신청에 대하여 제6항에 따른 결정이 끝난 경우 제1항 및 제2항에 따른

요건을 갖춘 때에는 청구를 수리하고, 그러하지 아니한 때에는 청구를 각하하되, 수리 또는 각하 사실을 청구인의 대표자에게 알려야 한다.

⑧ 지방자치단체의 장은 제7항에 따라 청구를 각하하려면 청구인의 대표자에게 의견을 제출할 기회를 주어야 한다.

⑨ 지방자치단체의 장은 제7항에 따라 청구를 수리한 날부터 60일 이내에 주민청구조례안을 지방의회에 부의하여야 하며, 그 결과를 청구인의 대표자에게 알려야 한다.

⑩ 제1항에 따른 19세 이상의 주민 총수는 전년도 12월 31일 현재의 주민등록표 및 재외국민국내거소신고표, 외국인등록표에 의하여 산정한다.

⑪ 조례의 제정 · 개정 및 폐지 청구에 관하여 그 밖에 필요한 사항은 대통령령으로 정한다.

(2) 연혁

구(舊) 지방자치법 제140조는 지방자치단체의 조례 또는 자치단체장의 명령이 헌법이나 법률과 같은 상위법에 위배된다고 인정될 때 주민 100인 이상의 연서로 상급행정청에게 소청할 수 있는 주민소청제도가 있어 주민의 직접참여제도를 보장하였으나 1989년 전면개정된 지방자치법은 주민의 직접참여를 규정하지 않았다.

그 이후 1994년에 주민투표제도가 지방자치법에 신설되었고, 1999년 8월 지방자치법의 개정으로 주민의 조례제정개폐청구권과 주민감사청구권이 도입되어 현재에 이르고 있다.

(3) 청구대상 및 청구권자

① 청구대상

주민이 제개정 또는 폐지를 청구할 수 있는 조례는 원칙적으로 제한이 없다. 즉 조례로 규정할 수 있는 모든 사항이 청구할 수 있는 대상이 되는 것이다. 다만 법규정에 의하여 다음과 같은 사항은 제 · 개정을 청구할 수 없다

가. 법령을 위반하는 사항

나. 지방세 · 사용료 · 수수료 · 부담금의 부과 · 징수 또는 감면에 관한 사항
다. 행정기구의 설치 · 변경에 관한 사항이나 공공시설의 설치를 반대하는 사항

② 청구권자

조례 제정 및 개폐를 청구할 수 있는 주민의 자격은 19세 이상의 주민으로 다음 각 호의 어느 하나에 속하는 사람이라야 한다. 그리고 이들은 공직선거법상 결격사유(금치산자, 범법자 등)가 없어야 한다.

가. 해당 지방자치단체의 관할 구역에 주민등록이 되어 있는 사람
나. 재외동포의 출입국과 법적 지위에 관한 법률 제6조제1항에 따라 해당 지방자치단체의 국내거소신고인명부에 올라 있는 국민
다. 출입국관리법 제10조에 따른 영주의 체류자격 취득일 후 3년이 경과한 외국인으로서 같은 법 제34조에 따라 해당 지방자치단체의 외국인등록대장에 올라 있는 사람

조례 제정 및 개폐청구제도는 어느 한 사람이 청구했다고 해서 되는 것이 아니고 일정 수 이상의 주민의 서명이 필요하다. 지방자치단체의 19세 이상의 주민(공직선거법 제18조의 규정에 의한 선거권이 없는 자는 제외한다)은 시 · 도 및 인구 50만 이상 대도시에 있어서는 19세 이상 주민 총수의 100분의 1 이상 70분의 1 이하, 시 · 군 및 자치구에 있어서는 19세 이상 주민 총수의 50분의 1 이상 20분의 1 이하의 범위 안에서 그 지방자치단체의 조례로 정하는 19세 이상의 주민 수 이상의 연서로 그 지방자치단체의 장에게 조례의 제정이나 개폐를 청구할 수 있다. 그런데, '19세 이상 주민 총수의 20분의 1'이라고 하는 경우에 주민총수는 전출입이나 출생 등으로 수시로 변하고 서명수집 기간에도 변하기 때문에 어떠한 특정 시점의 주민 총수로 고정할 필요가 있는바, 우리 지방자치법에서는 전년도 12월 31일 현재 주민총수를 기준으로 하도록 하고 있다.

(4) 청구절차

① 청구인명부 · 조례안의 제출

주민이 조례를 제정하거나 개정하거나 폐지할 것을 청구하려면 청구인의 대표자를 선정하여 청구인명부에 적어야하며, 청구인의 대표자는 주민청구조례안을 작성하여 제출하여야 한다.

② 공람

지방자치단체의 장은 조례제개정 청구를 받으면 청구를 받은 날부터 5일 이내에 그 내용을 공표하여야 하며, 청구를 공표한 날부터 10일간 청구인명부나 그 사본을 공개된 장소에 갖추어 두어 열람할 수 있도록 하여야 한다.

③ 이의신청

청구인명부의 서명에 관하여 이의가 있는 자는 열람기간에 지방자치단체의 장에게 이의를 신청할 수 있다. 이의신청은 청구인명부의 서명에 관해서이지 청구의 내용과는 아무런 상관이 없다.

④ 청구의 각하 · 수리의 통지

지방자치단체의 장은 이의신청이 없는 경우 또는 모든 이의신청에 대하여 청구를 수리 또는 각하하여 청구인의 대표자에게 알려야 한다.

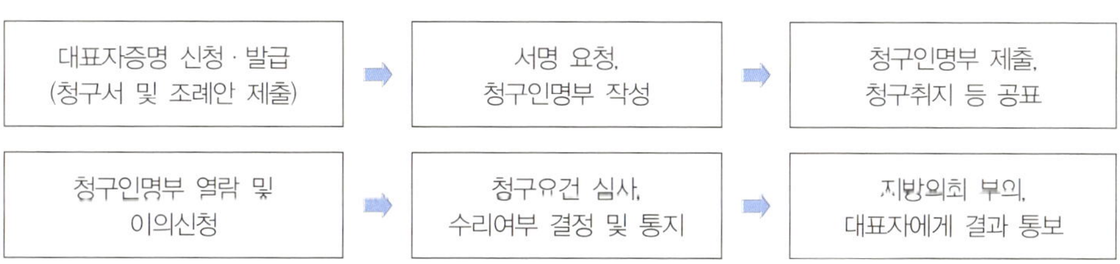

(5) 지방의회에 부의

지방자치단체의 장은 청구를 수리한 날부터 60일 이내에 주민청구조례안을 지방의회에 부의하여야 하며, 지방의회는 의결하기 전에 청구인의 대표자를 회의에 참석시켜 그 청구취지를 들을 수 있다.

> 법 제15조의2(주민청구조례안의 심사절차) ① 지방자치단체의 장은 제15조에 따라 청구된 주민청구조례안에 대하여 의견이 있으면 제15조제9항에 따라 주민청구조례안을 지방의회에 부의할 때 그 의견을 첨부할 수 있다.
>
> ② 지방의회는 심사 안건으로 부쳐진 주민청구조례안을 의결하기 전에 청구인의 대표자를 회의에 참석시켜 그 청구취지(청구인의 대표자와의 질의 · 답변을 포함한다)를 들을 수 있다.
>
> ③ 제2항에 따른 주민청구조례안의 심사절차에 관하여 필요한 사항은 지방의회 회의규칙으로 정한다.

(6) 현황

주민조례 제정 · 개폐청구 현황을 살펴보면[59] 2000년부터 시행되어 2014년까지 총 213건이 청구되었으며, 원안의결 · 수정의결 등 가결 109건(51.2%), 부결 27건(12.7%), 각하 철회 폐기 71건(33.3%), 진행중 6건(2.8%)이다.

청구건수가 급증한 '03~'05년은 학교급식 지원조례가 각각 38 · 19 · 32건이 청구된 결과이며, '10년은 총 15건 중 학교무상급식조례가 9건이다. 청구건수는 '06년부터 급감하여 지역 현안 등에 따라 청구되는 추세에 있다.

※ 125건('03~'05년) → 15건('10년) → 6건('11년) → 5건('12년) → 7건('13년) → 6건('14년)

6) 주민감사청구권

(1) 의의

지방자치단체의 주민의 일정한 수의 연서로 시 · 도에서는 주무부장관에게, 시 · 군 및 자치구에서는 시 · 도지사에게 그 지방자치단체와 그 장의 권한에 속하는 사무의 처리가 법령에 위반되거나 공익을 현저히 해친다고 인정되면 감사를 청구할 수 있는 권리를 가진다. 이러한 주민감사청구제도는 지방행정에 대한 주민의 참여제도로서 주민에

59) 2015년 2월 행자부 자료

의한 자치행정의 감시기능과 주민의 권익보호의 기능을 가진다.

유사한 제도로 청원법상 청원제도는 주민은 공무원의 비위시정 등을 요구할 수 있었으나, 이러한 청원제도를 통해 권리를 구제받거나 부정비리를 모두 감시하는 데는 한계가 있고, 감사청구제도는 조례제정 및 개폐청구제도와 마찬가지로 다수 주민의 집약된 의사라는 점, 그리고 해당기관의 상급기관이 감사를 한다는 점에서 청원제도보다는 훨씬 실효성이 크다 할 것이다.

이 제도는 1998년 신설되어 2000년 3월 1일부터 시행하게 되었고, 2006년 1월 1일 도입된 '주민소송제'의 전제조건으로 주민감사청구를 요구[60]하고 있다.

(2) 청구의 당사자

① 청구권자

감사를 청구할 수 있는 자격은 19세 이상의 주민으로 시 · 도는 500명, 서울특별시와 광역시를 제외한 인구 50만 이상 대도시는 300명, 그 밖의 시 · 군 및 자치구는 200명을 넘지 아니하는 범위에서 그 지방자치단체의 조례로 정하는 19세 이상의 주민 수 이상의 연서(連署)로 가능하다. 19세 이사의 주민총수는 전년도 12월 31일 현재의 주민등록표 및 재외국민국내거소신고표, 외국인등록표에 의하여 산정한다.

② 청구의 상대방

감사청구의 상대방은 해당 지방자치단체의 감독청이다. 즉 시 · 도에서는 주무부장관이, 시 · 군 및 자치구에서는 시 · 도지사가 그 감사청구의 상대방이 된다.

③ 청구의 대상

지방자치단체와 그 장의 권한에 속하는 사무의 처리가 법령에 위반되거나 공익을 현저히 해친다고 인정되는 사항이 주민감사청구의 대상이 된다. 다만 해당 사안이 수사 또는 재판중인 경우, 개인의 사생활을 침해할 우려가 있는 사항, 다른 기관에서 이미 감사를 실시하였거나 감사중인 사항, 동일한 사항에 대하여 주민소송이 계속 중이거나

60) '감사청구전치주의'라고도 한다.

그 판결이 확정된 사항은 제외된다.

감사를 청구함에 있어서 감사의 대상이 된 '사무'는 자치사무는 물론 기관위임사무와 단체위임사무 모두를 포함한다고 보아야 할 것이다. 또한 감사청구의 대상이 된 사무가 감사청구인들의 권리를 직접적으로 침해할 필요는 없다는 것이 자신의 법률상 이익이 침해된 자가 제기할 수 있는 행정심판이나 소송제도와 차별을 보이고 있다.

주민감사청구의 대상을 명시하면서 대상이 되지 않는 사항을 열거하고 있는데 수사나 재판에 관여하게 되는 사항은 사법절차의 공정성을 확보하기 위한 것으로 판단되며, 개인의 사생활을 침해할 우려가 있는 사항은 개인의 권리나 이익이 침해되는 것을 미리 방지하기 위한 것으로 인정된다.

법 제16조(주민의 감사청구) ① 지방자치단체의 19세 이상의 주민은 시 · 도는 500명, 제175조에 따른 인구 50만 이상 대도시는 300명, 그 밖의 시 · 군 및 자치구는 200명을 넘지 아니하는 범위에서 그 지방자치단체의 조례로 정하는 19세 이상의 주민 수 이상의 연서(連署)로, 시 · 도에서는 주무부장관에게, 시 · 군 및 자치구에서는 시 · 도지사에게 그 지방자치단체와 그 장의 권한에 속하는 사무의 처리가 법령에 위반되거나 공익을 현저히 해친다고 인정되면 감사를 청구할 수 있다. 다만, 다음 각 호의 어느 하나에 해당하는 사항은 감사청구의 대상에서 제외한다.

1. 수사나 재판에 관여하게 되는 사항
2. 개인의 사생활을 침해할 우려가 있는 사항
3. 다른 기관에서 감사하였거나 감사 중인 사항. 다만, 다른 기관에서 감사한 사항이라도 새로운 사항이 발견되거나 중요 사항이 감사에서 누락된 경우와 제17조제1항에 따라 주민소송의 대상이 되는 경우에는 그러하지 아니하다.
4. 동일한 사항에 대하여 제17조제2항 각 호의 어느 하나에 해당하는 소송이 진행 중이거나 그 판결이 확정된 사항

② 제1항에 따른 청구는 사무처리가 있었던 날이나 끝난 날부터 2년이 지나면 제기할 수 없다.

③ 주무부장관이나 시 · 도지사는 감사청구를 수리한 날부터 60일 이내에 감사청구된

사항에 대하여 감사를 끝내야 하며, 감사결과를 청구인의 대표자와 해당 지방자치단체의 장에게 서면으로 알리고, 공표하여야 한다. 다만, 그 기간에 감사를 끝내기가 어려운 정당한 사유가 있으면 그 기간을 연장할 수 있다. 이 경우 이를 미리 청구인의 대표자와 해당 지방자치단체의 장에게 알리고, 공표하여야 한다.

④ 주무부장관이나 시 · 도지사는 주민이 감사를 청구한 사항이 다른 기관에서 이미 감사한 사항이거나 감사 중인 사항이면 그 기관에서 실시한 감사결과 또는 감사 중인 사실과 감사가 끝난 후 그 결과를 알리겠다는 사실을 청구인의 대표자와 해당 기관에 지체 없이 알려야 한다.

⑤ 주무부장관이나 시 · 도지사는 주민 감사청구를 처리(각하를 포함한다)할 때 청구인의 대표자에게 반드시 증거 제출 및 의견 진술의 기회를 주어야 한다.

⑥ 주무부장관이나 시 · 도지사는 제3항에 따른 감사결과에 따라 기간을 정하여 해당 지방자치단체의 장에게 필요한 조치를 요구할 수 있다. 이 경우 그 지방자치단체의 장은 이를 성실히 이행하여야 하고 그 조치결과를 지방의회와 주무부장관 또는 시 · 도지사에게 보고하여야 한다.

⑦ 주무부장관이나 시 · 도지사는 제6항에 따른 조치요구내용과 지방자치단체의 장의 조치결과를 청구인의 대표자에게 서면으로 알리고, 공표하여야 한다.

⑧ 그 밖에 19세 이상의 주민의 감사청구에 관하여 필요한 사항은 대통령령으로 정한다.

⑨ 19세 이상의 주민의 감사청구에 관하여는 제15조제3항부터 제7항까지의 규정을 준용한다. 이 경우 "조례를 제정하거나 개정하거나 폐지할 것을"은 "감사를"로, "지방자치단체의 장"은 "주무부장관이나 시 · 도지사"로 본다.

(3) 청구의 기한

주민감사청구는 사무처리가 있었던 날이나 끝난 날부터 2년이 지나면 제기할 수 없다. 이렇게 감사청구에 시효를 정하고 있는 것은 주민소송제도가 도입되면서 주민감사청구대상이 주민소송으로 이어질 수 있으므로 행정상의 법률관계의 조기안정을 위해 이를 규정하고 있는 것으로 보여진다. 여기서 '있었던 날'은 일시적 행위가 발생한 날을 의미한다고 여겨지며 '종료된 날'은 어느 정도의 기간이 소요되는 행위가 끝난 날 즉 마친 날을 의미한다고 본다.

(4) 청구절차

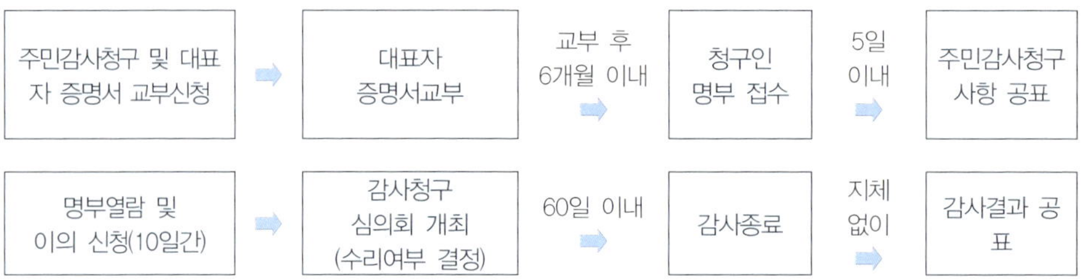

(5) 감사의 실시

주민감사청구를 받은 기관은 요건을 갖춘 감사청구에 대하여 수리할 의무가 있으며, 수리한 날부터 60일 이내에 감사를 끝내야 한다. 그리고 그 감사 결과를 청구인의 대표자와 해당 지방자치단체의 장에게 서면으로 알리고 공표하여야 한다.

(6) 상급기관의 감사결과 조치요구

주무부장관이나 시 · 도지사는 감사결과에 따라 해당 지방자치단체의 장에게 필요한 조치를 요구할 수 있고 이 경우 해당 지방자치단체의 장은 이를 성실히 이행하고 그 조치결과를 지방의회와 주무부장관 또는 시 · 도지사에게 보고하여야 한다. 만약 감사결과에 따른 상급기관의 조치요구시 자치단체의 장이 불응하면 이를 특별히 강제할 수 있는 방안이 없다. 이것은 명백한 입법불비(立法不備)이며 이를 극복하고자 감사결과에 따라 주민소송을 제기할 수 있도록 한 것으로 보여진다.

7) 주민소송권

(1) 의의

지방자치단체의 공금의 지출이나 계약체결, 공금의 부과 등 '위법한 재무회계행위'에 대하여 감사청구한 주민은 자신의 개인적인 권리나 이익의 침해와 상관없이 그 위법한 행위의 시정을 법원에 청구할 수 있는 주민소송[61]권을 가진다. 주민소송은 공익소송으로 객관적 소송 중 '민중소송'[62]의 성격을 띠고 있다. 민중소송은 특별히 법률의 규정이 있을 때에 한하여 예외적으로 인정되는데 선거에 과한 민중소송, 국민투표에 관한 민중소송 그리고 주민소송 이 그 예이다.

주민소송은 미국, 프랑스 등의 납세자소송에 비교되는 소송으로 지방행정에 대한 주민의 참여, 감시 및 통제의 기능을 갖는다[63].

이 제도는 우리나라가 지방자치단체 재정운영의 건전성과 책임성을 확보하기 위하여 2005년 개정을 통하여 도입하였다.

> **법 제17조(주민소송)** ① 제16조제1항에 따라 공금의 지출에 관한 사항, 재산의 취득·관리·처분에 관한 사항, 해당 지방자치단체를 당사자로 하는 매매·임차·도급 계약이나 그 밖의 계약의 체결·이행에 관한 사항 또는 지방세·사용료·수수료·과태료 등 공금의 부과·징수를 게을리 한 사항을 감사청구한 주민은 다음 각 호의 어느 하나에 해당하는 경우에 그 감사청구한 사항과 관련이 있는 위법한 행위나 업무를 게을리 한 사실에 대하여 해당 지방자치단체의 장(해당 사항의 사무처리에 관한 권한을 소속 기관의 장에게 위임한 경우에는 그 소속 기관의 장을 말한다. 이하 이 조에서 같다)을 상대방으로 하여 소송을 제기할 수 있다.
>
> 1. 주무부장관이나 시·도지사가 감사청구를 수리한 날부터 60일(제16조제3항 단서에 따라 감사기간이 연장된 경우에는 연장기간이 끝난 날을 말한다)이 지나도 감사를 끝내

---

61) 주민소송이란 지방자치단체의 주민이 그 지방자치단체의 재무회계행위가 적정하게 운영되도록 하기 위하여 당해 지방자치단체(그 기관 또는 직원)에 의한 위법한 재무회계행위 또는 지방세 등 공금의 부과·징수의 해태행위에 관하여 이를 중지 또는 시정하도록 하거나 그로 인한 손해를 회복하도록 하기 위해 당해 지방자치단체의 장을 상대방으로 하여 제기하는 소송으로서 지방자치법 상의 주민감사청구만으로는 지방자치단체의 위법한 재무회계행위의 시정이 이루어지지 않는다고 판단할 경우 주민이 법원에 그 위법 여부 등의 판단을 구하는 제도이다(대전지방법원 2008.05.14. 선고 2007구합2038).

62) 민중소송이라 함은 국가 또는 공공단체의 기관이 법률에 위반되는 행위를 한 때에 직접 자기의 법률상 이익과 관계없이 그 시정을 구하기 위하여 제기하는 소송을 말한다. 따라서 원고적격이 법률상 이익의 침해와 관계없이 국민, 주민 또는 선거인 등 일정한 범위의 일반 국민에게 인정되므로 객관적 소송이다. 민중소송은 개별법률에서 정한 사항을 제외하고는 행정소송법의 규정을 준용한다.

63) 박균성, 행정법강의, P966

지 아니한 경우
2. 제16조제3항 및 제4항에 따른 감사결과 또는 제16조제6항에 따른 조치요구에 불복하는 경우
3. 제16조제6항에 따른 주무부장관이나 시 · 도지사의 조치요구를 지방자치단체의 장이 이행하지 아니한 경우
4. 제16조제6항에 따른 지방자치단체의 장의 이행 조치에 불복하는 경우
② 제1항에 따라 주민이 제기할 수 있는 소송은 다음 각 호와 같다.
1. 해당 행위를 계속하면 회복하기 곤란한 손해를 발생시킬 우려가 있는 경우에는 그 행위의 전부나 일부를 중지할 것을 요구하는 소송
2. 행정처분인 해당 행위의 취소 또는 변경을 요구하거나 그 행위의 효력 유무 또는 존재 여부의 확인을 요구하는 소송
3. 게을리 한 사실의 위법 확인을 요구하는 소송
4. 해당 지방자치단체의 장 및 직원, 지방의회의원, 해당 행위와 관련이 있는 상대방에게 손해배상청구 또는 부당이득반환청구를 할 것을 요구하는 소송. 다만, 그 지방자치단체의 직원이 지방재정법 제94조나 회계관계직원 등의 책임에 관한 법률 제4조에 따른 변상책임을 져야 하는 경우에는 변상명령을 할 것을 요구하는 소송을 말한다.
③ 제2항제1호의 중지청구소송은 해당 행위를 중지할 경우 생명이나 신체에 중대한 위해가 생길 우려가 있거나 그 밖에 공공복리를 현저하게 저해할 우려가 있으면 제기할 수 없다.
④ 제2항에 따른 소송은 다음 각 호의 어느 하나에 해당하는 날부터 90일 이내에 제기하여야 한다.
1. 제1항제1호의 경우 : 해당 60일이 끝난 날(제16조제3항 단서에 따라 감사기간이 연장된 경우에는 연장기간이 끝난 날을 말한다)
2. 제1항제2호의 경우 : 해당 감사결과나 조치요구내용에 대한 통지를 받은 날
3. 제1항제3호의 경우 : 해당 조치를 요구할 때에 지정한 처리기간이 끝난 날
4. 제1항제4호의 경우 : 해당 이행 조치결과에 대한 통지를 받은 날
⑤ 제2항 각 호의 소송이 진행 중이면 다른 주민은 같은 사항에 대하여 별도의 소송을

제기할 수 없다.

⑥ 소송의 계속(繫屬) 중에 소송을 제기한 주민이 사망하거나 제12조에 따른 주민의 자격을 잃으면 소송절차는 중단된다. 소송대리인이 있는 경우에도 또한 같다.

⑦ 감사청구에 연서한 다른 주민은 제6항에 따른 사유가 발생한 사실을 안 날부터 6개월 이내에 소송절차를 수계(受繼)할 수 있다. 이 기간에 수계절차가 이루어지지 아니할 경우 그 소송절차는 종료된다.

⑧ 법원은 제6항에 따라 소송이 중단되면 감사청구에 연서한 다른 주민에게 소송절차를 중단한 사유와 소송절차 수계방법을 지체 없이 알려야 한다. 이 경우 법원은 감사청구에 적힌 주소로 통지서를 우편으로 보낼 수 있고, 우편물이 통상 도달할 수 있을 때에 감사청구에 연서한 다른 주민은 제6항의 사유가 발생한 사실을 안 것으로 본다.

⑨ 제2항에 따른 소송은 해당 지방자치단체의 사무소 소재지를 관할하는 행정법원(행정법원이 설치되지 아니한 지역에서는 행정법원의 권한에 속하는 사건을 관할하는 지방법원본원을 말한다)의 관할로 한다.

⑩ 해당 지방자치단체의 장은 제2항제1호부터 제3호까지의 규정에 따른 소송이 제기된 경우 그 소송 결과에 따라 권리나 이익의 침해를 받을 제3자가 있으면 그 제3자에 대하여, 제2항제4호에 따른 소송이 제기된 경우 그 직원, 지방의회의원 또는 상대방에 대하여 소송고지를 하여 줄 것을 법원에 신청하여야 한다.

⑪ 제2항제4호에 따른 소송이 제기된 경우에 지방자치단체의 장이 한 소송고지신청은 그 소송에 관한 손해배상청구권 또는 부당이득반환청구권의 시효중단에 관하여 민법 제168조제1호에 따른 청구로 본다.

⑫ 제11항에 따른 시효중단의 효력은 그 소송이 끝난 날부터 6개월 이내에 재판상 청구, 파산절차참가, 압류 또는 가압류, 가처분을 하지 아니하면 효력이 생기지 아니한다.

⑬ 국가, 상급 지방자치단체 및 감사청구에 연서한 다른 주민과 제10항에 따라 소송고지를 받은 자는 법원에서 계속 중인 소송에 참가할 수 있다.

⑭ 제2항에 따른 소송에서 당사자는 법원의 허가를 받지 아니하고는 소의 취하, 소송의 화해 또는 청구의 포기를 할 수 없다. 이 경우 법원은 허가하기 전에 감사청구에 연서한 다른 주민에게 이를 알려야 하며, 알린 때부터 1개월 이내에 허가 여부를 결정

하여야 한다. 위 통지에 관하여는 제8항 후단을 준용한다.

⑮ 제2항에 따른 소송은 민사소송 등 인지법 제2조제4항에 따른 소정의 비재산권을 목적으로 하는 소송으로 본다.

⑯ 소송을 제기한 주민은 승소(일부 승소를 포함한다)한 경우 그 지방자치단체에 대하여 변호사 보수 등의 소송비용, 감사청구절차의 진행 등을 위하여 사용된 여비, 그 밖에 실제로 든 비용을 보상할 것을 청구할 수 있다. 이 경우 지방자치단체는 청구된 금액의 범위에서 그 소송을 진행하는 데에 객관적으로 사용된 것으로 인정되는 금액을 지급하여야 한다.

⑰ 제1항에 따른 소송에 관하여는 이 법에 규정된 것 외에는 행정소송법에 따른다.

(2) 요건

① 소송의 대상

주민소송은 개인의 법률상 이익과 관계없이 제기되는 객관적 소송이고 민중소송(공익소송)의 한 형태이므로 도입 시 가장 우려되는 것이 소송의 남발로 초래되는 지방행정의 혼란과 법원의 부담과중이었다. 따라서 감사를 청구한 주민에 한해 소송을 제기할 수 있도록 하는 '감사청구전치주의(監査請求前置主義)'가 채택되었다. 그리고 주민감사를 청구한 사항 중 아래와 같은 위법한 재무회계행위에 해당하는 경우 주민소송을 제기할 수 있도록 소송대상을 한정하고 있다.

가. 공금의 지출에 관한 사항

주민소송의 대상으로서 '공금의 지출에 관한 사항'이란 지출원인행위 즉, 지방자치단체의 지출원인이 되는 계약 그 밖의 행위로서 당해 행위에 의하여 지방자치단체가 지출의무를 부담하는 예산집행의 최초 행위와 그에 따른 지급명령 및 지출 등에 한정되고, 특별한 사정이 없는 한 이러한 지출원인행위 등에 선행하여 그러한 지출원인행위를 수반하게 하는 당해 지방자치단체의 장 및 직원, 지방의회 의원의 결정 등과 같은 행위는 포함되지 않는다고 보아야 한다.[64]

나. 재산의 취득 · 관리 · 처분에 관한 사항

재산이라 함은 지방재정법에서 규정하고 있는 공유재산, 물품, 공공시설 및 기금을 말하며 이들의 취득과 관리 및 처분에 관한 사항은 모두 주민소송의 대상이 된다.

다. 해당 지방자치단체를 당사자로 하는 계약의 체결 · 이행에 관한 사항

지방자치단체를 당사자로 하는 매매 · 임차 · 도급 계약이나 그 밖의 계약의 체결 · 이행에 관한 행위는 주민소송의 대상이 된다.

라. 공금의 부과 · 징수를 게을리 한 사항

지방세 · 사용료 · 수수료 · 과태료 등 공금의 부과 · 징수를 게을리 한 사항이란 지방자치단체가 권력적 행위로 특정인에게 구체적인 금전납부의무를 부담시켜야 하는데 이를 행하는 것을 해태한 경우로 결국 지방자치단체에 손실을 가져오는 것으로 주민소송의 대상이 된다. 이는 같은 의무를 성실히 납부한 주민들과 형평에 어긋나고 납부하지 않은 주민들에게 사실상 부당이득을 주는 결과를 초래하므로 이를 규정한 것으로 보인다.

② 소송의 요건

위법한 재무회계행위에 대하여 감사청구한 주민은 다음과 같은 어느 하나에 해당하는 경우에 그 감사청구한 사항과 관련 있는 위법한 행위나 업무를 게을리한 사실에 대하여 지방자치단체의 장을 상대로 소송을 제기할 수 있다.

가. 주무부장관 또는 시 · 도지사가 정해진 감사기간 내에 감사를 종료하지 아니한 때

나. 주무부장관 또는 시 · 도지사의 감사결과 또는 감사결과에 따른 조치요구에 불복이 있는 때

다. 주무부장관 또는 시 · 도지사의 조치요구에 대해 행한 해당 지방자치단체장의 이행조치에 불복이 있는 때

라. 해당 지방자치단체장이 주무부장관 또는 시 · 도지사의 조치요구를 이행하지 아

64) 대법원 2011.12.22. 2009두14309

니한 때

③ 소송의 종류

주민이 제기할 수 있는 주민소송의 종류는 다음과 같다.

가. 해당 행위를 계속하면 회복하기 곤란한 손해를 발생시킬 우려가 있는 경우에는 그 행위의 전부나 일부를 중지할 것을 요구하는 소송이다. 즉 위법한 행위에 대하여 사전에 중지 또는 제한을 요구하는 소송(중지청구소송)이다. 예를 들어 공금지출의 중지, 계약체결의 중지, 계약이행의 중지 등을 구하는 소송이 이에 해당한다. 이 소송은 원고승소판결이 나면 해당 지방자치단체는 소송의 대상이 된 재무회계행위를 해서는 안 되는 의무가 발생한다.

나. 행정처분인 해당 행위의 취소 또는 변경을 요구하거나 그 행위의 효력 유무 또는 존재 여부의 확인을 요구하는 소송(처분취소 · 무효 등 확인소송)이다. 이는 소송의 대상이 되는 행위가 행정처분의 성격을 가지고 있을 때 이를 취소하거나 무효 등임을 확인하는 소송이다.

다. 게을리 한 사실의 위법 확인을 요구하는 소송(해태사실위법확인소송)이다. 이는 소송의 대상 중 게을리 한 사실을 대상으로 한다는 점에서 적극적으로 지출하거나 관리 · 처분 등을 한 행위를 대상으로 하는 소송들과 차이가 있다.

라. 해당 지방자치단체의 장 및 직원, 지방의회의원, 해당 행위와 관련이 있는 상대방에게 손해배상청구[65] 또는 부당이득반환청구를 할 것을 요구하는 소송(손해배상청구 등 이행소송)이다. 다만 그 지방자치단체의 직원이 지방재정법 제94조나 회계관계직원 등의 책임에 관한 법률 제4조에 따른 변상책임을 져야 하는 경우에는 변상명령을 할 것을 요구하는 소송을 말한다. 즉 앞에 위치한 소송은 지방자치단체의 장 및 직원, 지방의회의원을 상대로 하는 소송이고 후반부 단서 소송

65) 주민소송 중 손해배상이행청구소송의 경우에는 통상의 손해배상청구소송과 마찬가지로 그 성립요건으로서 위법성, 고의 · 과실, 손해의 발생, 인과관계 등이 필요하므로, 지방자치단체장 및 직원의 재무회계행위에 위법 사유가 존재하더라도 그 행위자에게 고의 또는 과실이 없거나 지방자치단체에 손해가 발생하지 않은 경우에는 주민소송에 의한 추급이 인정되지 않는다(선고 2007구합2038).

은 해당 행위와 관련이 있는 상대방에게 하는 소송이다.

(3) 당사자 등

① 원고

주민소송의 원고는 감사청구한 주민은 누구나 제소할 수 있다. 앞서 살펴보았듯이 주민감사청구의 경우 일정 수 이상의 주민이 연서를 하여야 하지만 주민소송의 경우 감사청구한 모든 주민이 집단으로 제기되어야 하는 것은 아니다. 즉 주민소송은 주민감사청구를 한 주민이라면 누구라도 제기가 가능하여 일부가 제기할 수도 있고 1인이 제기할 수도 있다.

또한 감사청구를 할 수 있는 주민은 선거권이 있는 자에 한정되므로 외국인, 법인 등은 주민소송을 제기할 수 없다.

② 피고

주민소송의 피고는 해당 지방자치단체의 장이 되며 비리를 저지른 공무원이나 지방의회의원은 피고가 아니다.

③ 기타

소송을 제기한 주민이 승소한 경우는 그 지방자치단체에 대하여 각종 비용을 보상할 것을 청구할 수 있다. 그리고 주민소송은 해당 지방자치단체의 사무소 소재지를 관할하는 행정법원의 관할로 한다. 행정법원이 설치되지 않은 지역의 경우에는 행정법원의 권한에 속하는 사건을 관할하는 지방법원본원을 행정법원으로 본다.

(4) 손해배상금의 지불청구 등

① 의의

법 제17조 제2항 제4호의 소송에 대하여 손해배상청구나 부당이득반환청구를 명하는 판결이 확정되면 지방자치단체의 장은 당사자에게 판결에 따라 결정된 손해배상금이나 부당이득반환금의 지불을 청구하여야 한다. 즉 지방자치단체의 장이 청구권을 의도적으로 행사하지 않는 것을 방지하기 위하여 청구권을 강제하기 위한 의무를 부과하고 있다.

> **법 제18조(손해배상금 등의 지불청구 등)** ① 지방자치단체의 장(해당 사항의 사무처리에 관한 권한을 소속 기관의 장에게 위임한 경우에는 그 소속 기관의 장을 말한다. 이하 이 조에서 같다)은 제17조제2항제4호 본문에 따른 소송에 대하여 손해배상청구나 부당이득반환청구를 명하는 판결이 확정되면 그 판결이 확정된 날부터 60일 이내를 기한으로 하여 당사자에게 그 판결에 따라 결정된 손해배상금이나 부당이득반환금의 지불을 청구하여야 한다. 다만, 손해배상금이나 부당이득반환금을 지불하여야 할 당사자가 지방자치단체의 장이면 지방의회 의장이 지불을 청구하여야 한다.
>
> ② 지방자치단체는 제1항에 따라 지불청구를 받은 자가 같은 항의 기한 내에 손해배상금이나 부당이득반환금을 지불하지 아니하면 손해배상 · 부당이득반환의 청구를 목적으로 하는 소송을 제기하여야 한다. 이 경우 그 소송의 상대방이 지방자치단체의 장이면 그 지방의회 의장이 그 지방자치단체를 대표한다.

② 지불청구권자와 청구권의 성질

지불청구권자는 지방자치단체의 장이나 손해배상금 또는 부당이득반환금을 지불하여야할 당사자가 지방자치단체의 장인 경우에는 본인이 청구하는 모순이 있으므로 당해 지방의회 의장이 그 지불을 청구하여야 한다.

또 자치단체장이 지불을 청구하는 것은 법상의 의무이며 이 청구권은 당해 지방자치단체의 채권 즉 재산이 되는 것이다.

(5) 변상명령 등

법 제17조 제2항 제4호의 소송에 대하여 변상할 것을 명하는 판결이 확정되면 지방자치단체의 장은 판결이 확정된 날부터 60일 이내를 기한으로 하여 당사자에게 그 판결에 따라 결정된 금액을 변상할 것을 명령하여야 한다. 변상할 것을 명령받은 자가 이에 불복하는 경우에는 행정심판청구는 제기할 수 없으나 행정소송은 제기할 수 있고, 또한 기한 내에 변상금을 지불하지 아니하면 지방세 체납처분의 예에 따라 징수할 수 있다.

> 법 제19조(변상명령 등) ① 지방자치단체의 장은 제17조제2항제4호 단서에 따른 소송에 대하여 변상할 것을 명하는 판결이 확정되면 그 판결이 확정된 날부터 60일 이내를 기한으로 하여 당사자에게 그 판결에 따라 결정된 금액을 변상할 것을 명령하여야 한다.
> ② 제1항에 따라 변상할 것을 명령받은 자가 같은 항의 기한 내에 변상금을 지불하지 아니하면 지방세 체납처분의 예에 따라 징수할 수 있다.
> ③ 제1항에 따라 변상할 것을 명령받은 자는 이에 불복하는 경우 행정소송을 제기할 수 있다. 다만, 행정심판법에 따른 행정심판청구는 제기할 수 없다.

8) 주민소환권

(1) 의의

주민은 그 지방자치단체의 장 및 지방의회의원[66]을 소환할 권리를 가지는 바, 이를 주민소환권이라고 한다. 주민소환은 주민의 의사에 의하여 공직자를 공직에서 해임시키는 것으로서 직접민주제 원리에 충실한 제도이다. 이러한 주민소환은 주민이 지방의원 · 지방자치단체장 기타 지방자치단체의 공무원을 임기 중에 주민의 청원과 투표로써 해임하는 제도이고, 이는 주민에 의한 지방행정 통제의 가장 강력한 수단으로서 주민의 참정기회를 확대하고 주민대표의 정책이나 행정처리가 주민의사에 반하지 않도록 주민대표자기관이나 행정기관을 통제하여 주민에 대한 책임성을 확보하는 데 그 목적이 있다.[67]

주민소환제는 규범적인 차원에서 정치적인 절차로 설계할 것인지, 아니면 사법적인 절차로 할 것인지는 현실적인 차원에서 입법자가 여러 가지 사정을 고려하여 정책적으로 결정할 사항이라 할 것이다.

따라서 주민소환법에 주민소환의 청구사유를 두지 않은 것은 입법자가 주민소환을

---

66) 비례대표 지방의회의원은 그 대상에서 제외된다.
67) 헌재 2009.3.26. 2007헌마843

기본적으로 정치적인 절차로 설정한 것으로 볼 수 있고, 외국의 입법례도 청구사유에 제한을 두지 않는 경우가 많다는 점을 고려할 때 우리의 주민소환제는 기본적으로 정치적인 절차로서의 성격이 강한 것으로 평가될 수 있다 할 것이다.

헌법재판소는 주민소환제 성격에 대하여 그 자체는 지방자치의 본질적인 내용이라고 할 수 없으므로 이를 보장하지 않는 것이 위헌이라거나 어떤 특정한 내용의 주민소환제를 반드시 보장해야 한다는 헌법적인 요구가 있다고 볼 수는 없으나, 다만 이러한 주민소환제가 지방자치에도 적용되는 원리인 대의제의 본질적인 내용을 침해하는지 여부는 문제가 된다고 판시하였다.[68]

주민소환제는 2004년 1월 지방분권특별법의 제정으로 도입근거[69]를 마련하였고, 참여정부에서 지방자치단체의 장과 시 · 도의회 의원 중 직접선거에 의하여 선출된 지방의원에 대하여 소환을 주민투표로 결정할 수 있도록 하는 주민소환에 관한 법률이 2006년 5월 25일 법률 7958호로 공포되어 2007년 2월 25일부터 시행되었다.

> **법 제20조(주민소환)** ① 주민은 그 지방자치단체의 장 및 지방의회의원(비례대표 지방의회의원은 제외한다)을 소환할 권리를 가진다.
> ② 주민소환의 투표 청구권자 · 청구요건 · 절차 및 효력 등에 관하여는 따로 법률로 정한다.

(2) 주요내용

① 대상과 청구사유

주민소환의 대상은 주민이 직접 선출하는 시 · 도지사, 시장 · 군수 · 구청장과 비례대표를 제외한 지방의회의원이다. 그리고 앞서 헌재판결에서 보았듯이 주민소환의 청구사

68) 헌재 2009. 3.26, 2007헌마843

69) 지방분권법 제15조(주민참여의 확대) ① 국가 및 지방자치단체는 주민참여를 활성화하기 위하여 주민투표제도 · 주민소환제도 · 주민소송제도 · 주민발의제도를 보완하는 등 주민직접참여제도를 강화하여야 한다.
② 국가 및 지방자치단체는 주민의 자원봉사활동 등을 장려하고 지원함으로써 주민의 참여의식을 높일 수 있는 방안을 마련하여야 한다.

유에는 제한이 없다.

② 청구인 수

주민소환투표의 청구인수는 아래와 같이 해당하는 주민의 서명으로 그 소환사유를 서면에 구체적으로 명시하여 관할선거관리위원회에 주민소환투표의 실시를 청구할 수 있다.

가. 특별시장 · 광역시장 · 도지사: 해당 지방자치단체의 주민소환 투표청구권자[70] 총수의 100분의 10 이상

나. 시장 · 군수 · 자치구의 구청장: 해당 지방자치단체의 주민소환 투표청구권자 총수의 100분의 15 이상

다. 지역선거구 시 · 도의회의원 및 지역선거구 자치구 · 시 · 군의회의원: 해당 지방자치단체의 주민소환 투표청구권자 총수의 100분의 20 이상

③ 권한행사의 정비 및 권한대행

주민소환투표대상자는 관할선거관리위원회가 주민소환투표안을 공고한 때부터 주민소환투표결과를 공표할 때까지 그 권한의 행사가 정지된다. 지방자치단체의 장이 권한이 정지된 때에는 부단체장이 권한을 대행하며 지방의회의원인 경우는 그 기간 동안 의정활동보고를 할 수 없다.

70) 주민소환투표청구권자 총수는 전년도 12월 31일 현재 주민등록표 및 외국인등록표에 의하여 산정한다. 지방자치단체의 장은 매년 1월 10일까지 주민소환투표청구권자 총수를 공표하여야 한다.

(3) 주민소환투표절차

절차	주체	내용
소환청구인대표자 증명서 교부신청 (영§4①)	소환청구인대표자	인적사항과 청구취지 및 이유 등을 기재하여 관할 선관위에 신청
서면요청활동 (법§9①)	소환청구인대표자등	소환청구인대표자와 소명요청권수임자만 가능 • 시 · 도지사 120일 • 자치구 · 시 · 군의 장 및 지방의원 60일 이내 • 관할선관위가 검인 교부한 소환청구인 서명부 사용
소환투표청구 (법§7①)	소환투표청구권자	소환투표청구권자 총수 기준 • 시 · 도지사: 10/100 이상 • 자치구 · 시 · 군의 장 : 15/100 이상 • 지방의회의원 : 10/100 이상
청구인서명부 심사 · 확인 (영§9①)	관할선관위	7일간 청구인서명부 사본 등 주민 열람 및 이의신청 유효서명의 총수 미달 등 청구요건 불비 시 각하
청구요지공표 및 소명요청 (법§12①, §14①)	관할선관위	청구가 적법하다고 인정 시 지체 없이 소환청구인 대표자와 주민소환투표 대상자에게 통지
소명요지 및 소명서 제출 (법§14②)	소환투표대상자	관할선관위로부터 요청을 받은 날부터 20일 이내
소환투표발의 (법§12②)	관할선관위	소명요지 및 소명서 제출기간이 경과한 날부터 7일 이내 투표일, 투표안, 소명요지 공고
주민소환투표인 명부 작성 (법§4①)	구 · 시 · 군의 장	소환투표발의일부터 5일 이내
소환투표실시 (법§13①, ②)	관할선관위	소환투표발의일부터 20일~30일 이내
개 표 (법§22②)	관할선관위	소환투표권자 총수의 1/3미만 투표시 미개표
투표결과 확 정 (법§22①)		소환투표권자 총수의 1/3 이상 투표, 유효투표 총수의 과반수 찬성
불복절차(소송 등) (법§24)	소환투표권자 · 소환투표 대상자	소환투표권자는 그 총수의 1/100 이상 서명 필요 • 시 · 도지사 : 중앙선관위에 소청, 대법원에 제소 • 자치구 · 시 · 군의 장, 지방 의원 : 시 · 도선관위에 소청, 고등법원에 제소

(4) 주민소환투표결과의 확정과 효력

주민소환은 주민소환투표권자 총수의 3분의 1 이상의 투표와 유효투표 총수 과반수의 찬성으로 확정되며, 전체 주민소환투표자의 수가 주민소환투표권자 총수의 3분의 1에 미달하는 때에는 개표를 하지 아니한다. 관할선거관리위원회는 개표가 끝난 때에는 지체 없이 그 결과를 공표한 후 소환청구인대표자, 주민소환투표대상자, 관계중앙행정기관의 장, 해당 지방자치단체의 장 및 해당 지방의회의 의장에게 통지하여야 한다. 개표를 하지 아니한 때에도 역시 통지하여야 한다.

주민소환이 확정된 때에는 주민소환투표대상자는 그 결과가 공표된 시점부터 그 직을 상실하며, 그로 인하여 실시하는 지방자치법 또는 공직선거법에 의한 해당 보궐선거에 후보자로 등록할 수 없다.

(5) 주민소환투표 사례

2015년 1월 현재 주민소환은 총 64건이 청구되었으나 58명은 미투표로 종결되었고 실제 투표한 사례는 다음과 같이 8건(8명)에 불과하다. 그리고 실제 소환된 사람은 하남시의원 2명에 불과하다.

주민소환투표 실시사례

구 분	일 시	지 역	소환대상	추진사유	추진상황
투표 실시 (8명)	'13.12.4	전남 구례	군 수	법정구속으로 인한 군정공백 유발	투표율 8 .3%, (소환 무산)
	'12.6.26	강원 삼척	시 장	원자력발전소 건립 강행 등	투표율 25.9%, (소환 무산)
	'11.7.19	경기 과천	시 장	보금자리지구 지정 수용 등	투표율 17.8%, (소환 무산)
	'09.5.13	제주특별자치도	도지사	제주해군기지 건설관련 주민의견 수렴 부족 등	투표율 11%, (소환 무산)
	'07.9.21	경기 하남	시 장	화장장 건립 추진 관련 갈등	투표율 31.1%, (소환 무산)
	'07.9.21	〃	시의원	〃	투표율 23.8%, (소환 무산)

	'07.9.21	〃	시의원	〃	투표율 37.6%, (소환)
	'07.9.21	〃	시의원	〃	투표율 37.6%, (소환)

주민투표와 주민소환 비교

구 분	주민투표법	주민소환법
제정일 (시행일)	• '04.1.29('04.7.30)	• '06.5.24('07.5.25)
투표 권자	• 19세 이상의 주민 • 19세 이상의 외국인으로 거주자격을 갖춘 자 중 조례로 정한 자 • 국내거소신고가 되어있는 재외국민	• 19세 이상의 주민 • 19세 이상의 외국인으로 영주의 체류자격 취득일 후 3년 경과자 (관할구역의 외국인등록대장에 등재된 자)
청구 대상	• 주민에게 과도한 부담을 주거나 중대한 영향을 미치는 자치단체의 주요결정사항으로 조례로 정함 • 국가정책수립에 관한 사항	• 제한 없음
청구 요건	• 주민투표청구권자 총수 1/20 이상 1/5 이하의 범위 안에서 조례로 정하는 수 이상의 서명 – 단체장 직권(재적의원 과반수 출석, 출석의원 과반수 동의) 청구 – 지방의회(재적의원 과반수 출석, 출석의원 2/3 이상 찬성으로 장에게 청구) 청구 가능	• 주민소환투표청구권자 총수의 – 광역단체장 : 10/100 이상 – 기초단체장 : 15/100 이상 – 지방의원(비례제외) : 20/100 이상 ※ 관할 구역 내의 1/3 이상의 시 · 군 · 자치구 또는 읍 · 면 · 동에서 일정 수 이상의 서명 필요(지역균형요건)
청구 제한 기간	• 제한 없음	• 임기개시일 1년 미만 • 임기마감일 1년 미만 • 소환투표 실시일부터 1년 미만
서명 요청 활동 기간	• (조례) 시도 180일이내, 시군구 90일이내	• (시행령) 시도 120일이내, 시군구 60일이내

서명 요청 활동 제한 기간	• 관할 구역의 전부·일부에서 공직선거가 있는 경우, 선거일전 60일부터 선거일까지	• 좌동
서명 요청 활동할 수 없는 자	• 공무원(지방의원 제외)	• 국가 · 지방공무원 • 해당선거에 후보자가 되고자 하는 자(배우자, 직계존비속 등) 및 이들이 운영하는 기관 · 단체 · 시설의 임직원 등

3. 주민의 의무

주민은 법령으로 정하는 바에 따라 소속 지방자치단체의 비용을 부담하는 의무를 진다. 즉 주민은 공과금의 납부의무를 지는데 지방세, 사용료, 수수료, 분담금 등이 이에 해당한다.

> **법 제21조(주민의 의무)** 주민은 법령으로 정하는 바에 따라 소속 지방자치단체의 비용을 분담하여야 하는 의무를 진다.

이중 지방세는 세금이므로 조세법의 기본원칙과 법적통제 및 한계를 준수하여야 하며, 사용료와 수수료는 행정에 필요한 실제비용을 초과하여 부과될 수 없다.

그런데 현행법은 주민의 의무에 비용부담만 규정하고 있는데, 실제 지방자치단체구역 내의 주민은 공적필요를 위해 자신의 토지를 제공하도록 강제되는 경우도 있다. 예를 들어 상하수도 시설을 설치하기 위하여 자신의 토지를 제공하기도 하고, 지방자치단체가 설치한 가스공급시설이나 상하수도시설과 같은 공공시설을 이용해야 할 의무도 지니고 있다. 따라서 이 부분에 대해서는 주민들의 의무를 보다 포괄적으로 입법론화 하는 것이 필요해 보인다.

제3장

자치법규

제3장

자치법규

1. 자치입법권

1) 의의

국가가 존재하기 위하여 국민 · 국토 · 주권이 있어야 하는 것과 마찬가지로 지방정부가 존재하기 위해서는 주민 · 지역 · 자치권이라는 3가지 요소가 구비되지 않으면 안 된다. 특히 우리나라 지방자치법 제3조에 '지방자치단체는 법인으로 한다.'라고 명시되어 있듯이 지방자치단체가 공법인적 위상을 부여받기 위해서는 자치권을 가지는 실체가 되지 않으면 안 된다.

이와 같은 자치권은 자치입법권, 자치행정권, 자치조직권, 자치재정권 등의 영역으로 구분하는 것이 통례로 되어 있으나 그 중에서도 지방자치단체가 헌법과 법률을 정점으로 하는 전체로서의 국법체계 속에 하나의 구성분자로 자리 잡고 있다는 의미에서 자치입법권이 가장 기본적 자치권의 근간을 이루는 것이라고 평가받고 있다.

지방의회에 조례입법권을 부여한 것은 지방자치단체의 최고 의사결정기관의 지위와 성격에 상응하는 것이라고 할 수 있다. 지방의회가 조례입법권을 가지는 것은 주민의 대표자가 주민의 복리에 관한 사항 등 지방자치단체 사무에 대하여 주민의사를 대표해서 규율함으로써 지역법을 주민 스스로가 정한다는데 의의가 있다.

이러한 자치입법권이란 지방자치단체가 그 자치권에 의거하여 그 관할영역 내에서 적용될 일반적 또는 추상적인 규정을 제정할 수 있는 권능인 '자주법'을 말한다. 지방자치는 지방자치단체 스스로의 규범을 제정할 수 있는, 이른바 자주법의 제정권능을 가질 때 비로소 가능하게 된다. 특히 자치입법권이란 우리나라 법령의 위계체계상으로 볼 때 기본적으로 '자치법규'[71]의 제정 및 개정 · 폐지에 대한 권한으로 해석할 수 있다.

헌법은 제117조에서 지방자치단체가'법령의 범위 안에서 자치에 관한 규정'을 제정할 수 있는 자치입법권한을 부여하고 있고, 이에 근거하여 지방자치법은 보다 구체적으로 "지방자치단체는 법령의 범위 안에서 그 사무에 관하여 조례를 제정할 수 있다."고 규정하고 "다만, 주민의 권리제한 또는 의무부과에 관한 사항이나 벌칙을 정할 때에는 법률의 위임이 있어야 한다."고 명시하여 조례입법의 한계를 명확히 하였다.

참고로 일반적인 법규명령에 관한 설명은 법규명령에 해당하는 조례와 규칙에도 적용된다. 예를 들면, 법규명령은 행정권이 정립하는 일반적 추상적 규범으로서 행정주체와 국민에 대하여 일반적 대외적 구속력을 가지며 이에 위반한 행정행위는 흠을 가지게 되어 권익을 침해당한 자의 취소 변경 청구와 손해배상청구 등의 효력이 따르게 된다.

2) 자치입법의 현황과 추세[72]

자치입법권의 핵심내용인 조례 · 규칙의 보유현황이 '94년 말 총 50,547건(조례 33,982건, 규칙 16,565건)에서 '11년 말 총 79,043건(조례 55,996건, 규칙 23,047건)에 이르고 있어 총 보유건수 기준으로 56.4%의 양적 증가가 있었다. 또한, 지방자치의 성숙 및 지방분권 확대 등으로 조례 · 규칙의 양적인 증가와 병행하여 그 질적인 발전도 지속적으로 이루어져 왔다.

앞으로도 자치입법권의 강화 및 국제통상협정 확산 등에 따라 자치법규의 사회적 영향력 및 위상이 더욱 증대될 것이며 그 양적 증가와 함께 질적으로 향상될 것으로 기대된다.

71) 넓은 의미의 자치법규에는 지방자치단체의 장에게 위임하여 정하도록 하는 법규 보충적인 내부훈령과 그 권한의 범위에서 직권으로 정하는 훈령도 포함되나, 지방자치법은 조례와 규칙만을 자치법규의 형식으로 규정하고 있다.

72) 행정안전부, 자치법규 입법실무, 2015. p.8

연도별 자치법규 현황

구분	'05년말	'06년말	'07년말	'08년말	'09년말	'10년말	'11년말
총건수	62,535	63,885	67,183	70,240	73,848	76,020	79,043
조례	41,544	43,184	45,979	48,341	51,214	53,242	55,996
규칙	20,981	20,701	21,204	21,899	22,634	22,778	23,047

※ '11년말 기준 자치단체별 자치법규 평균 보유 건수 : 시·도 460건, 시·군·구 314건

2. 조례

1) 의의

조례는 지방자치단체가 자신의 사무를 규율하기 위하여 자율적으로 제정하는 규범을 말한다. 즉 조례는 지방자치단체가 법령의 범위 안에서 그 사무에 관하여 지방의회가 의결하고 자치단체장이 공포함으로써 성립하는 자치에 관한 규정이다.

> **법 제22조(조례)** 지방자치단체는 법령의 범위 안에서 그 사무에 관하여 조례를 제정할 수 있다. 다만, 주민의 권리 제한 또는 의무 부과에 관한 사항이나 벌칙을 정할 때에는 법률의 위임이 있어야 한다.

조례는 주민에 대해 발하는 일반적 추상적 규율이므로 기본적으로 불특정 다수인에 대해 구속력을 가지며[73] 형식적 의미의 법률 즉 국회에서 심의·의결하는 것은 아니지만 실질적 의미의 법률 중의 하나에 해당한다. 조례의 구속력은 그 해당 지방자치단체의 모든 주민과 기관에 미치며, 일정한 지역에서 효력을 가지므로 지역법이자 자치단체의 자주법이라 그 성격을 발할 수 있다.

조례의 성격에 관하여 조례는 위임입법이라는 견해와 자주입법이라는 학설의 대립이 팽팽하게 전개되고 있으나 헌법 및 지방자치법의 규정으로 볼 때 전자(위임입법설)에

73) 조례 중에는 내부적인 효과만을 갖는 조례도 있을 수 있다.

입각하여 유권해석을 하고 있다. 그러나 조례는 법령의 범위 안에서 제정할 수 있기 때문에 일률적으로 말할 수 없다고 하겠다.

왜냐하면 조례는 '법률-시행령-조례', '법률이 직접 위임함으로써 시행령이 없는 조례', '법령이 없는 상태에서 제정된 조례'가 있을 수 있으므로 그 성질은 한결같지 않다고 보아야 할 것이기 때문이다.

2) 종류

조례는 법령의 위임 여부에 따라 '위임조례'와 '자치조례(직권조례)'로, 조례제정의 재량여부에 따라 '필수조례'와 '임의조례'로, 주민과의 관계여부에 따라 '주민의 권리의무에 관한 조례'와 '지방자치단체의 내부조직이나 운영에 관한 조례'로 분류될 수 있다.

이 중 '위임조례'는 개별법령의 위임에 의하여 제정되는 조례이고 '자치조례(직권조례)'는 개별법령의 위임 없이 지방자치법 제22조의 규정에 근거하여 지방자치단체의 고유사무에 대하여 직권으로 정하는 조례이다.

'필수조례'[74]는 법령에 의하여 반드시 제정하여야 하는 조례를, '임의조례'는 지방자치단체의 사무에 관한 재량에 의하여 제정하는 조례를 말한다.

3) 제정범위

(1) 법령의 범위 안에서

조례는 '법령의 범위 안에서' 제정할 수 있다. 이는 우리나라 법체계에서 조례의 위치를 규정해 주는 것이며 '법률우위의 원칙'을 천명하고 있는 것이다.

앞서 지적되었듯이 우리나라 헌법 제117조제1항 및 지방자치법 제22조에 따라 조례는 '법령의 범위 안에서' 그 사무에 관하여 규정할 수 있다.

여기서 '법령'이라 함은 법률 이외에 헌법 제75조 및 제95조 등에 의거한 '대통령령',

74) 주민의 권리제한과 의무부과 및 벌칙에 관한 조례는 대부분 위임조례 내지 필수조례에 해당하며, 필수조례에는 지방자치법 등 지방자치에 관한 법령상 지방의회와 집행기관 상호 간의 관계에 대하여 반드시 조례로 규정하도록 명시한 사항이 다수 포함되어 있다.

'총리령' 및 '부령'과 같은 법규명령이 포함되는 것은 물론이지만, 법령의 직접적인 위임에 따라 수임행정기관이 그 법령을 시행하는데 필요한 구체적 사항을 정한 것이면, 그 제정형식은 비록 법규명령이 아닌 고시, 훈령, 예규 등과 같은 행정규칙이더라도, 그것이 상위법령의 위임한계를 벗어나지 아니하는 한, 상위법령과 결합하여 대외적인 구속력을 갖는 법규명령으로서 기능하는 행정규칙까지를 포함한 것[75]이고, 개별 법령의 특정조항뿐만 아니라 법령의 전체적인 입법취지를 고려하여 이와 모순·저촉되지 않는 범위 안에서 제정해야 한다고 해석해야 할 것이다. 더불어 국내법과 같은 효력을 가지는 헌법 제6조제1항에 따른 조약 및 일반적으로 승인된 국제법규도 당연히 포함하는 것이다.

국제조약을 위반한 사례
경상남도학교급식조례[76]

✿ 조례내용

※ 교육감은 지원대상자로 하여금 우리 농·축·수산물을 우선적으로 사용하도록 지도하고, 이를 준수하는 대상자에게 지원할 수 있도록 규정(제5조)

✿ 판결요지

※ 1994.12.16. 국회의 동의와 같은 달 23일 대통령의 비준을 거쳐 같은 달 30일 공포되고 1995.1.1. 시행된 WTO협정(조약 1265호)의 부속 협정(다자간 무역협정)인 GATT 제3조제4항은 "체약국 영역의 산품으로서 다른 체약국의 영역에 수입된 산품은 그 국내에서의 판매, 판매를 위한 제공, 구입, 수송, 분배 또는 사용에 관한 모든 법률, 규칙 및 요건에 관하여 국내 원산의 동종 산품에 부여하고 있는 대우보다 불리하지 아니한 대우를 부여하여야 함을 인정한다."라고 규정하고 있는바, 학교급식을 위해 우리 농·축·수산물을 우선적으로 사용하도록 하고 그러한 대상자에게 식재료나 식재료 구입비의 일부를 지원하는 것은 내국민대우원칙을 규정한 GATT 제3조 제1항, 제4항에 위반됨.

75) 헌법재판소 2002.10.31. 2001헌라1
76) 대법원 2008.12.24. 2004추72

'법령의 범위 안에서'의 의미는 반드시 법령의 위임이 있어야 한다는 의미는 아니며 '법령에 위반되지 않는 범위 내에서'를 가리키므로 지방자치단체가 제정한 조례가 법령에 위반되는 경우에는 효력이 없다[77]는 의미이며, 법령의 구체적인 위임이 없더라도 전체 국법체계의 범위 안에서 조례를 제정할 수 있다는 의미이다.

위임이 없어도 조례제정이 가능한 사례
청주시행정정보공개조례[78]

✿ 조례내용

❇ 법령상 공개 금지되는 등의 정보를 제외한 집행기관에서 직무상 작성 또는 취득한 모든 정보를 공개대상으로 규정(제3조)

❇ 집행기관은 적극적으로 공개대상 정보에 대하여 공개할 의무를 가짐(제3조)

❇ 청구인은 집행기관으로부터 정보공개 거부 결정서를 받았을 때에는 이의신청을 할 수 있음(제11조 제1항)

❇ 집행기관의 자문에 응하고 이의신청의 공개 여부를 심의 · 의결하기 위하여 청주시 행정정보공개심의위원회를 둠(제12조 제1항)

✿ 판결요지

❇ 법률의 개별적 위임이 없이 행정정보공개조례안을 제정한 것의 위법여부

→ 행정정보공개조례안은 행정에 대한 주민의 알 권리의 실현을 그 근본내용으로 하면서도 이로 인한 개인의 권익 침해 가능성을 배제하고 있으므로 주민의 권리를 제한하거나 의무를 부과하는 조례라고는 단정할 수 없음

→ 따라서 그 제정에 있어서 반드시 법률의 개별적 위임이 따로 필요한 것은 아님

77) 대법원 2005.4.26. 2002추23, 2004.7.22. 2003추51
78) 대법원 1992.6.23. 선고 9추 17

다만, 지방자치법 제22조 단서조항에 규정되어 있는 대로 주민의 권리 · 의무나 벌칙에 관한 사항은 헌법상의 법률유보(法律留保)원칙과 죄형법정주의에 비추어 반드시 법률의 위임이 있어야 한다. 이는 소위 '침해유보원칙'을 선언한 것으로 헌법상 기본권 제한의 법률유보원칙(헌법 제37조제2항), 재산권제한 법률주의(헌법 제23조), 조세법률주의(헌법 제59조), 죄형법정주의(헌법 제12조) 등에 근거한 것이다. 그리고 법률의 위임과 관련하여 헌법재판소는 조례제정권자인 지방의회는 민주적 정당성을 지니고 있는 주민의 대표기관이고 헌법이 지방자치단체에 포괄적으로 자치권을 보장하고 있는 취지로 볼 때 조례에 대한 법률의 위임은 헌법 제75조의 규정대로 법규명령과 같이 반드시 구체적으로 범위를 정할 필요는 없으며 포괄적인 것이면 된다[79]고 판시하고 있다.

따라서 '법령의 범위 안에서' 조례를 제정하기 위해서는 관련 상위 법령을 정확하게 이해하는 것이 중요하다. 법령에 위반되는지 여부는 실무행정법에 대한 이론과 지식, 소관법령 담당자와 소통을 바탕으로 상위법령에 대한 깊은 이해가 요구되는 영역이다.

판례도 조례가 법령에 위반되는지 여부는 법령과 조례의 각각의 규정 취지, 규정의 목적과 내용 및 효과 등을 비교하여 양자 사이에 모순, 저촉이 있는지의 여부에 따라서 개별적, 구체적으로 결정하여야 할 것으로 밝히고 있다[80].

한편, 이미 법령이 규율하고 있는 사항을 법령의 위임 없이 조례가 다른 내용으로 규율할 수 있는가가 문제될 수 있는데, 조례로서 법령의 기준과 다른 기준을 정하는 것은 당연히 허용되지 아니한다. 다만, ① 법령이 이미 존재하는 경우에도 조례가 법령과 별도의 목적에 기하여 규율함을 의도하는 것으로서 그 적용에 의하여 법령의 규정이 의도하는 목적과 효과를 전혀 저해하지 않을 경우 ② 양자가 동일한 목적에서 출발한 것이라 할지라도 법령이 반드시 전국에 걸쳐 일률적으로 규율하려는 취지가 아니고 각

79) 조례의 제정권자인 지방의회는 선거를 통해서 그 지역적인 민주적 정당성을 지니고 있는 주민의 대표기관이고, 헌법이 지방자치단체의 포괄적인 자치권을 보장하는 취지로 볼 때 조례제정권에 대한 지나친 제약은 바람직하지 않으므로 조례에 대한 법률의 위임은 법규명령에 대한 법률의 위임과 같이 반드시 구체적으로 범위를 정하여 할 필요가 없으며 포괄적인 것으로 족하다(헌재 1995. 4. 20. 92헌마264, 헌재 2004. 9. 23. 2002헌바76, 헌재 2008. 12. 26. 2007헌마1387 등)

80) 대법원 2004.4.23. 2002추16

자치단체가 실정에 맞게 별도로 규율하는 것을 용인하는 취지라고 해석될 경우에는 그 조례가 법령에 위반되는 것은 아니라고 본다[81].

법률의 위임 없이 의무를 부과한 사례
경기도 도시계획위원회 조례[82]

✿ 조례내용

※ 위원장은 회의소집이 결정된 즉시 심의할 안건을 도지사와 의회에 보고하도록 함

※ 위원장은 회의를 개최하였을 때는 회의록을 비치하여야 하며 그 결과를 즉시 도지사와 의회에 보고하여야 함.

✿ 판결요지

※ 지방도시계획위원회 위원장이 도의회에 심의할 안건과 그 회의결과를 사전 · 사후에 보고하도록 규정한 것은 조례로 제정할 수 없는 의무규정을 신설한 것으로서 지방자치법 제15조 및 도시계획법령의 규정에 위반되어 위법함.

(2) 그 사무에 관하여

지방자치단체가 조례를 제정할 수 있는 사항은 지방자치단체의 고유사무인 자치사무와 개별 법령에 의하여 지방자치단체에 위임된 단체위임사무에 한하고, 국가사무가 지방자치단체의 장에게 위임되거나 상위 지방자치단체의 사무가 하위 지방자치단체의 장

81) 지방자치단체의 조례는 그것이 자치조례에 해당하는 것이라도 법령에 위반되지 않는 범위 안에서만 제정할 수 있어서 법령에 위반되는 조례는 그 효력이 없지만 조례가 규율하는 특정사항에 관하여 그것을 규율하는 국가의 법령이 이미 존재하는 경우에도 조례가 법령과 별도의 목적에 기하여 규율함을 의도하는 것으로서 그 적용에 의하여 법령의 규정이 의도하는 목적과 효과를 전혀 저해하는 바가 없는 때 또는 양자가 동일한 목적에서 출발한 것이라고 할지라도 국가의 법령이 반드시 그 규정에 의하여 전국에 걸쳐 일률적으로 동일한 내용을 규율하려는 취지가 아니고 각 지방자치단체가 그 지방의 실정에 맞게 별도로 규율하는 것을 용인하는 취지라고 해석되는 때에는 그 조례가 국가의 법령에 위배되는 것은 아니라고 보아야 한다. (대법원 2007.12.13. 선고 2006추52)

82) 대법원 1994.5.10. 93추144

에게 위임된 기관위임사무에 관한 사항은 원칙적으로 조례의 제정범위에 속하지 않는다. 그리고 법령상 지방자치단체의 장이 처리하도록 규정하고 있는 사무가 자치사무인지 기관위임된 국가사무에 해당하는지를 판단함에는 그에 관한 법령의 규정 형식과 취지를 우선 고려하여야 할 것이지만, 그 밖에도 그 사무의 성질이 전국적으로 통일적인 처리가 요구되는 사무인지 여부나 그에 관한 경비부담과 최종적인 책임귀속의 주체 등도 아울러 고려하여 판단하여야 한다[83].

특히 국가사무가 지방자치단체의 장에게 위임된 기관위임사무와 같이 지방자치단체의 장이 국가기관의 지위에서 수행하는 사무일 뿐 지방자치단체 자체의 사무라고 할 수 없는 것은 원칙적으로 자치조례의 제정범위에 속하지 않는다[84]. 다만, 기관위임사무에 있어서도 그에 관한 개별법령에서 일정한 사항을 조례로 정하도록 위임하고 있는 경우에는 위와 같은 지방자치단체의 자치조례 제정권과 무관하게 이른바 위임조례를 정할 수 있다고 하겠으나 이때에도 그 내용은 개별 법령이 위임하고 있는 사항에 관한 것으로서 개별 법령의 취지에 부합하는 것이라야만 하고, 그 범위를 벗어난 경우에는 위임조례로서의 효력도 인정할 수 없다. 그리고 법령상 지방자치단체의 장이 처리하도록 규정하고 있는 사무가 기관위임사무에 해당하는지 여부를 판단함에 있어서는 그에 관한 법령의 규정 형식과 취지를 우선 고려하여야 할 것이지만 그 외에도 그 사무의 성질이 전국적으로 통일적인 처리가 요구되는 사무인지 여부나 그에 관한 경비부담과 최종적인 책임귀속의 주체 등도 아울러 고려하여 판단하여야 할 것이다.

83) 대법원 1999. 9. 17. 99추30, 대법원 2013. 4. 11. 2011두12153
84) 대법원 1992. 7. 28. 92추31, 대법원 1995. 12. 12. 95추32

법률의 위임 없이 벌칙을 정한 사례
경상북도 의회에서의 증언·감정 등에 관한 조례[85]

✿ 조례내용

❇ 제12조 (불출석 등의 죄) ① 정당한 이유 없이 출석하지 아니한 증인, 보고 또는 서류제출의 요구를 거절한 자, 선서 또는 증언이나 감정을 거부한 증인이나 감정인은 3월 이하의 징역 또는 10만 원 이하의 벌금에 처한다.

② 정당한 이유 없이 증인, 감정인, 참고인의 출석을 방해하거나 검증을 방해한 자에 대하여도 제1항의 형과 같다.

❇ 제13조(의회모욕의 죄)

❇ 제14조(위증 등의 죄)

✿ 판결요지

❇ 지방자치법 제15조 단서는 지방자치단체가 법령의 범위 안에서 그 사무에 관하여 조례를 제정하는 경우에 벌칙을 정할 때에는 법률의 위임이 있어야한다고 규정하고 있는데, 불출석 등의 죄, 의회모욕죄, 위증 등의 죄에 관하여 형벌을 규정한 조례안에 관하여 법률에 의한 위임이 없었을 뿐만 아니라, 구 지방자치법(1994.3.16. 법률 제4741호로 개정되기 전의 것) 제20조가 조례에 의하여 3월 이하의 징역 등 형벌을 가할 수 있도록 규정하였으나 개정된 지방자치법 제20조는 형벌권을 삭제하여 지방자치단체는 조례로써 조례 위반에 대하여 1,000만 원 이하의 과태료만을 부과할 수 있도록 규정하고 있으므로, 조례 위반에 형벌을 가할 수 있도록 규정한 조례안 규정들은 현행 지방자치법 제20조에 위반되고, 적법한 법률의 위임 없이 제정된 것이 되어 지방자치법 제15조 단서에 위반되고, 나아가 죄형법정주의를 선언한 헌법 제12조 제1항에도 위반됨.

85) 대법원 1995.6.30. 93추83

지방자치법에 예시된 조례로 규정할 수 있는 사항

법령구분	근거법령	내용
지방자치법	제4조의2제1항	– 자치구가 아닌 구와 읍 · 면 · 동의 폐치분합
	제4조의2제4항	– 행정 운영상 동 · 리 설치
	제6조제1항	– 사무소 소재지 변경, 설정
	제15조제1항	– 조례 제 · 개폐 청구인수
	제38조제1항	– 지방의회의원의 윤리강령 및 윤리실천규범
	제39조제2항	– 지방의회의 의결사항
	제42조제3항	– 지방의회, 위원회 출석 · 답변할 수 있는 공무원
	제44조제2항	– 정례회 운영에 관한 사항
	제56조제1항	– 지방의회 위원회의 설치
	제62조	– 위원회에 관한 그 밖의 사항
	제66조의3제2항	– 의안에 대한 비용추계 등에 관한 사항
	제90조	– 의회사무기구의 설치 및 구성
	제91조제1항	– 의회의 사무직원 정수
	제104조	– 사무의 위임, 위탁
	제105조	– 소속직원의 임면권
	제113조~ 제116조의2	– 직속기관, 사업소, 출장소, 합의제 행정기관, 자문기관 등의 설치
	제124조제4항 · 제5항	– 지방채무이행, 채권관리
	제139조제1항	– 사용료, 수수료, 분담금 징수에 관한 사항
	제139조제2항	– 사용료, 분담금 포탈자에 대한 과태료
	제142조제2항	– 재산의 보유, 자금의 적립 및 기금설치
	제144조제2항	– 공공시설의 설치
지방자치법 시행령	제32조	– 조례 · 규칙의 공포에 관한 사항
	제33조제1항	– 지방의회의원의 일비와 여비지급에 관한 사항
	제83조제1항	– 검사위원의 실비변상에 관한 사항

(3) 단서의 문제(주민권리 제한과 의무부과 시 법률유보)

지방자치법 제22조의 단서가 앞서 지적했듯이 침해유보론을 채택하고 있는데 이에 대해서는 이 조항은 결국 법률유보원칙의 적용이라는 합헌설[86]의 입장과 헌법이 부여한 지방자치단체의 자치입법권을 지나치게 제한하는 것이라 위헌설[87]이라는 입장이 나뉘고 있다. 그러나 대법원은 "헌법이 지방자치단체의 자치입법권을 보장하면서, 그 단서에서 국민의 권리제한·의무부과에 관한 사항을 규정하는 조례의 중대성에 비추어 입법정책적 고려에서 법률의 위임을 요구한다고 규정하고 있는 바, 이는 기본권 제한에 대하여 법률유보원칙을 선언한 헌법 제37조 제2항의 취지에 부합하므로 위헌성이 있다고 할 수 없다[88]."고 판시하여 합헌이라는 입장을 따르고 있다. 헌법재판소도 "지방자치단체가 직업수행의 자유를 제한하는 조례를 제정하기 위해서 지방자치법 제22조의 단서와 같이 법률의 위임이 필요하다."[89]고 하여 같은 입장을 보이고 있다.

또한 조례로서 벌칙을 정할 때에도 법률의 위임이 있어야 하는데(죄형법정주의), 헌법 제12조제1항은 "누구든지 …법률과 적법한 절차에 의하지 아니하고는 처벌, 보안처분 또는 강제노역을 받지 아니한다."고 규정하고 있으며, 이에 따라 지방자치법 제22조 단서는 "조례로 …벌칙을 정할 때에는 법률의 위임이 있어야 한다."고 규정하고 있다.

조례 관련 일본 지방자치법과 비교

구분	우리나라	일본
헌법상 근거	법령의 범위 안에서 자치에 관한 규정을 제정할 수 있다(제117조)	법률의 범위 내에서 조례를 제정할 수 있다(제94조)
자치법상 근거	법령의 범위 안에서 지방자치단체 사무에 관하여 조례를 제정할 수 있다(제22조)	법령에 위반되지 않는 한 지방자치단체 사무에 관한 조례를 제정할 수 있다(제14조)

86) 김동희, 행정법(Ⅱ), P86
87) 박윤흔·정형근, 최신행정법강의(하), P131
88) 대법원 1997.4.25. 96추251
89) 헌재 1995.4.20. 92헌마264·279(병합)

<table>
<tr><td rowspan="3">조례제정범위</td><td>법적 한계</td><td>법령의 범위 안에서</td><td>법령에 위반되지 않는 한</td></tr>
<tr><td>사항적 한계</td><td>지방자치단체 사무에 관한 것</td><td>지방자치단체 사무에 관한 것</td></tr>
<tr><td>기타</td><td>시군구 조례는 시도 조례를 위반해서는 안 된다.</td><td>시정촌 및 특별구 조례는 도도부현 조례를 위반해서는 안 된다.</td></tr>
<tr><td colspan="2">의무부과 및 권리제한</td><td>법률의 위임이 있어야 한다.</td><td>법령에 특별히 정한 경우를 제외하고는 조례에 의하지 않으면 안 된다.</td></tr>
<tr><td colspan="2">벌칙규정</td><td>벌칙을 정할 때에는 법률의 위임이 있어야 한다.</td><td>조례를 위반한 자에 대해 2년 이하의 징역 또는 금고, 100만엔 이하의 벌금, 구류, 과료 또는 몰수형 규정을 둘 수 있다.</td></tr>
<tr><td colspan="2">과태료 규정
(행정질서벌)</td><td>조례위반 행위에 대해 조례로써 1천만원 이하의 과태료를 정할 수 있다.</td><td>조례를 위반한 자에 대해 5만엔 이하의 과태료를 과하는 규정을 둘 수 있다.</td></tr>
</table>

3. 규칙

1) 의의

지방자치단체의 장이 법령 또는 조례가 위임하는 범위 안에서 그 권한에 속하는 사무에 관하여 제정하는 자치법규가 규칙이다.

> **법 제23조(규칙)** 지방자치단체의 장은 법령이나 조례가 위임한 범위에서 그 권한에 속하는 사무에 관하여 규칙을 제정할 수 있다.

상급행정기관이 하급행정기관에 대하여 업무처리지침이나 법령의 해석적용에 관한 기준을 정하여 발하는 이른바 행정규칙은 일반적으로 행정조직 내부에서만 효력을 가질 뿐 대외적인 구속력을 갖는 것은 아니지만, 법령의 규정이 특정행정기관에게 그 법령내용의 구체적 사항을 정할 수 있는 권한을 부여하면서 그 권한행사의 절차나 방법을 특정하고 있지 아니한 관계로 수임행정기관이 행정규칙의 형식으로 그 법령의 내용이 될 사항을 구체적으로 정하고 있다면 그와 같은 행정규칙은 일반적인 행정규칙이 갖는 일반적 효력으로서가 아니라, 행정기관에 법령의 구체적 내용을 보충할 권한을 부여한 법령규정의 효력에 의하여 그 내용을 보충하는 기능을 갖게 된다 할 것이다. 따라서 이와 같은 행정규칙 · 규정은 당해 법령의 위임한계를 벗어나지 아니하는 한 그것들과 결합하여 대외적인 구속력이 있는 법규명령으로서의 효력을 갖게 된다고 보아야 할 것이다.

2) 종류

규칙(規則)은 조례와 마찬가지로 법령 또는 조례의 위임에 의하여 제정되어 법규적 성질을 갖는 '위임규칙'과 교육훈련이나 내부조직과 관련되어 행정규칙적인 성질을 갖는 '직권규칙'이 있다. 위임규칙을 법령의 위임에 따라 제정되는 '법령위임규칙'과 조례의 위임에 따라 제정되는 '조례위임규칙'으로 구분하기도 한다.

또한, 조례의 위임이 없더라도 조례를 집행하기 위하여 필요한 사항에 관하여 규칙을 제정할 수 있는데 이를 조례위임규칙과 구별하기 위하여 '조례집행규칙'이라 부르기도 한다.

지방자치법 제102조의 규정에 의하여 지방자치단체의 장에게 위임된 기관위임사무는 지방자치단체의 장의 전속적인 권한에 속하는 사항이므로 이에 대하여는 조례를 제정할 수 없고 규칙으로 규정하게 되는데 이를 '기관위임규칙'이라 한다.

규칙으로 규정할 수 있는 사항 예시

법령구분	근거법령	내 용
지방자치법	제105조	– 소속공무원의 복무, 징계, 교육훈련
지방자치법 시행령	제70조 제81조제2항	– 지방자치단체의 장의 사무인계 – 이장의 임명절차 등 인사운영에 관한 사항

지방재정법	제31조제1항 제61조	– 국가의 공공시설에 관한 사용료징수 – 세입의 징수와 납기
지방공무원법	제78조제3항	– 제안제도의 운영
지방공무원 임용령	제4조제1항 제11조제1항 제12조제2항 제17조제1항	– 지방공무원임용령 시행규칙 – 공개경쟁신규임용시험합격자의 등록에 관한사항 – 신규임용후보자의 명부작성에 관한 사항 – 특별임용요건의 세부사항 규정

3) 규율범위

규칙의 유형(법령위임규칙, 조례위임규칙, 조례집행규칙 및 기관위임규칙)과 관련하여 규칙으로 정할 수 있는 사항을 예시하면 다음과 같다.

① 법령에 의하여 규칙으로 제정할 수 있도록 규정된 사항

② 기관위임사무에 관한 사항

③ 지방자치단체의 사무 중 지방자치단체의 장의 전속적 권한에 속하는 사무에 관한 사항

④ 조례의 위임 또는 시행에 관하여 필요한 사항

⑤ 그 밖에 지방의회나 다른 집행기관의 권한에 속하지 않은 지방자치단체의 사무에 관한 사항

한편, 규칙의 규율범위와 관련하여 ⓐ 법령에 의하여 조례 규정사항으로 지정된 사항과 지방의회의 권한에 속하는 사랑은 규칙으로 정할 수 없으며, ⓑ 주민의 권리 · 의무에 관한 사항은 법령 또는 조례의 구체적인 위임이 있어야 하며, ⓒ 시장 · 군수 및 자치구의 구청장이 제정하는 규칙은 시 · 도의 조례나 규칙에 위반해서는 안 된다. 그리고 규칙이 해당 지방자치단체의 조례를 시행하기 위한 것인 경우에는 '상위법 우위의 원칙'에 따라 조례에 위반될 수 없음은 당연하다.

4. 자치법규의 효력

1) 자치법규의 상호 간의 효력

자치법규인 조례와 규칙 사이에는 일반적 의미에 있어서의 형식적 효력에는 그 우열의 차이가 없다. 즉 원칙적으로 조례로써 규율할 사항과 규칙으로 규율할 사항이 서로 다른 영역이므로 충돌의 우려가 없다.

그러나 현실적으로 어떤 자치법규로써 정할 사항인가에 대해 명확히 구분되어 있지 않은 사항이 많이 있기 때문에 서로 혼용되고 있고, 이들 사이에 서로 상충되는 사항이 있을 경우 문제가 발생하게 된다. 이러한 경우 자치법규 상호 간의 효력은 조례가 우선한다고 보는 것이 타당하다.

2) 시간적 효력

자치법규는 법령과 마찬가지로 공포·시행되어 실효 또는 폐지될 때까지 효력을 가진다. 따라서 자치법규는 특별한 규정이 없는 한 공포한 날[90]부터 20일을 경과함으로써 효력이 발생하며, 원칙적으로 시행 이후에 발생한 사실에 대하여만 효력이 미친다.

다만, 예외적으로 주민에게 이익을 주는 것은 소급효가 인정될 수 있지만 주민의 권리제한, 의무의 부과 또는 벌칙을 정하는 자치법규는 소급효가 인정되지 않는다는 것이 통설이다.

3) 지역적(공간적) 효력

자치법규 효력의 범위는 해당 지방자치단체의 구역 안에 한정되는 것이 원칙이다. 다만, 예외적으로 ① 지방자치단체의 장이 그 권한에 속하는 사무의 일부를 다른 지방

90) 판례는 법령의 공포일과 관련하여 '공포한 날부터 시행하기로 한 법령등의 시행일은 그 법령이 수록된 관보의 발행일자가 아니라 그 관보가 정부간행물판매센터에 배치되거나 관보취급소에 발송된 날이다'라고 판시한바 있다(대법원 1970.7.21. 70누76).

자치단체의 구역에 있는 법인 · 단체 또는 그 기관이나 개인에게 위탁하는 경우(지방자치법 제104조제3항) ② 공공시설을 관계 지방자치단체의 동의를 얻어 당해 지방자치단체의 구역 밖에 설치한 경우(같은 법 제144조제3항) ③ 소관사무의 일부를 다른 지방자치단체 또는 그 장에게 위탁하여 처리하게 하는 경우(같은 법 제151조제1항)에는 자치법규가 그 지방자치단체의 구역 밖에서도 효력을 가질 수 있는 경우가 있을 수 있다.

4) 대인적 효력

자치법규는 지방자치의 특성에 따라 해당 지방자치단체의 주민에 대하여만 효력이 미치는 것이 원칙이다. 다만, 예외적으로 당해 지방자치단체의 구역에 들어 온 다른 지방자치단체의 주민이나 당해 지방자치단체와 특별한 관계를 가진 자(공공시설의 이용자, 공물의 특별허가사용자 등)에 대하여는 그 효력이 미친다.

5. 입법한계와 경과조치

1) 입법한계

전체적인 나라의 법질서를 유지하고 상호 간의 모순과 저촉을 방지하기 위하여 시 · 군 및 자치구의 조례나 규칙은 시 · 도의 조례나 규칙에 위반하여서는 안 된다.

> **법 제24조(조례와 규칙의 입법한계)** 시 · 군 및 자치구의 조례나 규칙은 시 · 도의 조례나 규칙을 위반하여서는 아니 된다.

이는 성문규범인 이상 그 내용에 있어서는 상위법령을 위반할 수 없다는 단순한 확인적 규정으로 이해될 수 있다. 다만 여기서 알아야 할 것은 이 조항이 시 · 도의 조례나 규칙으로 시 · 군 · 구의 모든 사무에 대해서 규정할 수 있다는 의미가 아니고, 시 · 도로부터 시 · 군 · 구가 위임받은 사무 또는 시 · 도, 시 · 군 · 구의 공동사무에서와 같이 특수한 경우에 적용된다는 것이다.

광역시조례로 규정할 사항을 자치구조례로 규정한 사례
인천광역시 연수구 공동구 설치 및 점용료 징수 조례안[91)]

✿ 조례내용

❋ 도시계획법 제84조 및 동법 시행령 제55조를 상위의 근거법령으로 들면서 공동구의 설치와 그 비용부담, 공동구의 점용, 사용 및 관리, 공동구의 설치비용, 점용료 및 관리비의 징수방법 등에 관하여 규정

✿ 판결요지

❋ 공동구의 설치 및 관리주체는 시장 · 군수이므로, 그 관리에 필요한 사항으로서 도시계획법시행령 제55조 제2항, 제3항에 규정되지 아니한 사항을 정하도록 한 도시계획법 제16조나 제84조 소정의 '당해 지방자치단체의 조례' 역시 서울특별시 · 광역시 · 시 · 군의 조례를 의미하는 것으로 보아야 할 것임.

❋ 그렇다면 공동구의 설치 및 점용료 등의 징수에 관하여 규정한 이 사건 조례안은 도시계획법 제16조, 제84조에 따라 인천광역시 의회가 제정하여야 할 것을 위 법조에 위반하여 피고가 제정한 것이므로 그 구체적 조항이 법령에 위반된 여부에 나아가 살펴볼 필요 없이 전체적으로 무효라 하지 않을 수 없음. 이는 인천광역시 내에서 공동구가 설치된 곳이 연수구뿐이라 하여 달리 볼 것은 아님.

2) 경과조치

앞서 살펴보았듯이 급격하는 사회적 · 지리적 환경에 대응하고 자치행정의 효율성을 제고하기 위하여 지방자치단체의 구역이 변경될 수 있고 이에 따른 명칭과 구역변경에 대해 지방자치법은 규정을 두어 혼란을 방지하고 있다. 이와 관련하여 지방자치법은 새

91) 대법원 1995.6.30. 선고 95추49

로 변경된 지방자치단체에 적용하게 될 조례와 규칙이 마련되기 이전에는 기존의 지방자치단체의 조례와 규칙을 적용하도록 명백히 함으로써 조례의 적용에 있어서 나타날 수 있는 공백이나 혼란을 방지하도록 하고 있다.

> **법 제25조(지방자치단체를 신설하거나 격을 변경할 때의 조례 · 규칙의 시행)** 지방자치단체를 나누거나 합하여 새로운 지방자치단체가 설치되거나 지방자치단체의 격이 변경되면 그 지방자치단체의 장은 필요한 사항에 관하여 새로운 조례나 규칙이 제정 · 시행될 때까지 종래 그 지역에 시행되던 조례나 규칙을 계속 시행할 수 있다.

조례적용에 대한 경과조치를 두는 경우는 기존의 지방자치단체가 2개 이상으로 나누어지거나, 2개 이상의 자치단체가 합병하여 그 구역 안에 새로운 지방자치단체를 설립하는 경우, 기초자치단체가 광역자치단체로 바뀌게 되는 경우 등이다.

6. 제정절차

조례는 지방자치단체의 가장 중요한 입법의 형식이며 주민의 대표기관인 지방의회에서 의결된 후 지방자치단체의 장에 의해 공포되어 효력을 발생한다.

> **법 제26조(조례와 규칙의 제정 절차 등)** ① 조례안이 지방의회에서 의결되면 의장은 의결된 날부터 5일 이내에 그 지방자치단체의 장에게 이를 이송하여야 한다.
> ② 지방자치단체의 장은 제1항의 조례안을 이송 받으면 20일 이내에 공포하여야 한다.
> ③ 지방자치단체의 장은 이송받은 조례안에 대하여 이의가 있으면 제2항의 기간에 이유를 붙여 지방의회로 환부(還付)하고, 재의(再議)를 요구할 수 있다. 이 경우 지방자치단체의 장은 조례안의 일부에 대하여 또는 조례안을 수정하여 재의를 요구할 수 없다.
> ④ 제3항에 따른 재의요구를 받은 지방의회가 재의에 부쳐 재적의원 과반수의 출석과 출석의원 3분의 2 이상의 찬성으로 전과 같은 의결을 하면 그 조례안은 조례로서 확정된다.

⑤ 지방자치단체의 장이 제2항의 기간에 공포하지 아니하거나 재의요구를 하지 아니할 때에도 그 조례안은 조례로서 확정된다.

⑥ 지방자치단체의 장은 제4항과 제5항에 따라 확정된 조례를 지체 없이 공포하여야 한다. 제5항에 따라 조례가 확정된 후 또는 제4항에 따른 확정조례가 지방자치단체의 장에게 이송된 후 5일 이내에 지방자치단체의 장이 공포하지 아니하면 지방의회의 의장이 이를 공포한다.

⑦ 제2항 및 제6항 전단에 따라 지방자치단체의 장이 조례를 공포한 때에는 즉시 해당 지방의회의 의장에게 통지하여야 하며, 제6항 후단에 따라 지방의회의 의장이 조례를 공포한 때에는 이를 즉시 해당 지방자치단체의 장에게 통지하여야 한다.

⑧ 조례와 규칙은 특별한 규정이 없으면 공포한 날부터 20일이 지나면 효력을 발생한다.

⑨ 조례와 규칙의 공포에 관하여 필요한 사항은 대통령령으로 정한다.

1) 조례안의 발의

조례안은 의안의 하나이므로 지방자치법 제66조 제1항의 규정에 따라 지방자치단체의 장이나 재적의원 5분의 1 이상 또는 의원 10명 이상의 연서로 발의하며, 동조 제2항에 따라 위원회는 그 직무에 속하는 사항에 관하여 의안을 제출할 수 있다.[92] 주민의 경우는 직접 발의하여 지방의회에 접수할 수는 없으나 주민의 조례 제정과 개폐청구를 일정한 요건 하에서 지방자치단체의 장에게 할 수 있다.

우리나라의 법체계는 지방자치사무 중 '교육 · 학예'의 사무는 특별법인 지방교육 자치에 관한 법률로 규정하는 바, 이와 관련된 조례안은 교육감이나 재적의원 5분의 1 이상 또는 의원 10명 이상의 연서로 발의한다.

다만 의회에 제출되기 전 지방자치단체의 장이 발의한 조례안과 지방의회의원이 발의한 조례안은 다른 절차를 거쳐 해당 의회에 제출되는 것을 알 수 있다.

---

92) 위원회가 제출한 안건은 '위원회안'이라 하며 위원회에서 제출된 뒤 안건번호를 부여받아 본회의에 부의된다.

자치단체장이 조례안을 제출하는 경우

① 조례안 입안 (입안부서 작성 등) → ② 사전승인 · 협의, 관계 부서 협의 → ③ 입법예고 → ④ 규제심사 → ⑤ 법무부서 심사 → ⑥ 조례 · 규칙심의회 의결 → ⑦ 조례안 공고 · 의회 제출 → ⑧ 조례안 예고 → ⑨ 조례안 심의 · 의결 → ⑩ 조례안의 이송 (의장 → 단체장) → (필요시 재의요구 → 재의결 → 대법원 제소) → ⑪ 조례안 사전보고 및 공포

지방의회의원이 조례안을 발의하는 경우

① 조례안 입안 → ② 의견청취, 찬성의원 서명 → ③ 의회의장에게 제출 → ④ 조례안 예고 → ⑤ 조례안 심의 · 의결 → ⑥ 조례안의 이송 (의장 → 단체장) → (필요시 재의요구 → 재의결 → 대법원 제소) → ⑦ 조례안 사전보고 및 공포

2) 조례안의 심의 · 의결

지방자치단체장이 제출하거나 의원의 연서에 의해 발의된 조례안은 의회에 접수되어 해당 상임위원회 또는 특별한 경우 특별위원회에 회부되고 위원회 회의를 통해 심의를 하며, 그 다음 다시 본회의에 회부되어 본회의 심의를 거쳐 의결된다. 의회에 제출된 이상 조례안은 의원이 발의했든지 지방자치단체장이 제출했든지 전혀 상관없이 같은 과정의 심의를 거쳐 의결된다.

3) 조례안의 이송과 공포

조례안이 지방의회 본회의장에서 의결이 된 때에는 의장은 의결된 날부터 5일 이내에 그 지방자치단체의 장에게 이송하고, 지방자치단체의 장은 조례안을 이송 받으면 20일 이내에 공포하여야 한다[93]. 조례가 확정된 후 또는 확정조례가 지방자치단체의 장에게 이송된 후 5일 이내에 지방자치단체의 장이 공포하지 아니할 때에는 지방의회 의장이 이를 공포함으로써 효력을 발생하게 된다. 조례는 특별한 규정이 없는 한 공포한 날부터 20일이 지나면 효력을 발생한다.

4) 재의요구

지방자치법상 규정되어 있는 재의요구제도는 지방자치단체의 기관을 의결기관과 집행기관으로 분리한 데 따르는 기관 간의 충돌을 조정하기 위한 제도적 장치 중의 하나이다. 즉 재의요구는 정책을 집행하는 집행기관이 정책을 의결하는 의결기관에 대한 통제수단으로서의 존재의의가 있다.

현행 지방자치법을 살펴보면 지방자치단체장의 재의요구는 두 가지 종류가 있다. 하나는 지방자치단체장이 지방의회의 의결에 대하여 가지는 견제수단으로서 재의요구이다. 예컨대 조례에 대한 재의요구, 예산상 집행할 수 없는 의결 등 제26조와 제107조 · 제108조가 이에 속한다. 또 다른 한 가지는 국가의 지방자치단체에 대한 감독의 일환으로 행하여지는 경우로, 지방자치단체의 장이 감독기관인 주무부장관 또는 시 · 도지사의 명령에 따라서 재의요구를 해야 하는 지방자치법 제172조가 이에 해당한다[94].

---

93) 조례가 집행행위의 개입 없이도 그 자체로서 직접 국민의 구체적인 권리의무나 법적 이익에 영향을 미치는 등의 법률상 효과를 발생하는 경우 그 조례는 항고소송의 대상이 되는 행정처분에 해당하고, 이러한 조례에 대한 무효확인소송을 제기함에 있어서 행정소송법 제38조 제1항, 제13조에 의하여 피고적격이 있는 처분 등을 행한 행정청은, 행정주체인 지방자치단체 또는 지방자치단체의 내부적 의결기관으로서 지방자치단체의 의사를 외부에 표시한 권한이 없는 지방의회가 아니라, 구 지방자치법(1994. 3. 16. 법률 제4741호로 개정되기 전의 것) 제19조 제2항, 제92조에 의하여 지방자치단체의 집행기관으로서 조례로서의 효력을 발생시키는 공포권이 있는 지방자치단체의 장이다.(대법원 1996.09.20. 95누8003)

94) 지방자치법 제21조에 의하면 조례안의 경우 자치단체장이 공포하기에 앞서 행정자치부에 사전보고 하도록 하고 있다. 이는 단지 보고 형식만을 취하는 것으로 보이나 실제 지방자치단

지방자치단체장의 재의요구는 지방의회의 결정을 거부하는 것이 아니라 지방의회에서 다시 한 번 심의하여 결정해 줄 것을 요구하는 제도이다. 이는 지방의회가 내부적으로 결정의 합법성과 합목적성을 자율적으로 판단할 수 있는 기회를 다시 한 번 부여하는 의미로 볼 수 있으며, 궁극적으로는 지방의회의 의결을 연기하는 결과를 가져온다.

지방자치단체의 장은 이송 받은 조례안에 대하여 '이의(異議)가 있는 때에는'[95] 20일 이내에 이유를 붙여 지방의회에 다시 돌려보내고 한 번 더 의결을 요구하는 재의를 요구할 수 있다. 이 경우 지방자치단체의 장은 조례안의 일부에 대하여 또는 조례안을 수정하여 재의를 요구할 수 없다.[96]

지방자치단체의 장이 의회에 대하여 재의요구를 하게 되면 의회는 재의에 붙여 재적의원 과반수의 출석과 출석의원 3분의 2 이상의 찬성으로 전과 같은 의결을 하면 그 조례안은 조례로서 확정된다.

체의 조례에 대해 통제하겠다는 중앙집권적인 의도가 엿보인다.

95) 조례안에 대해서 재의를 요구 할 수 있는 경우는 포괄적으로 '이의가 있을 때'로 규정하고 있어 다른 지방의회 의결보다 지방자치단체의 장의 판단이 크게 작용될 가능성이 높다. 이 표현은 대통령의 '법률안 거부권'의 표현을 그대로 가져온 듯하다.

96) 의결의 일부에 대한 효력의 배제는 결과적으로 전체적인 의결의 내용을 변경하는 것에 다름 아니어서 의결기관인 지방의회의 고유권한을 침해하는 것이 될 뿐 아니라, 그 일부만의 효력 배제는 자칫 전체적인 의결내용을 지방의회의 당초의 의도와는 다른 내용으로 변질시킬 우려가 있으며, 또한 재의 요구가 있는 때에는 재의 요구에서 지적한 이의사항이 의결의 일부에 관한 것이라고 하여도 의결 전체가 실효되고 재의결만이 의결로서 효력을 발생하는 것이어서 의결의 일부에 대한 재의 요구나 수정재의 요구가 허용되지 않는 점에 비추어 보면, 재의결의 내용 전부가 아니라 그 일부만이 위법한 경우에도 그 재의결 전부의 효력을 부인하여야 한다. (대법원 1994.05.10. 93추144)

지방자치법상 재의요구제도

구분	제26조의 재의	제107조 · 제108조의 재의	제172조의 재의
대상	조례안	지방의회의 의결	지방의회의 의결
요건	이의가 있을 때	월권 또는 법령위반 공익을 현저히 해할 때 예산집행상 불가능 경비포함, 의무비 · 응급복구비 삭감	법령위반 공익을 현저히 해할 때
재의요구권자	단체장	단체장	주무부장관 또는 시 · 도지사의 요구에 따라 단체장
재의요구기간	이송일로부터 20일 이내	의결사항을 송부 받은 날부 터 20일 이내	이송 받은 날부터 20일 이내
일부 · 수정재의	불가능	불가능	명문규정 없음
대법원 제소	명문규정 없음	가능	가능
재의결정족수	재적의원 과반수 출석 출석의원 3분의 2 이상	재적의원 과반수 출석 출석의원 3분의 2 이상	재적의원 과반수 출석 출석의원 3분의 2 이상

5) 조례의 확정

일반적으로 조례는 지방의회의 의결을 거쳐 지방자치단체의 장에게 이송되고 지방자치단체의 장이 공포하면 확정된다. 그런데 지방자치단체의 장이 지방의회로부터 의결된 조례안을 이송 받고 20일 이내에 공포하지도 않고 재의요구도 하지 않으면, 그 조례안은 조례로서 확정된다. 또한 지방자치단체의 장이 조례안의 재의를 요구하여 지방의회에서 전과 같이 조례안을 의결하면 조례안은 확정된다.

6) 공포

지방자치단체의 장은 지방의회의 의결을 거친 조례안을 이송받은 날부터 20일 이내에 공포한다. 이와 달리 자치법규 중의 하나인 규칙은 공포시기에 대하여 별도의 규정이 없다. 지방자치단체의 장은 조례공포안에 대하여 조례규칙심의회의 심의(지방자치단체의 장이 지방의회에 제출하여 원안 의결된 조례공포안 제외)를 거쳐야 한다.

공포문에는 전문(全文)을 붙이되, 전문(前文)과 조례 또는 규칙안으로 구성된다. 공포문 전문(前文)에는 조례의 경우는 제정 개정 및 폐지하는 뜻과 지방의회의 의결을 얻은 사실을 적고, 규칙의 경우는 제정 개정 및 폐지하는 뜻을 적어 지방자치단체장이 서명한 후 직인을 찍고 그 일자를 기록한다.

자치법규 입법세부절차

1 자치법규 입안	지자체별 관련 조례 또는 규칙 등	소관 · 법무부서
2 사전승인 · 협의	상위법령 지자체별 관련 조례 또는 규칙	소관 · 상급부서 · 관계부서
3 입법예고	20일 이상 / 행정절차법 §43, 지자체별 관련 조례	소관부서
4 규제심사	행정규제기본법 §3③, 지자체별 관련 조례 또는 규칙 등	소관 · 법무부서
5 법무부서 심사	지자체별 관련 조례 또는 규칙 등	소관 · 법무부서
6 조례규칙심의회 심의	지방자치법 시행령 §28, 지자체별 관련 규칙	법무부서
7 조례안 공고 조례안 발의 · 제출	지방자치법 §46 지방자치법 §66	법무부서 단체장/의원/위원회
8 조례안 예고	5일 이상/지방자치법§66의2.(회의규칙)	의회
9 지방의회 심의 · 의결	지방자치법 §63-64의2, 지자체별 회의규칙	의회
10 의결된 조례안 이송	5일 이내 / 지방자치법 §26①	의회
10-1 보고	(조례)5일 이내, (규칙) 공포예정 15일 전 / 지방자치법 §28	법무부서
10-2 재의요구	20일 이내/지방자치법§26③ 20일 이내/지방자치법§107①, §108① 재의요구 지시 / 지방자치법 §172①	단체장 단체장 시도지사 · 장관
10-3 재의결	10일 이내/지방자치법시행령 §71①	의회
10-4 대법원 제소	제소/20일 이내/지방자치법§107③, §172③ 제소지시/7일 이내/지방자치법§172④ 제소/7일 이내/지방자치법§172⑤	단체장 시도지사 · 장관 단체장

	제소/7일 이내/지방자치법§172⑥ 제소./7일 이내/지방자치법§172⑦	시도지사 · 장관
11 공포	(이의가 없는 경우) 20일 이내 (재의결된 경우) 지체 없이 (단체장이 5일 이내 공포하지 않는 경우) ※규칙은 공포기한이 없음	단체장 단체장 의장

❈ 조례 입법절차 / 자치단체장 : 1~11, : 지방의원 : 7~11,

❈ 주민청구조례안 : 6(청구요건심사)~11 / 규칙 입법절차 : 1~6 → 10-1 → 공포

7. 조례위반에 대한 과태료

1) 의의와 연혁

지방자치단체는 조례로써 조례위반행위에 대하여 1천만 원 이하의 과태료를 부과할 수 있으며, 해당 자치단체의 조례가 정하는 바에 따라 해당 자치단체의 장 또는 그 관할구역안의 지방자치단체의 장이 부과 · 징수할 수 있다. 참고로, 종전의 지방자치법 제20조는 "시 · 도는 당해 지방자치단체의 조례로써 3월 이하의 징역 또는 금고, 10만 원 이하의 벌금 · 구류 · 과료 또는 50만 원 이하의 과태료의 벌칙을 정할 수 있다."고 규정하고 있었으나, 이 조항에 대해서 당시 범죄구성요건의 범위를 정하지 않고 처벌상한만을 정하여 형벌권을 포괄적으로 위임하는 것은 위헌 소지가 있고 죄형법정주의에 위배된다는 논란이 지속적으로 제기되어 1994년 3월 법 개정 시 여 · 야 합의로 위 형벌조항을 삭제하고 대신 조례의 실효성을 높이기 위하여 조례 위반행위에 대하여 과태료를 부과할 수 있도록 하면서 과태료 상한액을 1천만 원으로 상향 조정하였다.

법 제27조(조례위반에 대한 과태료) ① 지방자치단체는 조례를 위반한 행위에 대하여 조례로써 1천만 원 이하의 과태료를 정할 수 있다.

② 제1항에 따른 과태료는 해당 지방자치단체의 장이나 그 관할 구역 안의 지방자치단체의 장이 부과 · 징수한다.

따라서 현행법상 조례로서는 행정질서벌인 과태료만을 부과할 수 있으며, 조례로서 과태료를 부과하도록 규정하는 경우에도 과태료 부과의 전제가 되는 과태료 부과 대상 행위를 규정하는 것은 주민의 권리제한이나 의무부과에 해당되므로 그 제한에 대한 법률적 근거가 있어야 할 것이다.

2) 조례와 과태료 문제

지방자치법 제27조제1항에서는 "지방자치단체는 조례로써 조례위반행위에 대하여 1천만 원 이하의 과태료를 정할 수 있다."고 규정하고 있는바, 여기서 지방자치법 제22조 단서와 이 조항과의 관계를 살펴볼 필요가 있다. 왜냐하면 제27조제1항을 개별 법령의 위임이 없더라도 조례위반사항에 대하여 과태료를 부과할 수 있다고 해석하는 경우에는 법률유보원칙을 확인하고 있는 제22조 단서규정과 상충되기 때문이다.

본 조항은 지방자치법 제22조의 단서규정과 관련하여 해석되어야 할 것인데, 현행법상 조례로서는 행정질서벌인 과태료만을 부과할 수 있고 조례로서 과태료를 부과하도록 규정하는 경우에도 과태료 부과의 전제가 되는 과태료 부과 대상행위를 규정하는 것은 주민의 권리제한이나 의무부과에 해당되므로 지방자치법 제22조 단서규정에 의하여 반드시 법률의 위임이 필요하며, 또한 의무부과에 대하여 법률의 위임이 있더라도 조례로는 1천만 원 이하의 과태료만을 정할 수 있다는 것이 입법취지라 보여진다. 따라서 지빙자치법 제27조제1항에 따른 과태료 규정이 가능한 경우는 개별법에서 과태료 위임이 있는 경우 또는 개별법에서 조례에 의무부과를 위임하면서도 과태료를 정하지 않은 경우가 해당될 것이다.

대법원은 증인이나 감정인이 정당한 이유 없이 출석하지 아니하거나 증언 감정을 거부하는 경우에 징역 또는 벌금에 처하도록 규정한 구(舊) 서울특별시 의회의 증언감정 등에 관한 조례안의 재의결무효확인소송에서 구(舊) 지방자치법 제15조 단서 및 제20조는, 헌법 제12조제1항에 반한다고 결정한바 있다[97]. 이 사건 대상이 되는 구(舊) 서울특별시 의회의 증언감정 등에 관한 조례안의 관련 규정은 구(舊) 지방자치법 제36조에서 위임받은 것이며, 구(舊) 지방자치법 제36조에는 이 사건 판결과 관련한 조례 제정 당시에는 해당 과태료 규정이 없었는바[98], 대법원 판례의 취지는 모법인 구(舊) 지방자치법 제36조에 형벌의 위임 규정이 없음에도 불구하고 행정형벌을 규정한 해당 조례가 죄형법정주의를 위반하여 무효라는 뜻이며, 구(舊) 지방자치법 제36조에 과태료 위임 규정이 없는 상황에서 해당 조례에서 과태료를 규정한 것에 대해 무효를 결정한 것은 아니다. 이와 같은 논지는 위임조례의 경우뿐만 아니라 자치조례에서도 똑같이 적용된다고 할 것이다. 즉, 아직까지 법률에서 과태료 관련 위임 규정이 없이 과태료를 부과한 자치조례에 대해 죄형법정주의 위반을 이유로 무효로 결정한 판례는 없다[99].

3) 과태료의 부과 · 징수 및 절차 등

지방자치법 제27조는 "조례 위반행위에 따른 과태료는 해당 지방자치단체의 장이나 그 관할 구역 안의 지방자치단체의 장이 부과 · 징수한다."고 하여 과태료 부과권자를 지방자치단체의 장으로 명시하고 있다.

그런데 과태료에 관하여 규정하고 있는 지방자치법 제41조 및 제139조에서는 과태료 부과권자를 별도로 규정하고 있지 않아 논란의 여지가 있을 수 있는 바, 지방자치법 제27조가 준용되는 것인지, 지방자치단체를 대표하는 지방자치단체의 장[100]이 부과 · 징수

97) "지방자치법 제15조 단서는 지방자치단체가 법령의 범위 안에서 그 사무에 관하여 조례를 제정하는 경우에 벌칙을 정할 때에는 법률의 위임이 있어야 한다고 규정하고 있는데, 형벌을 규정한 이 사건 조례안 제12조 내지 제14조에 관하여 법률에 의한 위임이 없었을 뿐만 아니라, 개정 전의 구법 제20조가 조례에 의하여 3월 이하의 징역 등 형벌을 가할 수 있도록 규정하였으나 개정된 지방자치법 제20조는 형벌권은 삭제하여 지방자치단체는 조례로써 조례위반에 대하여 1,000만 원 이하의 과태료만을 부과할 수 있도록 규정하고 있으므로, 조례 위반에 형벌을 가할 수 있도록 규정한 위 조례안 규정들은 현행 지방자치법 제20조에도 위반된다고 할 것이다. 따라서, 이 사건 조례안 제12조 내지 제14조의 규정들은 적법한 법률의 위임 없이 제정된 것이 되어 지방자치법 제15조 단서에 위반되고, 나아가 죄형법정주의를 선언한 헌법 제12조제1항에도 위반한 것이 된다."(대법원 1995.6.30. 선고 93추113판결).

98) 1994.3.16 법률 제4741호로 일부개정되어 제36조제5항에 과태료 규정이 마련되기 전까지 해당 과태료 처벌 규정은 없었음.

99) 오용식, 조례에서 과태료를 규정하는 문제, 법제논단, 2012.10

의 권한을 가진 자가 되는지, 아니면 개별 과태료 조례에서 이를 규정하여야 하는 것인지 해석이 다양하다.

이와 관련하여 행정감사 및 조사 관련 과태료의 경우 의회의장의 위반행위 통보에 따라 도지사 · 시장 등 자치단체의 장이 부과 · 징수하는 것으로 되어 있고, 사용료 · 수수료 또는 분담금 관련 과태료 조례에서는 이를 별도로 규정하는 바가 없다. 또 지방자치법 제139조제3항은 과태료의 부과 · 징수에 관한 사항은 질서위반행위규제법에 따르도록 규정하고 있으나, 질서위반행위규제법에서는 별도로 과태료 부과권자를 규정하지 않고 단지 '행정청'의 범위에 지방자치단체의 기관을 포함시키고 있을 뿐이다[101].

한편, 과태료의 부과 · 징수, 재판 및 그 집행 등의 절차에 대해서도 지방자치법에서는 정확하지 않게 규정하고 있는 부분이 있다. 질서위반행위규제법은 과태료의 부과 · 징수, 재판 및 집행 등에 있어서 그 일반법이 되고, 다른 법률에 특별한 규정이 없는 한 그 준거법이 된다[102]. 그런데, 지방자치법 제27조 및 제41조에서는 과태료의 부과 · 징수, 재판 및 그 집행 등에 대해 이를 규정하는 바가 없고, 제139조에서는 질서위반행위규제법에 따르도록 규정하고 있어 통일적인 모습을 보이지 않고 있는 실정이다.

8. 자치법규 제·개정 보고

지방자치단체의 장은 조례나 규칙을 제정하거나 개정 · 폐지할 경우 상급기관에게 주어진 기간 내에 보고하여야 한다. 이는 자치단체의 자치법규에 대한 통제수단으로 이용되며 자치법규가 상위법령에 위반되는 것이 있는가를 검토할 수도 있는 수단으로 이용

100) 지방자치법 제101조(지방자치단체의 통할대표권) 지방자치단체의 장은 지방자치단체를 대표하고, 그 사무를 총괄한다.

101) 질서위반행위규제법 제2조제2호 : '행정청'이란 행정에 관한 의사를 결정하여 표시하는 국가 또는 지방자치단체의 기관, 그 밖의 법령 또는 자치법규에 따라 행정권한을 가지고 있거나 위임 또는 위탁받은 공공단체나 그 기관 또는 사인(私人)을 말한다.

102) 질서위반행위규제법 제5조(다른 법률과의 관계) 과태료의 부과 · 징수, 재판 및 집행 등의 절차에 관한 다른 법률의 규정 중 이 법의 규정에 저촉되는 것은 이 법으로 정하는 바에 따른다.

되기도 한다. 새로운 조례규정이나 규칙이 법령에 위반되거나 공익에 현저히 반한다고 판단될 때는 감독행정청은 하위의 지방자치단체의 장에게 재의를 요구하도록 지시할 수 있고, 또 대법원에 직접 제소도 할 수 있다.

> **법 제28조(보고)** 조례나 규칙을 제정하거나 개정하거나 폐지할 경우 조례는 지방의회에서 이송된 날부터 5일 이내에, 규칙은 공포예정 15일 전에 시 · 도지사는 행정자치부장관에게, 시장 · 군수 및 자치구의 구청장은 시 · 도지사에게 그 전문(全文)을 첨부하여 각각 보고하여야 하며, 보고를 받은 행정자치부장관은 이를 관계 중앙행정기관의 장에게 통보하여야 한다.

즉 이런 사전 보고제도는 주무부장관 또는 시 · 도지사에게 자치법규가 법령에 위반되거나 공익을 현저히 해치는지 여부를 판단하도록 하여, 조례는 제172조에 따라 재의요구 등이 필요하면 그 기회를 보장하기 위한 것이며, 규칙은 제169조 등에 따라 시정명령 등의 조치를 할 수 있도록 하는 자치법규에 대한 규범통제 수단이 된다.

제4장

지방의회

제4장

지방의회

1. 의의

1) 의회의 설치

우리나라 헌법 제118조제1항에서는 지방자치단체에 지방의회를 두도록 정하고 있고 이 내용을 확인하는 확인 규정을 지방자치법 제30조가 명시하고 있다. 즉 지방자치단체에 지방의회를 두는 것은 지방자치제도의 본질적인 내용인 것이라 할 수 있다.

지방의회는 지방자치단체의 의사결정기관으로 자치단체의 의사(意思)는 주민의 대표기관인 지방의회에서 결정된다. 주민은 선거를 통해서 일정수의 대표자를 선출하여 지방의회를 구성하고 지방의회는 다수결의 원칙에 의하여 의사를 결정하므로 주권자인 주민의 측면에서 보면 자치활동에 간접적으로 참여하게 되는 것이다. 지방의회는 지방자치단체의 하나의 기관이지만 법인격을 갖고 있는 것은 아니며 소송의 당사자가 될 수 없다.

> **법 제30조(의회의 설치)** 지방자치단체에 의회를 둔다.

우리나라 지방자치단체의 기관구성은 단체의 의사를 결정하는 기관인 지방의회와 이를 집행하는 기관인 지방자치단체의 장을 비롯한 합의제 집행기관으로 분리시켜 이들

의사결정기관과 집행기관이 서로 견제와 균형을 이루도록 하는 이른바 기관대립형을 채택하고 있다. 즉 지방자치단체의 정책결정 기능을 담당하는 지방의회와 정책집행 기능을 담당하는 수장을 분립시키고, 양자 간에 견제와 균형을 취하도록 한 것이다[103]. 현행법상 지방자치단체의 합의제 집행기관에 관하여 우리나라 지방자치법에는 법령 또는 조례가 정하는 바에 따라 설치할 수 있는 근거가 마련되어 있고, 그 설치 · 운영에 관한 사항은 대통령령 또는 조례로 정하도록 하고 있다. 그리고 교육 · 과학 · 체육에 관한 기관은 지방교육자치에 관한 법률에 의하여 설치하여 운영하고 있다.

2) 지방의회의 역사

현재와 같은 완전한 지방의회의 모습은 6.25전쟁이 한창이던 1952년부터 1961년까지의 9년간의 기간과 지방의회가 부활된 1991년부터 현재까지의 기간이다.

최초의 지방의회는 1949년에 지방자치법이 제정 · 공포되고, 이 법에 의거하여 1952년 4월 25일에 시 · 읍 · 면의회 의원선거가 실시되고 5월 10일에는 도의원 선거가 실시됨에 따라 지방의회가 구성되었다.

2대 지방의회는 1956년 구성되어 1960년까지 운영되었다. 그러나 1961년에 제3대 지방의회가 개원한 지 5개월 만에 5 · 16에 의하여 지방의회는 군사혁명위원회 포고 제4호에 의하여 해산되고 이후 30년간 열리지 않게 되었다.

많은 시간이 흐른 뒤 1991년 4월과 7월에 제4대 기초의회와 광역의회가 각각 구성되고, 1995년 6월 27일에는 지방의원 선거와 도지사 · 시장 · 군수 등 단체장 선거가 동시에 실시되어 제5대 지방의회가 구성되었다. 그 후 1998년 6월 4일에 제6대 지방의회 구성을 위한 선거가 실시되었고 오늘의 지방의회에 이르게 되었다.

3) 지방의회의 지위

지방의회의 지위와 성격 그리고 권한은 지방의회의 존재양태 즉, 지방정부의 기관구성형태와 권력분립체제의 양태에 따라 달라지게 되는데, 지방정부의 기관구성이 기관통

103) 대법원, 1992.7.28. 선고 92추31판결

합형인 경우에는 지방의회가 의결권뿐만 아니라 집행권까지도 갖고 있어 모든 권한이 지방의회에 통합되어 있다고 볼 수 있다. 반면에 기관분립형인 경우 지방의회는 의결기관으로서 정책을 의결하고 집행기관을 견제 · 감시하는 지위와 권한을 갖는다.

그러나 근본적 성격에 있어서는 지방의회가 지역주민의 대표성을 부여받고 있는 대의제적 기관이므로 주민의 대표자들에 의한 입법기능과 정책결정기능 나아가서 집행기관에 대한 통제 · 감시 기능 등을 아울러 확보토록 기대되는 기관으로서의 지위를 가지게 된다.

이러한 이유는 지방의회가 주민이 자기들의 대표를 통하여 간접적으로 자기들을 위한 결정에 참여하는 대의민주주의의 원리에 따라 주민의 대표기관으로서의 지위를 갖게 되며 지방의회가 결정한 의사는 주민의 의사로 의제(擬制)되기 때문이다.

(1) 헌법기관으로서의 지위

지방자치단체가 기능을 행사하기 위한 기관으로서 헌법 제118조 제1항 및 제2항에 따라 지방의회와 지방자치단체의 장을 따로 두도록 하였다. 헌법 제118조 제1항은 "지방자치단체에 의회를 둔다."고 천명하고, 제2항에서는 "지방의회의 조직 · 권한 · 의원선거와 지방자치단체의 장의 선임방법 기타 지방자치단체의 조직과 운영에 관한 사항은 법률로 정한다."고 규정하고 있다.

이처럼 헌법에서 지방의회의 설치근거와 그 조직, 권한, 의원선거에 관하여 법률로 정할 수 있는 근거를 명시함으로써 지방의회는 헌법에 의하여 보장되는 기관으로서의 지위를 가지게 된다. 헌법은 지방의회에 대해서는 제118조 제1항에서 지방자치단체에 지방의회를 두어야 한다고 하여, 지방의회의 설치를 명시하고 있지만 지방자치단체장에 대해서는 동조 제2항에서 지방자치단체의 조직에 관해서는 법률로 정한다고 하여 법률에 위임하고 있다. 다시 말하면 지방의회는 헌법이 제도적으로 보장하는 핵심적인 사항으로서 반드시 있어야 할 지방자치의 핵심적인 요소이지만 지방자치단체장은 국민의 뜻에 따라 얼마든지 그 유형을 달리하여 정할 수 있다는 것으로 해석할 수 있다.

(2) 주민대표기관으로서의 지위

지방의회가 주민대표기관으로서의 지위를 갖는다는 것은 근대적 의미의 의회의 본질과 관련된 문제이다. 근대적 의미의 민주주의는 각 개인의 자유롭고 평등한 의지의 표현을 선거를 통해 대표자를 선발하고 선출된 대표자를 통하여 간접적으로 개인의 의사를 표명하게 하는 대의제적 민주주의이다. 대의제 민주주의는 각 개인의 의지를 통합적으로 표현하는 대표자들 간의 상이한 의사를 토론과 동의를 포함하는 다수결의 원칙에 의해 하나의 의지로 재통합하고 이를 통해 정치를 수행하는 것이 바로 의회의 존재의 의인 것이다. 따라서 간접민주주의정치에서는 주민의 대표기관인 의회의 존립이 그 필수적인 요건으로 되어 있는 것이다.

지방자치법 제31조는 "지방의회 의원은 주민의 보통 · 평등 · 직접 · 비밀선거에 의하여 선출한다."고 규정하여 주민에 의하여 선출된다는 점에서 주민의 대표로 구성되는 지방의회는 지방자치단체의 대의기관으로 주민의 대표기관으로서의 지위를 가지게 된다.

이때의 대표권의 성질은 기속(羈束)적 위임이 아니라 비기속(非羈束)적 위임의 성질을 가지는 바, 이는 의원이 주민을 대표하지만 그렇다고 의원이 자신을 선출한 주민 즉 선거인의 지시나 요구에 반드시 따르지 않아도 되고 사후 보고의 의무도 지지 아니함을 의미한다. 아울러 지방의회 구성원으로서의 의원의 대표권은 그를 선출해 준 선거구 주민에 대한 것이 아니라 해당 지방자치단체 지역주민 전체에 관한 것으로 이해되는 것이 일반적이다.

지방의회가 주민대표기관이라 함은 지방의회의 의사가 아니고서는 지방자치단체의 의사와 행위가 유효하게 성립될 수 없다는 것을 의미한다.

(3) 자치입법기관으로서의 지위

국가가 존재하기 위하여 국민 · 국토 · 주권이 있어야 하는 것과 마찬가지로 지방정부가 존재하기 위해서는 주민 · 지역 · 자치권이라는 3가지 요소가 구비되지 않으면 안 된다. 특히 우리나라 지방자치법 제3조에 "지방자치단체는 법인으로 한다."라고 명시되어 있듯이 지방자치단체가 공법인적 위상을 부여받기 위해서는 자치권을 가지는 실체가 되지 않으면 안 된다.

이와 같은 자치권은 자치입법권, 자치행정권, 자치조직권, 자치재정권 등의 영역으로 구분하는 것이 통례로 되어 있으나 그 중에서도 지방자치단체가 헌법과 법률을 정점으로 하는 전체로서의 국법체계 속에 하나의 구성분자로 자리 잡고 있다는 의미에서 자치입법권이 가장 기본적 자치권의 근간을 이루는 것이라고 평가받고 있다.

이러한 자치입법권이란 지방자치단체가 그 자치권에 의거하여 그 관할영역 내에서 적용될 일반적 또는 추상적인 규정을 제정할 수 있는 권능인 '자주법'을 말한다. 지방자치는 지방자치단체 스스로의 규범을 제정할 수 있는 권능인 '자주법'을 말한다. 지방자치는 지방자치단체 스스로의 규범을 제정할 수 있는, 이른바 자주법의 제정권능을 가질 때 비로소 가능하게 된다. 특히 자치입법권이란 우리나라 법령의 위계체계상으로 볼 때 기본적으로 '자치법규'의 제정 및 개정 · 폐지에 대한 권한으로 해석할 수 있다.

지방의회에 자치입법권을 부여한 것은 지방자치단체의 최고 의사결정기관의 지위와 성격에 상응하는 것이라고 할 수 있다. 지방의회가 조례입법권을 가지는 것은 주민의 대표자가 주민의 복리에 관한 사항 등 지방자치단체 사무에 대하여 주민의사를 대표해서 규율함으로써 지역법을 주민 스스로가 정한다는데 의의가 있다.

(4) 의결기관으로서의 지위

우리나라의 지방자치제도는 기관구성형태로 기관분립주의를 채택하여 지방의회는 의결기능을, 집행기능은 지방자치단체장을 수장으로 하는 집행부가 갖기 때문에 지방의회는 지방자치단체의 주민의 부담, 조례제정, 단체운영 등에 관한 전반적인 정책을 심의하여 결정한다. 이 경우 지방의회는 지방자치단체의 의사를 최종적으로 확정하는 권한을 가지고 있다. 여기서 법령에 의하여 지방의회의 의결사항으로 정해진 사항에 대해서는 의회의 의결 없이 이를 집행할 수 없을 뿐만 아니라 집행기관이 의회의 의결 없이 집행한 때에는 그 집행은 무효가 된다.

지방의회의 의결사항을 규정하는 방법에는 총괄(總括)주의와 열거(列擧)주의가 있으나 지방자치법은 지방자치단체의 사무 중 중요한 사항만을 의결사항으로 열거하는 개괄적 열거주의를 채택하고 있다. 따라서 지방자치법에 열거한 사항은 반드시 지방의회의 의결을 얻어야 하며, 열거된 사항 외의 사항은 당해 지방자치단체에서 조례가 정하는 바에 의하여 지방의회에서 의결되어야 할 사항을 따로 정할 수 있다.

한편, 지방자치단체는 법 제39조 제1항의 규정에 의한 의결사항 외에 조례가 정하는 바에 의하여 지방의회에서 의결되어야 할 사항을 따로 정할 수 있다. 조례는 법령의 '범위 안에서' 제정할 수 있지만, 이는 결국 법령에 위반되지 아니하는 범위 안에서는 조례를 제정할 수 있으므로 조례는 지방의회의 의결사항을 정하는 중요한 방법의 하나가 될 수 있다.

현재 구리시를 제외하고 서울특별시를 비롯한 거의 모든 지방자치단체에서 조례로 별도의 지방의회의 의결사항을 정하고 있는 지방자치단체는 찾아보기 힘들다.

(5) 대집행부(對執行部) 통제기관으로서의 지위

우리나라의 지방자치제도는 기관분립형으로서 집행기관과 의결기관과의 관계에 있어서 '견제와 균형'의 원리에 입각하여 지방의회가 집행기관의 독주를 막아 행정수행을 건전하고 합목적적으로 운영할 수 있도록 하고 있다.

지방의회는 집행기관에 대한 감시와 견제를 통해서 업무가 어떻게 집행되었는지, 그 목표를 달성했는지의 여부를 감독하고 그렇지 못할 경우 의회가 교정적 처방을 제공하기 때문에 이와 같은 통제기능이 무엇보다도 중요한 것으로 여기고 있다. 지방의회가 감시·통제기관으로서의 지위를 가진다는 의미는 지방의회가 지방자치단체의 기본적인 의사를 결정하고 집행기관을 감시·통제함으로써 주민의 실제적인 이익과 합치되게 하려는 유일한 주민의 대표기관이기 때문이다.

지방의회의 집행부에 대한 통제방법은 지방자치법령에서 구체적으로 규정하고 있다. 즉, 지방자치단체의 기관에 대한 행정사무감사 및 조사, 예산안 및 결산심사, 자치행정에 대한 질문, 단체장 및 관계공무원의 출석요구, 서류제출요구 등이 있으며, 각종의 동의권·승인권·건의권을 행사함으로써 집행부에 대한 통제기관으로의 기능을 수행한다. 따라서 지방의회는 지방자치단체에 대한 내부적 통제기능을 수행함으로써 지방행정의 적법 · 타당성을 보장하게 된다.

4) 지방의회의 의무

지방자치법은 지방의원 각자에게도 의무를 부여하고 있지만, 이들로 구성된 회의체로서의 지방의회에도 의무를 부여하고 있다.

> 법 제38조(지방의회의 의무 등) ① 지방의회는 지방의회의원이 준수하여야 할 지방의회의원의 윤리강령과 윤리실천규범을 조례로 정하여야 한다.
> ② 지방의회는 소속 의원들이 의정활동에 필요한 전문성을 확보하도록 노력하여야 한다.

이 조항은 지난 2007년 5월 법 개정에서 신설한 규정으로 지방의원은 공공의 이익을 우선하여 양심에 따라 그 직무를 성실히 수행하고, 청렴의 의무를 지며, 의원으로서의 품위를 유지하여야 한다는 법 제36조(의원의 의무)의 내용과 유사한 내용이라 할 수 있다.

(1) 윤리강령 및 윤리실천규범 제정의무

지방의회는 지방의원이 준수해야 할 지방의회의원의 윤리강령 및 윤리실천규범을 조례로 정하여야 한다. 이는 지방의회가 자율성에 입각하여 스스로 진정한 주민의 봉사자와 대표로서 윤리성을 확립하기 위한 방안으로 윤리실천규범은 위반행위별 유형을 구체적으로 명시하여 실효성을 확보하여야 한다.

(2) 지방의회의원에 대한 전문성 확보 노력

지방의회는 지방의원들의 의정활동에 필요한 전문성 향상을 위하여 각종 교육이나 연수 등을 개최하여 전문성을 확보하도록 노력하여야 한다.

2. 지방의회의 조직

1) 지방의원의 선출

> **법 제31조(지방의회의원의 선거)** 지방의회의원은 주민이 보통 · 평등 · 직접 · 비밀선거에 따라 선출한다.

지방의회는 광역의회의원과 기초의회의원으로 조직된다. 지방의회의원에 대한 선거는 원래 지방자치법에서 정하고 있었는데, 일명 '통합선거법'으로 일컬어지던 지금의 공직선거법의 전신인 지방의회의원 선거법이 제정되기 전인 1988년 5월 1일 이전까지는 법 제3장에서 지방의원의 선거절차와 방법을 규정하고 있었다. 구체적으로는 법 제3장 제1절에서 지방의원 선거와 관련한 선거권과 피선거권, 제2절에서는 선거구와 투표구, 제3절에서는 선거인명부에 대한 규정을 정하고 있었다. 그리고 제4절에서는 선거위원회, 제5절에서는 후보자와 선거운동, 제6절에서는 선거방법과 당선인에 대한 규정을 정하고 있었고, 제7절에서는 재선거와 보궐선거, 제8절에서는 선거에 관한 쟁송, 제9절에서는 지방의원선거와 관련한 벌칙을 정하고 있었다.

이후 1994년 3월 16일의 개정에서는 본법(지방자치법을 말함)에 남아 있는 지방선거에 관한 규정으로는 본조가 지방의회 구성 원칙을, 그리고 법 제94조(지방자치단체의 장의 선거)가 지방자치단체장의 선거방법에 관한 원칙을 각각 규정하고 있을 뿐이며, 나머지 사항은 모두 지방의회의원선거법에 규정했다가 지금은 공직선거법에 옮겨 정하고 있다. 지방의원 선거에 관한 구체적 내용과 지방의원의 정수 및 정수의 조정도 동법에서 규정하고 있다.

지역구 시 · 도의원은 소선거구제로 자치구 · 시 · 군 또는 국회의원 지역선거구마다 2인을 선출하고 지역구의원 정수의 하한선은 비례대표 의원을 포함하여 19인으로 하며 비례대표의 경우에는 지역구의원 정수의 100분의 10을 선출하되 그 정수의 하한은 3인이다. 도 · 농 통합시의 경우에는 통합 후 최초 선거 시에 통합전의 시와 군마다 2인을 선출한다. 한편, 시 · 도별 자치구 · 시 · 군 의회의 의원정수는 그 시 · 도의 총정수 범위 내에서 그 시 · 도의 자치구 · 시 · 군의원선거구획정위원회가 자치구 · 시 · 군의 인구와 지역대표성을 고려하여 중앙선거관리위원회규칙이 정하는 기준에 따라 정한다.

광역자치단체의 지역구 시 · 도의회 의원 총 정수는 그 관할구역 안의 자치구 · 시 · 군 수의 2배수로 하되, 인구 · 행정구역 · 지세 · 교통, 그 밖의 조건을 고려하여 100분의 11범위에서 조정 가능하며, 최소 1명으로 한다. 지역구 의원정수가 19명 미만이 되는 경우 그 정수를 19명으로 하며 비례대표 시 · 도의원 정수는 지역구 시 · 도의원 정수의 100분의 10으로 한다. 이 경우 단수는 1로 보며, 산정된 정수가 3인 미만인 경우 3인으로 한다[104].

기초자치단체의 시 · 군의회 의원정수는 공직선거법 별표로 정한 범위 내에서 당해 시 · 도의 자치구 · 시 · 군의원선거구획정위원회가 자치구 · 시 · 군의 인구와 지역대표성을 고려하여 중앙선거관리위원회규칙이 정하는 기준에 따라 정한다. 비례대표자치구 · 시 · 군의원 정수는 자치구 · 시 · 군의원 정수의 100분의 10으로 하며 단수는 1로 본다. 의원 정수가 7인 미만인 경우 7인을 정수로 한다.

시·군·구의회의원 정수 및 선거구 – 기초자치단체[105]

구 분	의원정수						선거구							
	'10년도			'14년도			'10년도				'14년도			
	계	지역	비례	계	지역	비례	계	4인 선출	3인 선출	2인 선출	계	4인 선출	3인 선출	2인 선출
계	2,888	2,512	376	2,898	2,519	379	1,039	24	386	629	1,034	30	391	613
서울	419	366	53	419	366	53	160	–	46	114	159	–	48	111
부산	182	158	24	182	158	24	70	–	18	52	70	–	18	52

104) 공직선거법 제22조
105) 2014년 3월 4일자 행자부 보도자료

대구	116	102	14	116	102	14	44	–	14	30	44	–	14	30
인천	112	97	15	116	101	15	40	–	17	23	38	3	19	16
광주	68	59	9	68	59	9	25	–	9	16	25	–	9	16
대전	63	55	8	63	54	9	21	–	13	8	21	–	12	9
울산	50	43	7	50	43	7	19	–	5	14	19	–	5	14
경기	417	363	54	431	376	55	151	–	61	90	155	2	62	91
강원	169	146	23	169	146	23	51	3	38	10	51	5	34	12
충북	131	114	17	131	114	17	46	2	18	26	47	1	18	28
충남	178	152	26	169	144	25	61	5	20	36	55	7	20	28
전북	197	173	24	197	173	24	72	–	29	43	71	–	31	40
전남	243	211	32	243	211	32	82	9	29	44	82	9	29	44
경북	284	247	37	284	247	37	102	1	41	60	102	1	41	60
경남	259	226	33	260	225	35	95	4	28	63	95	2	31	62

※ 세종특별자치시 · 제주특별자치도는 기초의회 없음※

2) 지방의원의 지위

(1) 주민의 대표자로서의 지위

지방의회의원은 주민의 보통, 평등, 직접, 비밀선거에 의해 선출되며, 주민이 직접 선출한 주민의 대표자이다. 그러나 직접 선출되었다 하더라도 지방의원과 주민의 관계는 앞서 지적했듯이 강제위임관계가 아니고 자유위임의 관계이므로 주민에게 직접 구속되는 것은 아니다[106].

106) 이기우, 지방자치법, 법문사, 1991, P174

(2) 공직자로서의 지위

지방의회의원은 지방자치법상의 고유한 지위를 가지며, 헌법과 지방자치법에 따른 공직의 주체이다.

지방의원은 선거에 의하여 취임하는 자로서 지방공무원법 제2조(공무원의 구분)의 정무직 공무원으로 일반 공무원과는 달리 정치운동이 허용되는 지방공무원의 범위에 관한 규정에 의거 정치운동이 허용되고 있다. 그리고 지방의원은 여러 가지 공적인 사무를 담당하도록 규정하고 있으며, 공직자윤리법 제3조(등록의무자)[107]에 의하면 지방의원도 공직자로 보아 재산등록 대상자로 규정하고 있는 점 등에 비추어 볼 때, 비록 지방의원이 일정한 비용을 지급받을 뿐 정기적인 급여를 지급받지는 아니한다고 하더라도 공무를 담당하고 있는 이상 지방의원은 형법상으로도 공무원에 해당한다.[108]

뿐만 아니라 선거라는 정치과정을 거쳐 그 신분을 취득하고, 주민의 대표로서 지방자치단체의 주요한 의사를 결정하는 지방의원은 기본적으로 정치적 활동을 수행하는 정치인이라 할 수 있다.

3. 지방의원의 권리와 의무

1) 임기

일반적으로 '임기'라 함은 일정한 임무를 맡아보는 기간을 의미한다. 국회의원 또는 지방의원의 임기는 헌법 제42조와 법 제32조(의원의 임기)에서 4년으로 정하고 있다. 그리고 보궐선거에 의한 의원의 임기는 당선일로부터 개시되어 전임자의 잔임 기간이 된다.

지방의원의 임기를 몇 년으로 할 것인가는 의회기능의 계속성과 정치적·사회적 안

107) 공직자윤리법 제3조(등록의무자) ① 다음 각 호의 어느 하나에 해당하는 공직자(이하 '등록의무자'라 한다.)는 이 법에서 정하는 바에 따라 재산을 등록하여야 한다.
2. 지방자치단체의 장, 지방의회의원 등 지방자치단체의 정무직공무원

108) 대법원, 1997.3.11. 선고 96도 1258판결

전성, 주민통제의 적정 주기성, 그리고 지방재정의 여건 등과도 관련된다. 이상의 여러 가지 요소를 고려하면 3년 이하의 임기는 단기에 속하고, 5년 이상은 장기에 속한다. 최초의 지방자치법에서는 4년제로 된 것을 1956년의 제2차 법 개정 시에 3년으로 개정했다가(실제로는 경과조치에 의거 4년제로 운영) 1958년에 다시 4년제로 환원하였다. 외국의 제도는 1년제의 최단기(미국의 일부도시와 스위스의 시 · 읍 · 면)를 비롯하여 6년제(프랑스 · 스페인)에 이르기까지 다양한 형태의 임기가 있다.

현행법이 규정하고 있는 4년의 임기는 정치적 · 사회적 안정성 확보에도 큰 문제가 없고, 주민에게 신임을 묻는 점에서도 적정주기로 판단되며, 외국의 추세와 국회의원의 임기와도 부합한다고 볼 수 있다. 임기의 개시는 총선거(동시지방선거)에 의할 경우는 전임의원의 임기가 만료된 다음 날부터이고, 천재지변 등 부득이한 사유로 전임자의 임기가 만료된 후에 총선거를 실시했을 때는 당선일부터 개시되며, 보궐선거에 의한 의원의 임기는 전임의원의 잔여기간으로 하고 있다.

1994년 3월 16일의 개정법률 부칙 제4조[109]에 의하면 이 법 시행 후 최초로 실시되는 임기만료에 의한 선거로 선출되는 지방의원, 즉 1995년 6월 27일에 실시되는 선거에서 선출되는 지방의원의 임기는 구법 제31조(의원의 임기)의 규정(임기 4년)에도 불구하고 1998년 6월 30일로 만료된다고 규정하여 실제임기가 약 3년 정도에 그치기도 했었다. 이는 지방선거시기를 통일하는 동시에 국회의원 총선거의 중간에 실시하게 하도록 선거시기를 조정하려는 경과조치라 할 것이다.

구체적으로 지방의회의원의 임기개시는 총선거가 시행되는 해의 7월 1일부터 임기가 개시된다.[110] 지방의원 임기의 종료는 원칙적으로 임기의 개시일부터 4년을 경과함으로써 종료되므로 지방의회의원을 선출하는 총선거가 시행되는 해의 6월 30일 자정까지이다. 기간의 계산은 특별한 규정이 없으므로 민법 제156조(기간의 기산점) 내지 제161조

109) 지방자치법 (법률 제4741호 : 1994.3. 16시행) 부칙 제4조 (이 법 시행 후 최초로 실시되는 임기만료에 의한 선거로 선출되는 지방의회의원의 임기에 관한 경과조치) 이 법 시행후 최초로 실시되는 임기만료에 의한 선거로 선출되는 지방의회의원의 임기는 제31조의 규정에 불구하고 1998년 6월 30일로 만료된다.

110) 지방자치법 부칙(94. 3.16) 제3조 참조

(기간의 만료점)[111]의 규정에 의하여 결정된다. 또한 보궐선거의 경우에는 전술한 대로 전임자의 잔임기간, 증원선거의 경우에는 종전의 지방의원의 잔임기간 중 재임하도록 되어 있다.

법 제32조(의원의 임기) 지방의회의원의 임기는 4년으로 한다

2) 지방의원의 재산상 권리

(1) 의정활동비 등

① 의정활동비

지방의원은 법 제33조에 따라 의정활동비와 여비 그리고 월정수당을 받을 권리가 있다. 지방의원에게 매월 지급하는 의정활동비는 지방의원이 의정자료의 수집 · 연구와 이를 위한 보조활동에 소요되는 비용을 보전하도록 하기 위하여 지방자치법시행령 별표5의 규정에 의하여 지급하며, 매월 당해 지방자치단체의 소속공무원 보수지급일에 지급하고 있다. 이 지방의원에게 지급되는 의정활동비는 의원의 직무활동에 대하여 지급하는 월정수당과는 달리 일상적인 의정활동의 수집 및 연구 등에 사용되는 비용의 보전을 위한 실비보상적 성격의 경비로 보고 있다.[112] 뿐만 아니라 지방의원이 지급받는 비용들은 근로자의 근로의 대가로서의 급여와는 그 성격이 다른 것으로서 지방의원은 법에서 정한 겸직의 제한을 받는 외에는 보수를 수반한 겸직이 금지되고 있지 아니하므로 지방의원에게 지급되는 비용들은 민사집행법 제246조(압류금지채권)제1항에서 정한 압류금지채권에 해당하지 아니한다.[113]

지방의원에 대한 의정활동비는 지난 1995년 7월 처음으로 도입되었으며, 아래 표와 같이 지난 2000년 1월 영을 개정하여 당초 기초의원 월 35만 원, 광역의원 월 50만 원이던 것을 각각 55만 원과 90만 원으로 인상하였고, 2004년 1월 다시 이를 개정하여 각

111) 민법 제159조 (기간의 만료점) 기간을 일, 주, 월 또는 연으로 정한 때에는 기간말일의 종료로 기간이 만료한다.
112) 행자부 질의회신 2009. 6.19
113) 대법원 2004.6.18., 2004마336

각 월 110만 원과 150만 원으로 인상하였다. 2006년 현재 의정활동비의 구성은 광역의원의 경우 의정자료수집 · 연구비 월 120만 원, 보조활동비 30만 원으로, 기초의원은 각각 월 90만 원과 20만 원으로 구성되어 있다.

지방의회의원 의정활동비 도입·인상시기 및 지급액 추이(단위 : 천원)

도입 및 인상 시기	광역의회		기초의회		비 고
	월 액	연 액	월 액	연 액	
1995. 7. 1	500	6,000	350	4,200	기초의회는 보조활동비 제외
2000. 1. 1	900	10,800	550	6,600	〃
2004. 1. 1	1,500	18,000	1,100	13,200	기초의회 보조활동비 신설(월20만 원)

② 여비

지방의원에게는 지방의회 본회의 또는 위원회의 의결이나 의장의 명에 의하여 공무[114]로 여행할 때 여비를 지급할 수 있다. 종전에는 지방의원이 회기 중 회의에 출석할 때 지급하는 수당 이외에 출석여비를 따로 지급할 수 있게 되어 있었으나, 현행법에서는 이를 제외하였다.

여비는 국내여비와 국외여비로 나뉘며 국내여비 중 원격지회의 출석비는 지방의회의원이 회의당일 출 · 퇴근이 곤란한 원격지 또는 지방공무원 수당 등에 관한 규정 제12조제2항[115]의 특수지근무수당 지급대상인 도서지역(연육지역 제외)으로서 조례가 정하는 지역에 거주하는 지방의원에 대하여 지급하되, 회기 중 지방의회의 회의에 출석하여

114) '공무여행'의 범위는 본회의 또는 위원회에서 안건과 관련하여 현지조사 또는 확인이 필요하다고 의결한 경우 또는 의장의 명을 받아 특정하고도 구체적인 목적을 가지고 출장하는 경우를 말하는 것으로 도민체육대회 개 · 폐회식 또는 의정활동과 무관한 행사 등에 참석하는 경우에는 여비지급을 할 수 없음; 행자부 질의회신 1999. 7. 5

115) 지방공무원 수당등에 관한 규정 제12조(특수지근무수당) ② 제1항의 특수지근무수당의 지급대상인 지역과 그 등급별 구분은 [별표 10]의 특수지근무수당지급대상지역등급구분기준표에 따라, 특수지근무수당의 지급대상인 근무환경이 특수한 기관과 그 등급별 구분은 당해 기관의 특수성 및 다른 기관과의 형평을 고려하여 특별시 · 광역시 · 도 또는 특별자치도(이하 '시 · 도'라 한다) 조례로 정한다. 이 경우 [별표 10]의 등급구분기준표의 적용요령은 특별시장 · 광역시장 · 도지사 또는 특별자치도지사(이하 '시 · 도지사'라 한다)가 따로 정한다.

숙박하게 되는 경우에 한하여 지급하는 경비를 말한다.

원격지회의출석비는 1995년 12월부로 폐지된 '회의출석 여비' 대신 1996년 1월부터 도입된 제도로서 그동안 전국의 지방의회에서 제도상의 불공정성 등이 지적되어온 제도로 그동안 광역의회 일각에서는 이 제도를 폐지하고, 1995년 12월 이전의 '회의출석 여비' 제도의 재도입을 주장해 왔으나, 끝내 다시 시행되지 않았다.

2006년 2월 8일 종전의 회기수당 제도가 월정수당제로 변경되어 유급제가 실시되면서 그때까지 11년간 운영되던 원격지회의 출석비제도는 폐지되었다. 이후 지난 2008년 10월 8일, 전국 시 · 도의회의장협의회의 건의에 따라 의회의 회의(위원회의 회의를 포함한다) 당일 출 · 퇴근이 곤란한 원격지(육로 편도 60킬로미터 이상 지역)나 도서지역(수로 편도 30킬로미터 이상 지역)에 거주하는 의원이 회기 중 회의에 출석하여 숙박하게 되는 경우 교통비(현지교통비는 제외한다) · 숙박비 및 식비(기준 식비의 3분의 1을 말한다)를 지급하는 원격지회의출석비 제도가 다시 탄생하게 되었다.

지방의원에게 지급되는 국외 여비는 ⓐ 외국의 중앙정부차원의 공식행사에 정식으로 초청된 경우, ⓑ 3개 국가 이상의 중앙정부 또는 지방자치단체가 개최하는 국제회의에 참가하는 경우, ⓒ 자매결연체결 및 교류행사와 관련하여 출장하는 경우, ⓓ 기타 당해 지방의회의장의 명에 의하여 공무로 국외 여행하는 경우에 지급하도록 하고 있다.

행정자치부(그 당시 행정안전부)는 지난 2000년 11월 21일 지방의원의 잦은 외유를 방지한다는 취지로 지방의회의원 국외여행제도 개선방안을 마련하여 전국 지방자치단체에 시달한 바 있다. 당시의 지방의원 국외여비기준경비 편성지침은 지방의원의 국외여행을 보다 생산적이고 효율적으로 운영하기 위하여 '임기 중 1회'에 한하여 해외연수를 실시할 수 있다는 횟수제한을 없애는 대신 지방의원 1인당 연간 예산편성한도액을 광역의 경우 180만 원 이내, 기초의 경우 130만 원 이내로 하는 금액제한 방식을 채택하였다.

행정자치부는 또 이 지침에서 정하고 있는 국외여비관련 예산편성기준액의 정의를 설명하면서 이는 연도별로 공무국외여행의 실시에 소요되는 예산총액을 결정하기 위한 국외여비 최고 상한단가를 의미하는 것일 뿐, 지방의원 전원에 대하여 당연히 편성상한액을 적용하여 예산에 반영하거나 또는 지방의원 1인당 연간 사용할 수 있는 할당액을 의미하는 것이 아니라고 강조하였다. 공무국외여비의 본래적 편성취지는 공무국외여행이 꼭 필요하다고 인정되는 경우에 한하여 동 예산편성지침에 의거 소요예산을 편성한다는 뜻이다.

이 지침에서는 또 지방의회의원 공무국외여행 규칙안을 시달하면서 해외여행의 목적, 적용범위, 허가권자, 심사위원회 설치, 여행계획서 및 여행보고서 제출, 사후관리 등 국외 여행 시 필요한 사항에 대해 각 지방의회가 이를 자율적으로 의회규칙으로 제정할 것을 권고하였고, 이 권고에 따라 모든 지방의회에서는 일제히 공무국외여행규칙을 제정하여 운영하고 있다.

③ 월정수당

지방의원에게 지급하는 월정수당(月定手當)은 지방의원에 대한 급여에 해당한다[116]. 지방의원에 대한 유급제의 도입으로 2006년 초부터 시행되고 있는 지방의원의 월정수당은 당시까지 지급해 오던 회기수당을 급여성 수당으로 변경하면서 일컬어진 명칭이다. 공식명칭은 '지방의회의원의 직무활동에 대하여 지급하는 월정수당'이다(법 제33조 제1항제3호). 월정수당은 기준계산식에 의해 산출된 금액의 ±20% 범위 내에서 의정비심의위원회가 결정한 금액 이내에서 조례로 정하는데, 해당 자치단체의 재정력지수와 의원 1인당 주민수를 반영하도록 정하고 있다.

월정수당의 지급기준액 산정방식은 지방의회 의원 1명당 월정수당의 자연로그 값 =6.252+0.298×(해당 지방자치단체 최근 3년 평균 재정력지수)+0.122×(해당 지방자치단체 지방의원 1명당 주민 수의 자연로그 값)+지방자치단체 유형별 변수(더미변수) 값으로 산정되는데, 여기에서 말하는 재정력지수는 당해 회계연도의 전년도의 지방교부세 및 당초예산 기준의 자치구재정조정교부금을 배분하기 위하여 산정한 지수를 말하고,

116) 월정수당은 지방의회의원의 직무활동에 대하여 매월 지급되는 것으로서, 지방의회의원이 전문성을 가지고 의정활동에 전념할 수 있도록 하는 기틀을 마련하고자 하는 데에 그 입법취지가 있다는 점을 고려해 보면, 지방의회의원에게 지급되는 비용 중 적어도 월정수당은 지방의회의원의 직무활동에 대한 대가로 지급되는 보수의 일종으로 봄이 상당하다; 대법원 2009.1. 2007두13487

지방의원 1명당 주민 수는 전년도 12월 31일 현재 주민등록법에 따라 주민등록표에 등재된 자 중 거주자에 대한 주민등록인구통계를 기준으로 산정한 주민 수를 말하며, 더미변수 값은 특별시 · 광역시 · 도(0.249), 50만 이상 시(0.092), 50만 미만 시(0.031), 도 · 농복합시(0.023), 군 (0), 자치구(0.105) 등으로 되어있다. 월정수당의 지급기준은 대통령령이 정하는 바에 따라 당해 지방자치단체의 심의회에서 결정하는 범위 안에서 당해 지방자치단체의 조례로 정하고, 심의회의 구성과 운영 등에 관하여는 대통령령으로 이를 정하도록 하고 있다.

> 법 제33조(의원의 의정활동비 등) ① 지방의회의원에게 다음 각 호의 비용을 지급한다.
> 1. 의정자료를 수집하고 연구하거나 이를 위한 보조활동에 사용되는 비용을 보전(補塡)하기 위하여 매월 지급하는 의정활동비
> 2. 본회의 의결, 위원회의 의결 또는 의장의 명에 따라 공무로 여행할 때 지급하는 여비
> 3. 지방의회의원의 직무활동에 대하여 지급하는 월정수당
>
> ② 제1항 각 호에 규정된 비용의 지급기준은 대통령령으로 정하는 범위에서 해당 지방자치단체의 의정비심의위원회에서 결정하는 금액 이내로 하여 지방자치단체의 조례로 정한다.
>
> ③ 의정비심의위원회의 구성 · 운영 등에 관하여 필요한 사항은 대통령령으로 정한다.

④ 의정비심의위원회 구성과 운영

의정비심의위원회는 광역과 기초를 구분하지 않고 지방자치법시행령 제34조(의정비심의위원회의 구성 등)의 규정에 의하여 자치단체마다 10인의 위원으로 구성하되, 교육계 · 법조계 · 언론계 · 시민사회단체, 통 · 리의 장 및 지방의회 의장 등으로부터 추천을 받아 지방자치단체의 장이 위촉하도록 하는데, 이 경우 지방자치단체의 장에게는 위원이 다양하게 구성되도록 하는 의무를 부여하고 있다.

심의회의 위원이 될 수 있는 자는 위원회가 구성되는 해의 1월 1일을 기준으로 1년 이전부터 계속하여 당해 지방자치단체의 관할구역에 주민등록이 되어 있는 19세 이상인 자로 하되, 다만 공직선거법 제18조(선거권이 없는 자)[117]에 따라 선거권이 없는 자

와 그 지방자치단체의 소속 공무원 · 의회의원 · 교육의원 및 그 배우자 · 직계존비속 · 형제자매는 위원이 될 수 없도록 정하고 있다.

위원장은 위원 중에서 호선하며, 위원의 임기는 위원으로 위촉된 날부터 1년으로 하고, 심의회에 참석한 위원에게는 해당 지방자치단체 예산의 범위에서 수당과 여비를 지급할 수 있도록 정하고 있다.

⑤ 의정비결정방식 등

각 지방자치단체에 구성되는 심의회는 심의회가 구성된 해의 10월 말까지 영 제33조 제1항에 따른 의정비의 금액을 결정하고, 그 금액을 해당 지방자치단체의 장과 지방의회의 의장에게 지체 없이 통보하여야 하며, 그 금액은 다음 해부터 적용하도록 하고 있다. 그리고 이 경우의 결정은 위원장을 포함한 재적위원 3분의 2 이상의 찬성으로 의결하도록 정하고 있다.

그리고 심의회가 월정수당 등의 금액을 결정하려는 때에는 그 결정의 적정성과 투명

---

117) 공직선거법 제18조(선거권이 없는 자) ① 선거일 현재 다음 각 호의 어느 하나에 해당하는 자는 선거권이 없다.
1. 금치산선고를 받은 자
2. 금고 이상의 형의 선고를 받고 그 집행이 종료되지 아니하거나 그 집행을 받지 아니하기로 확정되지 아니한 자
3. 선거범, 정치자금법 제45조(정치자금부정수수죄) 및 제49조(선거비용관련 위반행위에 관한 벌칙)에 규정된 죄를 범한 자 또는 대통령 · 국회의원 · 지방의회의원 · 지방자치단체의 장으로서 그 재임 중의 직무와 관련하여 형법(특정범죄가중처벌 등에 관한 법률 제2조에 의하여 가중처벌되는 경우를 포함한다) 제129조(수뢰, 사전수뢰) 내지 제132조(알선수뢰) · 특정범죄가중처벌 등에 관한 법률 제3조(알선수재)에 규정된 죄를 범한 자로서, 100만 원 이상의 벌금형의 선고를 받고 그 형이 확정된 후 5년 또는 형의 집행유예의 선고를 받고 그 형이 확정된 후 10년을 경과하지 아니하거나 징역형의 선고를 받고 그 집행을 받지 아니하기로 확정된 후 또는 그 형의 집행이 종료되거나 면제된 후 10년을 경과하지 아니한 자(형이 실효된 자도 포함한다)
4. 법원의 판결 또는 다른 법률에 의하여 선거권이 정지 또는 상실된 자
② 제1항제3호에서 '선거범'이라 함은 제16장 벌칙에 규정된 죄와 국민투표법 위반의 죄를 범한 자를 말한다.
③ 형법 제38조에도 불구하고 제1항제3호에 규정된 죄와 다른 죄의 경합범에 대하여는 이를 분리 선고하고, 선거사무장 · 선거사무소의 회계책임자(선거사무소의 회계책임자로 선임 · 신고되지 아니한 사람으로서 후보자와 통모(通謀)하여 해당 후보자의 선거비용으로 지출한 금액이 선거비용제한액의 3분의 1 이상에 해당하는 사람을 포함한다) 또는 후보자(후보자가 되려는 사람을 포함한다)의 직계존비속 및 배우자에게 제263조 및 제265조에 규정된 죄와 이 조 제1항제3호에 규정된 죄의 경합범으로 징역형 또는 300만 원 이상의 벌금형을 선고하는 때(선거사무장, 선거사무소의 회계책임자에 대하여는 선임 · 신고되기 전의 행위로 인한 경우를 포함한다)에는 이를 분리 선고하여야 한다.

성을 위하여 공청회나 객관적이고 공정한 여론조사기관을 통하여 지역주민의 의견을 수렴할 수 있는 절차를 거쳐야 하며, 그 결과를 반영하도록 정하고 있다.

아울러 지방자치단체의 장은 심의회가 통보한 사항을 지체 없이 당해 지방자치단체의 홈페이지 등에 게재하도록 정하고, 심의회는 또 지방자치단체의 장이나 지방의회 의장에게 월정수당 지급기준의 결정에 필요한 자료의 제출과 관계자의 설명을 요청할 수 있도록 하고, 요청을 받은 지방자치단체의 장과 지방의회의장은 이에 따르도록 의무규정을 두고 있다.

이러한 내용은 지방의원의 보수를 결정함에 있어 자치단체의 자율성을 보장하되, 주민이 참여하여 직접 견제토록 하는 제도라 할 수 있다.

(2) 상해 · 사망 등의 보상금

지방의회의원이 회기 중 직무로 인하여 신체에 상해를 입거나 사망한 경우와 그 상해나 직무로 인한 질병으로 사망한 경우에는 보상금을 지급할 수 있다.

> **법 제34조(상해 · 사망 등의 보상)** ① 지방의회의원이 회기 중 직무(제61조 단서에 따라 개회된 위원회의 직무와 본회의 또는 위원회의 의결이나 의장의 명에 따른 폐회 중의 공무여행을 포함한다)로 인하여 신체에 상해를 입거나 사망한 경우와 그 상해나 직무로 인한 질병으로 사망한 경우에는 보상금을 지급할 수 있다.
>
> ② 제1항의 보상금의 지급기준은 대통령령으로 정하는 범위에서 해당 지방자치단체의 조례로 정한다.

지방의원에 대한 상해사망 등에 대하여 지급하는 보상금에 대한 이 조항은 1994년 3월 16일 법 개정에서 신설된 조항으로 당시의 경우 지방의원의 신분과 처우가 명예직이라 하더라도 공무상 상해 등의 경우에는 그를 보상할 수 있도록 하기 위하여 신설한 규정이다. 또한 이는 국회의원을 대상으로 시행하고 있는 상해 · 사망 보상금과 같은 취지로 이해되고 있다.

국회의원의 수당 등에 관한 법률 제10조(상해 · 사망)[118]의 규정에 의하면 상해 시는 치료비 전액을, 상해로 불구가 된 경우에는 수당의 6월분 상당액을, 사망의 경우 1년분의 수당 상당액을 지급토록하고 있는데, 이는 지방의원의 경우 지급기준의 설정에 참고가 될 것이다. 본 보상에 해당되기 위한 요건은 회기 중 직무로 인한 상해 또는 직무로 인한 질병으로 사망한 경우에 한하며, 보상금의 지급기준은 대통령령으로 정하고 당해 단체별 지급액은 조례[119]로 정하게 하고 있다. 따라서 보상비는 조례가 제정되어야만 지급될 수 있다.

직무로 인한 상해 · 사망 등의 해당여부 및 보상금액 등을 심의하기 위해 자치단체에 지방의회의원 상해 등 보상심의회를 두고 있으며, 보상금은 보상금을 받을 권리가 있는 자의 신청을 받아 보상심의회의 심의를 거쳐 지방자치단체의 장이 결정하여 지급한다.

3) 지방의원의 의무

(1) 겸직금지의 의무

① 겸직금지의 의의

특정한 공직에 있는 자가 본연의 직무를 수행하는데 방해가 되거나 합리적으로 잘 수행할 수 없다고 생각되는 직업을 겸하는 것을 금지하는 것이 겸직금지제도이다. 지방의회의원은 주민의 선거에 의하여 선출되고 주민전체의 대표자로서 의회를 구성하며 주민의 의사를 총합하여 지방자치단체의 정책집행에 반영하여야할 임무를 지니기 때문에 직무를 공정하게 수행할 의무를 지니고 이와 더불어 직무수행에 방해가 되는 직을 겸할 수 없는 의무를 지니게 된다. 공무원과 공공단체의 임직원 등 공적 직무를 수행하는 자는 그 신분과 관련되는 다른 직위를 겸하게 되면 본직의 업무상 독립성이나 공정성이 훼손되거나 사익을 추구할 소지가 있으므로 해당 신분에 관련되는 법률에서 겸직을 금지하는 규정을 둘 필요가 생긴다. 겸직금지 규정은 주로 공무원 관련 법률, 정부

118) 국회의원의 수당 등에 관한 법률 제10조(상해 · 사망) 국회의원이 직무로 인하여 신체에 상해를 입은 때에는 그 치료비의 전액을 지급하고, 그 상해로 불구가 된 때에는 수당의 6월분상당액을, 그 상해 또는 직무로 인한 질병으로 사망한 때에는 수당의 1년분 상당액을 지급한다.

119) 서울시 보상금지급기준 ① 직무로 인한 사망이나 직무상 상해 · 질병으로 인한 사망의 경우는 시의원 당해 연도 의정활동비의 2년분에 상당한 금액
② 직무상 상해로 인한 장애의 경우는 시의원 당해 연도 의정활동비의 1년분에 상당한 금액
③ 기타 직무로 인한 상해의 경우는 치료비 전액

투자기관 관련 법률 등 공공단체의 인사에 관한 법률, 각종 공적 조합의 구성에 관련되는 법률에 적용하게 된다.

일반적으로 공직의 겸직금지제도가 인정되는 이유로는 첫째, 직무전념 내지 직무수행의 이념으로부터 나오는 금지이다. A직에 있는 자가 B직을 겸할 경우 A직의 직무수행에 지장을 줄 우려가 있을 경우 이의 겸직을 금하는 것이다. 국가나 지방공무원이 다른 직을 겸할 수 없도록 하는 것도 그러한 이유에서이다.

둘째, 직무 상호 간에 있어서 제도상 권력분립의 필요성이 있는 등 상호 간에 양립될 수 없는 요소가 있는 경우이다. 대표적인 예로는 지방자치단체의 장이 의원직을 겸할 수 없는 것을 들 수 있다.

셋째는 직무의 공정한 집행을 보장하고 정치적으로 중립성을 확보하는 것을 목적으로 하는 금지의 경우이다. 국가 또는 지방공무원이 영리기업 등에 종사하는 것을 제한하는 것이 그 예이다.

② 겸직금지의 유형

겸직을 금지하는 경우에도 완전히 금지하는 경우와 원칙적으로 겸직을 금지하되 감독자의 허가를 받아 예외적으로 허용하는 두 가지 유형이 있다. 겸직금지 규정은 개인의 헌법상 직업선택의 자유, 공무담임권 등 기본권을 제한하는 규정이므로 반드시 법률에 근거를 두어야 하며, 겸직의 제한에서 오는 개인의 불이익과 이로 인하여 얻게 되는 공익을 비교형량하여 동 규정을 둘 것인지의 여부를 결정하여야 하고, 그 제한은 필요 최소한에 그쳐야 할 것이다. 우리나라와 같은 제도를 가지고 있는 일본의 경우는 겸직 등 금지를 겸직과 겸업의 두 가지로 구분한다. 일본자치법 제92조[120]가 규정하고 있는 의원의 겸직금지의 내용은 중의원의원과 참의원의원을 겸하지 못하고, 다른 지방자치단체의 의회의원과 상근직원을 겸하지 못하게 하고 있다. 그리고 일본자치법 제92조의

120) 일본자치법 제92조 (의원의 겸직금지) ① 보통지방공공단체의 의회의 의원은, 중의원의원 또는 참의원의원과 겸할 수 없다.
② 보통지방공공단체의 의회의 의원은 지방공공단체의 의회의 의원 및 상근의 직원과 겸할 수 없다.

2[121]는 의원의 취업의 제한을 규정하여 겸업을 금지하고 있다.

③ 겸직금지의 연혁

우리나라 지방자치법에서 지방의회의원에 대한 겸직금지는 1949년의 (구)지방자치법 제18조에서 지방의회의원은 국회의원 및 당해 지방자치단체의 유급직원을 겸직할 수 없도록 하였고, 1956년 법은 국가 및 지방자치단체의 유급직원을, 1960년의 법은 국가, 지방자치단체 및 공공단체[122]의 유급직을 겸직할 수 없도록 하였다.

1988년 법개정을 통하여 겸직금지대상의 범위가 현행법의 규정과 같이 확대되고 지방자치단체와의 영리목적의 거래를 금지하였다. 우리나라의 경우는 각종 협동조합 임직원에 대한 겸직금지 규정이 자주 변경되어 왔는데, 그동안 몇 차례의 법 개정에서 겸직금지 범위를 점차 확대하다가 제8차 개정(1990. 12. 31)에서는 약간 완화되어 '조합의 임직원'을 '조합장과 상근임 · 직원'으로 축소하여 겸직의 범위를 확대하였다. 제9차 개정(1991. 5. 23)에서는 '조합장과 상근 임 · 직원'을 '상근임 · 직원'으로 고쳐 조합 등의 장을 겸직금지에서 제외시켰다가 제11차 개정(1994. 3. 16)시에는 다시 협동조합 중앙회 및 연합회의 상근임 · 직원과 중앙회장, 연합회장까지로 겸직금지 대상을 확대하였다.

지방의원의 유급제 도입에 따라 지방의원의 직무전념 및 공정한 직무수행 담보 필요성 제기에 따라 2009년 4월 현재와 같이 겸직금지 범위를 확대하였다. 이에 따라 지방의원은 법 제35조제1항 각 호의 직을 겸직할 수 없으며, 위반 시에는 당연퇴직 사유가 된다.

121) 일본자치법 제92조의2 (관계 제 기업에 관여금지) 보통지방공공단체의 의회의 의원은 해당 보통지방공공단체에 대하여 청부를 하는 자 및 그 지배인 또는 동일한 행위를 하는 법인의 무한책임사원, 이사 혹은 감사역 혹은 이에 준해야 할 자, 지배인 및 청산인이 될 수 없다.

122) 지방자치법 제35조제5항의 '공공단체'란 법령이나 조례에 따라 설치된 단체 또는 지방자치단체가 출연 · 보조를 통하여 재정적으로 그 시설의 설치 · 운영에 대하여 관리 · 감독을 할 수 있는 단체나 그 밖에 그 단체의 조직이나 활동 등에 대하여 법률상 또는 사실상의 영향력을 행사할 수 있는 단체 등을 말한다고 할 것이다(법제처 법령해석 09-0362).

법 제35조(겸직 등 금지) ① 지방의회의원은 다음 각 호의 어느 하나에 해당하는 직을 겸할 수 없다.

1. 국회의원, 다른 지방의회의 의원
2. 헌법재판소재판관, 각급 선거관리위원회 위원
3. 국가공무원법 제2조에 규정된 국가공무원과 지방공무원법 제2조에 규정된 지방공무원(정당법 제22조에 따라 정당의 당원이 될 수 있는 교원은 제외한다)
4. 공공기관의 운영에 관한 법률 제4조에 따른 공공기관(한국방송공사, 한국교육방송공사 및 한국은행을 포함한다)의 임직원
5. 지방공기업법 제2조에 규정된 지방공사와 지방공단의 임직원
6. 농업협동조합, 수산업협동조합, 산림조합, 엽연초생산협동조합, 신용협동조합, 새마을금고(이들 조합·금고의 중앙회와 연합회를 포함한다)의 임직원과 이들 조합·금고의 중앙회장이나 연합회장
7. 정당법 제22조에 따라 정당의 당원이 될 수 없는 교원
8. 다른 법령에 따라 공무원의 신분을 가지는 직
9. 그 밖에 다른 법률에서 겸임할 수 없도록 정하는 직

② 정당법 제22조에 따라 정당의 당원이 될 수 있는 교원이 지방의회의원으로 당선되면 임기 중 그 교원의 직은 휴직된다.

③ 지방의회의원이 당선 전부터 제1항 각 호의 직을 제외한 다른 직을 가진 경우에는 임기개시 후 1개월 이내에, 임기 중 그 다른 직에 취임한 경우에는 취임 후 15일 이내에 지방의회의 의장에게 서면으로 신고하여야 하며, 그 방법과 절차는 해당 지방자치단체의 조례로 정한다.

④ 지방의회의장은 지방의회의원이 다른 직을 겸하는 것이 제36조제2항에 위반된다고 인정될 때에는 그 겸한 직을 사임할 것을 권고할 수 있다.

⑤ 지방의회의원은 해당 지방자치단체 및 공공단체와 영리를 목적으로 하는 거래를 할 수 없으며, 이와 관련된 시설이나 재산의 양수인 또는 관리인이 될 수 없다.

⑥ 지방의회의원은 소관 상임위원회의 직무와 관련된 영리행위를 하지 못하며, 그 범위는 해당 지방자치단체의 조례로 정한다.

④ 겸직의 사례

동조 제1항제7호의 정당법 제22조에 따라 정당의 당원이 될 수 있는 교원의 범위는 고등교육법 제14조의 규정에 의한 총장, 학장, 교수, 부교수, 조교수, 전임강사인 교원을 의미[123]하여 겸임교수나 시간강사(외래강사)는 해당하지 않는다. 또 이와 관련하여 법에서는 이장을 지방의원의 겸직금지 대상 직으로 규정하고 있지는 않지만, 이장(里長)은 당해 지방자치단체 리·통장 및 반장의 실비변상에 관한 조례에서 수당 및 상여금을 지급받으며, 영 제81조(이장의 임명)제2항의 규정에 따라 당해 지방자치단체 리·통장 및 반장 임명 등에 관한 규칙에 의거 임명받는 지방자치단체 하부조직이다. 따라서 지방의회는 집행기관과 독립되어 집행기관의 사무수행을 견제하는 역할이 주된 기능인 점을 감안할 때 지방의원은 집행기관의 하부조직인 이장(里長)을 겸직하는 것은 불가능하다고 판단된다.[124]

정부투자기관 직원, 의원겸직금지조항 헌법소원(헌법재판소 1995.5.25. 91헌마67)

지방자치법 제33조제1항제4호에 의하여 정부투자기관의 직원이 임원이나 집행간부들과 마찬가지로 지방의회 의원직을 겸할 수 없도록 하는 것은 공공복리를 위한 필요성이 인정되고, 겸직금지로 인하여 공무담임권이 제한된다 하여도 정부투자기관 직원의 공무담임권에 대한 부당한 차별이라고 할 수 없으며, 공무담임권이나 평등권의 침해가 있다고 볼 수 없다.

⑤ 겸직신고 및 의장의 사임권고

지방의원이 법 제35조제1항 각호의 직을 제외한 다른 직을 가진 경우에는 의장에게 서면으로 신고하여야 한다. 이때 신고의 대상이 되는 직은 제1항에 의해 겸직이 금지된 직을 제외한 모든 직을 말하는 것으로 영리 및 비영리 여부, 기관·단체 등의 대표자·종사자 및 자영업자를 모두 포함한다. 신고의 절차와 방법은 조례에 정해진 바에 따라

123) 행자부 질의회신 2009. 8. 24
124) 행자부 질의회신 2007. 4. 30

실시하되, 소정의 신고서식에 의거 겸직내용을 적시하여 지방의원이 서명날인한 후 신고하도록 함이 타당하며, 겸직한 직에서 퇴직하거나 직위의 변경 등 신고사항에 변동이 있는 경우 지체 없이 변경신고를 하여야 한다. 또 의회의장은 지방의원이 다른 직을 겸하는 것이 법 제36조제2항에 위반된다고 인정될 때에는 그 겸한 직을 사임할 것을 권고할 수 있다. 그러나 겸직신고를 하지 않은 경우 다른 제재가 없고 강제로 이를 신고할 수단도 없기 때문에 이 조항에 대해서는 실효성이 의심스러운 부분이 있다.

⑥ 영리목적 거래금지 등

지방의원은 해당 지방자치단체 및 공공단체와 영리목적의 거래를 할 수 없으며, 이와 관련된 시설이나 재산의 양수인 또는 관리인이 될 수 없다. 여기서 말하는 공공단체는 법령이나 조례에 따라 설치된 단체 또는 지방자치단체가 출연 · 보조를 통하여 재정적으로 그 시설의 설치 · 운영에 대하여 관리 · 감독을 할 수 있는 단체나 그 밖에 그 단체의 조직이나 활동 등에 대하여 법률상 또는 사실상의 영향력을 행사할 수 있는 단체를 말한다.[125)]

또 관리인이라 함은 조직의 대표자가 아니라 하더라도 해당 정관 등에 의하여 의사결정이나 사업집행 등 경영에 참여함으로써 관련된 시설이나 재산의 관리에 관하여 책임이 있는 지위에 있는 임직원 즉, 사실상 관리를 행하는 모든 직위를 의미한다.[126)] 더불어 공공단체와 관련된 시설 또는 재산은 공공단체가 설립 · 운영하는 시설 또는 공공단체의 재산으로서 지방의원이 그 시설 · 재산의 관리인 또는 양수인이 될 경우 지방의회의원의 직위를 부당하게 이용하는 등 같은 법 제36조에서 규정하는 지방의회의원의 직무상 공정성, 청렴의무 등을 저해할 가능성이 있는 시설 또는 재산을 의미한다.

125) 법제처 법령해석 09-0362
126) 법제처 법령해석 10-0037

법제처 법령 해석 사례

> 지방의원은 자치단체로부터 보조금을 지원받고 있는 복지시설의 장을 겸직할 수 없으며, 자치단체로부터 운영경비를 보조받고 있는 사회복지협의회의 임원을 겸직하는 것도 불가함(법제처 행정11011-277, 1997.10.11.).
>
> 비영리민간단체가 설립·운영하고, 자치단체로부터 경비를 지원받는 사립도서관의 경우, 비영리단체와 사립도서관은 지방자치법 제35조제5항의 공공단체, 공공단체와 관련된 시설에 해당되어 지방의원은 이러한 시설의 관리인(관장)이 될 수 없음(법제처 09-0362, 2009.12.14.).
>
> 새마을운동조직육성법 제2조에 따른 새마을운동조직은 지방자치법 제35조제5항의 공공단체에 해당하고, 정관 등에 의하여 경영에 참여할 수 있는 임원이면 (상근 여부와 관계없이) 관리인에 해당되어 지방의원의 겸직은 금지됨(법제처 10-0037, 2010.4.16.).
>
> 별정우체국법(2010.7.1. 시행)상의 별정우체국 직원은 2010.6.2. 지방선거에 당선되어 2010.7.1. 임기가 시작되는 지방의회 의원을 겸직할 수 없음(법제처 10-0058, 2010.4.23.).

이와는 별도로 지방자치단체를 당사자로 하는 계약에 관한 법률 제33조제1항[127]에서도 지방의원은 그 지방자치단체와 영리를 목적으로 하는 계약을 체결할 수 없도록 하고 있다.

⑦ 겸직에 따른 소관 상임위의 개선

법 제35조제6항에 의하면 지방의원은 소관 상임위원회 직무관련 영리행위를 하지 못하며, 그 범위는 해당 지방자치단체의 조례로 정하도록 규정하고 있는 바, 여기에서 지방의원의 영리행위 금지 해당여부는 상임위원회 소관 부서의 업무범위, 직무와의 연관성 등을 종합적으로 고려하여 판단하여야 할 것이며, 지방의원의 직업 등이 당해 자치단체의 업무(신고, 허가, 관리, 지도, 감독, 단속, 사실상 영향력 등)와 관련이 있다면,

127) 지방자치단체를 당사자로 하는 계약에 관한 법률 제33조(입찰 및 계약체결의 제한) ① 지방자치단체의 장 또는 지방의회의원은 그 지방자치단체와 영리를 목적으로 하는 계약을 체결할 수 없다.

직무와 관련된 영리행위로 볼 수 있으므로 상임위원회를 개선해야 하여야 할 것이다. '영리행위'란 널리 일에 대한 대가를 취득하는 모든 업무를 포함하는 것으로 보아야 하며, 이를 위반하여 해당 상임위원회에서 의원이 활동하면 위법하여 위원회의 의결 등이 취소될 수 있다.

(2) 의원의 의무

지방의회의원은 주민의 대표자로서 그리고 봉사자로서 주민 전체의 이익을 우선하여 행동하여야 할 의무를 진다.

지방의원의 의무에 대한 규정은 구법과는 상당한 차이가 있다. 구법은 의무에 관한 규정이 따로 없고 회의장의 질서유지, 모욕 또는 사생활에 대한 언급의 금지 등 질서에 관한 규정뿐이었으나, 제6차(1988. 4) 법 개정(전문개정)시에 처음으로 본조의 규정이 설치되어 오늘에 이르고 있다. 즉, 현행법은 공익의 우선, 청렴과 품위의 유지, 지위남용에 의한 재산상의 이익취득이나 그 알선의 금지 등을 명문으로 정하고 있다.

지방의원의 품위유지에 관해서는 의정활동의 초기단계에서 주민들로부터 비판의 소리가 나오면서 각급 의회는 스스로 의원의 윤리강령을 제정하여 의원으로서의 의무를 다하고 품위를 유지하기 위해 실천해 오고 있으며, 지난 2009년부터는 전국의 모든 지방의회가 정부가 시달한 표준조례안에 근거하여 의원 윤리강령 및 윤리실천규범에 관한 조례를 제정하여 의원의 의무를 보다 충실히 수행하도록 하는 조치를 강구하고 있다.

또한 정부에서는 2010년 11월 지방의회 의원이 직무수행과정에서 당면하게 되는 갈등상황에서 추구하여야 하는 바람직한 가치기준과 준수하여야 하는 행위기준을 제시하여 지방의회 스스로 부패를 예방하고 청렴한 직무수행을 할 수 있도록 한다는 명분으로 대통령령인 지방의회의원 행동강령을 제정하여 동 강령 제4조(이해관계 직무의 회피)[128]에

128) 지방의회의원 행동강령 제4조(이해관계 직무의 회피) 의원은 의안 심사, 예산 심의, 행정사무 감사 및 조사 등(이하 '안건심의 등'이라 한다.)이 본인, 배우자, 본인과 배우자의 직계존속·비속 및 4촌 이내의 친족과 직접적인 이해관계가 있는 경우 또는 안건심의 등 관련 활동을 공정하게 할 수 없는 현저한 사유가 있다고 판단되는 경우에는 의장과 해당 상임위원회 위원장에게 사전에 그 사실을 소명(疏明)하고 스스로 안건심의 등 관련 활동을 회피할 수 있다.

서 지방의원은 의안 심사, 예산 심의, 행정사무 감사 및 조사 등이 본인, 배우자, 본인과 배우자의 직계 존속·비속 및 4촌 이내의 친족과 직접적인 이해관계가 있는 경우 또는 안건심의 등 관련 활동을 공정하게 할 수 없는 현저한 사유가 있다고 판단되는 경우에는 의장과 해당 상임위원회 위원장에게 사전에 그 사실을 소명(疏明)하고 스스로 안건심의 등 관련 활동을 회피하도록 정하고 있다.

> 법 제36조(의원의 의무) ① 지방의회의원은 공공의 이익을 우선하여 양심에 따라 그 직무를 성실히 수행하여야 한다.
> ② 지방의회의원은 청렴의 의무를 지며, 의원으로서의 품위를 유지하여야 한다.
> ③ 지방의회의원은 지위를 남용하여 지방자치단체·공공단체 또는 기업체와의 계약이나 그 처분에 의하여 재산상의 권리·이익 또는 직위를 취득하거나 타인을 위하여 그 취득을 알선하여서는 아니 된다.
> ※ 비교조문 헌법 제46조[129], 지방공무원법 제53조[130]

① 공공이익 우선의 의무

지방의원은 주민 전체의 대표자로서 법과 양심에 따라 직무를 수행하여야 하는데, 이러한 주민대표성은 기속적인 위임이 아닌 비기속적인 위임에 해당한다. 주민 전체의 이익과 특정 주민 또는 소속 정당의 이익이 대립될 경우 지방의원은 주민 전체의 이익을 택하여야 한다.

② 청렴의무 및 품위유지의 의무

청렴의무와 관련하여 지방의원은 직무와 관련하여 직접·간접의 사례나 증여·뇌물

129) 헌법 제46조 ① 국회의원은 청렴의 의무가 있다.
② 국회의원은 국가이익을 우선하여 양심에 따라 직무를 행한다.
③ 국회의원은 그 지위를 남용하여 국가·공공단체 또는 기업체와의 계약이나 그 처분에 의하여 재산상의 권리·이익 또는 직위를 취득하거나 타인을 위하여 그 취득을 알선할 수 없다.

130) 지방공무원법 제53조(청렴의 의무) ① 공무원은 직무와 관련하여 직접적이든 간접적이든 사례(謝禮)·증여 또는 향응을 주거나 받을 수 없다.
② 공무원은 직무상 관계가 있든 없든 그 소속 상사에게 증여하거나 소속 공무원으로부터 증여를 받아서는 아니 된다.

등을 받아서는 안 된다. 품위의 유지라 함은 의원의 지위에 상응하는 행동양식을 유지하는 것을 의미하며, 그 구체적인 내용은 사회의 통념에 의해 구체화된다.

③ 지위남용금지의 의무

지방의원은 그 지위를 남용하여 지방자치단체·공공단체 또는 기업체와의 계약이나 그 처분에 의하여 재산상의 권리·이익 또는 직위를 취득하거나 타인을 위하여 그 취득을 알선하여서는 안 된다.

그 밖에 회의체구성원으로서 본회의나 소속 위원회에 출석하여야 할 의무를 지며, 법령과 회의규칙을 준수하며 각종 법과 조례상의 의무를 준수하여야 한다.

4) 의원체포 및 확정판결의 통지

지방의회의원이 체포·구금된 때 수사기관의 장은 지체 없이 의장에게 통지하여야 하는바, 이는 지방의원의 신상에 관한 상황을 소속 회의체와 주민들에게 정확하게 알려줌으로써 지방의원의 위상실추 및 사기저하를 방지하며 지방의회의 위상을 높이는 데 그 입법취지가 있다고 볼 수 있다.

> **법 제37조(의원체포 및 확정판결의 통지)** ① 체포나 구금된 지방의회의원이 있으면 관계 수사기관의 장은 지체 없이 해당 의장에게 영장의 사본을 첨부하여 그 사실을 알려야 한다.
> ② 지방의회의원이 형사사건으로 공소(公訴)가 제기되어 그 판결이 확정되면 각급 법원장은 지체 없이 해당 의장에게 이를 알려야 한다.

1991년 12월 31일의 법 개정으로 본조가 신설되기 전까지는 지방의원이 체포·구금되었을 때 이 사실의 통보에 관한 규정이 없었으나, 본조의 신설에 의하여 체포 또는 구금된 지방의원이 있을 때 정부는 지체 없이 영장의 사본을 첨부하여 이를 해당 지방의회에 통지하도록 의무화하였으며, 영에서는 그 통지의무를 관계 수사기관의 장이 담당하도록 규정하였다.

그러나 1994년 3월 16일의 법 개정에서는 종전의 영 제27조(궐원의 보고)[131]에 규정되었던 통지의무자(관계수사기관의 장)에 관한 부분을 본조에 흡수하여 규정하게 되었다. 이는 체포·구금된 의원이 있더라도 그 사실의 통지가 없는 경우 지방의회 쪽에서는 그 사실은 물론 정확한 이유를 알 수 없어 주민 등에 대한 정확한 해명이 어려울 뿐만 아니라, 이에 따른 지방의원의 위상실추 및 사기저하를 가져온다는 문제점을 감안하여 이 조항을 신설하게 된 것이다.

주민이 뽑은 지방의원의 지위와 위상에 상응하는 절차가 마련된 것이다. 지방의원에 대한 구금과 형사사건 확정판결 통지제도의 신설은 당시의 경우 해당 지방의원이 판결 확정 후에도 회의에 참석하고 회기수당 등을 지급받은 사례가 있어 이를 방지하기 위해 각급 법원장에게 그 통지의무를 부과한 것이기도 하다.

4. 지방의회의 권한

지방의회의 권한을 구분기준에 따라 다르게 분류할 수 있다. 첫째, 지방의회가 행사하는 권한의 성질과 내용을 기준으로 하면 ① 입법(조례제정)에 관한 권한 ② 일반행정에 관한 권한 ③재정에 관한 권한 ④ 지방행정통제에 관한 권한 ⑤ 자율권 등으로 나눌 수 있는바 이것을 실질적 구분이라 한다. 둘째, 권한 행사의 형식을 기준으로 하면 ① 협의의 의결권 ② 동의권 ③ 승인권 ④ 통제권 ⑥ 내부자율권 등으로 나눌 수 있다.

여기서는 지방자치법의 규정 순서를 고려하여 형식적 분류 방법에 따라 편별하여 정리하고자 한다.

1) 의결권

(1) 의의

지방의회는 지방자치단체의 중요한 사항에 대하여 의사와 정책을 결정하는 권한을

131) 구법 시행령 제27조 (궐원의 보고) 법 제73조의 규정에 의하여 지방의회 의원의 궐원에 관한 통지를 받은 지방자치단체의 장은 시·도에 있어서는 내무부장관에게, 시·군 및 자치구에 있어서는 시·도지사에게 그 내용을 지체 없이 보고하여야 한다.

가지는 바, 의결권은 지방의회의 가장 중요한 권한이다. 지방의회의 의결권은 지방의회의 기능제고를 위한 권한의 확대라는 측면과 지방자치단체의 업무처리에 관한 지방의회의 책임 내지 책무를 강화하는 두 가지 측면을 모두 가지고 있다.

이에 법은 제39조제1항에서 지방의회가 반드시 의결해야 하는 사항을 정하여 의회의 의결권의 범위를 열거하고 있다. 따라서 이에 대하여 지방의회의 의결을 받지 않는다면 각 행위들은 무효[132)]가 될 것이므로 지방의회의 의결은 동 사항의 처리에 관한 법률행위의 효력요건이라 할 것이다.

> 법 제39조(지방의회의 의결사항) ① 지방의회는 다음 사항을 의결한다.
> 1. 조례의 제정 · 개정 및 폐지
> 2. 예산의 심의 · 확정
> 3. 결산의 승인
> 4. 법령에 규정된 것을 제외한 사용료 · 수수료 · 분담금 · 지방세 또는 가입금의 부과와 징수
> 5. 기금의 설치 · 운용
> 6. 대통령령으로 정하는 중요 재산의 취득 · 처분
> 7. 대통령령으로 정하는 공공시설의 설치 · 처분
> 8. 법령과 조례에 규정된 것을 제외한 예산 외의 의무부담이나 권리의 포기
> 9. 청원의 수리와 처리
> 10. 외국 지방자치단체와의 교류협력에 관한 사항
> 11. 그 밖에 법령에 따라 그 권한에 속하는 사항
>
> ② 지방자치단체는 제1항의 사항 외에 조례로 정하는 바에 따라 지방의회에서 의결되어야 할 사항을 따로 정할 수 있다.

1949년 지방자치법에서는 제19조에서 지방의회의 의결사항으로 조례의 제정 또는 개폐 등 8가지의 사항을 규정하고 있었으나 1956년의 법개정에서는 의결사항이 일부 확대되었고 1988년 개정을 통하여 '기타 조례로 정하는 의결사항'을 포함시킴으로써 의결

132) 대판 4292민상948

권의 확대가능성을 보장하였다.

법 제39조가 규정하고 있는 사항에 대해서는 반드시 지방의회의 의결을 거쳐야 한다. 다만 법 제109조가 규정하고 있는 지방자치단체장의 선결처분이 있는 경우에는 선결처분이 사후에 지방의회의 승인을 얻은 때에는 지방의회의 의결이 있었던 것으로 간주한다.

(2) 필요적 의결사항(법정 의결사항)

① 조례의 제정 및 개폐(법 제15조 및 제22조)

지방의회는 조례의 제정과 개폐에 관한 권한을 가진다. 다만 주민의 권리제한이나 의무부과에 관한 사항은 법률의 위임이 있어야 하는 바, 여기서 지방의회의 의결사항은 조례의 제정범위에 한하는 범위 내에서 인정되는 것이다.[133]

② 예산의 심의·확정(법 제127조 내지 131조)

③ 결산의 승인(법 제134조, 지방재정법 제53조)

④ 법령에 규정된 것을 제외한 사용료·수수료·분담금·지방세 또는 가입금의 부과와 징수(법 제135조),사용료·수수료 또는 분담금의 징수에 관한 사항은 조례로 정함(법 136조 내지 139조)

⑤ 기금의 설치·운영(법 제142조)

⑥ 대통령령으로 정하는 중요재산[134]의 취득·처분[135](공유재산 및 물품 관리법 시행령 제7조제1항)

⑦ 대통령령으로 정하는 공공시설의 설치 및 처분

법 제144조에 따라 조례나 다른 법령에 따라 설치하는 공공시설의 신·증설, 용도 폐지·변경 포함한다. 더불어 공공시설로서의 성질을 유지할 것을 조건으로

---

133) 지방의회가 자치단체장의 인사권 행사에 사전적, 적극적으로 개입하는 것은 불가 (대법원 2009. 9. 24 선고 2009추53)

134) 전세권의 취득도 지방의회의 의결을 받아야 하는 사항에 해당함 (법제처 안건번호 11-0430 2011. 9. 29)

135) 이와 관련하여 공유재산 및 물품관리법 제10조제2항의 규정에 의한 공유재산의 관리계획에 관하여 지방의회의 의결을 받았을 때에는 지방자치법 제39조제1항제6호에 따른 중요재산의 취득·처분에 관한 지방의회의 의결을 얻은 것으로 봄.

국가 또는 다른 지방자치단체에 양여하는 경우도 포함한다.

⑧ 법령과 조례에 규정된 것을 제외한 예산외 의무부담이나 권리의 포기(지방자치법 제124조제5항, 지방재정법 제13조, 제86조)

⑨ 청원의 수리와 처리(법 제 73조 내지 제76조)

⑩ 외국 지방자치단체와의 교류협력에 관한 사항

⑪ 기타 법령에 의해 그 권한에 속하게 된 사항

이와 관련하여 지방세의 부과 · 징수 · 감면(지방세법 제3조 · 제9조), 도시기본계획의 수립 · 변경 시 의견청취, 도시관리계획의 입안 시 의견청취(국토의 계획 및 이용에 관한 법률 제21조 · 제28조), 일시차입금(지방재정법 제14조) 등이 있다.

지방자치법상의 필요적 의결사항

- ※ 지방자치단체의 폐치 · 분합, 구역변경, 명칭변경에 관한 의견제출(제4조제2항)
- ※ 사무소 소재지의 변경 · 신설(제6조제2항)
- ※ 서류제출 요구(제40조)
- ※ 행정사무 감사권 및 조사권의 발동(제41조)
- ※ 지방자치단체장의 선결처분의 승인(제109조)
- ※ 보증채무 부담행위(제124조), 계속비(제128조)
- ※ 예비비 지출의 승인(제129조)
- ※ 행정협의회 설립규약의 변경 · 폐지(제152조제2항 및 제158조)
- ※ 지방자치단체조합의 설립규약 변경 및 해산(제159조제1항 및 제164조)

지방의회가 처리하는 것 중 청원의 경우 안건번호가 없고 접수번호만 있으나 의회의 상임위원회와 본회의의 심사를 거쳐 처리하므로 의회에 접수된 청원도 의결사항에 포함되는 것으로 본다.

(3) 임의적 의결사항

법 제39조제2항은 지방의회의 의결사항을 조례로서 정할 수 있도록 하여 스스로 그 의결권의 범위를 확대할 수 있도록 하고 있다. 그러나 이 부분은 당연히 조례의 제정범위 내에서 이루어지는 바, 법령에 위반되는 사항은 제외된다.

2) 서류제출요구권

(1) 의의

지방의회는 집행기관에 대하여 효율적인 견제를 수행하기 위하여 필요한 서류를 요구할 수 있다. 이는 지방의회의 정보요구권의 표현으로 지방의회의 활동을 실질적으로 보장하기 위한 제도이다. 즉 지방의회는 서류제출을 요구함으로써 필요한 자료와 정보를 취득하고 이를 통하여 집행기관에 대한 통제수단의 기초를 형성할 수 있다. 다만 서류제출요구는 본회의나 상임위원회에서 재적의원 과반수의 출석과 출석의원 과반수의 찬성이 있어야 하며 안건의 심의와 관련된 경우로 한정한다.

> **법 제40조(서류제출요구)** ① 본회의나 위원회는 그 의결로 안건의 심의와 직접 관련된 서류의 제출을 해당 지방자치단체의 장에게 요구할 수 있다.
> ② 위원회가 제1항의 요구를 할 때에는 의장에게 이를 보고하여야 한다.
> ③ 제1항에도 불구하고 폐회 중에 의원으로부터 서류제출요구가 있을 때에는 의장은 이를 요구할 수 있다.
> ④ 제1항에 따른 서류제출은 서면, 전자문서 또는 컴퓨터의 자기테이프 · 자기디스크, 그 밖에 이와 유사한 매체에 기록된 상태나 전산망에 입력된 상태로 제출할 것을 요구할 수 있다.

(2) 범위

2011년 개정을 통해 회기중이 아닌 폐회 중에도 서류제출요구를 할 수 있도록 하여 서류제출요구 기간을 확대하였으나 그 범위는 여전히 '안건의 심의'에 한정되도록 하고 있다. 이 규정의 취지상 폐회중인 경우는 안건의 심의를 준비하기 위한 자료까지 포함된다고 볼 수 있다. 그러나 '안건의 심의'라는 범위는 매우 애매하여 그 범위가 어디까지인지 명확히 할 필요가 있다. 요컨대 심의안건에 관한 내용을 포함하고 있는 서류가 아니라도 심의를 위해 필요한 의미를 갖는 것이라면 그 범위로 보아야 할 것이다.

(3) 요구대상과 방법

서류제출요구의 대상은 당연히 당해 지방자치단체장이므로 각 출자기관이나 출연기관에게 직접적으로 자료제출요구를 할 수는 없다. 자치단체장을 통하거나 관련부서를 경유하여 요구하여야 할 것이다. 뿐만 아니라 광역의회가 지방자치단체의 종류를 달리하는 기초자치장에게 직접 자료제출 요구를 하는 것은 불가능하다.

또한 지방의회는 자치단체장이 국가의 한 기관으로서 수행하는 '기관위임사무'의 경우는 궁극적으로 국가사무이므로 이에 대한 자료를 요구할 수 없다.

영 제38조에서는 서류제출을 요구하고 준비하는 기간을 3일로 규정하고 있으며 서류제출의 방법은 서면뿐만 아니라 전자문서, 자기디스크 등 다양한 방식으로 할 수 있도록 규정하고 있다.

(4) 서류제출요구 불응시

지방자치법은 지방의회에 서류제출요구권을 규정하고 있을 뿐 불응 시 제재방법에 대해서는 명시하고 있지 않다. 집행기관이 지방의회 및 의원의 서류제출요구에 대하여 정당한 이유 없이 지연제출하거나 거부하는 경우 지방의회로부터 정치적인 책임 등을 지게 될 수 있으며 법령의 요구의무에 위반한 책임을 질수 있을 것으로 보인다. 즉 이 경우 지방의회는 의회가 가진 견제 · 감시 권한을 발동하여 이에 대응하는 것이 합리적인 권한 행사의 방법이라 여겨진다.

3) 행정사무감시권

(1) 의의

① 지방의회의 행정사무감사란 지방의회가 해당 지방자치단체의 행정사무 전반을 대상으로 실태를 보다 정확히 파악하기 위하여 매년 일정한 기간 동안 감사를 실시하는 의회활동을 말한다.

지방의회의 행정사무감사는 해당 지방자치단체의 행정사무 전반에 관한 실태를 파악하여 조례의 제 · 개정 및 폐지, 예산안의 심사 등을 위해 필요한 정보와 자료를 획득하고, 지방자치단체의 행정에 대한 감시와 비판 그리고 잘못된 행정을 시정하는 행정통제 기능을 수행한다는 측면에서 제도적 의의를 찾을 수 있다. 특히 우리나라 지방의회는 다른 나라의 지방의회와는 달리 집행기관이 처리한 행정업무전반에 대한 포괄적인 확인 · 감사제도인 행정사무감사를 규정하여 집행부의 감시 견제 기능을 수행할 수 있도록 하고 있다.

행정사무감사는 지방자치단체의 고유사무 즉 자치사무와 단체위임사무를 대상으로 지방의회가 매년 정기적으로 실시하는 것으로, 정례회 기간 내에 광역의회는 14일의 범위에서 기초의회는 9일의 범위에서 실시하도록 규정하고 있다[136].

② 주민의 대표기관인 지방의회에 집행기관에 대한 통제수단으로서 행정감시권을 주는 것으로서, 일반적이고도 포괄적인 범위의 감시권인 행정사무감사권과 특정한 사안에 대하여 개별적 · 구체적으로 인정하는 행정사무조사권으로 구분된다.

우리나라에서는 이 감사권과 조사권을 모두 인정하여 집행기관의 독주를 강력히 견제하고 있지만, 대부분의 나라에서는 감사권이 남용될 때 행정의 마비 등이 우려되기 때문에 특정 사안에 대한 행정사무조사권만 인정하고 있다.

행정사무감사권과 조사권은 의원 개인에게 주어진 것이 아니고 어디까지나 지방의회라는 기관에게 주어진 것이므로 지방의회의 의결에 의해서 행사된다. 제정 지방자치법에는 행정사무감사권만을 인정하고 있었으나 1988년 전문 개정 시에는 감사권 남용을 우려하여 행정사무조사권만을 인정하였다. 그러나 1989년 12월 30일 제7차 개정에서 다시 행정사무감사권까지 인정함으로써 지방의회의 집행기관에 대한 통제권한을 강화하였으며, 지방자치단체의 장이나 보조기관의 출석 · 증언 · 의견진술을 요구할 수 있게 하고, 감사 · 조사에 필요한 사항은 조례로 정하도록 하였다. 1994년 3월 16일의 개정에서는 선서 후 증언한 자와 출석요구를 받은 자로서 이유 없이 불출석하거나 증언 또는

---

136) 14일 또는 9일의 개념은 행정사무감사 기간으로 정한 연속된 일수를 의미하므로 공휴일 또는 휴무일도 당연히 이에 포함됨(법제처 06-0332 2006.12.15.)

진술을 거부한 자에 대하여는 본조에 의거 과태료를 부과할 수 있게 하는 등 행정사무감사기능의 실효성에 관한 조항을 대폭 강화하였다.

(2) 절차

행정사무감사는 크게 준비단계와 실시단계 그리고 결과처리단계로 이루어지는바, 먼저 각 지방의회는 언제 행정사무감사를 실시할지 감사시기를 본회의에서 결정하여야 하며 감사대상기관과 일정 그리고 사무보조자 등을 선임한 행정사무감사계획서를 작성하여 본회의에 승인을 받아야 한다. 그 다음 각 상임위별 행정사무감사를 일정대로 실시하며 실시 후 결과 시정 및 처리 요구사항을 시 및 해당기관에 이송하고 시정 및 처리결과보고서를 위원회의 의결로 채택하여 다시 종합결과보고서를 본회의에서 채택하고 있다.

지방의회 행정사무감사 실시절차

① 운영위원회 심의 (의사일정 협의) ⇨ ② 본회의 의결 (행정사무감사 기간 · 시기 결정) ⇨ ③ 행정사무감사 기본계획 상임위원회 통보 ⇨

④ 본회의 승인 (종합감사계획) ⇨ ⑤ 행정사무감사 계획서 승인(본회의) ⇨ ⑥ 정례회 개회 ⇨

⑦ 행정사무감사 실시 (회의가 아님 –정족수 불필요) ⇨ ⑧ 상임위별 감사결과보고서 제출 ⇨ ⑨ 감사결과 종합정리 및 인쇄의뢰 ⇨

⑩ 감사결과보고 (본회의)

(3) 행정사무감사의 대상

행정사무감사는 해당 지방자치단체의 행정사무 전반을 대상으로 한다. 따라서 지방의회가 행정사무감사를 실시할 수 있는 대상기관은 당연 감사대상기관인 해당 지방자치단체(시본청, 본부와 사업소 포함)와 해당 지방자치단체의 소속 행정기관과 하부행정기관, 그리고 지방공기업법 또는 지방자치법 제146조에 근거하여 설치된 지방공사와 지방공단이며 본회의의 의결을 얻어 감사대상기관으로 지정하는 경우가 있다.

본회의의 의결을 얻어 감사대상 기관으로 지정하는 경우는 지방자치법 제104조에 의하여 위임 위탁된 사무를 처리하는 단체 또는 기관과 지방공기업법 제77조의3의 규정에 의한 지방공사·공단 외의 출자·출연 법인 중 지방자치단체가 4분의 1 이상 출자 또는 출연하는 법인이 이에 해당한다.

여기서 구별해야 할 개념은 출연기관과 출자기관의 문제인데 '출자기관'은 지방재정법 제18조 또는 각 개별 법령에 근거하여 지방자치단체가 지역경제의 발전과 주민 소득증대 등의 목적을 위해 출자하고 그에 해당하는 지분을 갖는 기관을 말하며, '출연기관'은 지방재정법 제17조 또는 각 개별 법령에 근거하여 지방자치단체가 문화, 예술, 장학, 자선 등의 공익적 목적을 수행하는 기관에 설립과 운영에 필요한 자금을 제공한 기관을 뜻하는 것으로 정의되고 있다[137].

2014년 9월에 안전행정부고시 제2014-42호에 따르면 지방자치단체 출자·출연 기관의 운영에 관한 법률 제5조 및 부칙 제6조에 따라 이 법의 적용 대상이 되는 출자 기관은 51개, 출연 기관은 489개였다.

137) 지방자치단체 출자 출연기관 운영 등에 관한 지침(행자부 예규) 제2조

당연감사 대상기관

대상기관	내 용	비고
해당 지방자치단체	시 · 도본청의 실 · 국 · 과 시 · 군 · 구 본청의 실 · 국 · 과	
해당지방자치단체의 소속행정기관	직속기관 : 소방기관 · 교육훈련기관 · 보건진료기관 · 시험연구기관 · 중소기업 지도기관 등 사업소 · 출장소 합의제 행정기관	지방자치법 제 113조 내지 제116조
하부행정기관	자치구가 아닌 구 · 읍 · 면 · 동(행정동) 자치구가 아닌 구와 읍 · 면 · 동의 하부 행정기구	지방자치법 제117조 및 제120조
지방공기업	의료원 · 지하철공사 · 도시개발공사 등	지방자치법 제146조

본회의 승인 감사대상기관

대상기관	내 용	비 고
교육 · 과학 · 체육에 관한 기관 (시 · 도의회의 경우)	교육 · 과학 · 체육에 관한 감사는 원칙적으로 교육위원회가 감사를 실시하고, 지방의회는 감사결과를 보고받음으로써 감사로 대체한다. 다만, 특정한 사안에 대하여는 시 · 도의회의 감사가 가능함. – 교육감 – 보조기관 및 소속 교육기관 : 교육행정기관, 연구기관, 연수기관, 수련기관, 도서관, 교원 · 학생후생기관, 과학관 등 – 하부교육기관 : 시 · 군 · 구의 교육청	지방교육자치에 관한 법률 제3조 지방자치법 시행령 제42조 제1항 제3호
지방자치단체의 사무위임 · 위탁단체 또는 기관	지방자치법 제104조제2항 · 제3항의 규정에 따라 해당 지방자치단체의 사무를 위임 · 위탁받아 처리하는 단체 또는 기관 (지방자치단체에 사무를 위임 · 위탁한 경우에는 제외) 관할 지방자치단체나 공공단체 외에 사업소, 출장소 등으로부터 사무를 위임 · 위탁받아 처리하는 단체 또는 기관	지방자치법 시행령 제2조 제1항 제5호
지방공사 · 공단외의 출자 · 출연법인	지방공기업법 제77조의3의 규정에 따라 지방공사 · 공단외의 출자 · 출연법인 가운데 4분의 1이상 출자 또는 출연하는 법인 (출자 · 출연에 관련된 업무 · 회계 · 재산에 한하여 실시함)	지방자치법 시행령 제42조제1항제호

(4) 방법

행정사무 감사 및 조사를 행하는 위원회는 그 의결로 보고 또는 서류의 제출을 요구[138]하고 증인 · 참고인의 출석을 요구하여 증언 · 의견의 진술을 청취하고 검증을 행한다. 감사 및 조사는 회의와 달라 의결정족수가 필요하지 않고 의사정족수만 충족되면 시작할 수 있으며 정회가 아닌 중지라는 용어를 사용하는 것이 특징이다. 감사 또는 조사는 위원회에서 정하는 바에 따라 현장이나 기타 장소에서 할 수 있으며 대상사안과 이해관계가 있거나 공정을 기할 수 없는 현저한 사유가 있는 의원은 감사위원의 신분을 가질 수 없다. 더불어 감사활동을 함으로써 대상기관의 기능과 활동이 현저히 저해되거나 기밀이 누설되지 않도록 주의를 하여야 한다. 또한 위원과 사무보조자는 감사를 통하여 알게 된 기밀을 정당한 사유 없이 누설해서는 아니 된다.

감사위원회는 감사를 위하여 필요한 때에는 서류제출을 요구[139]할 수 있으며 지방자치단체의 장 또는 관계공무원이나 그 사무에 관계되는 자를 출석하게 하여 증인으로서 선서를 한 후 증언하게 하거나 참고인으로서 의견의 진술을 요구할 수 있다. 증인이 거짓증언을 한 경우 고발 할 수 있으며 서류제출을 요구받은 자가 정당한 사유 없이 서류를 정하여진 기한까지 제출하지 아니한 경우와 출석요구를 받은 증인이 정당한 사유 없이 출석하지 아니하거나 선서 또는 증언을 거부한 경우에는 500만 원 이하의 과태료 부과를 요구할 수 있다.

138) 행정사무감사 및 조사를 위한 조례에 자료제출을 성실히 이행하지 아니한 공무원의 징계를 요구할 수 없음(대법원 2011.4.28. 선고 2011추18 판결)

139) 지방자치법 시행령 제43조제2항의 '법령'의 범위에는 정보공개법이 포함된다고 할 수 없고, 지방자치법 제41조 및 같은 법 시행령 제43조에 따른 지방자치단체의 사무에 대한 감사 또는 조사를 위한 지방의회의 서류제출요구에 대하여 지방자치단체의 장 등 집행기관에서는 정보공개법 제9조제1항에 근거하여 비공개대상정보에 해당된다는 이유로 서류제출을 거부할 수 없다고 할 것임.(법제처 07-0376 2007.11.21.)

법 제41조(행정사무 감사권 및 조사권) ① 지방의회는 매년 1회 그 지방자치단체의 사무에 대하여 시·도에서는 14일의 범위에서, 시·군 및 자치구에서는 9일의 범위에서 감사를 실시하고, 지방자치단체의 사무 중 특정 사안에 관하여 본회의 의결로 본회의나 위원회에서 조사하게 할 수 있다.

② 제1항의 조사를 발의할 때에는 이유를 밝힌 서면으로 하여야 하며, 재적의원 3분의 1 이상의 연서가 있어야 한다.

③ 지방자치단체 및 그 장이 위임받아 처리하는 국가사무와 시·도의 사무에 대하여 국회와 시·도의회가 직접 감사하기로 한 사무 외에는 그 감사를 각각 해당 시·도의회와 시·군 및 자치구의회가 할 수 있다. 이 경우 국회와 시·도의회는 그 감사결과에 대하여 그 지방의회에 필요한 자료를 요구할 수 있다.

④ 제1항의 감사 또는 조사와 제3항의 감사를 위하여 필요하면 현지 확인을 하거나 서류제출을 요구할 수 있으며, 지방자치단체의 장 또는 관계 공무원이나 그 사무에 관계되는 자를 출석하게 하여 증인으로서 선서한 후 증언하게 하거나 참고인으로서 의견을 진술하도록 요구할 수 있다.

⑤ 제4항에 따른 증언에서 거짓증언을 한 자는 고발할 수 있으며, 제4항에 따라 서류제출을 요구받은 자가 정당한 사유 없이 서류를 정하여진 기한까지 제출하지 아니한 경우, 같은 항에 따라 출석요구를 받은 증인이 정당한 사유 없이 출석하지 아니하거나 선서 또는 증언을 거부한 경우에는 500만 원 이하의 과태료를 부과할 수 있다.

⑥ 제5항에 따른 과태료 부과절차는 제27조를 따른다.

⑦ 제1항의 감사 또는 조사와 제3항의 감사를 위하여 필요한 사항은 국정감사 및 조사에 관한 법률에 준하여 대통령령으로 정하고, 제4항과 제5항의 선서·증언·감정 등에 관한 절차는 국회에서의 증언·감정 등에 관한 법률에 준하여 대통령령으로 정한다.

지방의회는 본회의의 의결로 감사 또는 조사 결과를 처리하고 당해 기관의 시정을 요하는 사항은 시정을 요구하고 해당기관에서 처리하는 것이 타당하다고 인정되는 사항은 이를 해당기관에 이송하고 기관장은 그 처리를 지체 없이 하고 그 결과를 의회에 보고하여야 한다.

4) 행정사무조사권

'감사'는 전반적인 업무에 대하여 정기적으로 감독하고 검사하는 것이며 '조사'는 특정한 사안이나 내용을 자세히 살피는 것으로 지방의회는 조사할 특정한 사안이 있을 경우 재적의원 3분의 1 이상의 연서로 발의하여 행정사무조사를 요구하는 안건을 본회의 의결을 거쳐 행정사무조사를 할 수 있다.

(1) 행정사무조사의 대상사무

앞서 언급한 바와 같이 지방의회의 행정사무조사는 해당 지방자치단체의 사무 중 특정사안에 대하여 실시할 수 있다. 여기서 '해당 지방자치단체의 사무'에 자치사무가 포함되는 것은 의문이 없으나 단체위임사무와 기관위임사무가 모두 해당되는지 여부에 대하여는 논란의 여지가 있다.

지방자치법 제41조 제3항에 따라 지방의회의 행정사무감사의 대상사무에는 단체 위임사무와 기관위임사무 모두가 해당된다고 볼 수 있으나, 행정사무조사와 관련하여서는 이러한 규정을 두고 있지 않고 있다. 또한 지방자치법 시행령에서도 이에 관한 규정이 없으며, 지방의회 행정사무감사 및 조사에 관한 조례에서는 행정사무조사의 대상사무를 개별적 · 구체적으로 열거하지 않고 '법 제9조에 규정된 지방자치단체의 사무범위 내의 사무'로 규정하고 있는 것이 실정이다.

따라서 이에 대한 합리적인 논의가 필요한 부분이 있는데, 자치단체장에게 위임된 기관위임사무는 위임한 기관의 사무이므로 조사대상이 되지 않는다고 보아야 할 것이다. 다만 해당 지방자치단체가 기관위임사무를 처리하는데 예산을 보조하거나 지원하고 있다면, 그 범위 내에서 해당사무에 대한 행정사무조사를 할 수 있을 것으로 판단된다.

(2) 행정사무조사의 대상기관

지방의회의 행정사무조사 대상기관은 당해 자치단체의 집행기관은 물론 자치단체의 소속행정기관, 하부행정기관, 지방공기업 등으로 구체적인 대상은 그 지방자치단체의 조례로 정하고 있는데 감사대상기관과 동일하다. 또한 조사위원회가 선정할 수 있는 조사대상기관과 본회의 승인이 필요한 조사대상기관에 대해서도 행정사무감사의 경우와 동일하다.

이와 관련하여 시 · 도의 보조금지원 사무에 대한 시 · 도의회의 시 · 군 · 구에 대한 사무조사가 문제될 수 있는데, 이론상 시 · 군 · 구가 처리하는 사무중 시 · 도의 기관위임사무에 대해서는 시 · 도의회의 조사대상이 된다고 할 수 있으므로 보조금지원 사업이 기관위임사무에 해당하는지 여부가 우선 결정되어야 할 것이다. 즉 시 · 도가 보조금을 지원했다고 하여 무조건 조사대상이 되는 것이 아니라 보조금을 지원받아 처리한 사무가 기관위임사무인 경우에만 시 · 도의회의 조사대상이 된다고 할 수 있다.

다만, 시 · 도의회가 시 · 도청의 보조금사업에 대해 조사하면서 시 · 군 · 구청장이나 관계공무원이 보조금사업에 '직접 관련되어 있다'고 한다면 사무조사대상기관의 장의 자격이 아닌 지방자치법 제 41조제 4항에 의거 '그 사무에 관계되는 자'에 포함시켜 출석 요구하는 것은 가능하다 할 것이다.

(3) 행정사무조사의 절차

행정사무조사는 재적의원 1/3 이상의 연서로 지방자치단체의 사무 중 특정사안에 관한 조사요구 발의가 있어야 하며, 이 요구가 본회의의 의결을 거치게 되면 조사위원회를 결정하고 그 위원회에서 조사계획서를 채택하여 본회의의 의결을 마친 후 조사를 실시한다. 다만 조사위원회를 상임위원회가 수행할 경우에는 위원선임 등 많은 본회의 절차를 요하지 않으나 특별위원회를 구성하여 실시할 경우는 다음과 같은 절차를 거쳐야 한다.

행정조사발의 (재적의원 1/3 이상) → 본회의 의결 → 조사특별위원회 구성결의 (운영위원회) →

조사특별위원회 구성결의 (본회의) → 조사특별위원회 위원선임 (본회의) → 조사계획서 채택 (조사특별위원회) → 조사계획서 승인 (본회의)

(4) 과태료 부과 관련

행정사무감사와 조사를 위하여 지방의회가 요구한 서류제출을 기한까지 하지 않거나, 출석요구를 받은 증인이 불출석 또는 증인을 거부한 경우에 500만 원 이하의 과태료를 부과할 수 있다. 그리고 그 부과기준은 당해 지방자치단체의 조례로 정한다.

지방자치법상 과태료 부과는 질서위반행위규제법에 정한 절차를 따르도록 하고 있으므로(질서위반행위규제법 제5조) 지방자치단체장은 사전통지 등 동법에서 정한 절차를 준수하여야 한다.

본 조항의 취지는 증인의 비협조적인 불출석을 방지하여 행정사무 감사 또는 조사의 실효성을 확보하고자 하는 것으로 지방의회의 행정사무 감사 또는 조사는 집행기관의 행정수행에 대한 감시 및 견제 수단이며, 대부분의 증인은 집행기관 소속 공무원이 채택될 수밖에 없는 점 등을 고려하여 볼 때, 지방자치단체장은 동 규정의 취지 및 지방의회의 판단을 존중하여 지방의회의 과태료 부과 요청에 응하는 것이 바람직할 것이다. 다만 과태료는 지방의회 의장의 통보 등으로 자치단체장이 부과하도록 하고 있으므로 지방의회의 내부적인 의사결정 방식에 대해서는 특정한 형식이 필요하지 않다.

5) 자치단체장 및 관계공무원 출석요구권

지방의회는 자치단체장과 관계공무원의 출석을 요구하여 의사소통을 하고 의견을 듣거나 행정사무처리상황을 보고받을 수 있다.

법 제42조(행정사무처리상황의 보고와 질문응답) ① 지방자치단체의 장이나 관계 공무원은 지방의회나 그 위원회에 출석하여 행정사무의 처리상황을 보고하거나 의견을 진술하고 질문에 응답할 수 있다.

② 지방자치단체의 장이나 관계 공무원은 지방의회나 그 위원회가 요구하면 출석 · 답변하여야 한다. 다만, 특별한 이유가 있으면 지방자치단체의 장은 관계 공무원에게 출석 · 답변하게 할 수 있다.

③ 제1항이나 제2항에 따라 지방의회나 그 위원회에 출석하여 답변할 수 있는 관계 공무원은 조례로 정한다.

이 권한의 근거가 되는 법 제42조의 제1항 임의출석권의 취지는 자치단체장과 관계 공무원이 지방의회에서 논의되는 상황을 정확히 파악하고 각종 사안과 관련하여 의견을 진술하여 지방의회와 집행부간의 의사소통을 원활히 하려는 취지를 가진다. 본 조항에 근거하여 지방의회는 각 위원회별로 '업무보고'라는 보고를 받고 의견을 개진하고 있다.

동조 제2항은 자치단체장과 관계 공무원의 지방의회에 대한 강제출석제도로서 광역자치단체의 경우 시정질문이나 도정질문으로 운영되고 있는 것을 살펴볼 수 있다. 이 제도에 대한 절차는 대부분 회의규칙에 의해 보완되고 관계공무원의 범위는 조례로 정하도록 하고 있다. 이때 '관계 공무원'의 범위는 법 제110조 및 제112조의 규정에 의한 보조기관에 소속된 공무원, 법 제113조에서 제116조의 규정에 의한 소속 행정기관에 소속된 공무원, 법 제117조에서 제120조까지의 규정에 의한 하부 행정기관에 소속된 공무원, 법 제121조의 규정에 의한 교육, 과학 및 체육에 관한 기관에 소속된 공무원이 해당된다. 따라서 법 제146조에 따른 지방공기업(시설관리공단 등) 및 지방공기업법 제77조의3의 지방공사 · 공단 외의 출자법인 등의 이사장 또는 임직원은 지방의회나 위원회에 출석하여 답변할 수 있는 관계공무원의 범위에 포함되지 않는다[140]. 그럼에도 불구하고 몇몇 자치단체(서울특별시 등)는 '관계 공무원'의 범위에 지방공단 및 출자 · 출연

140) 행자부 질의답변, 2011.12.28

법인의 이사장 또는 임직원을 포함하는 조례를 제정하여 운영하는바, 이는 명백히 조례의 제정범위를 넘어선 부분으로 상위법과의 충돌 우려가 있다고 보여진다.

6) 의회규칙 제정권

(1) 의의

의회규칙이란 의회의 자율권에 기하여 제정되는 의회 내부의 규범으로 회의규칙으로 정한다고 명시한 것을 제외하고는 의회는 내부문제에 관하여 무엇이든 정할 수 있는 의회규칙 제정권을 가지고 있다.

의회규칙은 지방의회가 자치법규인 조례를 제정하는 권한과는 달리 의회의 자율권의 행사의 하나로서 지방의회의 대표적인 자율권 행사라 할 수 있다. 의회규칙은 일반 행정규칙과 같이 원칙상 직접 대외적인 구속력은 없지만 지방의회가 본연의 기능을 원활히 수행하기 위해서 내부적으로 운영하는 규정인 것이다. 따라서 의회규칙은 행정규칙에 준하여 그 효력범위가 그 내부 구성원에 대하여 발생할 뿐, 지방자치법 제23조가 인정한 지방자치단체의 장이 가지는 행정규칙 제정권과는 그 성격을 달리하는 것이다.

> 법 제43조(의회규칙) 지방의회는 내부운영에 관하여 이 법에서 정한 것 외에 필요한 사항을 규칙으로 정할 수 있다.

(2) 의회규칙과 회의규칙[141)]

지방자치법은 의회 내부운영에 관해서는 의회규칙을 제정할 수 있도록 제43조를 두면서 지방의회 회의의 운영에 관해서는 별도의 회의규칙을 제정할 수 있도록 각각의 근거 조항으로 제71조를 규정하고 있다.

이 두 조항의 관계에 대해 다음과 같은 의견들이 제시되고 있다.

첫째, 지방자치법 제43조에서 말하는 '내부운영'의 범위를 어디까지로 볼 것인지가 문제될 수 있으나, 내부운영이라는 것은 말 그대로 의회 소속 직원에 대한 관계나 의회의

141) 이혜영, 지방의회 규칙의 법적성격과 입법방향, 한국지방자치법학회, 2009. 9. P155

행정 등을 의미하는 것으로 보이고, 제71조에서 규정하고 있는 '회의의 운영'이란 본회의, 임시회의 등의 개최, 진행과 관련된 사항을 의미하는 것으로 보이므로, 이 두 규정의 관계는 일반규정과 특별규정의 관계라기보다는 별개의 대상을 규율하는 것으로 판단된다는 것이다[142].

둘째, 전자(제43조)는 일반규정이고 후자(제71조)는 단지 회의에 관련된 것으로 그 범위가 제한된 규정이라고 할 것이어서 회의에 관련하여서는 후자가 먼저 적용되어 특별규정이라고 보여지나, 그 두개의 조문상 관계가 특별 규정이라는 의미는 아니고 다만 회의에 관련된 규칙만을 제정할 수 있다고 볼 것이고 회의에 관련하여서는 후자의 규정에 의하여 제정된 규칙을 우선하여야 할 것으로 실제로는 일반 규칙에서 회의에 관련된 상세한 내용을 규정하지는 않을 것으로 판단되어 이 규정들이 충돌할 염려는 없을 것이므로 특별 규정 이전에 신법이 우선 적용되어야 할 것으로 생각된다는 것이다. 따라서 회의에 관한 규정이 있어도 이와 배치되는 일반 규칙의 개정이 있고 서로 상충한다면 뒤에 개정된 그 일반 규칙에 따라야 할 것이다[143]는 것이다.

마지막 견해는 법률유보의 원칙이 적용되지 않는 영역에서 법률이 전혀 없거나 또는 불충분한 경우에 관련 법률이 정해지기까지 행위통제적 기능을 하는 규칙을 통상 법률대위적 행정규칙이라고 칭하고 있는바 지방자치법 제43조와 제71조는 이에 해당한다고 생각된다. 법률대위적 행정규칙은 이미 법률상 설정되어 있는 결정기준을 구체화하는 것이 아니라 원초적으로 이를 설정한다는 점에서 재량준칙 등의 타 규칙과 차이가 있다. 그러나 여기서 유의할 점은 법률대위적 행정규칙이라고 하여 법률과 동일한 효력(법규성)을 갖는 것으로 오해하여서는 아니 된다.

법률대위적 행정규칙은 다른 행정규칙과 마찬가지로 그 수범자를 내부인 내지 하급행정기관으로 하는 내부법에 지나지 않는다. 여기에 비하여 지방자치단체의 장이 정하는 규칙은 일반적인 행정규칙이 아니라 법령 또는 조례가 위임한 범위 안에서 그 권한에 속하는 사무에 관하여 규칙을 제정하는 것이므로(지방자치법 제23조) 자치법규로서

142) 서울특별시의회 법률고문 전봉진 변호사
143) 서울특별시의회 법률고문 오대혁 변호사

의 외부법은 췌언(贅言)을 요하지 않는다고 요약된다[144]는 것이다.

'의회규칙'의 근거가 되는 동 조항은 1988년 전면개정당시 누락되었던 내부사항규칙의 삽입 필요성 아래 1994년 개정 시 신설된 것이다. 이 조항에서 말하는 '내부운영'의 범위를 어디까지로 볼 것인지가 문제될 수 있으나, 내부운영이라는 것은 말 그대로 의회 소속 직원에 대한 관계나 의회의 행정 등을 의미하는 것으로 보이고, 제71조에서 규정하고 있는 '회의의 운영'이란 본회의, 임시회의 등의 개최, 진행과 관련된 사항을 의미하는 것으로 보인다.

(3) 효력

헌법학에서는 국회규칙의 효력에 대하여, 그 내용이 오로지 국회의 내부사항에 관하여만 규율하는 규칙은 국회의 내규로서 행정규칙에 준하여 국회의 구성원(국회의원과 국회의 직원)에 대하여만 구속력을 가지는 것으로 보고, 의사에 관한 규칙은 제3자(국회에 출석한 국무위원, 방청인, 증인, 감정인 등)에 대하여도 구속력을 가지는 것으로 보고 있다[145]. 물론 규칙을 통하여 헌법 또는 법률에 규정되지 아니한 새로운 의무를 부과할 수는 없기 때문에 제3자에 대하여 구속력을 가지는 범위는 제한될 수밖에 없을 것으로 보인다.

이러한 견지에서 보면 지방자치법 제43조에 따른 내부운영에 관한 사항에 대한 '의회규칙'은 행정규칙에 준하여 그 내부 구성원에 대하여만 효력이 있는 것이고, 지방자치법 제71조에 따른 회의의 운영에 관한 사항에 대한 회의규칙 역시 원칙적으로 회의를 진행하는 내부 구성원만을 구속할 것이지만, 그 내용에 따라서는 회의에 출석하거나 방청하는 제3자를 구속할 수 있을 것으로 생각된다.

지방의회에서 제정·운영하도록 하는 '청원규칙'은 지방자치법시행령 제60조에서 이를 의회규칙이라는 형식으로 규정하도록 하는 명문 규정이 있기 때문에 대표적인 의회규칙이며, 지방자치법 제85조에서는 방청인에 대한 단속에 관하여 법에 규정된 사항 이

144) 서울특별시의회 입법고문 강구철 교수

145) 권영성, 헌법학원론, 법문사, 2008, p.898

외에 필요한 사항은 회의규칙으로 정하도록 규정하고 있는바, 위 규정에 따라 제정된 회의규칙은 방청인을 구속할 수 있을 것이다.

(4) 제정절차

통상의 의회규칙 제정절차는 회의규칙의 관련 규정에 따라 의안발의(5분의 1 이상 또는 10인 이상 의원 연서) → 의결(재적의원 과반수 출석과 출석의원 과반수 찬성) → 발령(의회 의장) 절차를 거치도록 되어 있다.[146]

5. 지방의회의 운영

1) 회의의 종류

지방의회는 늘 활동을 하는 것이 아니라 활동을 할 수 있는 기간이 있는데 이 기간을 회기라고 한다. 즉 지방의회가 회의를 열어 안건을 처리하는 활동을 할 수 있는 회기에는 반드시 열어야 하는 정례회와 임의대로 비정기적으로 열수 있는 임시회로 구분된다. 2006년 이전에는 지방의회 회의일수를 법으로 한정하였으나 현재 회의일수는 조례로 정하도록 자율화하여 지방의회의 자율성을 확보하고 있다.

(1) 정례회

지방의회는 매년 반드시 2번의 회의를 열도록 규정하고 있는데 이를 정례회라 한다. 이는 즉 지방의회는 매년 아무리 회의를 개최하지 못해도 반드시 2번의 정례회를 개최하여야 한다는 것이다.

> **법 제44조(정례회)** ① 지방의회는 매년 2회 정례회를 개최한다.
> ② 정례회의 집회일, 그 밖에 정례회의 운영에 관하여 필요한 사항은 대통령령으로 정하는 바에 따라 해당 지방자치단체의 조례로 정한다.

146) 행자부 질의답변 2010. 6.13

① 입법취지

지방의회는 집행기관이나 정당 간 등의 이해관계로 인하여 열지 못하는 경우가 생길 수 있는데 이렇게 되면 지방의회가 반드시 의결해야 할 안건이 처리되지 못하고 지방자치가 실시되지 못할 우려가 있다. 이에 법은 지방의회가 가장 기본적인 본연의 기능을 수행할 수 있도록 정례회를 열어 이 역할을 수행할 수 있도록 하고 있는데 이것이 정례회 제도이다. 정례회의 경우는 소집요구도 필요 없고 법의 규정에 따라 반드시 열어야 하며 처리해야 할 안건도 지정하고 있어 의회에 강제성을 띠고 있다.

② 개최 및 처리안건

지방의회는 지방자치법에 따른 결산을 승인하기 위하여 제1차 정례회를 매년 6월이나 7월 중에 의무적으로 열어야 하며, 예산안을 의결하기 위하여 매년 11월이나 12월 중에 제2차 정례회를 집회하여야 한다. 다만 지방의회의원의 임기가 6월말로 종료하므로 총선거가 있는 해에는 이를 고려하여 9월이나 10월 중에 집회할 수 있도록 예외규정을 시행령에 규정하고 있다.

③ 회기 기산

회기는 집회한 날로부터 기산하므로 시간적 개념이 아니라 기간적 개념으로 판단되어야 한다. 따라서 민법 제157조를 적용하여 기간을 정한 때에는 그 기간이 오전 영시부터 시작하는 것으로 해석하여야 한다. 따라서 회기를 결정하는 본회의가 14시에 개의되더라도 그 회기의 기산점은 그날의 오전 영시부터로 시작되는 것이다.[147]

(2) 임시회

임시회라 함은 지방의회가 필요한 경우에 공고된 특정의 부의안건을 처리하기 위하여 수시로 소집되는 회의를 말한다.

---

147) 예를 들어 제221회 임시회의 본회의가 14시에 개회하는 날 오전 10시에 운영위원회가 개회하는 경우, 운영위원회의 회의는 '제221회 임시회 중'으로 명명하여야 함. 더불어 제220회 임시회가 폐회된 후, 제221회 임시회가 개회되기 전까지 그사이 회의의 경우에는 '제220회 임시회 폐회 중'으로 기재하는 것이 타당함.

법 제45조(임시회) ① 총선거 후 최초로 집회되는 임시회는 지방의회 사무처장 · 사무국장 · 사무과장이 지방의회의원 임기 개시일부터 25일 이내에 소집한다.

② 지방의회의장은 지방자치단체의 장이나 재적의원 3분의 1 이상의 의원이 요구하면 15일 이내에 임시회를 소집하여야 한다. 다만, 의장과 부의장이 사고로 임시회를 소집할 수 없으면 의원 중 최다선의원이, 최다선의원이 2명 이상인 경우에는 그 중 연장자의 순으로 소집할 수 있다.

③ 임시회의 소집은 집회일 3일 전에 공고하여야 한다. 다만, 긴급할 때에는 그러하지 아니하다.

① 최초 집회요구권자

지방의회 임시회의 요구권자는 지방자치단체의 장이나 재적의원 3분의 1 이상이나 예외적으로 총선거 후 최초로 집회된 임시회는 지방의회 사무처장 · 사무국장 · 사무과장이 요구권자가 된다. 지방의회가 폐회 도는 휴회 중인 경우 재적의원 3분의 1 이상이 지방행정사무조사를 발의할 때에는 지방의회의 집회 또는 회의재개의 요구가 있는 것으로 본다.

② 소집권자와 소집여부

지방의회의장은 임시회 소집이 요구되면 반드시 소집하여야 하며, 만약 이에 불응하여 소집을 요구하지 않을 시에는 의장불신임의결의 원인행위가 될 수도 있다. 더불어 의장과 부의장이 사고로 임시회를 소집할 수 없으면 의원 중 최다선의원이, 최다선의원이 2명 이상인 경우에는 그 중 연장자의 순으로 소집할 수 있다.

③ 총선거 후 소집

총선거 후 처음 집회하는 임시회는 소집 대상이 확정된 후에 가능하므로 가장 빨리 소집해도 사무처장이 7월 1일이 되어서야 가능하며 되도록 빨리 소집을 권장하기 위하여 25일 내에 소집하도록 되어 있다.

④ 집회공고기간

임시회의 소집은 집회일 3일전에 이를 공고하여야 하며 긴급을 요할 때에는 즉 안건이 시급하거나 공고할 여유가 없을 경우로서 그 판단은 소집권자가 할 수밖에 없을 것이며 이런 경우는 3일이 필요하지 않다. 또한 '긴급을 요할 때'란 소집사유가 그 사안으로 보아 시의성이 긴박하여 법정공고기한을 지켰을 때에는 소기의 목적을 달성할 수 없을 경우 공고기한을 줄여서 소집공고를 할 수 있을 것이다.

참고로 국회법 제5조 제2항에서는 내우 · 외환 · 천재 · 지변 또는 중대한 재정 · 경제상의 위기, 국가의 안위에 관계되는 중대한 교전상태나 전시 · 사변 또는 이에 준하는 국가비상사태에 있어서는 집회기일 1일 전에 소집공고할 수 있도록 법정 공고기간의 예외를 규정하고 있다.

⑤ 소집공고와 집회공고

총선거 후 최초로 집회되는 임시회는 지방의회 사무처장이 지방의회의원 임기 개시일 부터 25일 이내에 소집하도록 하고 있으며, 임시회 소집은 집회일 3일 전[148]에 공고하도록 규정하고 있다. 따라서 상기 규정에 의거 '집회공고'를 하여 임시회를 소집하여야 할 것이다.

참고로 지방자치 운영상 '소집'은 누가, 어떤 요건에 따라 회의를 열 것인지에 대한 주체 · 권한 등을 명시할 때 사용하는 용어이며, '집회'는 단순히 회의가 열리는 기간, 장소 등 모임 그 자체를 지칭할 때 사용하는 용어이다.

(3) 부의안건의 공고

지방자치단체의 장은 그 회기에 부의할 안건을 미리 공고함으로써 의원이나 주민들에게 안건의 내용을 알려 방청의 기회를 제공하고 집행부의 예측가능성을 제고하여 지방의회 심의기능의 실질성을 높이고자 한다.

148) 집회공고일 계산 시에는 공휴일과 휴무일을 포함하여 계산한다.

법 제46조(부의안건의 공고) 지방자치단체의 장이 지방의회에 부의할 안건은 지방자치단체의 장이 미리 공고하여야 한다. 다만, 회의 중 긴급한 안건을 부의할 때에는 그러하지 아니하다.

부의(附議)안건이란 조례안뿐만 아니라 승인안, 건의안, 결의안, 의견청취안 등 모두를 포함하며 공고방법은 지방자치단체의 장이 마음대로 정할 수 있다.

긴급한 안건을 부의할 때에는 예외적으로 공고를 하지 않을 수 있으나, 이것은 공고를 기다릴 시간적 여유가 없는 것으로 사회통념상 객관적으로 인정될 수 있어야 한다. 더불어 공고이행여부는 안건으로서의 형식요건과 관련 없는바 의회가 이를 두고 안건의 접수를 거부할 수는 없다.

(4) 회의일수와 회기결정

지방의회의 회의는 수시로 열리는 임시회와 정기적으로 2번 열리는 정례회로 나누어지는 바, 지방의회는 회기 중 회의를 열어 활동을 하게되어있다.

'개회'란 의회가 일정기간 활동을 하기 위하여 한회기 동안의 회의를 시작하는 것을 말하며 '휴회'란 한 회기 중에 본회의를 열지 않는 것을 말하는 것으로 이것은 모두 의회의 의결로 이루어진다. 일반적으로 본회의 휴회기간 중에는 상임위원회 등의 활동을 하게 된다. 폐회란 회기가 끝나고 회의를 끝내는 것을 말하는 것으로 의결로 폐회하거나 회기의 만료로 폐회하게 된다.

법 제47조(개회 · 휴회 · 폐회와 회의일수) ① 지방의회의 개회 · 휴회 · 폐회와 회기는 지방의회가 의결로 정한다.

② 연간 회의 총일수와 정례회 및 임시회의 회기는 해당 지방자치단체의 조례로 정한다.

한 해 동안 총 며칠 정도의 회의를 할지 연간 회의 총일수와 정례회 및 임시회의 회기는 자치단체의 사정을 고려하여 조례로 제정하도록 하고 있다.

2) 의장과 부의장

(1) 정수

지방의회는 의원 중에서 시 · 도의 경우 의장 1명과 부의장 2명을, 시 · 군 및 자치구의 경우 의장과 부의장 각 1명을 무기명투표로 선출하게 되는바, 의장과 부의장은 지방의회운영에 있어서 당해 지방의회를 대표하고 질서를 유지하며 사무를 감독하는 중추적인 위치에 있을 뿐만 아니라 공정하게 그 직무를 처리하여야 하는 의무가 부여되어 있다[149].

> **법 제48조(의장 · 부의장의 선거와 임기)** ① 지방의회는 의원 중에서 시 · 도의 경우 의장 1명과 부의장 2명을, 시 · 군 및 자치구의 경우 의장과 부의장 각 1명을 무기명투표로 선거하여야 한다.
>
> ② 지방의회의원 총선거 후 처음으로 선출하는 의장 · 부의장 선거는 최초집회일에 실시한다.
>
> ③ 의장과 부의장의 임기는 2년으로 한다.

(2) 투표방법

의장과 부의장은 무기명 투표로 선거하여야 한다. 의장과 부의장은 1991년 당시의 내무부에서 시달한 회의규칙준칙 제8조에 의하면 의장과 부의장을 무기명투표로 선거하되, 재적의원 과반수의 출석과 출석의원 과반수의 득표로 당선되도록 규정하고 있었으며, 2차 투표에서도 과반수 득표자가 없는 경우는 결선투표를 하여 다수득표자가 당선되도록 정하고 있었다.

149) 지방의회의 의장은 지방자치법 제43조, 제44조의 규정에 의하여 의회를 대표하고 의사를 정리하며, 회의장 내의 질서를 유지하고 의회의 사무를 감독할 뿐만 아니라 위원회에 출석하여 발언할 수 있는 등의 직무권한을 가지는 것이므로, 지방의회의 의사를 결정공표하여 그 당선자에게 이와 같은 의장으로서의 직무권한을 부여하는 지방의회의 의장선거는 행정처분의 일종으로서 항고소송의 대상이 된다고 할 것이다. (대법원 1995.01.12. 선고 94누2602) 이와 더불어 지방의회의 상임위원장을 선임하는 의결은 그 당선자에게 상임위원장으로서의 권한을 부여하는 행정처분의 일종으로서 항고소송의 대상이 된다.(서울고등법원 1997.05.16. 자 97부341)

국회의 의장단은 제5대국회까지는 재적의원 3분의 2 이상의 출석과 출석의원 과반수의 득표로써 당선되도록 하였으나, 이후 국회의장직은 국회의원의 절대적인 지지가 있어야 한다는 취지에서 국회법에서는 재적의원 과반수의 득표로 당선되도록 선출요건이 강화되었다.

일반적으로 의장단 선출시 후보등록이나 정견발표 등의 내용은 법으로 규정된 부분은 없으며 각 지방의회가 특성을 살려 당해 지방의회 회의규칙 등으로 규정하여 운영하는 경우가 있다. 이와 관련하여 의장단 소견발표제도는 지난 1997년 1월 전라남도 순천시의회에서 최초로 도입되었고, 후보등록제도와 소견발표제도는 2002년 7월 충청북도 참여시민연대에서 충청북도의회에 그 건의서를 제출함으로써 제기되었으며, 충청북도의회에서는 2003년 5월 개정 회의규칙에서 의장과 부의장이 되고자하는 의원은 선거당일 5분 이내의 정견 및 소견을 발표할 수 있다는 규정을 신설하여 운영함으로써 태동되었다. 이후 부산광역시의회가 2007년 회의규칙을 개정하여 의장 · 부의장선거에서의 후보자등록규정을 신설하여 의장 또는 부의장이 되고자하는 의원은 당해 선거일 2일 전까지 사무처에 서면으로 등록하도록 하고, 이 규정에 따라 의장훈령으로 제정한 의장부의장 선거관리규정 제3조(선거권과 피선거권)[150]에서는 등록을 한 의원에 한하여 당해 선거에서 피선거권을 가질 수 있도록 정하고 있다. 그리고 후보자 등록을 한 의원은 선거당일 본회의장에서 10분 이내에 정견을 발표할 수 있도록 하고, 발표순서는 다선 · 연장자 순으로 하되, 정견발표는 본인의 소견 이외에 다른 의원을 지지하거나 비방하는 발언을 하지 못하도록 규정하였다.

이어서 광주광역시의회는 2008년 역시 회의규칙에 의장 · 부의장선거에서의 후보자등록규정을 신설하고, 부산광역시의회와 같은 내용의 경선규정을 제정한바 있다. 이들 경선규정에 대해서는 일부에서 그 정당성여부에 의문을 제기한 바도 있으나, 앞서 기술한 대로 법 제71조(회의규칙)의 위임에 따라 규정된 각 지방의회의 회의규칙에서 의장 · 부

150) 부산광역시의회 의장 · 부의장 선거관리규정 제3조(선거권과 피선거권) 모든 부산광역시의회 의원(이하 '의원'이라 한다)에게 선거권과 피선거권을 부여한다. 다만, 피선거권은 본 규정에 의하여 의장단 선거의 후보자로 등록한 의원에 한하여 부여한다.

의장의 선거를 할 때 경선제에 의하도록 규정하는 것이 무기명투표로 선거하도록 한 법 제48조(의장 · 부의장의 선거와 임기)제1항을 위반하는 것은 아니라는 행자부의 회신을 감안하면, 문제점이 없는 것으로 인정되고 있다.

그런데 여기에서 한 가지 유의하여야 할 것은 이러한 제도와 방식으로 의장단을 선출할 경우 후보자가 1인 또는 2인인 경우 투표방법상 다소 차이가 있으므로 유의하여야 한다는 점이다.

동시지방선거 후 최초의 의장 · 부의장 선거는 최초집회일에 실시하도록 정하고 있다. 이때, 의장선거는 법 제54조(의장 등을 선거할 때의 의장 직무 대행)의 규정에 의하여 출석의원 중 최다선의원이, 최다선의원이 2인 이상인 경우에는 그중 연장자의 사회로 의장선거를 행하고, 의장선거가 끝나면 의장으로 당선된 의원은 그 연장자의 소개로 당선인사를 한 후에 회의를 주재하여 부의장 2인을 1인씩 선거하며, 부의장의 선거가 끝나면 의장의 소개로 선출된 순서에 따라 당선인사를 한다.

국회의 경우는 국회법 제15조(의장 · 부의장의 선거)[151]의 규정에 의하여 전반기 의장단은 지방의회의 경우와 같이 국회의원총선거 후 최초집회일에 실시하며, 처음 선출된 국회의장 또는 부의장의 임기가 만료되는 때에는 그 임기만료일 전 5일에 후반기 의장단 선거를 실시하되, 그 날이 공휴일인 때에는 그 다음 날에 실시하도록 정하고 있다.

(3) 임기

지방의회 의장 · 부의장의 임기는 2년으로 정하고 있다. 그런데 의회에 따라서는 동시지방선거후 처음 선출된 의장과 부의장의 임기는 그 선출된 날부터 개시하여 2년이 되는 날까지나, 의원의 임기개시일(7월 1일)부터 2년이 되는 날까지로 정하고 있기 때문에 선출일에 상관없이 2년의 임기가 보장되는 지방의회도 있고, 그렇지 않은 경우도 있다.

더구나 그 임기만료일이 폐회중일 때는 회의규칙의 규정에 따라 다음 회기에서 후반

151) 국회법 제15조(의장 · 부의장의 선거) ②제1항의 선거는 국회의원총선거 후 최초집회일에 실시하며, 처음 선출된 의장 또는 부의장의 임기가 만료되는 때에는 그 임기만료일전 5일에 실시한다. 그러나 그 날이 공휴일인 때에는 그 다음 날에 실시한다.

기 의장단이 선출되는 날의 전일까지 재임할 수 있기 때문에 최고 2년 1개월여까지 재임할 수 있는 의회도 있다. 때문에 전반기 의장단이 임기개시일에 선출되거나, 임기만료일이 회기중이 아닌 이상 후반기 의장단의 임기는 만 2년에 미치지 못하는 등 다양한 형태의 임기가 혼재하고 있다.

국회의 경우는 국회법 제9조(의장 · 부의장의 임기)제1항[152]의 규정에 따라 의장과 부의장의 임기는 2년으로 하되, 국회의원총선거 후 처음 선출된 의장과 부의장의 임기는 그 선출된 날부터 개시하여 의원의 임기개시 후 2년이 되는 날까지로 정해져 있고, 동법 제5조(임시회)제3항[153]의 규정에 따라 국회의원총선거 후 원구성을 위한 최초의 임시회가 의원의 임기개시 후 7일에 집회하도록 정하고 있기 때문에 처음 선출되는 의장 · 부의장의 임기는 만 2년에 미치지 못하도록 되어 있다.

그러나 후반기의 원구성을 위한 임시국회는 늦어도 전반기 의장의 임기만료일 5일 전에 집회하도록 하고 있어 후반기 의장 · 부의장의 임기는 의원임기개시 후 2년이 되는 날의 다음날부터 의원임기 종료일까지로 만 2년간 재임할 수 있도록 되어 있다.

그리고 후반기의 국회의장 · 부의장은 후반기 임기개시 전에 선출된 경우라도 후반기 임기개시일부터 그 임기가 개시된다. 아울러 그 선출이 지연되어 후반기 임기개시일 이후에 선출된 경우에는 선출된 날부터 임기가 개시되고, 국회의원의 임기만료와 함께 종료한다. 상당수의 지방의회들도 국회의 예를 따르고 있다.

또한 지방의회 의장 또는 부의장이 선출된 후 그 의장 또는 부의장이 궐위되거나 의장과 부의장이 모두 궐위된 때에는 지체 없이 보궐선거에 의하여 그 후임자를 선출하며, 보궐선거에 의하여 당선된 의장 또는 부의장의 임기는 전임자의 잔임기간으로 한다.

보궐선거에서 당선된 의장 또는 부의장이 전임자의 잔임기간만 재임하게 하는 것은

152) 국회법 제9조(의장 · 부의장의 임기) ① 의장과 부의장의 임기는 2년으로 한다. 다만, 국회의원총선거 후 처음 선출된 의장과 부의장의 임기는 그 선출된 날부터 개시하여 의원의 임기개시 후 2년이 되는 날까지로 한다.

153) 국회법 제5조(임시회) ③ 국회의원 총선거 후 최초의 임시회는 의원의 임기 개시 후 7일에 집회하며, 처음 선출된 의장의 임기가 만료되는 때가 폐회중인 경우에는 늦어도 임기만료일 전 5일까지 집회한다. 그러나 그 날이 공휴일인 때에는 그 다음 날에 집회한다.

2년마다 의장 · 부의장을 동시에 선거하기 위한 조치의 하나라 할 수 있다. 그리고 개원 당시나 후반기 원구성시 의장선거일에 선출되지 아니하고 후일 따로 선출된 부의장의 임기는 부의장으로 선출된 날부터 개시되어 의장의 임기와 같이 종료되도록 되어 있다.

(4) 의장의 직무

의장은 대외적으로 의회를 대표하며, 의회의 대외적 의사표시는 의장의 명의로 이루어지고 외부로부터 의회에 대한 의견의 제출이나 청원의 수리 등도 의장 명의로 이루어진다. 대내적으로는 첫째, 의회의 의사(議事)를 정리한다. 즉, 개의(開議)일시의 결정, 의사일정 작성, 의안의 상임위원회 회부와 개의 등 회의에 관한 선포, 발언허가, 질의, 토론, 표결 등 의사를 진행할 책임이 의장에게 있기 때문이다.

둘째, 의장은 회의장의 질서를 유지한다. 의사가 혼란 없이 순조롭게 진행되도록 해 나가야 되기 때문이다. 이러한 질서유지를 위해서는 법 제82조(회의의 질서유지) · 제84조(발언방해 등의 금지) · 제85조(방청인에 대한 단속)의 규정에 의한 조치를 취할 수 있고, 필요시 경찰관의 파견을 요구할 수 있으며 방청의 허가 또는 제한을 할 수 있다.

셋째, 의장은 의회의 사무를 감독한다. 여기에서 말하는 사무는 의회의 개 · 폐회에 관계없이 사무처(국 또는 과)를 통괄하고 감독하는 일이다. 의사일정의 작성, 의안의 정리, 회의록의 정리, 도서자료관리 등의 사무는 통상 의회사무에 해당된다. 의장은 의회의 상징이라고 할 만큼 큰 권한을 갖게 되는데, 이는 단순한 의사진행담당이나 사회자가 아니라 정해진 회기 안에 결론을 이끌어 내게 하려면 의장에게 그 만한 권한이 주어져야 하기 때문이다.

또한 지방자치단체의 장과는 달리 비록 비상근이라 할지라도 의회는 주민대표의 합의제기관으로 자치단체의 의사를 결정하는 의결기관이며, 의장은 이 기관의 수장이기 때문이다. 민주정치 하에서는 의회의 권위가 높아질수록 의장의 지위도 높아지도록 되어 있다.

의장의 직무에 관하여는 일본의 자치법 제104조[154]에서도 "의장은 회의장의 질서를

154) 일본 자치법 제104조 보통지방공공단체의 의회의 의장은 회의장의 질서를 보유하고, 의사를

유지하고 의사를 정리하고, 의회의 사무를 통괄하며 의회를 대표한다."라고 규정하고 있다. 직무내용의 순서배열만 다를 뿐 우리나라 지방자치법의 규정과 같은 내용을 담고 있다.

> **법 제49조(의장의 직무)** 지방의회의 의장은 의회를 대표하고 의사(議事)를 정리하며, 회의장 내의 질서를 유지하고 의회의 사무를 감독한다.

여기서 주의하여야 할 점은 의장은 지방자치단체의 장과 같은 독립된 행정청이 아니며 지방의회 회의체의 대표로서 권한을 가질 뿐이다. 따라서 의장의 자격으로 각종 집행기관의 권한이나 업무에 관여할 수 없고 동등한 지위에서 합의를 행사할 수도 없다.[155] 따라서 합의제 기관인 지방의회의 대표자에 불과한 지방의회의 의장은 지방자치단체의 규칙을 제정할 수 없다.[156]

(5) 의장의 위원회 출석

지방의회의장은 언제나 위원회에 출석하여 발언할 수 있는데, 발언은 의회의 폐회중에 개회되는 위원회에도 적용된다. 발언의 내용에는 제한이 없으며 이는 어디까지나 의장의 직책을 원활하게 수행하기 위하여 인정되는 제도이다. 부의장은 법률 규정으로는 이 권한이 인정되고 있지 않으나, 의장의 유고시 의장 직무를 대리하는 부의장도 본조의 적용을 받는다고 해석된다.

정리하고, 의회의 사무를 통리하고, 의회를 대표한다.

155) 지방의회 의장은 의회를 대표하고 의사를 정리하며, 회의장내의 질서를 유지하고 의회의 사무를 감독하는 직무를 가지는 것이나(지방자치법 제43조), 여기에서 의회를 대표한다 함은 조직적, 의전적인 의미에서 의회를 대표한다는 것이지, 지방의회의 의사를 대표할 수 있다는 것은 아니다.
그러므로 지방의회 의장은 위와 같은 지위를 제외하고는 의원 개인과 동일한 지위를 가진다고 할 것인바, 위에서 본 지방의회 의장과 의원 개인의 지위 및 권한에 비추어 볼 때 집행기관의 인사권에 의장 개인의 자격으로는 관여할 수 있는 권한이 없다고 할 것이고, 조례로서 이를 허용할 수도 없다고 할 것이며, 따라서 의장 개인이 위원의 일부를 위촉하도록 한 조례안의 규정은 그 점에서도 위법하다고 할 수밖에 없다. (대법원 1994.04.26. 93추175)

156) 행자부 질의회신 1992.3.12

법 제50조(의장의 위원회 출석과 발언) 지방의회의 의장은 위원회에 출석하여 발언할 수 있다.

그러나 의장의 발언은 위원회 개회중이라고 해서 언제나 할 수 있는 것이 아니고, 의사(안)에 따라 위원장의 승인 하에 할 수 있는 것으로 해석된다. 발언의 범위는 특별한 제한이 없으며, 심의 중인 의안에 대한 의견을 말할 수 있을 뿐 아니라 질의도 할 수 있는 것으로 보아야 할 것이다.

또한 의장의 발언내용에는 제한이 없으므로 의사정리권 및 질서유지권에 포함되지 아니하는 내용에 대하여도 발언할 수 있다고 본다. 다만, 의장의 위원회에서의 발언은 필요한 경우에 한하여야 할 것이며, 의장의 발언이 위원회의 안건심사나 의사에 영향을 줄 경우도 있으므로 신중을 기하여야 할 것이다.

의장이 위원회에 출석하여 발언을 하는 경우에도 표결에는 참가할 수 없다. 의장이 위원회에서 발언하더라도 표결에 참가할 수 없도록 하는 것은 회의체에서는 그 구성원 외에는 의사결정에 참여할 수 없다는 일반적인 원칙으로 보아야 할 것이다. 국회법은 표결에 참가할 수 없음을 명문화하고 있으나 지방자치법은 이를 명문으로 규정하고 있지는 않다. 이런 입법적 미비 때문에 의장도 상임위원회 위원이 될 수 있다는 해석이 나올 여지가 있다.

한편 의장이 아닌 의원이 자기가 소속하고 있지 아니한 다른 위원회에 출석하여 발언하는 경우는 의안의 발언자로서 제안설명을 하거나 청원의 소개자로서 그 청원의 취지를 설명하는 경우가 있으며, 그 이외에는 위원회의 요구가 있거나 그 위원회에 발언을 신청하여 허가를 받아 '위원 아닌 의원'의 자격으로 발언을 할 수 있다.

(6) 부의장의 직무대리

지방의회 의장이 사고가 있을 때에는 지방의회의 부의장이 의장의 직무를 대리한다. 부의장의 의장에 대한 직무대리는 의장이 '사고'가 있는 경우에 한한다.

법 제51조(부의장의 의장 직무대리) 지방의회의 부의장은 의장이 사고가 있을 때에는 그 직무를 대리한다.

여기에서 말하는 '사고'란 의장이 재직하고 있으나, 법 제70조(의장이나 의원의 제척)의 규정에 의한 제척의 경우는 물론 질병 · 여행 등의 사유뿐만 아니라 식사나 용변 등과 같이 잠간 동안이라도 의석을 떠나 직무를 집행할 수 없는 경우를 말한다.

따라서 의장의 '사고' 시에 직무를 대리하는 부의장은 직무를 대리한다고 해서 의장의 직무권한의 모든 것에 미치는 것은 아니고, 의회운영에 필요한 한도 내에서만 대리할 수 있다.

그리고 하나의 지방의회에 2인의 부의장을 두고 있는 시 · 도의회의 경우는 그 중에서 누가 의장의 직무를 대행하는가 하는 문제가 있으나, 사전조치로 간단히 해결할 수 있다. 법령에 명문의 규정이 없으므로 이런 경우는 법 제54조(의장 등을 선거할 때의 의장 직무 대행)를 적용하여 그 중 최다선의원이 의장의 직무를 대행한다고 봄이 타당하지만, 직무대행자를 명확히 하기 위해서는 부의장 선출시 조례로 제1부의장, 제2부의장을 명확히 하도록 규정하여 선출하는 방안도 고려해 봄직하다.

국회의 경우는 의장이 사고가 있을 때에는 국회법 제12조(부의장의 의장직무대리)의 규정에 의하여 2인의 부의장 중 의장이 서면 또는 구두로 지정한 부의장이 그 직무를 대리한다. 그러나 의장이 심신상실 등 부득이한 사유로 의사표시를 할 수 없게 되어 직무대리자를 지정할 수 없는 때에는 소속의원수가 많은 교섭단체소속인 부의장의 순으로 의장의 직무를 대행하도록 정하고 있다.

한편, 국회법상 부의장의 직무는 다른 회의체의 부의장과는 달리 평소 의장을 보좌하는 것이 아니고 의장이 사고가 있을 때에 그 직무를 대리하는데 국한하므로 양자는 상명하복의 관계가 아니다. 국회의장이 상임적인 의장이라고 한다면, 국회부의장은 임시적 의장이라고 할 수 있을 것이다.

그리고 국회법에서 말하는 '국회의장의 사고' 역시 의장이 직무를 수행할 수 없는 법률상 또는 사실상의 일체의 '사고'가 포함된다. 예를 들면 의장의 신상과 관련된 안건을 심사할 경우 또는 토론에 참가하기 위하여 그 직무를 수행할 수 없는 경우 등은 '법률상의 사고'에 해당되고, 신병 · 여행 기타 등으로 회의에 결석을 하거나, 면회, 식사 기타의 사유로 일시 의장석을 떠나는 경우 등은 '사실상의 사고'라 할 것이다. '사고' 중에는 사망 · 사직 · 퇴직 등으로 국회의장이 궐위되었을 경우도 포함되는데, 이때는 지체없이 의장의 보궐선거를 행하여야 하며, 그때까지 국회부의장이 의장의 직무를 대리하게 된다.

(7) 임시의장

지방의회에서는 의장 및 부의장 모두에게 '사고'가 있을 때에는 그 직무를 대행할 자를 임시로 선출하는데, 이를 '임시의장'이라고 한다. 임시의장은 광역의회의 경우 의장과 부의장 2인 등 3인 모두 사고가 있을 때에 한하므로 3인 중 1인이라도 '사고'가 없는 경우에는 임시의장을 선출하여 의장의 직무를 대행하게 할 수 없다. 그리고 일부에서 법 제54조(의장 등을 선거할 때의 의장 직무 대행)의 의장직무대행을 임시의장이라고 표현하기도 하는데, 맞지 않는 말이다.

임시의장은 법 제52조(임시의장)에서 의장 · 부의장을 선거한 뒤 의장 · 부의장 전원에게 '사고'가 발생하여 의장 · 부의장의 실체가 없어진 경우 사고가 난 의장단의 임기가 얼마(1개월 미만 등) 남지 않아 의장단 보궐선거를 시행할 사정이 되지 않을 때 당장 의회대표권, 의사정리권, 질서유지권, 사무감독권 등의 포괄적 권한을 행사할 수 있는 의회대표자를 선출하고자 할 때 최다선의원을 의장직무대행으로 하여 그의 사회로 임시적 의장으로 선출하는 의장을 말한다.

임시의장 선출을 위한 사회는 출석의원 중 최다선의원이 하게 된다. 여기서 말하는 '사고'란 제51조(부의장의 의장 직무대리)의 '사고'와 같은 개념으로 해석되며, 궐원(闕員)인 경우는 물론 포함하지 않는다. 의장 및 부의장이 궐위된 경우는 바로 보궐선거를 실시하게 되기 때문이다, 그리고 임시의장의 선출방법은 의장선거에 준하며, 임시의장이 의장의 직무를 대행하는 기간은 임시의장으로 선임된 때로부터 의장이나 부의장이 그 직무를 수행할 수 있게 될 때까지를 말한다.

> **법 제52조(임시의장)** 지방의회의 의장과 부의장이 모두 사고가 있을 때에는 임시의장을 선출하여 의장의 직무를 대행하게 한다.

임시의장은 또 그 사유가 있을 때마다 선출을 하는 것일 뿐 한번 선출하여 그 임기 중 또는 회기 중 계속하여 그 직무를 행할 수 있는 것은 아니다. 따라서 의장의 사고로 부의장이 그 직무를 대리할 때와는 달리 임시의장의 직무는 의사진행에 필요한 한도 안에서 의장의 직무를 대행하는 것이다.

임시의장은 무기명투표로 선거하되 재적의원 과반수의 출석과 출석의원 다수의 득표자를 당선자로 하며, 임시의장선거에 있어서의 의장직무대행은 출석의원 중 최다선의원이, 최다선의원이 2인 이상인 경우에는 그중 연장자가 한다. 여기에서 한 가지 유의할 것은 제52조(임시의장)에서의 '사고'는 제51조(부의장의 의장 직무대리)에서 규정한 의장이 '사고가 있을 때"'의 '사고'와는 그 내용을 달리한다는 점이다. 즉, 후자의 사고에는 의장의 사망, 사직, 퇴직 등으로 궐위된 경우도 포함하나, 전자의 '사고'에는 궐위를 제외한 일시적인 사고가 있는 경우를 말한다.

따라서 의장과 부의장이 모두 궐위되었거나 의장 또는 부의장 중 일방이 궐위되고 다른 일방이 사고가 있는 경우에는 임시의장을 선출할 것이 아니라 지체 없이 보궐선거를 실시하여 신임의장 또는 부의장으로 하여금 회의를 주재하도록 하여야 할 것이다.

임시의장의 선출방식에 대해서는 구체적인 규정이 없으나, 임시의장은 의장과 부의장이 모두 사고가 있을 때 임시로 의장의 직무를 대행하게 되므로 국회의 경우는 국회법 제17조(임시의장의 선거)[157]의 규정에 따라 1차의 투표로써 용이하게 선출될 수 있도록 재적의원 과반수의 출석과 출석의원 다수의 득표자를 당선자로 하고 있다.

일부 지방의회에서도 회의규칙의 임시의장 선거조항에 국회의 예를 따라 임시의장은 무기명 투표로 선거하되 재적의원 과반수의 출석과 출석의원 다수의 득표자를 당선자

---

157) 국회법 제17조(임시의장의 선거) 임시의장은 무기명투표로 선거하되 재적의원 과반수의 출석과 출석의원 다수득표자를 당선자로 한다.

로 한다고 정하고 있다.

(8) 보궐선거

국회 또는 지방의회에서는 의장·부의장·상임위원장이 임기중 궐위된 때에는 보궐선거를 실시한다. 지방의회에서의 보궐선거제도는 지방의회의 계속성을 보장하는 제도로서 의장 또는 부의장이 궐위된 때에는 보궐선거를 실시토록 하고 있으며, 그 임기는 전임자의 잔임기간으로 한다.

> 법 제53조(보궐선거) ① 지방의회의 의장이나 부의장이 궐위(闕位)된 경우에는 보궐선거를 실시한다.
> ② 보궐선거로 당선된 의장이나 부의장의 임기는 전임자의 남은 임기로 한다.

이는 국회법의 의장·부의장의 보궐선거에 관한 규정과 내용이 동일하다. 의장 또는 부의장이 궐위된 때나 또는 의장과 부의장이 모두 궐위된 때에는 지체 없이 보궐선거를 행하여 후임자를 선출하여야 한다.

따라서 의장 또는 부의장의 선거를 지체 없이 실시하지 않고 임시의장을 두어 의장의 직무를 대행하게 하여서는 안 된다. 보궐선거는 의장·부의장 전부가 궐위된 때에만 실시하는 것이 아니고, 의장·부의장중 1인이라도 궐위되면 실시하여야 한다. 그리고 보궐선거는 의장·부의장이 궐위된 때에만 실시하는 것으로 궐위가 아닌 단순한 사고의 경우에는 실시하지 아니한다.

의장·부의장의 보궐선거의 방법은 의장·부의장 선거의 경우와 같이 의원 중에서 무기명투표로 실시하며, 보궐선거 시 의장의 직무는 법 제54조(의장 등을 선거할 때의 의장 직무 대행)의 규정에 따라 출석의원 중 최다선의원이 행한다. 보궐선거에 의하여 당선된 의장·부의장의 임기는 전임자의 잔임기간이 된다.

그리고 흔히 말하는 재·보궐선거는 대통령이나 국회의원 또는 기초·광역단체장, 지방의원 등의 빈자리가 생겼을 때 이를 메우기 위해 실시하는 선거로 재·보궐 선거는 재선거와 보궐선거로 나뉜다. '재선거'는 공직선거가 당선인의 선거법 위반 등으로 공정하게 치러지지 않았을 경우 당선을 무효화시키고 다시 선거를 치르는 선거이다. 선거결과 당선인이 없거나, 당선인이 임기개시 전에 사퇴 · 사망하거나, 피선거권이 없게 된 때, 또는 법원으로부터 당선무효의 판결이 있을 경우에도 치러진다.

반면 '보궐선거'는 선거에 의해 선출된 의원 등이 임기 중 사퇴, 사망, 실형 선고 등으로 인해 그 직위를 잃어 공석 상태가 되는 경우가 있는데, 이를 궐위(闕位)라고 한다. 보궐 선거는 궐위를 메우기 위해 치러지며, 재선거와는 달리 법원으로부터의 당선무효 판결이 없이 의원이 사퇴한 경우가 이에 해당한다.

공직선거법 상의 보궐선거는 동법 제201조(보궐선거 등에 관한 특례) 제1항[158]의 규정에 의하여 그 선거에 의하여 당선되는 의원 또는 지방자치단체장의 잔여임기가 1년 미만인 때에는 이를 실시하지 아니할 수 있으며, 구 · 시 · 군의회 의원선거의 경우 당해 선거구에서 선출된 의원의 4분의 1 이상이 결원되지 아니한 때에는 이를 실시하지 아니 할 수 있다.

(9) 선거 시 직무대행

법 제48조(의장 · 부의장의 선거와 임기)제1항, 제52조(임시의장) 또는 제53조(보궐선거)제1항에 따라 의장 · 부의장을 새로 선출할 때나 임시의장을 선출할 때 또는 보궐선거를 실시할 때는 사회를 맡을 의장직무대행을 지정한다. 의장 등 선거에 있어서의 의장의 직무는 출석의원 중 최다선의원이, 최다선의원이 2인 이상인 경우에는 그중 연장자가 대행한다. 어느 경우에도 의장이 회의를 주재할 수 있는 상황이거나 의장의 직무를 대리할 자가 미리 정하여져 있는 경우에는 의장직무대행이 필요치 않다.

158) 공직선거법 제201조(보궐선거 등에 관한 특례) ① 보궐선거 등(대통령선거 · 비례대표국회의원선거 및 비례대표지방의회의원선거를 제외한다. 이하 이 항에서 같다)은 그 선거일부터 임기만료일까지의 기간이 1년 미만이거나, 지방의회의 의원정수의 4분의 1 이상이 궐원(임기만료일까지의 기간이 1년 이상인 때에 재선거 · 연기된 선거 또는 재투표사유로 인한 경우를 제외한다)되지 아니한 경우에는 실시하지 아니할 수 있다. 이 경우 지방의회의 의원정수의 4분의 1 이상이 궐원되어 보궐선거 등을 실시하는 때에는 그 궐원된 의원 전원에 대하여 실시하여야 한다.

> **법 제54조(의장 등을 선거할 때의 의장 직무 대행)** 제48조제1항, 제52조 또는 제53조제1항에 따른 선거(이하 이 조에서 "의장 등의 선거"라 한다)를 실시하는 경우에 의장의 직무를 수행할 자가 없으면 출석의원 중 최다선의원이, 최다선의원이 2명 이상인 경우에는 그 중 연장자가 그 직무를 대행한다. 이 경우 직무를 대행하는 의원이 정당한 사유 없이 의장 등의 선거를 실시할 직무를 이행하지 아니할 때에는 다음 순위의 의원이 그 직무를 대행한다.

여기에서 최다선 의원 또는 최다선 의원 중 연장자라 함은 재적의원 중의 최다선 의원 또는 최다선의원 중 연장자가 아니고, 출석의원 중의 최다선의원 또는 그 최다선의원 중 연장자를 말한다. 따라서 최다선의원 주재 아래 선거를 위한 회의가 진행 중에 있을 때, 보다 더 다선인 의원이 회의장에 들어온 때는 지금까지의 최다선의원은 곧 정회를 선포하고 새로운 최다선의원과 교체하여야 한다.

의장의 직무를 대행하는 경우는 두 가지 경우, 즉 임시의장 또는 출석의원 중 최다선의원에 의한 경우만 규정하고 있다. 임시의장은 의장과 부의장에게 모두 사고가 있을 때 의장의 직무를 대행하며, 출석의원 중 최다선의원은 총선거 후 최초로 집회되는 임시회에서 의장·부의장을 선거할 때, 의장과 부의장이 모두 사고가 있어서 임시의장을 선출할 때 또는 의장·부의장이 궐위되어 보궐선거를 실시할 때 의장의 직무를 대행한다.

여기에서 말하는 '궐위'란 의장·부의장·상임위원장 등으로 선출된 자가 사망·파면·해임·판결에 의한 피선자격 상실 등의 사유로 인하여 장래에 대하여 계속하여 그 직책을 수행할 수 없게 된 상태를 말하며, 국회 또는 지방의회와 같이 회의체의 구성원이 사망, 사직, 제명, 피선거권박탈 등으로 인한 퇴직 등의 사유가 발생하여 그 직무를 수행할 수 없는 상태는 '궐원'이라 한다.

(10) 의장불신임

우리나라 지방의회에는 지방의원이 지방의회의장이나 부의장에 대하여 갖는 견제권 내지 통제권으로서 의장 또는 부의장에 대한 불신임의결권을 인정하고 있다.[159] 즉, 일정한 사유가 있는 경우에 불신임의결로 의장 또는 부의장을 그 임기만료 전에 그 직을 상실하게 할 수 있다. 본조에서는 의장 및 부의장에 대한 불신임 요건으로서 법령을 위반하거나 정당한 이유 없이 직무를 수행하지 아니하는 때로 한정하고 있다.

> **법 제55조(의장불신임의 의결)** ① 지방의회의 의장이나 부의장이 법령을 위반하거나 정당한 사유 없이 직무를 수행하지 아니하면 지방의회는 불신임을 의결할 수 있다.
>
> ② 제1항의 불신임의결은 재적의원 4분의 1 이상의 발의와 재적의원 과반수의 찬성으로 행한다.
>
> ③ 제2항의 불신임의결이 있으면 의장이나 부의장은 그 직에서 해임된다.

그러나 이와 같은 요건은 엄격히 해석할 것은 아니다. 왜냐하면 의장이나 부의장에 대한 불신임의결은 의회의 정치적인 결정에 속하기 때문이다. 따라서 의장이 지나치게 무능하다든가 독단적인 회의진행 · 품위 · 지지기반의 상실 등도 불신임의 사유가 될 수 있다고 보아야 한다.

때문에 불신임의결에 대한 사법적 통제도 형식적 요건인 절차상의 하자에 국한되고 실제로 위법한 행위를 했는지, 직무수행을 태만히 했는지에는 미치지 않는다고 본다. 의결요건은 재적의원 4분의 1 이상의 발의와 재적의원 과반수의 찬성으로 규정함으로써 엄격히 제한하고 있다. 이때 불신임 의결의 대상이 된 의장 또는 부의장은 법 제70조(의장이나 의원의 제척)의 규정에 따라 불신임의결을 위한 의사에는 참여할 수 없다.

불신임의결이 되면 그때부터 의장이나 부의장직에서 해임된다. 불신임의결이 있는 때에는 영 제55조(불신임 의결의 통고 등)[160]에 따라 지체 없이 지방자치단체의장에게 보고해야 하며, 지방자치단체의 장은 행정안전부 장관(시 · 도의 경우)이나 시 · 도지사

159) 지방의회를 대표하고 의사를 정리하며 회의장 내의 질서를 유지하고 의회의 사무를 감독하며 위원회에 출석하여 발언할 수 있는 등의 직무권한을 가지는 지방의회 의장에 대한 불신임의결은 의장으로서의 권한을 박탈하는 행정처분의 일종으로서 항고소송의 대상이 된다. (대법원 1994.10.11. 자 94두23)

160) 지방자치법 시행령 제55조(불신임 의결의 통고 등) 지방의회는 법 제55조에 따라 의장이나 부의장에 대한 불신임 의결이 있으면 해당 지방자치단체의 장에게 그 내용을 지체 없이 통고하여야 하며, 그 통고를 받은 지방자치단체의 장은 시 · 도의 경우에는 행정안전부장관에게, 시 · 군 및 자치구의 경우에는 시 · 도지사에게 그 내용을 지체 없이 보고하여야 한다.

(시 · 군 · 자치구의 경우)에게 보고하여야 한다.

이와 관련하여 명문규정이 없는 상임위원장의 경우 불신임의결이 가능한지 문제가 된다. 현행 지방자치법상 의장 또는 부의장이 법령을 위반하거나 정당한 이유 없이 직무를 수행하지 아니한 때에는 재적의원 4분의 1 이상의 발의와 재적의원 과반수의 찬성으로 불신임의결을 할 수 있도록 규정하고 있으나, 상임위원장에 대한 불신임 의결에 대해서는 특별히 규정한 조항이 없고 다만, 각급 조례에서 상임위원장은 의장선거의 예에 준하여 본회의에서 선거하도록 되어 있어 상임위원장에 대한 불신임의결의 가능여부가 문제된다.

상임위원장에 대한 불신임의결은 의원신분상 이해관계에 관한 사항으로서 불신임사유와 절차에 관한 명문규정이 없는 상황에서 이를 인정할 경우 이의 남용이 우려되는 측면도 없지 않으나, 현행 지방자치법 규정상 의장·부의장에 대한 불신임 의결이 가능하고 지방의회는 내부운영사항 결정에 대한 자율권을 갖고 있을 뿐 아니라, 상임위원장이 법령을 위반하거나 정당한 이유 없이 직무를 소홀히 할 경우 이를 방치하는 것은 원활한 위원회운영을 저해하여 심히 불합리한 결과를 초래한다는 현실적 측면을 고려할 때 상임위원장을 선출한 지방의회의 본회의에서 상임위원장에 대한 불신임의결이 가능하다고 판단된다. 이 경우 상임위원장 불신임의결절차에 대해서 지방자치법상 특별한 규정을 두고 있지 않고 또 상임위원장 선임이나 임기는 조례사항임을 감안할 때 조례를 개폐할 수 있는 의안발의 및 의결정족수를 충족시키는 법 제63조(의사정족수) 및 제64조(의결정족수)의 규정에 따른 재적의원 5분의 1 이상 또는 의원 10인 이상의 발의와 재적의원 과반수 출석 및 출석의원 과반수 찬성의결이 있으면 가능할 것으로 판단된다.[161)]

161) 행자부 질의회신 2010.2.1.

3) 위원회

(1) 의의

지방의회는 자기의 책임에 따라 조례로서 안건의 효율적 심사를 위하여 위원회를 설치할 수 있도록 하고 있다.

> **법 제56조(위원회의 설치)** ① 지방의회는 조례로 정하는 바에 따라 위원회를 둘 수 있다.
> ② 위원회의 종류는 소관 의안과 청원 등을 심사 · 처리하는 상임위원회와 특정한 안건을 일시적으로 심사 · 처리하기 위한 특별위원회 두 가지로 한다.
> ③ 위원회의 위원은 본회의에서 선임한다.
>
> **법 제58조(위원회의 권한)** 위원회는 그 소관에 속하는 의안과 청원 등 또는 지방의회가 위임한 특정한 안건을 심사한다.

지방의회는 회의체로써 최종의사결정은 본회의에서 이루어지는 것이 원칙이나, 현대국가의 기능이 확대되고 복잡 다양화됨에 따라 지방의회의 기능도 광범위한 영역을 걸치게 되었다. 이에 모든 의원이 광범위한 영역 전반에 대해서 구체적으로 심의하는 것이 어렵기 때문에 지방의회는 의원의 전문성을 제고하고 안건의 심도 깊은 심사를 위하여 각 분야에서 높은 식견과 풍부한 경험을 갖춘 의원을 상임위원으로 선임하여 구성하는 상임위원회중심주의 형태를 취하고 있다.

(2) 위원회의 종류

지방의회는 각 자치단체의 특성을 살려 조례로써 소관 의안과 청원 등을 심사 · 처리하는 상임위원회와 특정한 안건을 일시적으로 심사 · 처리하기 위한 특별위원회의 2종으로 한정하여 설치 운영할 수 있도록 하고 있다. 즉 지방의회가 설치할 수 있는 위원회의 종류를 두 가지로 한정하고 있는바 국회에서와 같은 전원위원회(全員委員會)의 설치는 현행 법제하에서는 불가능하며 법개정이 필요한 사항이다.

(3) 상임위원회 소관과 임기

상임위원회는 구체적인 안건의 심사를 위하여 그때마다 설치되는 것이 아니고 안건의 유무에 불구하고 미리 상설로 설치하여 의안이 제출되고 청원 등이 접수되면, 그 소관사항에 따라서 해당 상임위원회에 회부하여 심사하게 하며 대부분의 의회는 위원장은 상임위원 중에서 선출하고 임기는 의장단과 맞추어 2년으로 하고 있다.

(4) 특별위원회 설치

특별위원회는 수개의 소관사항과 관련되거나 특히 필요하다고 인정한 안건을 효율적으로 심사하기 위하여 본회의 의결로써 설치되며 활동기간이 끝나기 전까지 활동결과 보고서를 본회의에 제출하여야 한다. 특별위원회는 일시적 한시적으로 설치되는 것이므로 구성결의 시 활동기간과 위원수를 명시하여 의결하고 위원도 본회의에서 선임하도록 하고 있다.

특별위원회의 수는 조례로써 제한하고 있으며, 연장안도 본회의 의결로써 가능한바 전체 활동기간에 대한 제한은 없는 것이 현실이다.

특별위원회와 관련하여 특별위원회가 구성될 때 구성결의안에 소관사항이나 심사안건을 명기하는 것이 보통이지만, 그 표현이 불명확하여 법안 기타 다른 안건을 심사할 수 있는지의 여부가 문제되는 경우가 종종 발생하는 바, 특별위원회구성결의안에서 명시적으로 법안심사권이나 기타 안건의 심사권을 부여하지 아니하는 경우에는 그 심사권 내지 제안권은 제한된다고 보아야 할 것이다[162].

즉 특별위원회의 심사대상을 확대해석할 경우 상임위원회의 활동을 사실상 유명무실하게 할 우려가 있으므로, 특별위원회가 안건을 심사하기 위해서는 구성결의안을 제안할 때 그 소관사항이나 심사대상안건을 명확하게 명시할 필요성이 있다.

(5) 윤리특별위원회

지방의원의 윤리심사 및 징계에 관한 사항을 심사하기 위하여 윤리특별위원회를 둘

162) 국회법해설, 국회사무처, 2011

수 있도록 하고 있다. 이는 지방의원의 윤리의식을 제고하기 위하여 설치되는 것으로 윤리특별위원회는 특별위원회의 일종이므로 설치 목적이 달성된 때에는 해체되는 것이 바람직하다. 그러나 많은 의회에서 국회와 마찬가지로 이를 상설화하는 경향이 있는데 이는 한시적 · 임시적 성격의 특별위원회 취지에 맞지 않은 운영이다.

> **법 제57조(윤리특별위원회)** 의원의 윤리심사 및 징계에 관한 사항을 심사하기 위하여 윤리특별위원회를 둘 수 있다.

지방의회 윤리특별위원회는 의원의 윤리심사와 징계에 관한 사항이 발생하였을 때 다른 특별위원회가 아닌 윤리특별위원회를 두어 심사하도록 하고 있으며, 징계에 관하여 필요한 부분은 회의규칙으로 정하도록 규정하고 있다.

(6) 전문위원

전문위원이란 위원회에 두는 의원 아닌 전문지식을 가진 위원을 말하는 것으로, 전문위원은 해당분야의 전문지식을 가진 자로서 위원회의 입법활동을 전문가적 입장에서 보좌하는 것을 본질적인 기능으로 한다.

> **법 제59조(전문위원)** ① 위원회에는 위원장과 위원의 자치입법활동을 지원하기 위하여 의원이 아닌 전문지식을 가진 위원(이하 "전문위원"이라 한다)을 둔다.
> ② 전문위원은 위원회에서 의안과 청원 등의 심사, 행정사무감사 및 조사, 그 밖의 소관 사항과 관련하여 검토보고 및 관련 자료의 수집 · 조사 · 연구를 한다.
> ③ 위원회에 두는 전문위원의 직급과 정수 등에 관하여 필요한 사항은 대통령령으로 정한다.

전문위원은 위원회에서 의안과 청원 등의 심사, 행정사무감사 및 조사, 그 밖의 소관 사항과 관련하여 검토보고 및 관련 자료의 수집 · 조사 · 연구를 하며, 사무를 처리할 때에는 소속 위원장의 지휘를 받고 그 외의 일반적인 사무에 대해서는 의회사무처장의 지휘와 감독을 받는다.

위원회에 두는 전문위원의 직급과 정수는 지방자치단체 행정기구 및 정원에 관한 규정에 정하고 있어 실제 지방의회의 상임위원회 수를 제한받고 있다.

(7) 방청 등

위원회의 회의는 지방자치법 제65조에 따라 공개해야 하여야 하나[163], 위원회 회의장의 제약 및 질서유지를 위하여 위원장의 허가를 받은 자만이 방청할 수 있도록 하고 있다.

> **법 제60조(위원회에서의 방청 등)** ① 위원회에서는 해당 지방의회의원이 아닌 자는 위원장의 허가를 받아 방청할 수 있다.
> ② 위원장은 질서를 유지하기 위하여 필요할 때에는 방청인의 퇴장을 명할 수 있다.

위원장은 질서유지를 위하여 필요한 때에는 방청인의 퇴장을 명할 수 있는데, 이런 경우의 자세한 절차는 각 지방의회에서 내부규정으로 정하고 있다. 이처럼 질서를 유지하기 위하여 방청인을 퇴장시키는 것은 비공개회의를 하기 위한 방청인 퇴장조치와는 그 성질이 달리하며, 일단 퇴장한 방청인이 다시 방청을 신청한 때에는 위원장은 다시 허가여부를 결정하여야 한다.

(8) 위원회의 개회

지방의회가 안건심의 기타 의사와 관련한 활동을 할 수 있는 기간은 회기 중이므로 원칙적으로 위원회의 활동도 회기 중에 할 수 있다. 그러나 폐회 중에도 긴급한 사안이나 주요 안에 관한 심사 등 위원회활동을 할 필요가 있기 때문에 회기에 관계없이 위원회를 개회할 수 있도록 하고 있다.

---

163) 국회법에 규정되어 있는 회의 공개에 관하여 헌법재판소는 위원장이 아무 기준이나 제한 없이 임의로 방청불허를 결정할 수 있는 것이 아니라 불가피한 경우 필요한 경우에 한하여 방청을 불허할 수 있는 것으로 제한적으로 풀이되며, 위 조항은 국민의 방청의 자유와 위원회의 원활한 운영간의 적절한 조화를 꾀하고 있다고 할 것이므로 국민의 기본권을 침해하는 위헌조항이라 할 수 없다고 판시한 바 있다.(헌법재판소 2000.6.29, 98헌마443)

법 제61조(위원회의 개회) ① 위원회는 본회의의 의결이 있거나 의장 또는 위원장이 필요하다고 인정할 때, 재적위원 3분의 1 이상의 요구가 있는 때에 개회한다.

② 폐회 중에는 지방자치단체의 장도 의장 또는 위원장에게 이유서를 붙여 위원회의 개회를 요구할 수 있다.

위원회는 본회의의 의결이 있거나 의장 또는 위원장이 필요하다고 인정할 때, 그리고 재적위원 3분의 1 이상의 요구가 있을 때 개회한다. 그리고 폐회 중에는 지방자치단체의 장도 의장 또는 위원장에게 이유서를 붙여 위원회의 개회를 요구할 수 있도록 하고 있다.

(9) 위원회 규정

위원회의 운영에 관해서는 지방의회의 자율성을 존중하여 조례로 정하도록 하고 있는 바 위원회의 명칭, 위원정수, 위원의 임기와 선임, 상임위원회별 소관, 상임위원장과 회의운영방법 등으로 구성되는 것이 일반적이다.

법 제62조(위원회에 관한 조례) 위원회에 관하여 이 법에서 정한 것 외에 필요한 사항은 조례로 정한다.

위원회에는 상임위원회와 특별위원회를 모두 포함하므로 특별위원회 운영방법에 대해서도 같은 조례에 정하는 것이 바람직하다.

4) 회의운영

(1) 의사정족수(議事定足數)

의사정족수란 의회가 회의를 열어 의안을 심의하고 회의를 유지하기 위하여 필요한 최소한의 출석의원의 법정수를 의미하는 것으로 개의의 요건이자 회의 계속의 요건을 뜻한다. 즉 회의를 열기위하여 필요한 최소한의 의원수를 말하는 것으로 회의도중 의원의 숫자가 3분의 1 이상이 되지 못하면 의장은 회의를 중지하거나 산회하여야 한다.

법 제63조(의사정족수) ① 지방의회는 재적의원 3분의 1 이상의 출석으로 개의(開議)한다.
② 회의 중 제1항의 정족수에 미치지 못할 때에는 의장은 회의를 중지하거나 산회(散會)를 선포한다.

지방의회는 의사정족수에 미달하지 못한 채 개의를 한다든지 회의를 계속하는 것은 위법이며 그를 통하여 심의된 안건은 절차상의 하자를 갖게 된다. 의사정족수는 의결정족수와는 달리 가중되지 않으며 의사정족수는 성립하나 의결정족수가 되지 않는 경우 의결은 못하나 토의나 질의 답변은 가능하다.

의사정족수와 관련하여 행정사무감사는 회의가 아니므로 의사정족수의 규정은 적용되지 않으며 1인의 의원으로도 실시할 수 있다. 다만 행정사무감사 결과보고서를 채택하는 것은 의결사항이므로 이런 경우는 의결정족수가 요구되는 것이다.

정족수의 기준이 되는 재적의원은 해당 지방의회의원으로서 신분을 가지고 있는 전체 의원의 수를 말하는 것으로 구금(拘禁)이나 기타 사유로 의사에 참여할 수 없는 경우도 포함된다.

참고로 유회(流會)란 개의 예정시각으로부터 일정시간이 지나도 의사정족수를 달하지 아니하거나 회의를 중지한 후 사정으로 인하여 속개를 할 수 없어 당일의 회의를 열지 못하는 것을 말한다. 그리고 회의의 중지란 정회(停會)라고도 하며 회의를 일시 정지하는 것이며, 산회(散會)는 그날의 회의를 마치는 것을 말한다. 자정이 되어도 의사가 끝나지 아니한 때에는 일단 본회의를 산회하고 다음날 영시 이후에 차수를 변경하여 다음 회의를 개의하여야 한다.

(2) 의결정족수와 표결의 선포

① 의결정족수

표결이란 안건에 대한 회의체의 의사를 결정하는 방법으로 의장의 표결 요구에 따라 출석의원이 의제에 대하여 찬성과 반대의 의사를 일정한 표결방법에 따라 표명한 후 그 수를 집계하는 것을 말하며, 의결정족수란 회의체에서 안건을 의결하는데 있어서 필요한 최소한의 출석인원수를 말한다. 지방의회는 지방자치법에 특별한 규정이 없는 한 재적의원 과반수의 출석과 출석의원 과반수의 찬성으로 의결하며 의장도 표결권을 가지며 가부동수인 때에는 부결된 것으로 본다.

> **법 제64조(의결정족수)** ① 의결 사항은 이 법에 특별히 규정된 경우 외에는 재적의원 과반수의 출석과 출석의원 과반수의 찬성으로 의결한다.
> ② 의장은 의결에서 표결권을 가지며, 찬성과 반대가 같으면 부결된 것으로 본다.

의결정족수는 일반정족수와 특별정족수로 구별되는 바 일반정족수는 법률에 특별한 규정이 없는 통상의 의결에 필요한 의결정족수로 재적의원 과반수의 출석과 출석의원 과반수의 찬성으로 의결하며 가부동수인 경우에는 부결된 것으로 본다.

특별정족수는 지방자치법 제64조 규정과는 다른 정족수를 정한 것으로 법률에 의하여 특별히 가중된 의결정족수를 뜻한다. 예를 들어 조례안이 재의요구된 경우 재적의원 과반수의 출석과 출석의원 2/3 이상의 찬성을 요한다든지, 의원의 징계에서 제명을 하려면 재적의원 2/3 이상의 찬성을 요하는 것 등이다.

만약 회의를 하다가 의결정족수에 달하지 못할 때에는 표결을 일시 보류하며 다른 안건을 심의하거나, 회의의 중지를 선포하여 정족수가 달하는 것을 기다려서 속개하여 표결하거나 등의 조치를 취할 수 있다. 또한 의결정족수가 충족될 가능성이 없을 때에는 산회를 선포하기도 하고 의장이 표결선포에 따라 표결을 실시하였으나 재석의원수가 의결정족수에 달하지 못한 경우에는 의장은 해당 안건에 대한 투표가 성립되지 않았음을 선포할 수 있다.

의결정족수

의결정족수	사 안	관계조문
재적의원 과반수 찬성	사무소 소재지의 변경 · 신설에 관한 조례	제6조제2항
	의장단의 불신임의결 (재적의원 4분의 1 이상 동의에 의한 발의)	제55조제2항

<table>
<tr><td rowspan="4">출석의원
3분의 2
이상 찬성</td><td>조례안의 재의결(재적의원 과반수 출석)</td><td>제26조제2항</td></tr>
<tr><td>재의요구에 대한 재의결
(재적의원 과반수 출석)</td><td>제107조제2항
제172조제2항</td></tr>
<tr><td>예산상 집행 불가능한 의결의 재의결
(재적의원 과반수 출석)</td><td>제108조제3항</td></tr>
<tr><td>회의의 비공개결정(의원 3인 이상 발의)</td><td>제65조</td></tr>
<tr><td rowspan="2">재적의원
3분의 2
이상 찬성</td><td>의원의 자격상실 의결
(재적의원 4분의 1 이상 연서로 청구)</td><td>제80조</td></tr>
<tr><td>의원의 제명 의결</td><td>제88조</td></tr>
</table>

② 표결의 선포

안건을 의결하기 위해서는 의장이 표결할 안건의 제목을 선포하여야 하며 표결이 선포된 때에는 누구든지 그 안건에 대하여 발언할 수 없다.

> **법 제64조의2(표결의 선포 등)** ① 지방의회에서 표결할 때에는 의장이 표결할 안건의 제목을 의장석에서 선포하여야 하고, 의장이 표결을 선포한 때에는 누구든지 그 안건에 관하여 발언할 수 없다.
>
> ② 표결이 끝났을 때에는 의장은 그 결과를 의장석에서 선포하여야 한다.

의장의 표결선포 및 표결결과의 선포는 의장석에서 하여야 하며 이는 비정상적인 절차에 의한 안건의 처리를 방지하여 지방의회의 위상을 제고하고 주민의 신뢰를 향상시키고자 하는데 그 의의가 있다.

의장이 표결을 선포한 때에는 누구든지 그 안건에 대하여 발언할 수 없다고 해석되는 바, 이는 당해 안건에 대하여 발언을 하게 되면 표결에 영향을 줄 수 있을 뿐만 아니라 능률적인 의사진행을 저해할 수 있기 때문이다.

(3) 회의의 공개

지방의회에서 진행되는 모든 회의과정 즉 의사(議事)는 일반 국민에게 공개되어야 한다. 회의가 공개되어야 하는 이유는 의회의 정책결정이 국민에 의해서 평가되어야 하므로 그 정책결정과정이 공개되어 투명성이 확보되어야 하기 때문이다.

법 제65조(회의의 공개 등) ① 지방의회의 회의는 공개한다. 다만, 의원 3명 이상이 발의하고 출석의원 3분의 2 이상이 찬성한 경우 또는 의장이 사회의 안녕질서 유지를 위하여 필요하다고 인정하는 경우에는 공개하지 아니할 수 있다.

② 의장은 공개된 회의의 방청허가를 받은 장애인에게 정당한 편의를 제공하여야 한다

회의공개의 내용에는 방청의 자유, 보도의 자유와 회의록의 공표 등을 모두 포함한다고 보여진다.

그러나 의원 3인 이상이 발의하여 출석의원 3분의2 이상이 비공개를 찬성한 경우와 의장이 사회의 안녕질서 유지를 위하여 필요하다고 인정하는 경우는 회의를 공개하지 않을 수 있다.

5) 안건의 처리

(1) 의안의 발의

의안(議案)이란 지방의회의 의결을 필요로 하는 안건 중에서 특별한 형식적 절차적 요건을 갖추어 의회에 제출된 것을 말하며 의원이 의안을 낼 때는 '발의', 지방자치단체의 장이 의안을 낼 때는 '제출', 위원회가 의안을 낼 때는 '제안'이라는 용어를 사용하여 구별한다.

법 제66조(의안의 발의) ① 지방의회에서 의결할 의안은 지방자치단체의 장이나 재적의원 5분의 1 이상 또는 의원 10명 이상의 연서로 발의한다.

② 위원회는 그 직무에 속하는 사항에 관하여 의안을 제출할 수 있다.

③ 제1항 및 제2항의 의안은 그 안을 갖추어 의장에게 제출하여야 한다.

④ 제1항에 따라 의원이 조례안을 발의하는 때에는 발의의원과 찬성의원을 구분하되, 해당 조례안의 제명의 부제로 발의의원의 성명을 기재하여야 한다. 다만, 발의의원이 2명 이상인 경우에는 대표발의의원 1명을 명시하여야 한다.

⑤ 의원이 발의한 제정조례안 또는 전부개정조례안 중 의회에서 의결된 조례안을 공표 또는 홍보하는 경우에는 해당 조례안의 부제를 함께 표기할 수 있다

의안의 발의권자는 ① 지방자치단체의 장으로 의안 중 지방자치단체의 장의 전속적인 권한과 예산안, 결산안의 발의, 선결처분의 승인 발의 등은 지방자치단체의 장만이 발의 할 수 있다. ② 의원 10인 이상의 발의를 요하게 한 것은 의사의 능률적인 운영을 위하여 일정수의 지지를 얻을 수 없는 의안은 심의의 대상으로 하지 않는다는 취지이며 최소한의 발의자를 포함하여 10인이 확보되어야 하는 것을 의미하므로 찬성자가 따로 10인 이상이 있어야 한다는 의미는 아니다. 또한 의회 내부적 자율권에 속하는 사항인 경우 지방의회의원만이 발의할 수 있다. ③ 위원회는 그 소관에 속하는 사항에 관하여 의안을 제출 할 수 있다.

2011년 지방자치법 개정으로 의원의 입법활동을 활성화하고 책임성을 제고시키기 위하여 국회법을 벤치마킹하여 의안실명제를 도입하여 의원이 조례안을 발의하는 경우 발의의원과 찬성의원으로 구분하되 당해 조례안에 대하여 제명의 부제로 대표발의의원의 성명을 기재하도록 하였다.

(2) 조례안의 예고

지방의회는 심사에 앞서 그 내용을 시민들에게 예고하여 이해관계인으로부터 의견을 제출받아 이를 반영하기 위하여 조례안을 공보나 인터넷 홈페이지에 게재하는 방법으로 예고할 수 있으며 이에 대해 필요한 사항은 회의규칙으로 정한다.

> **법 제66조의2(조례안예고)** ① 지방의회는 심사대상인 조례안에 대하여 5일 이상의 기간을 정하여 그 취지, 주요 내용, 전문을 공보나 인터넷 홈페이지 등에 게재하는 방법으로 예고할 수 있다.
> ② 조례안예고의 방법, 절차, 그 밖에 필요한 사항은 회의규칙으로 정한다.

지방자치단체장이 발의한 경우는 입법예고를 거치지만 의원발의의 경우 여론수렴이 미흡한 채 의결되는 경우가 종종 있었다. 이에 시민들의 참여기회를 보다 확대할 필요성이 제기되어 이를 규정하게 되었다. 따라서 입법예고 대상 조례안은 주로 의원발의조례안으로 예상되지만 집행부제출안이라도 필요한 경우 입법예고를 할 수 있으며 방법,

절차, 그 밖에 필요한 사항은 회의규칙으로 정하도록 하고 있다.

(3) 비용추계 자료 등의 제출

지방의회에서 예산 또는 기금상의 조치가 수반되는 법률안을 심의할 경우 소요예산의 규모 및 재정부담의 정도는 중요한 참고자료로 활용된다. 따라서 과도한 재정부담을 초래하는 의안이 남발되는 것을 제한하기 위해 2011년 지방자치단체의 장이 예산상 또는 기금상의 조치를 수반하는 의안을 발의할 경우에는 비용추계서와 재원조달방안에 관한 자료를 첨부하도록 하였다. 그리고 그에 따른 세부적인 절차와 필요한 사항은 해당 지방자치단체의 조례로 정하도록 하고 있어 각 지방자치단체는 의안의 비용추계에 관한 조례를 제정하여 운영하고 있다.[164] 이에 따라 서울시의 경우는 기준을 정하여 예상되는 비용이 연평균 5억 원 미만이거나 한시적인 경비로서 총 10억 원 미만인 경우에는 비용추계서를 첨부하지 않도록 하고 있어 실효성에 의문을 야기하고 있다.

> **법 제66조의3(의안에 대한 비용추계 자료 등의 제출)** ① 지방자치단체의 장이 예산상 또는 기금상의 조치를 수반하는 의안을 발의할 경우에는 그 의안의 시행에 수반될 것으로 예상되는 비용에 대한 추계서와 이에 상응하는 재원조달방안에 관한 자료를 의안에 첨부하여야 한다.
>
> ② 제1항에 따른 비용에 대한 추계 및 재원조달방안에 대한 자료의 작성 및 제출절차 등에 관하여 필요한 사항은 해당 지방자치단체의 조례로 정한다.

(4) 회기계속의 원칙

의회에 제출된 안건이 회기 중에 의결되지 못한 이유로 폐기되지 아니하고 다음 회기에 계속하여 심의할 수 있다. 이를 회기계속의 원칙이라 한다. 다만 지방의회의원의

164) 서울특별시 의안의 비용 추계에 관한 조례 제3조(비용추계서의 제출 범위) ① 의원·위원회·시장·교육감이 비용을 수반하는 의안을 발의·제안 또는 제출하는 경우에는 비용추계서를 첨부하여야 한다. 다만, 의안이 다음 각 호의 어느 하나에 해당하는 경우에는 그러하지 아니하다.
1. 예상되는 비용이 연평균 5억 원 미만이거나 한시적인 경비로서 총 10억원 미만인 경우
2. 의안의 내용이 선언적·권고적인 형식으로 규정되는 등 기술적으로 추계가 어려운 경우

임기가 만료되는 경우에는 미의결된 안건은 폐기된다.

> **제67조(회기계속의 원칙)** 지방의회에 제출된 의안은 회기 중에 의결되지 못한 것 때문에 폐기되지 아니한다. 다만, 지방의회의원의 임기가 끝나는 경우에는 그러하지 아니하다

여기서 폐기란 지방의회에 접수된 안건이 임기만료로 인하여 의결되지 못하고 소멸되는 경우를 의미한다.

(5) 일사부재의(一事不再議)의 원칙

안건이 한번 지방의회에서 부결되면 같은 회기 중에는 다시 동일안건에 대하여 발의 또는 제출하지 못하는 것을 일사부재의의 원칙이라 한다. 이 원칙은 의사의 단일화 및 회의의 능률적인 운영 등을 위하여 중요한 의의를 가진다.

> **법 제68조(일사부재의의 원칙)** 지방의회에서 부결된 의안은 같은 회기 중에 다시 발의하거나 제출할 수 없다.

의결에는 부결과 가결이 있으며 본 조항은 부결된 경우에 적용되며 폐기된 경우도 포함한다. 다만 이 원칙은 동일회기 중에 한하여 적용되므로 회기가 다를 때에는 이전 회기에서 한번 부결된 것과 동일한 문제에 대하여도 다시 발의 또는 제출 할 수 있다.

이와 관련하여 동일안건이란 안건의 종류나 안건명이 같다는 것이 아니라 안건의 내용이 같다는 것을 말한다. 그러나 의안이 전에 의결된 문제와 실질적으로 똑같은 내용을 포함하고 있더라도 그 이유와 목적을 달성하는 방법 등을 달리할 때에는 반드시 똑같은 문제라고 할 수 없다.

(6) 위원회에서 폐기된 의안

위원회에서 의안을 심사할 때 가결 또는 부결 즉 본회의에 부의하지 않기로 결정하는 형태로 의결되는데 위원회에서 부결된 의안이나 본회의에 부의할 필요가 없다고 결정된 의안은 본회의에 부의하지 아니하고 폐기된다. 그러나 이러한 의안도 본회의에 보

고된 날부터 7일 이내에 의장이나 재적의원 3분의 1 이상의 요구가 있으면 본회의에 부의하여야 한다. 이것은 위원회의 의사결정에 하자가 있는 경우 이를 시정하기 위한 제도적 장치이다.

> **법 제69조(위원회에서 폐기된 의안)** ① 위원회에서 본회의에 부칠 필요가 없다고 결정된 의안은 본회의에 부칠 수 없다. 다만, 위원회의 결정이 본회의에 보고된 날부터 폐회나 휴회 중의 기간을 제외한 7일 이내에 의장이나 재적의원 3분의 1 이상이 요구하면 그 의안을 본 회의에 부쳐야 한다.
> ② 제1항 단서의 요구가 없으면 그 의안은 폐기된다.

여기서 위원회의 결정이 본회의에 보고된 날부터 폐회나 휴회 중의 기간을 제외한 7일 이내란 본회의가 열린 상태를 기준으로 하며 본회의에 보고된 날 +6일 자정까지로 해석된다. 뿐만 아니라 본회의 보고 후 요구하도록 한 것은 해당 의안의 위원회 심사결과에 대하여 모든 의원이 알 수 있도록 하기 위한 것이고 폐회 또는 휴회기간을 제외한 이유는 본회의 부의요구 여부에 대하여 충분한 검토시간을 주기위한 것이다.

6) 회의 운영 등

(1) 제척(除斥)

제척이란 공정하고 깨끗한 행정을 보장하기 위하여 객관적인 의사표시가 어렵다고 판단되어 일정한 요건 하에서 의사에서 배제하는 것을 의미한다.

지방의회 의원은 해당 안건이 본인 · 배우자 · 직계존비속 또는 형제자매와 직접 이해관계가 있을 때 의사에 참여할 수 없다.

> **법 제70조(의장이나 의원의 제척)** 지방의회의 의장이나 의원은 본인 · 배우자 · 직계존비속(直系尊卑屬) 또는 형제자매와 직접 이해관계가 있는 안건에 관하여는 그 의사에 참여할 수 없다. 다만, 의회의 동의가 있으면 의회에 출석하여 발언할 수 있다.

여기서 직계존비속이라 함은 민법의 규정에 따라 의원 본인을 중심으로 존속은 부모 및 조부모 비속은 자녀, 손자녀를 말한다.

또한 의사결정의 전 과정이 모두 제척되는 범위인바 의안의 제안, 토론, 표결 등이 모두 포함되나, 의회의 동의가 있는 경우에는 의회에 출석하여 발언할 수 있다.

(2) 회의규칙

지방의회는 자율권에 근거하여 회의의 운영에 관하여 회의규칙을 정해야 하며, 회의규칙은 지방의회의 의사표시이므로 지방의회 본회의의 의결을 거쳐야 한다.

> **법 제71조(회의규칙)** 지방의회는 회의의 운영에 관하여 이 법에서 정한 것 외에 필요한 사항은 회의규칙으로 정한다.

회의규칙에는 대부분 의회의 회의운영에 필요한 사항인 의장과 부의장의 선거와 임기 및 직무대리, 회의개최, 질서유지, 의안의 심의순서, 회의록의 작성, 징계에 관한 사항 등으로 구성되어 있다. 회의규칙은 지방의회 회의운영에 관한 내부적인 규정이므로 원칙적으로 지방의회 대내적인 효력을 지닌다고 볼 수 있는데, 회의장에 출석한 제3자나 방청인과 감정인 등에는 예외적으로 대외적 효력을 지니며 판례는 재의요구 대상이 된다고 판단한 적이 있다.[165)]

회의규칙과 규칙

<table>
<tr><th colspan="2">구분</th><th>회의규칙</th><th>규칙</th></tr>
<tr><td colspan="2">제정권자</td><td>지방의회</td><td>지방자치단체의 장</td></tr>
<tr><td colspan="2">제정근거</td><td>지방자치법 제71조</td><td>지방자치법 제23조</td></tr>
<tr><td rowspan="3">법적효력</td><td>형식적 효력</td><td>법령의 하위이나 조례와
동일한 효력</td><td>조례보다 하위의 효력</td></tr>
<tr><td>지역적 효력</td><td>의회 내</td><td>원칙적으로 관할구역 내</td></tr>
<tr><td>대인적 효력</td><td>지방의회의원, 사무직원,
기타방청인 · 증인 · 감정인 등
회의장 내 모든 사람</td><td>원칙적으로 당해 지방자치단체의 주민</td></tr>
</table>

165) 대법원 93.2.26. 92추109

제정 · 개정 · 폐지 절차	의원(5분의 1 이상 또는 10인 이상의 연서)발의 → 의결(재적의원 과반수 출석과 출석의원 과반수 찬성) → 발령(의회의장)	방침결정 → 규칙안심사(법무관실) → 조례규칙심의회 심의 → 지방자치단체장 결재 → 사전보고(행안부장관 또는 시 · 도지시) → 공포

(3) 회의록

지방의회는 회의의 진행내용과 결과, 출석의원의 성명 등을 기록하여 후일의 증거자료로 남기고 주민이나 관계인의 열람에 응하기 위하여 회의록을 작성하여야 한다.

법 제72조(회의록) ① 지방의회는 회의록을 작성하고 회의의 진행내용 및 결과와 출석의원의 성명을 적어야 한다.

② 회의록에는 의장과 의회에서 선출한 의원 2명 이상이 서명하여야 한다.

③ 의장은 회의록의 사본을 첨부하여 회의의 결과를 그 지방자치단체의 장에게 통고하여야 한다.

④ 회의록은 의원에게 배부한다. 다만, 비밀로 할 필요가 있다고 의장이 인정하거나 지방의회에서 의결한 사항은 공개하지 아니한다.

회의록의 내용은 속기 또는 녹음으로 기록 보존하여야 하며 의회에서 선출한 2인 이상이 서명하여야 하며, 의장은 회의록의 사본을 첨부하여 회의의 결과를 그 지방자치단체의 장에게 회의가 끝난 날부터 30일 이내에 통고하여야 하며, 회의결과를 통보받은 지방자치단체의 장은 행정안전부장관 또는 시도지사의 요구가 있을 때에는 회의록 사본을 첨부하여 5일 이내에 보고하여야 한다.

회의록은 의원에게 배부하며 회의공개의 원칙에 따라 일반 주민에게 공개되어야 한다. 다만 비밀을 요한다고 의장이 인정하거나 지방의회에서 의결한 사항은 일반에게 공개하지 아니한다.

7) 청원(請願)

(1) 의의

청원이란 주민이 공권력과의 관계에서 발생하는 이해관계 또는 행정에 관하여 자신의 의견이나 희망을 진술하는 것을 말하며, 지방의회에 대한 청원은 청원서를 지방의회에 제출함으로써 행하여진다.

> 법 제73조(청원서의 제출) ① 지방의회에 청원을 하려는 자는 지방의회의원의 소개를 받아 청원서를 제출하여야 한다.
> ② 청원서에는 청원자의 성명(법인인 경우에는 그 명칭과 대표자의 성명) 및 주소를 적고 서명 · 날인하여야 한다.

청원자는 청원서에 자기 성명(법인인 경우에는 그 명칭과 대표자의 성명) 및 주소를 기재하여 서명 날인하여야 하고 당해 지방의회의원의 소개를 얻어야 한다. 즉 소개하는 의원의 의견서를 첨부하여 제출하여야 하며, 청원서가 요건을 갖추지 못한 때에는 의장이 기간을 정하여 이를 보완하도록 요구할 수 있다. 청원기간과 청원인 수에 대해서는 아무런 규정이 없으므로 제한이 없다고 볼 수 있다.

(2) 불수리(不受理)

지방의회는 재판에 간섭하거나 법령에 위배되는 내용의 청원은 수리하지 아니한다. 재판에 간섭한다함은 재판의 진행, 심리, 판결에 영향을 미치는 내용을 의미하며 법령에 위반하는 경우란 청원의 내용이 법률이나 기타 실질적인 의미의 법률(법규명령, 조례, 관습법 등)에 위배되는 경우를 의미한다.

> 법 제74조(청원의 불수리) 재판에 간섭하거나 법령에 위배되는 내용의 청원은 수리하지 아니한다.

청원법은 재판에 간섭하는 것, 국가원수를 모독하는 것을 내용으로 하는 청원을 수리하지 않는다고 규정하고 있으나 지방자치법은 청원법에 대한 특칙이므로 우선적으로 적용되어져야 할 것이다.

(3) 심사 · 처리

지방의회의 의장은 법적요건을 갖춘 청원서를 접수한 때에는 소관위원회에서 일반의안과 동일한 절차를 밟아 처리하며, 이때 '접수'는 수리로 이해하여야 한다.

청원을 소개한 의원은 소관 위원회나 본회의에서 요구가 있으면 출석하여 청원의 취지를 설명하여야 하며, 위원회가 본회의에 부의할 필요가 없다고 결정한 경우 의장에게 이를 보고하여야 하며 지방의회는 그 결과를 청원인에게 문서로써 통지하여야 한다.

> **법 제75조(청원의 심사 · 처리)** ① 지방의회의 의장은 청원서를 접수하면 소관 위원회나 본회의에 회부하여 심사를 하게 한다.
>
> ② 청원을 소개한 의원은 소관 위원회나 본회의가 요구하면 청원의 취지를 설명하여야 한다.
>
> ③ 위원회가 청원을 심사하여 본회의에 부칠 필요가 없다고 결정하면 그 처리결과를 의장에게 보고하고, 의장은 청원한 자에게 알려야 한다.

'청원'과 관련하여 헌법재판소는 "헌법상 보장된 청원권은 공권력과의 관계에서 일어나는 여러 가지 이해관계, 의견, 희망 등에 관하여 적법한 청원을 한 모든 당사자에게 국가기관이 청원을 수리할 뿐만 아니라 이를 심사하여 청원자에게 그 처리결과를 통지할 것을 요구할 수 있는 권리를 말하나, 청원사항의 처리결과에 심판서나 재결서에 준하여 이유를 명시할 것까지를 요구하는 것은 청원권의 보호범위에 포함되지 아니하므로, 청원 소관관서는 청원법이 정하는 절차와 범위 내에서 청원사항을 성실 · 공정 · 신속히 심사하고 청원인에게 그 청원을 어떻게 치리하였거나 처리하려고 하는지를 알 수 있는 정도로 결과통지 함으로써 충분하고, 비록 그 처리내용이 청원인이 기대하는 바에 미치지 않는다고 하더라도 헌법소원의 대상이 되는 공권력의 행사 내지 불행사라고는 볼 수 없다."[166]라고 하였으며 "적법한 청원에 대하여 국가기관이 이를 수리, 심사하여 그 결과를 청원인에게 통보하였다면 이로써 당해 국가기관은 헌법 및 청원법상의 의무

이행을 다한 것이고, 그 통보자체에 의하여 청구인의 권리의무나 법률관계가 직접 무슨 영향을 받는 것도 아니므로, 비록 그 통보내용이 청원인이 기대하는 바에는 미치지 못한다고 하더라도 그러한 통보조치가 헌법소원의 대상이 되는 구체적인 공권력의 행사 내지 불행사라고 볼 수는 없다."[167]라고 의견을 판시한 적이 있다.

(4) 이송과 처리보고

지방의회가 채택한 청원 중에서 그 지방자치단체의 장이 처리하는 것이 타당하다고 인정되는 것은 의견서를 첨부하여 지방자치단체의 장에게 이송하고, 지방자치단체의 장은 청원을 처리한 후 처리결과를 지체 없이 지방의회에 보고하여야 한다.

> **법 제76조(청원의 이송과 처리보고)** ① 지방의회가 채택한 청원으로서 그 지방자치단체의 장이 처리하는 것이 타당하다고 인정되는 청원은 의견서를 첨부하여 지방자치단체의 장에게 이송한다.
>
> ② 지방자치단체의 장은 제1항의 청원을 처리하고 그 처리결과를 지체 없이 지방의회에 보고하여야 한다.

8) 의원의 자격관련

(1) 사직

지방의원에 대한 신분의 변동을 가져오는 경우는 '사임'과 '사직'이라는 두 가지의 경우가 있다.

'사임'은 선거 · 선출 · 임명 등의 선임행위에 의하여 보임된 직책에서 스스로 물러나는 것을 뜻한다. 이에 대하여 '사직'은 헌법 · 법률 기타 법규에 의하여 설정된 직무를 물러나는 것을 뜻한다. 따라서 의장이나 위원장이 그 직을 사임한 때에는 의원직의 수행에는 변동이 없으나, 의원이 의원직을 사직한 때에는 의원신분이 상실된다. 그리고 지방의원의 사직이란 일단 의원의 신분을 취득한 자가 의원의 임기 중에, 자기의 의사에 따라 그 신

166) 헌재 1997. 7. 16. 93헌마239
167) 헌재 2000. 10. 25. 99헌마458

분을 떠나는 것이다. 따라서 의회의 사직허가는 일종의 창설적인 행위이다. 사직의 의사를 의회에 대하여 표시하는 형식은 임의이지만, 의회규칙에 정하고 있을 경우에는 그 절차에 따라야 한다. 의장이 사고 또는 결원일 경우에는 그 직무를 대리하는 부의장에게 표시하면 된다.

한편, 사직의 허가는 개회 중에는 의회가, 폐회 중에는 의장이 행하고, 의회는 허가하기 어렵다는 정당한 이유가 없는 한 이를 인정하여야 한다. 의장이 의장 신분뿐만 아니라 의원직까지 사직하고자 할 때에는 굳이 의장직 사임과 의원직 사임의 이중적 절차를 밟을 것 없이 본조에 의하여 의원직만 사직한다면 의장직은 당연히 소멸된다. 그리고 의장이 폐회 중에 의원직을 사임하려면 부의장의 허가를 받아야 하는 것으로 보아야 할 것인데, 부의장이 없는 경우에는 폐회 중에 의장은 의원직을 사임할 수 없는 것으로 보아야 할 것이다.

법 제77조(의원의 사직) 지방의회는 그 의결로 소속 의원의 사직을 허가할 수 있다. 다만, 폐회 중에는 의장이 허가할 수 있다.

의원이 사직서를 제출하였더라도 본회의 의결 또는 의장이 허가하기 전까지는 사직의 효력이 발생하지 아니하기 때문에 그것을 철회할 수 있다. 사직서의 철회는 일반의 안과는 달리 본회의의 의제(議題)가 된 때에도 본회의의 동의(同意)를 요하지 아니하고 철회의 의사표시가 의장에게 도달되면 철회의 효력은 발생하는 것으로 본다. 그리고 의회는 정당한 이유 없이 사직허가원을 거부할 수 없고, 의원은 허가를 얻지 않는 한 사직할 수 없다.

그러나 공직선거법 제53조(공무원 등의 입후보)제4항[168]에서는 "그 소속기관의 장 또는 소속위원회에 사직원이 접수된 때에는 그 직을 그만 둔 것으로 본다."고 규정하여 지방의원이 당해 지방의원 이외의 공직에 입후보하기 위하여 사직서를 제출한 경우에는 그 사직허가 여부와 관계없이 접수와 동시 사직된 것으로 간주하고 있다.

---

168) 공직선거법 제53조(공무원 등의 입후보) ④ 제1항부터 제3항까지의 규정을 적용하는 경우 그 소속기관의 장 또는 소속위원회에 사직원이 접수된 때에 그 직을 그만 둔 것으로 본다.

이 경우는 소정의 기간 전에 사직이 유효하게 처리되게 하여 입후보자의 자격에 흠결이 발생하지 않도록 하기 위한 조치이며, 사직원을 접수한 기관장이 정치적 이유나 입후보 방해 목적으로 사직허가를 지연시켜 입후보자체를 무효화하는 폐단을 없애기 위한 조치라 할 수 있다.

(2) 퇴직

일반적으로 '퇴직'이란 공무원관계의 소멸원인의 하나로서 일정한 사유의 발생에 따라 별도의 행위를 기다릴 것이 없이 그 신분을 상실하는 경우를 말한다. 그러므로 퇴직의 경우는 면직의 경우와는 달리 당해 공무원관계를 소멸시키기 위한 별도의 행위를 요하지 아니한다. 퇴직의 사유는 결격사유의 발생 즉, 공무원임용을 위한 능력요건에 흠이 생겼을 때와 정년에 달하거나 사망 또는 임기만료 등이다.

지방의원이 퇴직할 경우를 두 가지로 정하고 있으나, 실제에서는 네 가지의 경우가 있다. 법 제35조(겸직 등 금지)에 의한 겸직 등 금지에 해당될 때와 공직선거법 제16조(피선거권)제3항[169]에 의하여 피선거권이 없게 된 때, 그리고 법 제88조(징계의 종류와 의결)에 의하여 지방의회에서 제명된 때와 주민소환에 관한 법률 제23조(주민소환투표의 효력)[170]에 의하여 주민소환투표에 의하여 소환이 확정된 때가 된다.

169) 공직선거법 제16조(피선거권) ③ 선거일 현재 계속하여 60일 이상(공무로 외국에 파견되어 선거일전 60일후에 귀국한 자는 선거인명부작성기준일부터 계속하여 선거일까지) 당해 지방자치단체의 관할구역 안에 주민등록(국내거소신고인명부에 올라 있는 경우를 포함한다. 이하 이 조에서 같다)이 되어 있는 주민으로서 25세 이상의 국민은 그 지방의회의원 및 지방자치단체의 장의 피선거권이 있다. 이 경우 60일의 기간은 그 지방자치단체의 설치 · 폐지 · 분할 · 합병 또는 구역변경(제28조 각 호의 어느 하나에 따른 구역변경을 포함한다)에 의하여 중단되지 아니한다.

170) 주민소환에 관한 법률 제23조(주민소환투표의 효력) ① 제22조제1항의 규정에 의하여 주민소환이 확정된 때에는 주민소환투표대상자는 그 결과가 공표된 시점부터 그 직을 상실한다. ② 제1항의 규정에 의하여 그 직을 상실한 자는 그로 인하여 실시하는 이 법 또는 공직선거법에 의한 해당보궐선거에 후보자로 등록할 수 없다.

법 제78조(의원의 퇴직) 지방의회의 의원이 다음 각 호의 어느 하나에 해당될 때에는 의원의 직에서 퇴직된다.

1. 의원이 겸할 수 없는 직에 취임할 때
2. 피선거권이 없게 될 때(지방자치단체의 구역변경이나 없어지거나 합한 것 외의 다른 사유로 그 지방자치단체의 구역 밖으로 주민등록을 이전하였을 때를 포함한다)
3. 징계에 따라 제명될 때

(3) 자격심사

의원의 자격심사란 의원이 그 신분을 가지기 위하여 요구되는 자격의 구비여부를 심사하는 것으로 국회와 마찬가지로 지방의회에 대하여도 의원의 자격 심사권을 부여하고 있는데, 자격심사의 청구권은 의원에게만 있다. 즉, 자격심사의 청구권자는 재적의원 4분의 1 이상의 지방의원이다. 그리고 자격심사의 청구서에는 명문의 규정은 없으나 청구의 이유를 밝히도록 되어 있다.

법 제79조(의원의 자격심사) ① 지방의회의 의원은 다른 의원의 자격에 대하여 이의가 있으면 재적의원 4분의 1 이상의 연서로 의장에게 자격심사를 청구할 수 있다.

② 피심의원(被審議員)은 자기의 자격심사에 관한 회의에 출석하여 변명은 할 수 있으나, 의결에는 참가할 수 없다.

지방의원의 자격심사청구를 받은 의장은 그 청구서의 부본을 심의의 대상이 된 의원에게 송달하고, 기간을 정하여 답변서의 제출을 요구하여야 한다. 만약 그 기간 안에 답변서가 없으면 청구서만으로 의원의 자격을 심사할 수 있다. 그리고 피심의원(被審議員)이 의결에는 참가할 수 없다고 하니, 자신의 자격심사에 관한 회의에 출석하여 변명은 할 수 있게 함으로써 심사 중에는 지방의원의 신분을 보장하고 있다.

그리고 의원의 임기개시 전이나 의원의 자격과 직접적인 관계가 없는 선거에 있어서의 투·개표상의 부정유무와 당선된 의원 또는 선거사무장의 선거법위반혐의 유무 등은 선거에 관한 소송 또는 형사소송의 대상이 되어 그 소송결과에 따라 의원의 자격에 영향을 미칠 수는 있을지언정 이 제도에 의한 자격심사의 대상이 될 수는 없도록 되어 있다.

그리고 의원이 다른 의원의 자격심사를 청구할 때에는 청구의 취지 및 이유를 입증할만한 자료를 갖추어야 하며, 전술한 바와 같이 자격심사청구의 제기 기한에 대하여는 달리 규정한 것이 없으므로 피심의원의 임기 중에는 아무 때나 그 심사청구를 제기할 수 있을 것이다.

(4) 자격상실의결

지방의원의 자격심사에 대한 자격상실은 재적의원 3분의 2 이상의 찬성이 있어야 한다. 즉 자격상실이 의결로써 확정될 때까지는 피심의원은 의원직을 보유토록 하여 지방의원의 신분을 보장하고 있다. 자격상실 의결은 일본의 경우 '출석의원 3분의 2 이상'의 다수(일본자치법 제127조 제1항[171])를 요건으로 하고 있으나, 우리나라는 '재적의원 3분의 2 이상'의 찬성으로 요건을 더 강화하고 있다.

그리고 자격상실의결은 단지 확인적 성격을 가지는 것이라기보다는 창설적인 행위로서의 성질을 가지는 행정처분으로 해석된다[172].

> **법 제80조(자격상실의결)** ① 제79조제1항의 피심의원에 대한 자격상실의결은 재적의원 3분의 2 이상의 찬성이 있어야 한다.
> ② 피심의원은 제1항에 따라 자격상실이 확정될 때까지는 그 직을 상실하지 아니한다.

자격심사에 관한 사항을 본회의에서 심의할 때는 피심의원은 본회의에서 스스로 변명하거나 다른 의원으로 하여금 변명하게 할 수 있다. 이 경우 피심의원이 본회의의 의사 및 의결정족수에 포함되는지에 관하여는 명문의 규정이 없으나 "의원은 자기의 윤리

---

171) 일본자치법 제127조 ① 보통지방공공단체의 의회의 의원이 피선거권을 소유하지 않는 자일 때 또는 제92조의 2의 규정에 해당할 때는 그 직을 상실한다. 그 피선거권의 유무 또는 동조의 규정에 해당할 것인가 아닌가는 의원이 공직선거법 제11조 혹은 동법 제252조 또는 정치자금규정법(소화23년 법률제194호)제28조의 규정에 해당하기 위해서 피선거권을 소유하지 않을 경우를 제외하는 것 이외에 의회가 이를 결정한다. 이 경우 출석의원의 3분의 2 이상의 다수에 의해 이것을 결정하여야 한다.

172) 광주고법 1953. 5. 25. 4286행4

심사안 또는 징계안에 관한 본회의 또는 위원회에 출석할 수 없다."는 규정과 일신상에 관한 안건이라는 점에 비추어 볼 때 자기의 자격심사에 관한 본회의 또는 위원회의 회의에서 스스로 변명은 할 수 있으나, 정족수에는 포함이 안 되고 표결도 할 수 없다고 보아야 할 것이다.

지방의원에 대한 자격심사의 경우 본회의에서는 윤리심사 및 징계의 회의와 같이 당연히 비공개로 하는 것은 아니고, 본회의의 의결로 비공개로 할 수 있다. 의원이 자격이 없다는 것을 의결함에는 재적의원 3분의 2 이상의 찬성이 있어야 하며 표결은 윤리특별위원회의 심사보고에 대하여 무기명투표의 방법으로 가부를 묻는 형식으로 행하여야 할 것이다.

(5) 궐원의 통지

궐원통지란 국회의원 및 지방의원의 정수에서 의원이 사망 · 사직 · 퇴직 · 자격상실 · 제명 등의 사유로 결원이 되었을 때 그 보궐선거를 위해 통지하는 것으로 국회의원의 경우 국회의장이 결원 발생일로부터 15일 이내에 대통령과 중앙선거관리위원회에 통지하며, 지방의원의 경우는 지방의회의장이 15일 이내에 그 지방자치단체의 장과 관할 선거관리위원회에 통지하도록 규정하고 있다.

> **법 제81조(궐원의 통지)** 지방의회의 의원이 궐원(闕員)되면 의장은 15일 이내에 그 지방자치단체의 장과 관할 선거관리위원회에 알려야 한다.

궐원통지의 이유는 지역구 지방의원에 궐원이 생긴 때에는 보궐선거를 실시하여야 하기 때문이며, 비례대표지방의원에 궐원이 생긴 때에는 관할선거관리위원회는 궐원통지를 받은 후 10일 이내에 그 궐원된 의원이 그 선거당시에 소속한 정당의 비례대표지방의원후보자명부에 기재된 순위에 따라 궐원된 의석을 승계할 자를 결정하여야 하기 때문이다.

보궐선거는 지역구 지방의원에 궐원이 생길 때 공직선거법에 근거하여 실시하게 되는데, 보궐선거의 실시시기는 전년도 10월 1일부터 3월 31일까지의 사이에 그 선거의 실시사유가 확정된 때에는 4월중 마지막 수요일에 실시한다.

그리고 4월 1일부터 9월 30일까지의 사이에 그 선거의 실시사유가 확정된 때에는 10월중 마지막 수요일에 실시하도록 되어 있다.

9) 질서

(1) 회의의 질서유지

의회는 회의체로서 의사의 원활한 운영을 위해서 그 질서가 유지되어야 한다. 이를 위해서 의회의 자율작용의 하나로 의장이나 위원장은 질서유지권한을 부여받는다.

회의의 질서유지권이란 회의장내에서 회의의 질서를 유지하기 위하여 행사되는 권한으로 원만한 의사진행을 위하여 의장 또는 위원장이 행사할 수 있는 바, 질서권의 행사는 의장의 재량이지만 비례의 원칙에 적합하게 행사하여야 한다.

> **법 제82조(회의의 질서유지)** ① 지방의회의 의원이 본회의나 위원회의 회의장에서 이 법이나 회의규칙에 위배되는 발언이나 행위를 하여 회의장의 질서를 어지럽히면 의장이나 위원장은 경고 또는 제지하거나 그 발언의 취소를 명할 수 있다.
>
> ② 제1항의 명에 따르지 아니한 의원이 있으면 의장이나 위원장은 그 의원에 대하여 당일의 회의에서 발언하는 것을 금지하거나 퇴장시킬 수 있다.
>
> ③ 의장이나 위원장은 회의장이 소란하여 질서를 유지하기 곤란하면 회의를 중지하거나 산회를 선포할 수 있다.

의장은 본회의에서 지방자치법이나 회의규칙에 위반하여 회의장의 질서를 문란[173]하게 한 의원에 대하여 경고, 제지 또는 그 발언의 취소를 명할 수 있으며 이에 응하지 않은 의원에 대해서는 퇴장시킬 수 있다. 그리고 회의장이 소란하여 질서를 유지하기 곤란한 경우에 의장은 회의를 중단하거나 산회를 선포할 수 있다. 여기서 '회의중지'는

173) 각 회의규칙에 나타나는 회의장의 질서 문란행위의 예 ① 국가 또는 지방자치단체의 기관이나 의회의 위신을 손상시키는 언동 ② 의사진행을 지연시키거나 방해할 목적으로 신문, 잡지, 간행물, 기타 문서를 낭독하는 행위 ③ 의장의 허가를 받지 아니한 이석 ④ 의장의 허가를 받지 아니한 자료, 문서 등의 인쇄물 배포 및 녹음녹화 촬영행위 ⑤ 음식물을 먹거나 담배를 피우는 행위 ⑥ 회의와 관계없는 물품의 휴대반입

회의를 중단하는 것을 말하며 '산회'는 당일의 회의를 끝내는 것을 의미한다.

의장의 질서유지권의 범위는 본회의장이며 위원장의 경우는 위원회의 회의장에 한정된다고 해석된다. 따라서 의원휴게실, 식당 등에서는 질서권이 미치지 않으며, 질서권은 시간적으로 본회의 또는 위원회의 개회 중에 한정된다.

(2) 모욕 등 발언의 금지

지방의회의원 발언의 자유는 보장되어야 한다. 그러나 의회의 질서유지와 회의운영의 효율성을 제고하기 위하여 일정 부분 제한의 필요성이 있는바, 타인을 모욕하거나 타인의 사생활에 대한 발언을 해서는 안 된다.

> **법 제83조(모욕 등 발언의 금지)** ① 지방의회의 의원은 본회의나 위원회에서 타인을 모욕하거나 타인의 사생활에 대하여 발언하여서는 아니 된다.
> ② 본회의나 위원회에서 모욕을 당한 의원은 모욕을 한 의원에 대하여 지방의회에 징계를 요구할 수 있다.

여기서 '타인'이라 함은 의원뿐만 아니라 일반인도 포함한다고 볼 수 있으며[174], '본회의나 위원회에서의 타인 모욕발언'이란 '본회의나 위원회의 회의장내의, 회의 중 발언'에 한정된다고 보는 것이 해석상 타당하다.[175]

모욕을 당한 의원은 모욕을 가한 의원의 징계를 요구할 수 있으나, 지방의회의원에게는 국회의원과 달리 면책특권이 인정되지 않으므로 이로 인한 민·형사상의 책임이 면제되지 않는다고 본다.

(3) 발언의 자유

지방의회의 의사진행은 민주적이고 공정하며 능률적이면서 평화적으로 이루어져야 한다. 이러한 과정들은 의원들의 발언을 통해 실현되는바, 각 의원에게는 자유로운 발언이 보장되어야 한다.

---

174) 행자부 질의회신 1999.5.19
175) 행자부 질의회신 2011.01.20

> **법 제84조(발언방해 등의 금지)** 지방의회의 의원은 회의 중에 폭력을 행사하거나 소란한 행위를 하여 타인의 발언을 방해할 수 없으며, 의장이나 위원장의 허가 없이 연단(演壇)이나 단상(壇上)에 올라가서는 아니 된다.

또한 의회는 다수의견과 소수의견이 상호공존하고 논의되는 장이기 때문에 의장의 허가를 받은 발언은 다른 의원의 방해로부터 보호되어야 한다. 따라서 지방의회 의원은 본회의 또는 위원회 회의 중에 타인에게 폭력을 행사하거나 소란한 행위를 하여 타인의 발언을 방해할 수 없으며, 의장 또는 위원장의 허가 없이 연단이나 단상에 등단하여서는 안 된다. 이것은 의회에서의 의장의 질서유지권의 하나로 볼 수 있다. 따라서 이러한 발언방해 등의 금지의무위반은 징계사유에 해당된다.

(4) 방청인 단속

지방의회는 그 지역 주민의 대표로 이루어진 대의기관이므로 회의진행의 모든 과정을 지역주민에게 공개하는 것이 원칙이다. 이에 따라 지역주민이 회의상황을 직접 참관할 수 있는 방청의 자유를 가지게 된다. 그러나 회의장의 규모나 여러 가지 혼란스러운 상황 등을 고려할 때 의장은 회의장의 질서를 유지하기 위하여 방청을 허가하거나 제한할 수 있다.

> **법 제85조(방청인에 대한 단속)** ① 방청인은 의안에 대하여 찬성·반대를 표명하거나 소란한 행위를 하여서는 아니 된다.
>
> ② 의장은 회의장의 질서를 방해하는 방청인의 퇴장을 명할 수 있으며, 필요하면 경찰관서에 인도할 수 있다.
>
> ③ 방청석이 소란하면 의장은 모든 방청인을 퇴장시킬 수 있다.
>
> ④ 방청인에 대한 단속에 관하여 제1항부터 제3항까지에 규정된 것 외에 필요한 사항은 회의규칙으로 정한다.

의장은 의회 내에 들어오는 모든 자를 의회의 질서에 따르게 할 수 있는 권한 즉 가택권을 가지는바, 이는 회의장이라고 하는 장소적·시간적으로 한정된 영역에서 의장에

계만 특별히 인정되는 권리이다. 더불어 의장의 가택권의 행사에 대해서는 여기에 규정된 것을 제외하고는 회의규칙으로 정하도록 하고 있다.

10) 징계

(1) 징계의 사유

징계란 원내 질서를 문란하게 하거나 지방의회의 위신과 품위를 손상하게 한 의원이 있을 때 지방의회가 질서를 유지하기 위하여 자율권에 의해서 당해 의원을 제재하는 수단이다.

징계는 형벌이 아니며 의원의 신분관계에 부수하는 행정작용[176]이며, 징계로 부과되는 제재로서의 불이익의 범위는 의원의 신분관계에서 발생하는 권리의 제한 또는 신분의 박탈에 한정된다.

> **법 제86조(징계의 사유)** 지방의회는 의원이 이 법이나 자치법규에 위배되는 행위를 하면 의결로써 징계할 수 있다.

이와 관련하여 징계권자가 재량권의 행사로서 한 징계처분이 사회통념상 현저하게 타당성을 잃어 재량권을 남용한 것이라고 인정되는 경우 그 처분은 위법한바, 징계권의 행사가 공익적 목적을 위하여 징계권을 행사하여야 할 공익의 원칙에 반하거나 일반적으로 징계사유로 삼은 비행의 정도에 비하여 균형을 잃은 과중한 징계처분을 선택함으로써 비례의 원칙에 반하거나 또는 같은 정도의 비행(非行)에 대하여 일반적으로 적용하여 온 기준에 비추어 합리적인 이유 없이 공평을 잃은 징계처분을 선택함으로써 평등의 원칙을 위반한 경우 이러한 징계처분은 재량권의 한계를 벗어난 처분으로서 위법하다. 그리고 지방의회에서의 의원에 대한 징계에 관하여도 위와 같은 법리가 적용된다.[177]

의원의 징계사유는 지방자치법 또는 회의규칙에 위반한 행위를 할 때이며 징계의 주

---

176) 지방의회의 소속의원에 대한 징계의결은 행정처분에 해당함(대법원 93.11.26. 94누7341)
177) 대법원 2015.1.29. 2014두40616

체는 의장이 행사하는 것이 아니고 의회가 의결로써 행하게 된다.

의회 내의 징계사유에는 ① 본회의나 위원회에서 타인을 모욕하거나 타인의 사생활에 대하여 발언을 한 때, ② 폭력을 행사하거나 회의 중 함부로 발언 또는 소란한 행위를 하여 타인의 발언을 방해한 때, ③ 회의 중 의장이나 위원장의 허가 없이 연단이나 단상에 등단하였을 때, 그리고 기타 회의규칙에 정한 사유가 있을 때이며, 의회 외의 징계사유에는 ① 청렴과 품위유지를 위반한 때, ② 의원의 지위를 남용하여 이권행위를 한때, ③ 비공개회의를 공표한 때 등을 들 수 있다.

(2) 징계의 요구

지방의회 의장은 지방자치법 및 자치법규를 위반한 의원이 있는 경우 본회의에 보고하고 윤리특별위원회나 본회의에 회부할 수 있다. 모욕당한 의원이 징계를 요구할 때에는 징계사유를 기재한 징계요구서를 의장에게 제출하여야 하며, 이 경우 의장은 윤리특별위원회나 본회의에 회부한다.

> **법 제87조(징계의 요구)** ① 지방의회의 의장은 제86조에 따른 징계대상 의원이 있어 징계요구가 있으면 윤리특별위원회나 본회의에 회부한다.
>
> ② 제83조제1항을 위반한 의원에 대하여 모욕을 당한 의원이 징계를 요구하려면 징계사유를 적은 요구서를 의장에게 제출하여야 한다.
>
> ③ 의장은 제2항의 징계요구가 있으면 윤리특별위원회나 본회의에 회부한다.

각 지방의회에서 의원 윤리강령 및 윤리실천규범 조례를 위반한 의원은 윤리심사대상자가 되며 이에 따라 심사를 받아 위반사실 통고를 2회 받은 의원은 징계대상자가 되도록 하고 있으며, 윤리심사요구와 징계심사요구는 모두 윤리특별위원회가 설치된 경우 윤리특위에 회부되며 절차는 동일하다.

(3) 징계의 종류와 의결

지방의의원이 받을 수 있는 징계의 종류에는 ① 의장이 공개된 본회의에서 징계대상이 된 의원을 출석시켜 징계사유가 된 위반사실을 말하고 시정을 촉구하는 공개회의에서의 경고, ② 징계대상 의원이 공개회의에서 공식적으로 사과하도록 함으로써 당해 의원의 반성을 촉구하는 공개회의에서의 사과, ③ 30일 이내의 출석정지와 ④ 의원의 자격을 박탈하는 제명[178]이 있다.

> **법 제88조(징계의 종류와 의결)** ① 징계의 종류는 다음과 같다.
> 1. 공개회의에서의 경고
> 2. 공개회의에서의 사과
> 3. 30일 이내의 출석정지
> 4. 제명
>
> ② 제명에는 재적의원 3분의 2 이상의 찬성이 있어야 한다.

이 중 30일 이내의 출석정지의 경우 기간계산에 있어 휴회 또는 폐회중의 기간이 산입되는지의 여부가 문제될 수 있겠으나, 관련규정을 검토해 볼 때 휴회 또는 폐회중의 기간을 제외한다는 명문규정이 없을 뿐만 아니라, 만약 출석정지기간계산에 있어 휴회 또는 폐회중의 기간을 산입하지 않는다면 일정기간의 출석정지라는 징계기간의 종료시점이 불명확한 상태에 놓이게 되어 지방의회의 안정적 운영을 저해하게 될 뿐만 아니라, 본회의에 출석이 정지되는 징계 기간 중에도 폐회 중에 개회되는 위원회에는 참석할 수 있게 되는 불합리한 결과를 가져오게 되기 때문에 출석정지기간계산은 휴회 또는 폐회중의 기간이 산입되어야 할 것으로 판단된다[179].

출석정지 징계를 받은 의원을 의회의 본회의나 위원회에 일정기간 출석하지 못하며, 출석정지된 의원이 출석하여 행한 행위는 효력을 발생하지 아니하며 의장은 질서권에 근거하여 퇴장을 명할 수 있다.

경고, 사과, 출석정지는 일반의결정족수인 재적의원 과반수 이상의 출석과 출석의원 과반수의 찬성으로 의결하나 제명은 재적의원 3분의 2 이상의 찬성이 있어야 가능하다.

178) 지방의회의원 제명의결을 다투는 소송의 제1심 관할법원은 고등법원(대법원 93.11.26, 93누7341)

179) 행자부 질의회신 2010.9.13.

법 제89조(징계에 관한 회의규칙) 징계에 관하여 이 법에 규정된 것 외에 필요한 사항은 회의규칙으로 정한다.

징계에 관하여 지방자치법에 규정되지 아니한 것은 회의규칙으로 정하게 함으로써 지방의회의 자율성을 존중하도록 하고 있는데, 이와 관련하여 회의규칙에는 징계의 절차나, 회부시한, 의사공개에 대한 부분과 심문 및 변명, 의결과 선포 등의 부분이 포함된다.

11) 사무기구와 직원

(1) 사무기구의 설치

지방의회의 자주적이고 독립적인 활동을 지원하고 지방의회의 기능을 효율적으로 수행하기 위하여 의회업무를 전담하는 사무기구를 둘 수 있으며 이를 위해 직원을 둘 수 있다. 즉 사무기구는 지방의회의 사무를 처리하기 위한 조직이므로 의회의 사무는 의장이 감독하도록 하고 있다.

의회사무기구 설치기준

기구명	설치대상
의회사무처	특별시 · 광역시 · 도
의회사무국	자치구 및 국이 설치된 시
의회사무과	군 및 국이 설치되지 아니한 시

법 제90조(사무처 등의 설치) ① 시 · 도의회에는 사무를 처리하기 위하여 조례로 정하는 바에 따라 사무처를 둘 수 있으며, 사무처에는 사무처장과 직원을 둔다.

② 시 · 군 및 자치구의회에는 사무를 처리하기 위하여 조례로 정하는 바에 따라 사무국이나 사무과를 둘 수 있으며, 사무국 · 사무과에는 사무국장 또는 사무과장과 직원을 둘 수 있다.

③ 제1항과 제2항에 따른 사무처장 · 사무국장 · 사무과장 및 직원(이하 이 절에서 "사무직원"이라 한다)은 지방공무원으로 보한다.

지방의회에 두는 직원과 관련하여 대법원은 "헌법은 지방자치와 관련하여, 지방자치단체는 법령의 범위 안에서 자치에 관한 규정을 제정할 수 있다고 규정하고 이에 따라 지방자치단체는 법령의 범위 안에서 그 사무에 관한 조례를 제정할 수 있다고 규정함으로써, 명시적으로 법령의 범위 내에서의 조례제정권만을 인정하고 있으므로 대통령령으로 지방자치단체의 공무원, 특히 지방의회 사무직원의 정원 등에 관하여 규정하는 것이 지방의회에 의한 지방자치단체의 정원조정에 관한 조례제정권의 자율성을 침해한다거나 지방의회제도의 본질에 반하여 헌법에 위배된다고 할 수 없다."[180]고 판시하여 지방의회에 두는 직원에 대한 부분은 지방의회의 자율성 범위에 해당하지 않는다고 하고 있다. 즉 지방의회에 두는 직원은 결국 해당 지방자치단체의 장에 소속되는 현 상황이 법체계에 부합한다는 것을 나타내 주고 있는 것이다.

(2) 사무직원의 정수와 임명절차

지방의회에 두는 사무직원 정수는 조례로 정하고, 의장의 추천에 따라 해당 지방자치단체의 장이 임명하도록 하고 있다

법 제91조(사무직원의 정원과 임명) ① 지방의회에 두는 사무직원의 정수는 조례로 정한다.

② 사무직원은 지방의회의 의장의 추천에 따라 그 지방자치단체의 장이 임명한다. 다만, 지방자치단체의 장은 사무직원 중 다음 각 호의 어느 하나에 해당하는 공무원에 대한 임용권은 지방의회 사무처장 · 사무국장 · 사무과장에게 위임하여야 한다.

1. 별정직공무원
2. 지방공무원법 제25조의5에 따른 임기제공무원
3. 대통령령으로 정하는 일반직공무원

180) 대법원 1997.09.09. 선고 96추169

일반적으로 '임명(任命)'이란 공무원관계를 발생시키는 공법상의 행위로서 특정인과 국가 또는 지방자치단체 사이에 근무고용관계를 내용으로 하는 신분 설정행위이다. 공무원관계의 발생 원인에는 선거에 의하는 경우 또는 법률의 규정에 의한 강제적인 경우 등도 있으나 임명에 의하는 것이 보편적이다. 그리고 '임용(任用)'이라는 말은 일정한 직위에 특정한 공무원을 임명하는 행위이다.

공무원의 임용은 시험성적, 근무성적 기타 능력의 실증에 의하여 행하여야 하며, 정원에 결원이 생긴 때에는 신규채용 · 승진임용 · 강임 · 전직 · 전보의 방법에 의하여 결원을 보충하는 것이 통례이다. 실정법상으로는 신규채용 · 승진임용 · 전직 · 전보 · 겸임 · 파견 · 강임 · 휴직 · 직위해제 · 정직 · 복직 · 면직 · 해임 및 파면을 의미하는 총칭적 개념이며, 법규에 따라서는 '임면(任免)'과 같은 뜻으로 사용되기도 한다.

2006년 4월 개정을 통해 일반직 사무직원은 여전히 지방의회의 의장의 추천에 의하여 당해 지방자치단체의 장이 임명하도록 하고, 사무직원 중 별정직 · 제한된 일반직 · 임기제공무원에 대한 임용권을 지방의회 사무처장 · 사무국장 · 사무과장에게 위임하도록 하였다. 일본자치법(제138조제5항)[181]은 사무국직원을 의장이 임면(任免)하는 것으로 규정하고 있다.

만약, 지방의회의장의 추천 없이 지방자치단체의 장이 인사를 자의적으로 운영한 경우 지방의회에서는 서류제출요구에 의한 인사 관련 서류제출 요구, 행정사무처리상황의 보고와 질문·응답 등의 행정통제권을 행사하여 지방자치단체장의 인사운영의 당·부당에 대한 다툼이 가능하리라 판단된다.[182]

(3) 사무직원의 신분보장 등

사무직원의 직무와 법적 지위는 의회의 자율성과 관련이 큰 바, 지방의회의 사무처장 · 사무국장 또는 사무과장은 의장의 명을 받아 의회의 사무를 처리하며, 사무직원은 지방공무원법에 적용을 받아 신분이 보장된다.

181) 일본 지방자치법 제138조 ① 도도부현의 의회에 사무국을 둔다.
⑤ 사무국장, 서기장, 서기 기타의 직원은 의장이 이를 임면한다.

182) 행자부 질의회신 2005.5.16.

법 제92조(사무직원의 직무와 신분보장 등) ① 사무처장 · 사무국장 또는 사무과장은 의장의 명을 받아 의회의 사무를 처리한다.

② 사무직원의 임용 · 보수 · 복무 · 신분보장 · 징계 등에 관하여는 이 법에서 정한 것 외에는 지방공무원법을 적용한다.

이와 관련한 지방자치법 조제목에서 말하는 '직무'란 모든 공무원은 직제 또는 법령에 의하여 일정한 범위의 사무를 처리하고 있는데, 이 사무의 범위를 '직무'라고 한다. '직무'는 지역의 구획에 의하여 또는 사무의 종류에 의하여 일정한 한계가 확정되는 것이지만, 그 한계 내의 사무를 처리하는 것은 공무원의 권한인 동시에 의무이기도 하다. 권한인 점을 강조할 때에는 '직권'이라고 할 수 있고, 의무인 점을 강조할 때에 '직무'라고 말할 수 있다.

제5장

집행기관

제5장

집행기관

1. 지방자치단체의 장

1) 지위

(1) 종류

우리나라는 지방자치단체의 종류에 따라 특별시에는 특별시장, 광역시에는 광역시장, 특별자치시에는 특별자치시장, 도와 특별자치도에는 도지사를 두고, 시에는 시장, 군에는 군수, 자치구에는 구청장을 두게 하고 이들을 '지방자치단체의 장'으로 법에서 규정하고 명칭하여 사용하고 있다.

> 법 제93조(지방자치단체의 장) 특별시에 특별시장, 광역시에 광역시장, 특별자치시에 특별자치시장, 도와 특별자치도에 도지사를 두고, 시에 시장, 군에 군수, 자치구에 구청장을 둔다.

앞의 경우는 광역자치단체장으로서 법령에서는 보통 시 · 도지사라고 약칭하며, 뒤의 경우는 기초자치단체장으로서 구청장은 자치구의 경우에 한한다는 점을 나타내기도 한다.

지방자치단체의 장은 기관대립형 구조에서 집행부의 수장을 의미한다. 이는 중앙정부에서 행정부 수반인 대통령의 지위에 해당하는데 대통령은 국가원수의 지위를 겸하는 것처럼 당해 지방자치단체를 대표하는 지위에 놓여 있다.

또한 지방자치단체의 장은 정부조직법에 나타난 지방행정의 장의 범주에도 포함된다. 즉 행정각부의 장은 소관 사무에 관하여 지방행정의 장을 지휘 감독하도록 하였는데 지방행정의 장이라 함은 위의 지방자치단체가 국가의 지방행정조직의 골격을 이루기도 하기 때문에 그 장은 국가의 일선 지방행정조직에 해당하기도 한다는 말이다.

이는 국가가 전국에 걸친 집행업무를 행할 때 세무서와 같은 특별지방행정기관을 설치하는 대신 종합행정을 수행하는 단위로서 지방자치단체를 자신의 일선 행정기관으로 활용함을 의미한다.

다만 교육 및 학예에 관한 사무에 관하여는 시 · 도 단위의 교육자치가 별도로 이루어짐과 관련하여 교육감이 시 · 도지사의 지위를 대신한다.

지방자치단체의 장은 지방자치단체의 최고집행기관[183]으로 특별시장 · 광역시장 및 도지사와 시장 · 군수 · 구청장은 각 자치단체의 법인의 대표이므로 상하관계가 성립하지는 않지만 상호 국가목적을 달성하기 위하여 유기적인 관계에 놓여있다고 볼 수 있다.

특히 현행 우리나라 지방자치법은 지방의회와 지방자치단체의 장을 모두 주민의 직접 선거에 의하여 구성 또는 선출하도록 하고, 의회를 지방자치단체의 의사를 내부적으로 결정하는 최고의결기관으로, 단체장을 외부에 대하여 지방자치단체의 대표로서 지방자치단체의 의사를 표명하고 그 사무를 통할하는 집행기관으로 설정함으로써 이른바 의회제가 아닌 단체장제를 채용하고 있다.[184]

(2) 이중적 성격

지방자치단체의 장은 당해 지방자치단체의 최고의 집행기관으로서의 성격과 국가사무나 다른 지방자치단체로부터 위임된 사무에 대해서는 그 단체의 기관으로서의 성격도 아울러 가지게 되는 이중적 지위를 지닌다. 그리고 합의제 기관이 아닌 스스로 결정

183) 집행기관이란 지방자치단체를 위하여 그 담당하는 사무의 범위 내에서 지방자치단체의 의사를 결정하고 표시하는 권한을 가진 기관을 말한다: 한국지방자치법학회, 지방자치법 주해, 박영사, P381

184) 대법원 1992.07.28. 92추31

하는 독임제 기관으로 많은 책임이 요구되는 지위에 선다.

(3) 선출

지방자치단체의 장은 주민의 보통 · 평등 · 직접 · 비밀 선거에 의하여 선출하며 민주적 정당성의 근거를 직접 주민에게 구한다는데 직선의 의미가 있다.

> **법 제94조(지방자치단체의 장의 선거)** 지방자치단체의 장은 주민이 보통 · 평등 · 직접 · 비밀선거에 따라 선출한다.

1948년 제헌헌법 제8장의 지방자치 규정과 함께 지방자치가 시작되면서, 최초의 기관구성 형태로는 기초단체장(시 · 읍 · 면장)의 간선, 광역단체장(서울특별시장 · 도지사)의 대통령 임명제로 시작되었으며, 지방의원은 주민투표에 의한 선거를 실시한다고 하였으나, 우여곡절 끝에 1952년 기초와 광역의원 선거가 처음 실시되었다. 이후 1961년 군사혁명으로 지방자치가 중단되어 1991년 지방의회가 다시 직선되기 전까지 약 30년간 중앙집권적 방식의 지방행정기관으로 운영되어 왔다. 우리나라의 경우 이전부터 모두 기본적으로 대통령제적 성격의 통치방식을 지방자치제도에도 그대로 적용하여 자치단체장 중심의 기관분립 형태를 유지하는 획일적인 지방자치단체 기관구성이 이루어져 왔다.[185)]

지방자치단체장의 직선제 채택여부는 우리나라 지방자치상에 있어 늘 주요 쟁점이 되어왔는데, 1994년 지방자치법을 개정하여 지방자치단체장의 직선제를 1995년 6월 30일 이내에 실시하도록 하였고 마침내 1995년 제1기 민선 지방자치단체장의 선거가 실시되었고 7월 1일에 취임이 이루어졌다.

지방자치단체장의 선거는 공직선거법에 의하여 실시되며, 선거에 관한 구체적인 사항도 공직선거법에서 규정하고 있다.

185) 안영훈, 지방자치단체의 기관구성 다양화 방안, 한국지방행정연구원, 2006.12, P36

지방선거연혁

구분	지방의회	자치단체장	지방선거 실시
1949.7 지방자치법 제정	의회구성 (주민직선)	기초단체장: 의회간선 광역단체장: 임명제	제1차 지방선거(1952) (지방의회)
1956.2	의회구성 (주민직선)	기초단체장: 주민직선 광역단체장: 임명제	제2차 지방선거(1956) (지방의회,기초단체장)
1958.12	의회구성 (주민직선)	기초단체장 · 광역단체장: 임명제	
1960.11	의회구성 (주민직선)	기초단체장 · 광역단체장: 직선제	제3차 지방선거(1960) (지방의회,단체장)
1988 ~ 1989	원 칙: 의회구성 경과조치: 미구성	원 칙: 주민직선 경과조치: 임명제	
1990.12	원 칙: 의회구성 경과조치: 미구성	원 칙: 주민직선 경과조치: 임명제	제4차 지방선거(1991) (지방의회)
1994.2 (공직선거법 제정)	의회구성 (주민직선)	주민직선	제1기 동시지방선거 (1995.6.27) 제2기 동시지방선거…

(4) 자격요건

공직선거법 제16조에 의하면 선거일 현재 계속하여 60일 이상(공무로 외국에 파견되어 선거일전 60일 후에 귀국한 자는 선거인명부 작성기준일부터 계속하여 선거일까지) 해당 지방자치단체의 관할구역에 주민등록이 되어 있는 주민으로서 25세 이상의 국민은 그 지방자치단체의 장의 피선거권이 있다. 후보자 등록을 신청하는 자는 등록신청시에 시 · 도지사선거는 5천만 원, 자치구 · 시 · 군의 장 선거는 1천만 원의 기탁금을 관할선거구선거관리위원회에 납부하여야 한다. 시 · 도지사선거의 5천만 원 기탁금 납부부분에 대해서는 헌법재판소가 당시의 공선법상 도지사 후보에 대한 기탁금 5천만 원 규정을 합헌으로 결정한 바 있다. 그 요지는, 기탁금제도는 금전적 제재를 통하여 후보자의 무분별한 난립을 방지하고 당선자에게 되도록 다수표를 몰아주어 민주적 정당성을 부여하는 한편 후보자의 성실성을 담보하려는 취지에서 생겨난 것이고, 따라서 불성실한 입후보자에 대하여 실질적인 제재효과를 거둘 수 있는 금액이어야 한다는 점을 고려하면, 시 · 도지사선거의 기탁금은 5천만 원은 입법목적달성에 필요한 액수를 초과한 과다한 금액이 아니라고 판시한 바 있다.[186]

공직선거법에 지방선거에 있어서 당해 지방자치단체의 소속 주민에게만 선거권 및 피선거권을 부여하는 것은 지방자치제도의 기본 원리로서 당연한 것이다. 특히 피선거권을 부여함에 있어서 거주제한요건을 더 엄격히 요구하고 있는 주요한 이유 중에는 선거구민으로 하여금 평소 일상생활 속에서 지방자치단체의 공직후보자에 대하여 알 수 있는 기회를 주어 적임자를 선택할 수 있도록 보장하여 주고 또한 당선된 공직자와 그 선거구민과는 같은 지방자치단체의 소속주민이라는 일체감으로 인한 원활한 의사소통으로 긴밀한 관계를 유지함으로써 그 지방자치단체의 사무를 충분히 이해하고 업무를 수행하도록 하기 위한 것 등으로 그 입법취지를 이해할 수 있다.

이러한 목적을 실현할 수 있도록 지방선거에 있어서 일정기간 당해 지방자치단체에 거주한 주민에게만 피선거권을 부여하는 것은 세계 대다수의 국가에서도 일반적으로 받아들이고 있는 제도이다. 다만 거주제한기간은 그 나라의 역사적 전통, 문화, 정치상황 등에 따라 제한기간을 달리 정하고 있을 뿐이다.

① 국가공무원법 제2조(공무원의 구분)에 규정된 국가공무원과 지방공무원법 제2조(공무원의 구분)에 규정된 지방공무원, ② 각급선거관리위원회위원 또는 교육위원회의 교육위원, ③ 다른 법령의 규정에 의하여 공무원의 신분을 가진 자, ④ 공공기관의 운영에 관한 법률 제4조제1항제3호에 해당하는 기관 중 정부가 100분의 50 이상의 지분을 가지고 있는 기관(한국은행을 포함한다)의 상근 임원, ⑤ 농업협동조합법 · 수산업협동조합법 · 산림조합법 · 엽연초생산협동조합법에 의하여 설립된 조합의 상근 임원과 이들 조합의 중앙회장, ⑥ 지방공기업법 제2조(적용범위)에 규정된 지방공사와 지방공단의 상근 임원, ⑦ 정당법 제22조제1항제2호의 규정에 의하여 정당의 당원이 될 수 없는 사립학교교원, ⑧ 대통령령으로 정하는 언론인, ⑨ 특별법에 의하여 설립된 국민운동단체로서 국가 또는 지방자치단체의 출연 또는 보조를 받는 단체(바르게살기운동협의회 ·

186) 1996. 8. 29. 95헌마108

새마을운동협의회 · 한국자유총연맹을 말하며, 시 · 도조직 및 구 · 시 · 군조직을 포함한다)의 대표자 등이 후보자가 되려는 사람은 선거일 전 90일까지 그 직을 그만두어야 한다. 다만[187] 지방자치단체의 장의 선거에 있어서 당해 지방자치단체의 의회의원이나 장이 그 직을 가지고 입후보하는 경우에는 그러하지 아니하다. 즉 지방자치단체의 종류가 같을 경우에는 그 직을 그만두지 않아도 된다고 보는 것으로 기초자치단체와 광역자치단체를 구분하는 우리나라의 실정과 선출직의 지역밀착성을 반영한 입법이라 보여진다.

(5) 임기

지방자치단체의 장의 임기는 4년이며, 계속 재임은 3기에 한한다. 궐위된 경우에는 보궐선거를 실시하고 그 임기는 전임자의 잔여임기로 함이 원칙이다. 그리고 보궐선거로 당선된 자치단체장도 연임제한 규정의 적용을 받는다. 특이한 것은 헌법에서 국회의원의 임기를 4년으로 하고 대통령은 5년으로 하여 대통령의 경우 궐위되면 보궐선거가 아니라 새로운 선거를 하고 거기서 뽑힌 새 대통령의 임기는 여전히 5년인 것과 구별된다.

지방자치단체의 장의 경우 계속 재임에 대한 제한을 두고 있다. 즉 계속 재임은 3기에 한한다는 것인데 이는 종전에 우리 헌법에서 대통령의 장기집권에 따른 독재화를 우려하여 1차에 한하여 중임하도록 하다가 이른바 3선개헌으로 계속 재임은 3기에 한하도록 하기도 하였고 그 후 영구집권 시도와 이를 경계한 단임제의 채택 등 여러 가지 우여곡절을 겪은 역사적 의미를 연상하게 한다.

이에 대하여 헌법재판소는 '① 지방자치단체 장의 계속 재임을 3기로 제한한 지방자치법 조항은 그 시행과 동시에 지방자치단체 장들의 기본권을 침해하는 것이 아니다. 법률 시행 후 지방자치단체 장들이 3기 초과 연임을 하고자 하는 경우에 비로소 기본권 침해가 구체적으로 현실화된다. ② 지방자치단체 장의 계속 재임을 3기로 제한한 규정의 입법취지는 장기집권으로 인한 지역발전저해 방지와 유능한 인사의 자치단체 장

187) 이 단서에 의하면 광역시의원이 자치구구청장을 입후보하기 위해서는 지방자치단체의 종류가 다르기 때문에 그 직을 그만두어야하지만, 광역시의원이 광역자치단체장에 입후보하거나 구의원이 구청장에 입후보하는 경우는 그만두지 않아도 된다.

진출확대로 대별할 수 있는바, 그 목적의 정당성, 방법의 적절성, 피해의 최소성, 법익의 균형성이 충족되므로 헌법에 위반되지 아니한다. ③ 같은 선출직공무원인 지방의회의원 등과 비교해볼 때, 지방자치의 민주성과 능률성, 지방의 균형석 발전의 저해요인이 될 가능성이 상대적으로 큰 지방자치단체 장의 장기 재임만을 규제대상으로 삼아 달리 취급하는 데에는 합리적인 이유가 있다고 할 것이므로, 평등권을 침해하지 않는다. ④ 지방자치단체 장에 대한 선거권을 행사함에 있어서 투표할 대상자가 스스로 또는 법률상의 제한으로 입후보를 하지 아니하는 경우 입후보자의 입장에서 공무담임권 제한의 문제가 발생하겠지만, 선거권자로서는 후보자의 선택에 있어서의 간접적이고 사실상의 제한에 불과할 뿐 그로 인하여 선거권자가 자신의 선거권을 행사함에 있어서 침해를 받게 된다고 보기 어렵다. ⑤ 지방자치단체 장의 계속 재임을 3기로 제한하더라도 그것만으로는 주민의 자치권을 심각하게 훼손한다고 볼 수 없다. 더욱이 새로운 자치단체 장 역시 주민에 의하여 직접 선출되어 자치행정을 담당하게 되므로 주민자치의 본질적 기능에 침해가 있다고 보기 어렵다. 따라서 지방자치단체 장의 계속 재임을 3기로 제한한 규정이 지방자치제도에 있어서 주민자치를 과도하게 제한함으로써 입법형성의 한계를 벗어났다고 할 수 없다.'고 하여 재임기간의 제한이 헌법에 위반되지 않는다고 판시한 바 있다.[188)]

참고로 단체장의 연임에 관하여 외국사례를 살펴보면 일본에서는 단체장의 연임제한 규정이 없으며, 미국의 주지사 중에는 델라웨어 주와 미주리 주의 경우 재선을 금지하고 있다. 미국 시카고 시장의 경우 임기제한이 없는 가장 큰 도시이며 시장과 시의원, 시민권리감독관, 회계감사관, 구청장 임기는 4년이다.

또한 뉴욕의 경우 2008년 시의회가 재선 이상의 금지조항을 수정하여 3선으로 수정하였는데, 이때 주민투표를 거치지 않아 시민들이 연방법원에 소를 제기하였으나 기각되어 현재는 3선으로 유지하고 있다.

영국의 경우는 전통적으로 지방의원 의원 중에서 리더가 자치단체장을 겸직하는 내

188) 2006. 2. 23. 2005헌마403

각리더형 통합지방정부가 주류를 이루고 있으며, 모든 선출직은 임기 4년으로 연임 제한규정을 두고 있지 않다.

> **법 제95조(지방자치단체의 장의 임기)** 지방자치단체의 장의 임기는 4년으로 하며, 지방자치단체의 장의 계속 재임(在任)은 3기에 한한다.

(6) 겸임(兼任)과 겸업(兼業)의 제한

지방자치법은 지방자치단체장의 직무처리를 보장하고 업무의 객관성과 공정성을 담보하기 위하여 겸임할 수 없는 직을 규정하고 있다. 겸임금지규정은 몇 차례 개정을 통하여 점차 강화되어왔다.

현행 구조는 1994년 개정에 의하여 기본이 형성되었고, 지방자치단체의 장이 겸임할 수 없는 직에 취임한 경우에는 당연퇴직사유가 되어 당연 퇴직된다.

특히 지방자치법 제96조제2항에 규정되어있는 해당 지방자치단체와 영리목적의 거래를 금지하는 규정은 1988년 4월 6일 지방자치법이 전면 개정되어 시행된 이후 단 한 번의 개정 없이 당초내용을 그대로 유지하고 있다. 그러나 본 조항은 지방자치단체의 장은 당해 지방자치단체와 영리를 목적으로 하는 거래나 당해 지방자치단체와 관계있는 영리사업을 할 수 없다고 규정하여 마치 당해 지방자치단체와 관련이 없는 영리사업은 행할 수 있는 것으로 오해할 우려조차 있다. 즉 이 조항은 별다른 의미도 없을 뿐만 아니라 오해를 일으킬 우려가 있다는 점에서 삭제하는 것이 바람직하다고 생각된다.

> **법 제96조(겸임 등의 제한)** ① 지방자치단체의 장은 다음 각 호의 어느 하나에 해당하는 직을 겸임할 수 없다.
>
> 1. 대통령, 국회의원, 헌법재판소재판관, 각급 선거관리위원회 위원, 지방의회의원
> 2. 국가공무원법 제2조에 규정된 국가공무원과 지방공무원법 제2조에 규정된 지방공무원
> 3. 다른 법령의 규정에 따라 공무원의 신분을 가지는 직

4. 공공기관의 운영에 관한 법률 제4조에 따른 공공기관(한국방송공사, 한국교육방송공사 및 한국은행을 포함한다)의 임직원
5. 농업협동조합, 수산업협동조합, 산림조합, 엽연초생산협동조합, 신용협동조합 및 새마을금고(이들 조합·금고의 중앙회와 연합회를 포함한다)의 임직원
6. 교원
7. 지방공기업법 제2조에 규정된 지방공사와 지방공단의 임직원
8. 그 밖에 다른 법률이 겸임할 수 없도록 정하는 직

② 지방자치단체의 장은 재임(在任) 중 그 지방자치단체와 영리를 목적으로 하는 거래를 하거나 그 지방자치단체와 관계있는 영리사업에 종사할 수 없다.

지방자치단체의 장이 공직에 전념하기 위하여 겸직규정을 두는 것은 당연하나 그 범위는 최소한에 그쳐야 할 것이다. 따라서 제96조제1항 8호에 규정하듯이 일반적 포괄적인 제한을 하고 있는 것은 지방자치의 본질을 훼손할 우려가 있으므로 다시 한 번 검토되어져야 할 것이다. 이와 관련하여 일본 지방자치법의 간소화된 규정은 눈여겨 볼 만하다.[189)]

(7) 자치단체 폐치·분합과 자치단체장

지방자치단체가 폐치나 분합할 경우 지방자치단체의 장의 지위는 변동을 겪게 된다. 지방자치단체의 변경에 의하여 새로이 지방자치단체의 장을 선거하여야 할 경우 선거때까지는 상급기관 즉 관리 감독기관이 그 직무를 대행할 자를 지정하여야 한다. 다만 둘 이상의 동격의 지방자치단체를 통·폐합할 경우에는 새로운 지방자치단체가 생기게 되는바, 종전의 지방자치단체의 장 중에서 해당 지방자치단체의 장을 대행할 자를 지정한다.

즉 기초자치단체인 시·군·구의 폐치나 분합의 경우에는 시·도지사가 지정권자가

189) 일본 지방자치법 제141조 (겸직금지) ① 보통지방공공단체의 장은 중의원의원이나 참의원의원을 겸하지 못한다.
② 보통지방공공단체의 장은 지방공공단체의 의회의원과 상근직원을 겸하지 못 한다

되고 광역자치단체의 경우는 행정자치부 장관이 지정권자가 되어 각각 그 직무를 대행할 자를 지정하여 새로 지방자치단체의 장이 선출될 때까지 직무를 처리하게 된다.

> **법 제97조(지방자치단체의 폐치 · 분합과 지방자치단체의 장)** 지방자치단체를 폐지하거나 설치하거나 나누거나 합쳐 새로 지방자치단체의 장을 선거하여야 하는 경우에는 그 지방자치단체의 장이 선거될 때까지 시 · 도지사는 행정자치부장관이, 시장 · 군수 및 자치구의 구청장은 시 · 도지사가 각각 그 직무를 대행할 자를 지정하여야 한다. 다만, 둘 이상의 동격의 지방자치단체를 통 · 폐합하여 새로운 지방자치단체를 설치하는 경우에는 종전의 지방자치단체의 장 중에서 해당 지방자치단체의 장의 직무를 대행할 자를 지정한다.

이는 지방자치단체의 장이 부재할 경우 업무의 공백이 생길 우려가 있어 마련한 것으로 보이며 직무대행자의 경우 그 직무는 통상적인 업무의 처리 범위에 한정되어야 한다고 보여진다.

(8) 사임(辭任)

사임이란 일정한 직에 있는 자가 그 직을 자신의 의사에 의하여 그만두고자 하는 것으로서 내심의 의사만으로는 사임할 수 없고(사임의사를 외부에 표시하지 아니하고 그 직을 임의로 떠나면 직무태만 등에 해당하게 될 것임) 자신을 그 직에 있게 한 자에게 의사표시를 하여야 할 것인 바, 임명직의 경우에는 임명권자에게 표시하면 될 것이나(이 경우 임명권자의 사표수리 등 승낙이 있어야 사임하는 것이 관행이지만, 사표반려에도 불구하고 굳이 사임하고자 한다면 내용증명 등으로 사임의사를 사전에 표시하고 사임예정일부터 그 업무수행을 거부하는 것은 허용된다고 보아야 할 것임), 선거직의 경우에는 불특정다수인에 의하여 선출되었기 때문에 의사표시의 상대방이 특정되지 아니한 문제가 있다.

지방자치단체의 장이 그 직을 사임하고자 할 때에는 그 지방의회의장에게 미리 사임일을 기재한 서면(이하 '사임통지서'라 한다)으로 통지하여야 한다. 지방자치단체의 장은 사임통지서에 기재된 사임일에 사임된다. 다만, 사임통지서에 기재된 사임일까지 지방의회의 의장에게 사임의 통지가 되지 아니한 경우에는 지방의회의 의장에게 사임의 통지가 된 날에 사임된다. 여기서 통지는 사실을 사후에 보고하는 것에 불과하므로 의회의 의결이나 소집이 필요하지 않다.

사임은 상대방이 있는 의사표시에 해당되는바, 지방자치단체장처럼 선거직이 사임하는 경우에는 의사표시의 상대방이 특정되지 아니하기 때문에 지역주민을 대표하는 지위에 있는 지방의회의장에게 사임의사를 통지하도록 한 것이라 볼 수 있다.

사임통지가 있으면 시·도지사나 행정자치부장관에게 보고하도록 하였는데 이는 보궐선거의 실시등과 관련이 있기 때문이다. 그리고 지방자치단체의 장이 사임하면 보궐선거로 후임자가 취임할 때까지 부단체장이 그 직무를 대행하게 된다.

그러나 현실적으로 부단체장 등 직무대행자들이 보궐선거에 나가게 되고 이에 따라 직무대행자가 자꾸 하위직으로 내려가게 되는 문제가 발생할 수도 있다.

> **법 제98조(지방자치단체의 장의 사임)** ① 지방자치단체의 장은 그 직을 사임하려면 지방의회의 의장에게 미리 사임일을 적은 서면(이하 "사임통지서"라 한다)으로 알려야 한다.
> ② 지방자치단체의 장은 사임통지서에 적힌 사임일에 사임된다. 다만, 사임통지서에 적힌 사임일까지 지방의회의 의장에게 사임통지가 되지 아니하면 지방의회의 의장에게 사임통지가 된 날에 사임된다.

사임이라는 의사표시를 한 후 이를 철회할 수 있는가에 대한 문제가 발생하는데 이를 위해서는 먼저 철회의 법률적 의미를 검토할 필요가 있다. 철회(revocation, Widerruf)란 아직 종국적인 법률효과가 발생하지 않은 의사표시를 그대로 저지하여 장래 효과가 발생하지 않게 하거나 일단 발생한 의사표시의 효력을 장래적으로 소멸시키는 표의자(表意者)의 일방적 의사표시로 형성권(形成權)의 행사이므로 의사표시에 의하여 당사자 간에 권리의무가 발생한 후에는 철회가 허용되지 아니하며, 다만 그 의사표시가 그것만으로써는 권리의무를 생기게 하지 못할 때에는 그것에 기하여 법률행위가 행하여질 때까지는 철회할 수 있다.

따라서 사임서를 제출한 이상 임의로 철회할 수는 없고 일정한 요건 하에 즉 보궐선거일이 공고되기 전이든, 불가피한 사정이 있었다면 의사표시인 이상 철회할 수 있다고 해석하여야 할 것이다.

(9) 퇴직

사임은 본인의 의사표시에 의해 그 직에서 물러나는 것을 말하나, 퇴직은 법정요건이 발생하여 자동적으로 그 직에서 물러나는 것을 말하므로 본질적으로 두 제도는 차이가 있다.

공무원 관계의 소멸사유에는 당연퇴직과 면직(免職) 두 가지가 있으며, 당연퇴직이란 공무원 임용상의 결격사유에 해당될 때 당연히 퇴직하는 것으로 임용권자의 처분에 의해서가 아니라 일정한 사유가 발생한 경우 법률의 규정에 의하여 공무원 관계가 자동적으로 소멸되는 것을 말한다.

지방자치단체의 장은 ① 법 제96조에서 규정한 겸임할 수 없는 직에 취임한 때, ② 공직선거법에 의해 피선거권이 없게 된 때[190], ③ 법 제97조에 의해 지방자치단체의 장의 직을 상실할 때 당연 퇴직된다.

---

190) 공직선거법 제16조(피선거권) ① 선거일 현재 5년 이상 국내에 거주하고 있는 40세 이상의 국민은 대통령의 피선거권이 있다. 이 경우 공무로 외국에 파견된 기간과 국내에 주소를 두고 일정기간 외국에 체류한 기간은 국내거주기간으로 본다.
② 25세 이상의 국민은 국회의원의 피선거권이 있다.
③ 선거일 현재 계속하여 60일 이상(공무로 외국에 파견되어 선거일전 60일후에 귀국한 자는 선거인명부작성기준일부터 계속하여 선거일까지) 해당 지방자치단체의 관할구역에 주민등록이 되어 있는 주민으로서 25세 이상의 국민은 그 지방의회의원 및 지방자치단체의 장의 피선거권이 있다. 이 경우 60일의 기간은 그 지방자치단체의 설치 · 폐지 · 분할 · 합병 또는 구역변경(제28조 각 호의 어느 하나에 따른 구역변경을 포함한다)에 의하여 중단되지 아니한다.
④ 제3항 전단의 경우에 지방자치단체의 사무소 소재지가 다른 지방자치단체의 관할 구역에 있어 해당 지방자치단체의 장의 주민등록이 다른 지방자치단체의 관할 구역에 있게 된 때에는 해당 지방자치단체의 관할 구역에 주민등록이 되어 있는 것으로 본다.

법 제99조(지방자치단체의 장의 퇴직) 지방자치단체의 장이 다음 각 호의 어느 하나에 해당될 때에는 그 직에서 퇴직된다.

1. 지방자치단체의 장이 겸임할 수 없는 직에 취임할 때
2. 피선거권이 없게 될 때(지방자치단체의 구역변경이나 없어지거나 합한 것 외의 다른 사유로 그 지방자치단체의 구역 밖으로 주민등록을 이전하였을 때를 포함한다)
3. 제97조에 따라 지방자치단체의 장의 직을 상실할 때

지방자치단체의 장이 퇴직하면 부자치단체장이 그의 직무를 대행하고 보궐선거를 실시하여야 한다.

(10) 체포 및 확정판결의 통지

지방자치단체의 장이 형사사건으로 기소되었을 경우 권한을 잘못 행사하거나 시비에 휘말릴 우려가 있으므로 해당 지방자치단체에 통지하고, 통지받은 지방자치단체는 지방자치단체를 지도 감독하는 주무부서인 행정자치부장관에게 통지하여야 한다.

법 제100조(지방자치단체의 장의 체포 및 확정판결의 통지) ① 체포 또는 구금된 지방자치단체의 장이 있으면 관계 수사기관의 장은 지체 없이 영장의 사본을 첨부하여 해당 지방자치단체에 알려야 한다. 이 경우 통지를 받은 지방자치단체는 그 사실을 즉시 행정자치부장관에게 보고하여야 한다. 시 · 군 및 자치구가 행정자치부장관에게 보고하는 경우에는 시 · 도지사를 거쳐야 한다.

② 지방자치단체의 장이 형사사건으로 공소가 제기되어 그 판결이 확정되면 각급 법원장은 지체 없이 해당 지방자치단체에 알려야 한다. 이 경우 통지를 받은 지방자치단체는 그 사실을 즉시 행정자치부장관에게 보고하여야 한다. 시 · 군 및 자치구가 행정자치부장관에게 보고하는 경우에는 시 · 도지사를 거쳐야 한다

통지를 하는 경우는 지방자치단체의 장이 체포 또는 구금되었거나, 형사사건으로 공소가 제기되어 그 판결이 확정된 때이며, 이 통지를 받은 해당 지방자치단체와 상급기관은 권한대행 문제나 업무수행의 후속조치를 대처하거나 지시하여야 한다.

(11) 국가의 하급행정기관

국가사무를 지방자치단체에서 시행하는 경우에는 자치단체의 장에게 위임하여 행하도록 하고 있다. 이 경우 지방자치단체의 장은 국가의 하급행정기관으로서의 지위에 서서 국가사무를 처리하게 된다.

> 법 제102조(국가사무의 위임) 시 · 도와 시 · 군 및 자치구에서 시행하는 국가사무는 법령에 다른 규정이 없으면 시 · 도지사와 시장 · 군수 및 자치구의 구청장에게 위임하여 행한다.

이런 사무를 '기관위임사무'라 하는데, 이런 경우 지방자치단체의 장은 국가사무의 수행의무만 지고 사무에 대한 권한은 위임자 즉 국가가 가지게 된다. 그리고 지방자치단체의 장은 국가행정조직의 한 부분이 되어 위임행정기관의 감독하에 놓이게 되는 것이다. 어떤 사무가 '기관위임사무'인지에 대한 분명한 기준이나 정의가 없는 실정에서 가장 손쉬운 구별이 기관위임사무는 '지방자치단체의 장이 위임받아 처리하는 국가사무'[191]로 표현되고 있다고 보여진다.

그러나 법령상 지방자치단체의 장이 처리하도록 규정하고 있다고 하더라도 사무가 자치사무인지 기관위임사무인지는 법령의 규정형식과 취지를 우선 고려하고, 그 외에도 그 사무의 성질이 전국적으로 통일적 처리가 요구되는 사무인지 여부나 그에 관한 경비부담과 최종적인 책임귀속의 주체 등도 아울러 고려하여 판단하여야 하는 문제로 구별의 기준을 하나로 제시하기는 상당히 어렵다.

2) 권한

(1) 지방자치단체의 대표

① 의의

지방자치단체장은 주민의 선거에 의하여 선출된 독임제 기관이기 때문에 당해 지방

191) 지방자치법 제167조

자치단체의 법률행위에 있어 지방자치단체를 외부에 대하여 대표한다[192]. 지방의회가 정치적으로 대표하는 것과 구별된다. 즉 지방의회의 주민대표성은 내부적 의사의 형성을 위한 것임에 비하여 단체장의 대표권은 행정행위나 사법상의 행위를 유효하게 하는데 필수적이다.

> **법 제101조(지방자치단체의 통할대표권)** 지방자치단체의 장은 지방자치단체를 대표하고, 그 사무를 총괄한다.

1949년 지방자치법 제정 당시에는 "지방자치단체의 장은 당해 지방자치단체를 통할하고 대표한다."고 규정되어 있었으나, 1988년 제6차 개정에서 현재의 조문으로 변경된 후 지금에 이르고 있다.

내부적 의사결정과정은 여러 기관에 분산되어 있으나 외부적 의사표시는 원칙적으로 단체장에게 통합되어 행사된다. 이러한 대표의 내용은 지방자치단체의 법적 행위가 지방자치단체를 위하여 직접 효력을 발생함을 의미한다. 이익이 되는 경우는 물론 손실을 끼치는 경우도 포함된다.[193]

특히 이런 지방자치단체의 장의 대표권한은 법률에 의해 직접 포괄적으로 주어진 것이므로 지방의회의 의결로 제한되지 않으며, 대표권한이 있는지의 여부가 일일이 판단될 필요성은 없다. 대표의 표시는 외부에서 인식할 수 있는 방법으로 하여야 한다(현명(顯名)주의-예컨대 '전라남도도지사'). 그리고 의사결정기관의 의사에 반한 단체장의 의사표시도 유효하고 그 법률효과는 지방자치단체에 귀속한다(표시주의).

192) 지방자치법은 지방자치단체의 의사를 내부적으로 결정하는 최고의결기관으로 지방의회를 두고, 지방자치단체의 대표로서 외부적으로 지방자치단체의 의사를 표명하고 그 사무를 통할하는 집행기관으로 지방자치단체의 장을 두고 있다. 이와 같이 우리 헌법과 지방자치법은 지방자치단체의 기관구성은 기관분립주의를 원칙으로 하면서 의사결정기능을 담당하는 의회와 집행기능을 담당하는 집행기관을 분리하여 상호 견제와 균형에 의하여 자치행정을 운영하도록 하고 있다(대법원 2000. 11. 10. 2000추36, 헌법재판소 2004. 12. 16. 2002헌마333, 헌법재판소 2012. 4. 24. 2010헌마605, 헌법재판소 2014. 1. 28. 2012헌바216 등 참조).

193) 전결사항에 대해서도 그 사무집행의 주체는 지방자치단체장이 되는 것은 사실이다(대구고법 2010.4.22. 2010노99)

② 범위와 한계

지방자치단체의 장의 대표권은 법에 의하여 직접 포괄적으로 주어진 권리이므로 오로지 법률로써만 제한할 수 있음이 원칙이다.

그렇다면 여기에서 지방자치단체장이 지방자치단체의 업무범위를 넘어선 법률행위를 한 경우 법적 효력에 관하여 살펴볼 필요성이 있다.

지방자치단체의 장이 자신의 업무범위를 넘어서 행한 행위는 위법한 행위를 한 것이 되어 국가의 감독대상이 되며 권한 외의 의사표시로 인한 법률효과는 지방자치단체에 귀속되지 아니하고 무효가 된다.

(2) 사무의 통할권

지방자치단체의 장은 집행부의 수반으로 당해 자치단체의 행정을 총괄한다(사무통할). 따라서 지방자치단체에 귀속된 사무(자치사무)는 자신의 책임아래 집행하며, 단체장은 지방행정의 최고행정기관이 되고 그 밖의 다른 관청은 단체장의 하부기관이 된다.

그러나 단체장은 집행기관으로서의 역할 외에 지방의회의 권한에 속하지 아니한 사항에 관하여 의사결정기관의 역할도 담당한다.

(3) 사무의 관리집행권

지방자치단체의 장은 당해 자치단체의 사무와 법령에 의하여 그에게 위임된 사무를 관리하고 집행할 권한을 갖는다. 즉 자치사무와 기관위임사무 모두에 대하여 단체장이 관리 집행권을 갖는다.

> **법 제103조(사무의 관리 및 집행권)** 지방자치단체의 장은 그 지방자치단체의 사무와 법령에 따라 그 지방자치단체의 장에게 위임된 사무를 관리하고 집행한다.

단체장의 관리집행권은 의회의 의결사항에 대하여서는 의회의 의결에 따라 이를 집행하여야 할 의무를 포함하며 그 밖의 일반사항에 대하여서는 의사결정과 집행 모두를 담당한다.

일반적으로 '관리'라 함은 사무의 내부적 처리를 의미하며 '집행'이란 사무의 외부적 처리로 이해하여 구별한다. 지방자치단체의 장이 관리 · 집행하는 사무는 앞서 지적했듯이 자치사무와 단체위임사무 그리고 기관위임사무를 의미한다.

(4) 권한의 위임(委任) 및 위탁(委託)

① 의의

지방자치단체의 장은 개별 법률상의 근거가 없더라도 조례나 규칙이 정하는 바에 따라 그 권한에 속하는 사무의 일부를 위임할 수 있다.

여기서 '위임'이라는 용어에 대한 이해가 필요하다. 행정권한을 위임하거나 위탁한다는 것은 법령에 따라 권한을 부여받은 행정기관이 그 권한의 일부를 다른 행정기관, 지방자치단체, 민간 기관 · 단체 등에 맡기고, 이를 받은 수임자 · 수탁자가 그의 명의와 책임으로 그 권한을 행사하도록 하는 것을 말한다.

권한의 '위임'이란 원(原) 권한자인 행정기관의 권한의 일부를 그 보조기관 또는 하급행정기관의 장이나 지방자치단체의 장 등 그의 지휘 계통에 속하는 하급기관에 맡기는 것을 말한다. 또한, 권한의 '위탁'이란 원 권한자로부터 독립되어 있는 다른 행정기관의 장에게 그 권한을 맡기는 것을 말하며, 사무의 '민간위탁'이란 사무의 수탁자가 행정청이나 지방자치단체가 아닌 법인, 단체나 개인이 되는 경우 즉, 행정기관이 아닌 민간이 되는 것을 말한다. 또한 관계의 성질을 살펴볼 때 위임은 보통 상하관계에서 이루어지며, 위탁은 평등한 관계에서 이루어진다.

권한이 위임되거나 위탁되면 그 권한을 받은 수임자 · 수탁자의 명의로 집행되고 그 책임 하에 처리되며, 그 처리의 법적 효과도 수임자 · 수탁자에게 귀속된다. 즉 수임자 · 수탁자에게 권한이 이관된다는 특징이 있다. 이러한 점에서 권한의 위임 · 위탁은 권한을 이관하는 효과를 가져 오지 않는 '대리 · 대행'이나 '내부위임'과는 법률상 구분이 된다.

또한, 위임 · 위탁은 권한이 이관된다는 점에서는 권한의 이양과 유사하나, 위임 · 위탁된 경우 위임인이 비용부담과 최종적인 책임을 지게 된다는 점에서 최종적인 책임을 이양 받은 자가 모두 책임을 지게 되는 권한의 이양과 구분된다.

> **법 제104조(사무의 위임 등)** ① 지방자치단체의 장은 조례나 규칙으로 정하는 바에 따라 그 권한에 속하는 사무의 일부를 보조기관, 소속 행정기관 또는 하부행정기관에 위임할 수 있다.
>
> ② 지방자치단체의 장은 조례나 규칙으로 정하는 바에 따라 그 권한에 속하는 사무의 일부를 관할 지방자치단체나 공공단체 또는 그 기관(사업소 · 출장소를 포함한다)에 위임하거나 위탁할 수 있다.
>
> ③ 지방자치단체의 장은 조례나 규칙으로 정하는 바에 따라 그 권한에 속하는 사무 중 조사 · 검사 · 검정 · 관리업무 등 주민의 권리 · 의무와 직접 관련되지 아니하는 사무를 법인 · 단체 또는 그 기관이나 개인에게 위탁할 수 있다.
>
> ④ 지방자치단체의 장이 위임받거나 위탁받은 사무의 일부를 제1항부터 제3항까지의 규정에 따라 다시 위임하거나 위탁하려면 미리 그 사무를 위임하거나 위탁한 기관의 장의 승인을 받아야 한다.

② 민간위탁

민간위탁은 공공성을 가진 지방자치단체의 사무를 전문성이나 편의성 등의 이유로 민간에게 다시 맡기는 것이므로 원칙적으로 조사 · 검사 · 검정 · 관리업무 등 국민의 권리 · 의무와 직접 관계되지 아니하는 업무에 한정된다. 즉, 본질적인 권력작용은 민간위탁의 대상에서 제외된다고 보아야 한다. 이는 중앙정부에서도 행정사무의 민간위탁에 관한 기본법인 정부조직법 제6조 제3항이 민간위탁을 할 수 있는 사무를 조사 · 검사 · 검정 · 관리업무등 국민의 권리 · 의무와 직접 관계되지 아니하는 사무로 명시하여 이를 뒷받침하고 있음을 알 수 있다. 즉 공익과 관련되어 독자적인 재량적 판단을 요하거나 국민의 권리 · 의무에 대하여 구체적인 효과를 가져오는 사무가 아닌 단순한 사실행위와 민간의 전문지식이나 기술을 활용할 필요가 있는 기술적 사무를 민간위탁의 대상으로 하고 있는 것이다. 이는 국민의 권리 · 의무에 직접 영향을 미치는 사무는 국민에 대하여 책임을 지고 국민에 대한 봉사자로서의 신분상의 의무를 지며 국민대표자인 대통령과 국회에 의하여 직접 통제될 수 있는 행정기관과 그 공무원에 의하여 행해져야 한다는 것으로서 민간위탁법제(法制)의 입법의 한계를 정한 것이라 하겠다.

결국 지방자치단체가 그 권한에 속한 업무를 민간에 위탁하는 이유는, 그 업무를 민간으로 하여금 대신 수행하도록 함으로써 행정조직의 방대화를 억제하고, 위탁되는 사무와 동일한 업무를 수행하는 자에게 이를 담당하도록 하여 행정사무의 능률성을 높이고 비용도 절감하며, 민간의 특수한 전문기술을 활용함과 아울러, 국민생활과 직결되는 단순 행정업무를 신속하게 처리하기 위한 것이라 할 것이다. 그런데 민간위탁은 다른 한편으로는 보조금의 교부 등으로 비용이 더 드는 경우가 있고, 공평성의 저해 등에 의한 행정서비스의 질적 저하를 불러 올 수 있으며, 위탁기관과 수탁자 간에 책임 한계가 불명확하게 될 우려가 있고, 행정의 민주화와 종합성이 손상될 가능성도 있다. 따라서 지방자치단체장이 일정한 사무에 관하여 민간위탁을 하는 경우에는 위와 같은 단점을 최대한 보완하여 민간위탁이 순기능적으로 작용하도록 할 필요가 있다.[194)]

그리고 민간위탁은 행정기관이 아닌 공공단체 · 민간단체 · 법인 · 개인에게 행해질 수 있는데, 공공단체, 각종 협회 등 사업자단체, 일반법인, 또는 개인에게 위탁할 수 있는 행정업무의 범위는 다를 수밖에 없다.

또 민간위탁은 법령에 규정되었다고 하더라도 언제나 강제할 수 있는 성질이 아니기 때문에 별도의 계약이 필요하다고 하겠다. 민간위탁의 경우에는 내부적으로 상대방의 신청에 따라 수임자를 선정하고 법령에 의하여 위탁한다. 법원은 지방자치단체의 장이 공개모집을 통해 노인전문요양병원의 수탁기관을 선정한 행위가 행정소송의 대상인 행정처분에 해당한다고 판시한 바 있다.[195)]

이와 관련하여 지방자치단체의 장이 민간위탁을 할 때 근거가 되는 조례안이 지방자치단체 사무의 민간위탁에 관하여 지방의회의 사전 동의를 받도록 한 사례에서 대법원은 "지방자치단체장의 민간위탁에 대한 일방적인 독주를 제어하여 민간위탁의 남용을 방지하고 그 효율성과 공정성을 담보하기 위한 장치에 불과하고, 민간위탁의 권한을 지

194) 대법원 2009. 12. 24. 2009추121, 대법원 2011.02.10. 2010추11
195) 광주지방법원 2006.04.20. 2005구합241

방자치단체장으로부터 박탈하려는 것이 아니므로, 지방자치단체장의 집행권한을 본질적으로 침해하는 것으로 볼 수 없다. 또한 지방자치단체장이 동일 수탁자에게 위탁사무를 재위탁하거나 기간연장 등 기존 위탁계약의 중요한 사항을 변경하고자 할 때 지방의회의 동의를 받도록 한 목적은 민간위탁에 관한 지방의회의 적절한 견제기능이 최초의 민간위탁 시뿐만 아니라 그 이후에도 지속적으로 이루어질 수 있도록 하는 데 있으므로, 이에 관한 이 사건 조례안 역시 지방자치단체장의 집행권한을 본질적으로 침해하는 것으로 볼 수 없다."고 판시하였다.[196]

나아가 재위탁 등에 관하여 지방의회의 동의를 받을 기한이나 수탁기관의 적정 여부를 판단할 기한의 설정이 다소 부적절하다는 점만으로 지방자치단체장의 집행권한을 본질적으로 침해한다고 단정할 수도 없다.

③ 기관사무의 위임 및 위탁

기관위임의 경우 지방자치단체의 장은 당해 지방자치단체의 조례에 의하여 이를 하급행정기관에게 재위임할 수는 없고, 행정권한의 위임 및 위탁에 관한 규정에 의하여 위임기관의 승인을 얻은 후 지방자치단체의 장이 제정한 규칙에 따라서만 이를 할 수 있다.[197]

(5) 소속 직원에 대한 지휘 감독권

지방자치단체의 장은 소속 직원을 지휘 감독하고 법령과 조례 및 규칙이 정하는 바에 따라 그 임면 · 교육훈련 · 복무 · 징계 등에 관한 사항을 행사할 권한을 가진다. 이는 행정의 일체성과 통일성을 확보하며 위법하고 부당하게 권한을 행사하지 못하게 하는 효과가 있다.

---

196) 대법원 2011.02.10. 2010추11

197) 영업정지 등 처분에 관한 사무는 국가사무로서 지방자치단체의 장에게 위임된 이른바 기관위임사무에 해당하므로 시 · 도지사가 지방자치단체의 조례에 의하여 이를 구청장 등에게 재위임할 수는 없고 위 행정권한의위임및위탁에관한규정 제4조에 의하여 위임기관의 장의 승인을 얻은 후 지방자치단체의 장이 제정한 규칙이 정하는 바에 따라 재위임하는 것만이 가능하다고 할 것이다 (대법원 1995.07.11. 선고 94누4615)

임명(任命)은 임관하는 것을 명하는 것으로 즉 관직에 임하라고 명한다는 뜻이다. 반면 임면은 임명(任命)과 해면(解免)의 합성어로써 해면은 임명과는 반대되는 뜻이다. 예컨대 장관자리는 대통령이 아무나 임명할 수도 있고 해면 할 수도 있으니 '임면권'을 갖는 것이지만, 대법관의 경우 대통령은 임명권만 갖는다.

> **법 제105조(직원에 대한 임면권 등)** 지방자치단체의 장은 소속 직원을 지휘 · 감독하고 법령과 조례 · 규칙으로 정하는 바에 따라 그 임면 · 교육훈련 · 복무 · 징계 등에 관한 사항을 처리한다.

이 자치단체장의 권한과 관련하여 지방의회가 집행기관의 인사권에 관하여 견제의 범위 내에서 소극적 · 사후적으로 개입하는 것은 허용되나, 집행기관의 인사권을 독자적으로 행사하거나 동등한 지위에서 합의하여 행사할 수는 없고, 그에 관하여 사전에 적극적으로 개입하는 것도 원칙적으로 허용되지 아니한다.[198] 즉 지방자치단체의 일반집행기관인 지방자치단체의 장과 그 교육 · 학예에 관한 사무의 특별집행기관인 지방자치단체의 교육감은 각각 지방자치법 제105조와 지방교육자치에 관한 법률 제20조에 근거하여 각자의 고유한 인사권을 가지고 있으므로 특별한 사정이 없는 한 조례로써 상호 그 인사권에 관여할 수 있도록 하는 것은 위법하다.[199]

대법원도 "지방자치법은 제5장과 제6장의 각 규정 등에서 집행기관으로서의 지방자치단체의 장과 지방의회에게 각각 독자적 권한을 부여함과 아울러 그 권한의 행사에 대한 다른 일방의 관여는 상호 견제와 균형의 확보를 위한 범위 내에서만 허용하고 있으므로, 조례로써 그와 같은 범위를 넘어 다른 일방의 권한 행사에 대하여 적극적으로 관여할 수 있게 하는 것은 원칙적으로 허용되지 아니하는바, 소속 지방공무원에 대한 지방자치단체의 장의 임용권을 규정하고 있는 지방자치법 제96조 및 지방공무원법 제6조 제1항과 그 임용권의 한 내용으로서의 소속 지방공무원의 파견에 관하여 규정하고 있는 지방공무원법 제30조의4 및 지방공무원임용령 제27조의2 등의 관련 규정에 의하

198) 대법원 1994. 4. 26. 93추175
199) 대법원 2009.09.24. 2009추53

면, 지방자치단체의 장이 그 소속 지방공무원에 대한 파견에 관하여 가지는 임용권 역시 지방자치단체의 장의 고유권한에 속하는 것임이 명백하므로, 이에 대하여 지방의회가 상호 견제의 범위를 넘어 적극적으로 관여하는 것은 결국 위와 같은 법령 규정에 위반된 것이다."라고 하여 지방자치단체장의 직원에 대한 인사권을 독립적 권한으로 명백히 밝히고 있다.[200]

그리고 제주특별자치도의회의 경우 조례[201]에 의해 도의회의장이 소속직원의 임용권을 갖게 되었지만, 이는 제주도의 지역적 · 역사적 · 인문적 특성을 살리고 자율과 책임, 창의성과 다양성을 바탕으로 고도의 자치권이 보장되도록 하여 실질적인 지방분권을 보장함과 동시에 행정규제의 폭넓은 완화 및 국제적 기준의 적용 등을 통한 국제자유도시를 조성하고자 하는 목적 아래 제주특별자치도에 한정하여 예외적으로 도입된 것이고, 따라서 위와 같은 조례를 가능하게 한 제주특별자치도 설치 및 국제자유도시 조성을 위한 특별법 제14조 또한 '자치조직권에 관한 특례'일 뿐이다.

결국 신규임용 등 효율적인 인력수급의 측면에서 보면, 지방의회 사무직원의 임용은 일정 규모를 갖춘 지방자치단체 소속 지방공무원 중에서 전보되거나 파견되는 등의 형태를 띨 수밖에 없는 구조이다. 지방의회 사무 담당 적임자에 관한 인사정보 또한 지방자치단체를 통할하는 지방자치단체의 장에게 집적될 수밖에 없으므로 그 적임자를 적재적소에 배치함으로써 지방의회 사무직원의 전문성을 높일 수 있는 주체 또한 지방자치단체의 장이 적합하다. 이런 측면에서 보면 지방자치단체의 장의 사무직원 임용권은 집행기관의 장으로서가 아니라 지방자치단체 사무 총괄자로서의 소속 직원 임면권을 구체화한 것이라고 볼 수 있다.

(6) 퇴직 시 사무인계

지방자치단체의 장은 퇴직 시 발생하는 행정의 공백과 혼란을 방지하기 위해서 그

200) 대법원 2001.02.23. 2000추67

201) 제주특별자치도의회 사무처 직원의 임용등에 관한 조례 제2조(제주특별자치도의회의장의 임용권) 제주특별자치도의회의장(이하 '도의회의장'이라 한다)은 다음 각 호에 해당하는 제주특별자치도 의회사무처 소속 공무원의 임용권을 가진다.

소관사무를 후임자에게 인계하여야 할 의무를 진다. 그리고 그 상세한 절차는 지방자치법시행령에 규정하고 있다. 그리고 더 상세한 절차나 사항들은 지방자치단체의 특성에 맞게 규칙으로 정하도록 하고 있다.

> **법 제106조(사무인계)** 지방자치단체의 장이 퇴직할 때에는 그 소관 사무의 일체를 후임자에게 인계하여야 한다.

사무인계는 임기만료로 인한 퇴직의 경우 새로운 지방자치단체의 장의 임기가 시작되는 날에, 임기 중에 퇴직하는 경우에는 퇴직하는 날에 그 소관사무의 전부를 새로운 지방자치단체의 장에게 인계하여야 한다.

그런데 여기서 살펴볼 문제는 지방자치단체장의 사무인계 시 전혀 법적 근거가 없는 '인수위원회'[202]가 설치되어 운영된다는 것이다. 이제껏 단체장직 인수위원회의 구성과 운영 근거는 행정자치부의 '지방자치단체장직 인계 · 인수 매뉴얼'로, 이 지침서에는 인수지원단의 구성 운영의 방향과 단체장직 인수준비를 위한 지원 사항 등을 간략히 규정하고 있다. 이에 따르면, 단체장이 신임(초선)인 경우에 부단체장 책임 하에 최소한의 인원으로 구성된 인수지원단을 설치하도록 하고 있으며, 해당 자치단체는 단체장당선인에게 인수인계와 관련된 각종 자료를 제공하고, 임시 공관(청사를 제외한 공공건물)을 마련해 주고, 집기 등 일부 행정지원은 가능하지만, 별도의 예산은 법적 근거가 없는 관계로 지자체에서는 책정할 수 없도록 하고 있다.

3) 지방의회와의 관계

(1) 의의

현행 지방자치법은 단체장과 의회를 독립된 기관으로 설치하는 기관대립형 제도를

202) 2014년에 실시된 제6회 동시지방선거에서 당선된 지방자치단체장은 광역과 기초를 포함해 243명이 선출됐는데, 이 중에서 104개 지역에서 단체장이 새롭게 당선되었다. 새롭게 선출된 104명의 자치단체장 중에서 60명(광역 10, 기초 50)이 취임 전에 단체장직 인수위원회를 구성한 것으로 조사되었다: 하혜영, 지방자치단체장직 인수위원회 설치에 미친 영향요인에 대한 연구, 한국지방자치학회보, 2015.3

채택하여 지방의회는 지방자치단체의 의사를 내부적으로 결정하는 최고의결기관으로서의 지위를 지니고 단체장은 외부에 대하여 지방자치단체의 대표로서 지방자치단체의 의사를 표명하고 그 사무를 통할하는 집행기관으로서의 지위를 지닌다. 따라서 단체장의 권한과 의회의 권한은 엄격하게 분리되어 배분된다.

지방의회와 단체장간의 관계는 권력의 남용을 방지하기 위한 견제와 균형의 원리가 기본이 되며 지방의회는 행정사무 감사와 조사권 등에 의하여 단체장의 사무집행을 감시 통제하고 단체장은 의회의 의결에 대한 재의요구권 등으로 제동을 가할 수 있다. 또한, 단체장과 의회 간에 대립과 갈등이 야기된 경우 이를 완화시켜 행정이 원만히 수행될 수 있도록 제도적 조정장치가 마련되고 있다.

지방의회와 자치단체장의 상호 권한관계

지방의회의 권한	자치단체장의 권한
❇ 의안발의권(제66조) ❇ 의결권(제39조) – 조례의 제정 · 개폐 – 예산의 심의 · 확정 · 결산의 승인 – 사용료 · 수수료 · 분담금등의 부과 · 징수 – 예산외 의무부담 등 ❇ 행정사무감사 · 조사권(제41조) ❇ 단체장의 출석 · 답변요구권(제42조) ❇ 임시회 소집 공고권(제45조) ❇ 청원의 심사와 처리권(제75조) ❇ 청원서 이송 · 처리결과보고요구권(제77조) ❇ 의회사무직원 임명추천권(제91조) ❇ 재의요구된 조례안 등에 대한 재의결 · 확정권(제26조, 제107조, 제108조) ❇ 선결처분의 사후승인권(제109조) ❇ 지방자치단체장의 사임통지수령권(제98조)	❇ 자치단체의 통할대표권(제101조) ❇ 의안발의권(제66조) ❇ 사무의 관리 및 집행권(제103조) ❇ 조례의 공포권(제26조) ❇ 예산안 편성 · 제출권(제127조) ❇ 예산불성립시 예산집행권(제131조) ❇ 단체장 및 공무원의 출석 · 답변권(제42조) ❇ 임시회 요구권(제45조) ❇ 부의안건의 공고권(제46조) ❇ 위원회 개최요구권(제61조) ❇ 의회사무직원 임명권(제91조) ❇ 조례안 등의 재의요구권(제26조, 제107조, 제108조) ❇ 선결처분권(제109조)

(2) 재의요구(再議要求)와 제소(提訴)

① 의의

우리나라 지방자치법은 의결기관과 집행기관을 분리하므로 이에 따른 두 기관관의 충돌을 조정하기 위하여 여러 가지 제도적 장치를 마련하고 있는데, 재의요구는 집행기관에 의한 의결기관의 통제수단으로 존재의의가 있다. 이것은 헌법상의 대통령의 '거부권'과 유사한 의의를 가지는 것으로 지방자치단체의 장의 의회에 대한 권한 중의 하나이다.

지방자치단체의 장은 그 단체의 사무를 통할하고 관계하는 지방의회가 행한 의결이 부당하거나 위법 또는 집행 불능한 것이라고 판단될 때는 의결의 효력을 정지 · 거부할 수 있는 권한이 부여되어 있으며 이를 '재의요구권'이라고 한다.

재의요구권은 의결의 효력을 영구히 잃게 하는 것이 아니고, 그 효과를 일시 정지시키고 그 사이에 의회의 재고(再考)를 촉구하는 것을 목적으로 하는 것으로 재의요구 즉, 거부권이 행사된 안건은 다시 한번 지방의회의 본회의에 부의되며 지방의회는 재의요구 이유를 충분히 검토하여 의회의 의사를 다시 한번 결정하여야 한다.

② 요건

지방자치단체의 장이 재의요구를 할 수 있는 경우는 앞서 지적되었던 ⓐ 조례안에 대하여 이의가 있는 경우, ⓑ 지방의회의 의결이 월권이거나 위법이라고 인정되는 경우, ⓒ 지방의회의 의결에 예산상 집행 불가능한 경비가 포함되어 있는 경우, ⓓ 법령에 의해 지방자치단체가 의무적으로 부담하여야 하는 경비를 삭감한 경우, ⓔ 비상재해로 인한 시설의 응급복구를 위하여 필요한 경비를 삭감한 경우, ⓕ 지방의회의 의결이 법령에 위반되거나 공익을 현저히 해한다고 판단되어 행정자치부장관 또는 시 · 도지사의 재의요구지시가 있는 경우로 총 6가지가 있다.

③ 절차와 처리

지방자치단체의 장은 지방의회의 의결을 송부 받는 날로부터 20일 이내에 재의요구를 할 수 있으며, 재의요구에는 이유를 붙여야 하되 의결의 일부에 대하여 또는 의결을 수정하여 재의요구 할 수 없다. 재의요구는 지방의회가 폐회중인 때에도 할 수 있으며 폐회 중에 재의요구가 있으면 지방자치단체의 장에 의한 임시회의 소집요구가 있는 것으로 본다.

지방의회는 재의요구서가 도착한 이후 10일 이내[203]에 재의에 붙여야 하며 재의결과 재적의원 과반수의 출석과 출석의원 2/3 이상의 찬성으로 전과 같은 의결을 하면 의결사항은 확정되고 그렇지 않으면 의안은 폐기된다.

지방의회는 재의요구에 대하여 원칙적으로 수정의결을 할 수 없으며 만약 지방의회에서 사소한 자구변경 등을 포함한 어떤 형태로든 수정의결 하였을 경우, 원래의 재의요구 대상인 원안은 자동적으로 폐기되고 새로운 의결로 보아 그에 대하여 재의요구 등이 가능하다고 보여진다. 또한 지방자치단체의 장은 재의요구를 한 경우 그 사실 및 재의의 결과를 시 · 도지사(시 · 군 · 자치구의 경우) 또는 행정자치부장관(시 · 도의 경우)에게 보고하여야 한다.

재의결되어 확정된 조례안은 지방자치단체장이 이송을 받은 날로부터 지체 없이 공포하여야 하며 지방자치단체장이 5일 이내에 공포하지 않을 때에는 지방의회 의장이 공포한다. 재의결 결과 당초와 같이 '위법한 상태'가 계속되면, 지방자치단체의 장은 지방의회에서 재의결된 날로부터 20일 이내에 대법원에 제소할 수 있으며 주무부장관 또는 시 · 도지사는 재의요구 지시한 사항이 재의결되어 법령에 위반되는데도 그 지방자치단체장이 대법원에 제소하지 아니하는 때에는 제소를 지시하거나(이 경우 단체장은 7일 이내에 반드시 제소) 직접 제소 할 수 있다.

지방의회의 의결 또는 지방의회에 의하여 재의결된 사항이 2개 이상의 부처와 관련되거나 주무부장관이 불분명한 때에는 행정자치부 장관이 재의요구 또는 제소를 지시하거나 직접 제소 및 집행정지결정을 신청할 수 있다.

203) 여기 10일에는 폐회 중 또는 휴회 중인 기간은 산입하지 않기 때문에 실제로 수개월에 이른다. 그리고 이 기간 내에 재의에 부치지 않는 경우에도 어떠한 제재가 없는 것은 큰 입법불비이다.

이 경우 소송은 지방자치단체의 장이 당해 지방의회를 상대로 지방의회 의결의 적법성 여부에 대한 지방자치단체장의 독자적인 판단에 의하여 제기하는 소송이므로 순수한 기관소송[204]의 성격을 띤다.

대법원에 제소된 조례 중 유효로 판결된 조례는 많지는 않으나 ⓐ 충북청주시행정정보공개조례 ⓑ 인천광역시동구학교급식시설지원에관한조례 ⓒ 광주광역시동구저소득주민생계보호지원조례 등이 그 예이다.

한편, 주민에 의하여 제소된 사건 중에서 조례에 대한 유효 판정을 받은 경우는 산청군제증명수수료징수조례 등이 있고, 헌법재판소의 헌법소원사건에서 합헌결정을 받은 조례로는 부천시 · 강남구등담배자판기설치금지조례 등이 있다.

행정자치부 2015년 2월 보도자료에 의하면 재의요구된 조례현황이 2008년부터 2014년까지는 다음과 같다.

※ 48건('08년) → 53건('09년) → 36건('10년) → 50건('11년) → 27건('12년) → 42건('13년) → 27건('14년)

재의요구 발의자 현황(1995~2014)

구분	총계	단체장 발의	의원발의
계	975	363	612(62.8%)
시 · 도	184	29	155(84.2%)
시 · 군 · 구	791	334	457(57.8%)

204) 기관소송은 자신의 권익구제를 직접 목적으로 하는 것이 아니므로 객관적 소송에 속하고 현행법상 기관소송으로 ① 지방의회나 교육위원회의 의결무효소송과, ② 주무부장관이나 상급 지방자치단체장의 감독처분에 대한 이의소송이 있다.

법 제107조(지방의회의 의결에 대한 재의요구와 제소) ① 지방자치단체의 장은 지방의회의 의결이 월권이거나 법령에 위반되거나 공익을 현저히 해친다고 인정되면 그 의결사항을 이송받은 날부터 20일 이내에 이유를 붙여 재의를 요구할 수 있다.

② 제1항의 요구에 대하여 재의한 결과 재적의원 과반수의 출석과 출석의원 3분의 2 이상의 찬성으로 전과 같은 의결을 하면 그 의결사항은 확정된다.

③ 지방자치단체의 장은 제2항에 따라 재의결된 사항이 법령에 위반된다고 인정되면 대법원에 소(訴)를 제기할 수 있다. 이 경우에는 제172조제3항을 준용한다.

법 제108조(예산상 집행 불가능한 의결의 재의요구) ① 지방자치단체의 장은 지방의회의 의결이 예산상 집행할 수 없는 경비를 포함하고 있다고 인정되면 그 의결사항을 이송받은 날부터 20일 이내에 이유를 붙여 재의를 요구할 수 있다.

② 지방의회가 다음 각 호의 어느 하나에 해당하는 경비를 줄이는 의결을 할 때에도 제1항과 같다.

1. 법령에 따라 지방자치단체에서 의무적으로 부담하여야 할 경비
2. 비상재해로 인한 시설의 응급 복구를 위하여 필요한 경비

연도별 제소결과(1995~2014)

제소결과	계	95~05	06	07	08	09	10	11	12	13	14
계	158	77	3	8	5	22	6	9	8	10	10
무효	85	59	2	7	3	2		5	6	1	
유효	39	7	1	1		20	3	2	1	4	
기타*	34	11			2		3	2	1	5	10

* 취하, 각하, 계류 ※ 제소자별 : 주무장관 11, 시 도지사 63, 시 군 구청장 84

(3) 예산안에 대한 재의요구

① 제도적 의의

우리 헌법은 대통령제를 채택하여 입법부와 행정부간에 견제와 균형이 이루어지도록 하고 있으며, 지방자치법은 지방자치단체의 기관구성에 있어서 헌법상의 대통령제와 유

사한 기관대립형을 채택하여 지방의회와 집행부 사이의 견제와 균형을 규정하고 있다.

헌법의 경우를 보면 입법부와 행정부 사이의 견제와 균형은 입법권 예산심의권 등 사안에 따라 그 유형을 달리하고 있는데, 예산심의권의 경우에는 정부에 대하여 재의요구권을 인정하지 아니하고 그 대신 예산안편성권을 정부가 갖도록 함과 아울러 국회에서 예산의 증액 또는 비목신설을 하고자 할 경우 정부의 동의를 받도록 하였으며, 국회가 예산안의 심의 의결을 지연시킬 경우에는 준예산제도를 통하여 최소한의 국정수행이 가능하도록 하고 있다.

이에 반하여 지방자치법에서는 예산안에 대하여 예산편성권을 집행부에게 부여하고 증액 또는 비목신설에 대한 동의권, 준예산제도 등을 인정한 점은 헌법의 경우와 유사하지만, 재의요구권을 조례안의 경우 외에 지방의회의 모든 의결에 대하여 인정하면서 예산과 관련된 의결에 대한 재의요구권을 별도로 인정한 점이 헌법의 경우와 커다란 차이를 보이고 있다.

이것은 지방자치의 연혁에서 비롯된 것이라 생각되는 바, 우선 헌법에서 지방의회의 구성을 필수적으로 요구하면서도 지방자치단체장의 선임방법은 법률에 위임하여 지방의회가 구성된 후 한참이 지나서야 지방자치단체장의 직선이 이루어졌고 그 결과 민선 지방의회와 관선 지방자치단체장이 공존하던 형태가 상당기간 지속되었으며(원래 지방자치단체장의 직선은 헌법적 요구사항은 아니기 때문에 당시 정부로서는 계속하여 관선제를 유지할 생각을 갖고 있었을 것이라 생각됨) 이러한 구도에서 관선 지방자치단체장이 민선 지방의회를 확실히 견제할 수단을 갖도록 하는 것이 당시 입법자들의 입법 의도였다고 할 수 있는 것이다.

② 예산안 재의요구내용

지방의회의 의결대상 중 '예산안'의 형식으로 제출되는 예산안 안건은 조례안과는 달리 공포와 같은 절차 없이 지방의회의 의결로 확정된다. 따라서 지방예산의 경우 지방의회에서 의결하면 절차적인 측면에 대한 하자여부와 상관없이 확정되는 것[205]으로 내

205) 의결사항은 확정되게 되지만 그에 관련된 예산까지 확정되는 것은 아니라고 본다: 이주희,

용을 문제 삼아 자치단체장이 재의요구하는 것과는 별개로 의회가 의결한 예산은 일단 유효한 것으로 확정 지어진다.

지방자치단체 예산안에 대한 재의요구제도를 자세히 살펴보면 두 가지로 나누어진다. 첫 번째는 예산삭감관련 재의요구이고 다른 하나는 예산의 추가적인 부담을 수반하는 의결관련 재의요구이다. 먼저 예산삭감에 대해 재의요구하는 경우는 지방의회가 '법령에 따라 지방자치단체에서 의무적으로 부담하여야할 경비'와 '비상재해로 인한 시설의 응급복구를 위하여 필요한 경비'를 삭감하는 의결을 한때로 한정된다.

두 번째, 지방자치법은 '지방의회의 의결이 예산상 집행할 수 없는 경비를 포함하고 있다고 인정'되는 때 즉 예산의 추가적인 부담을 수반하는 의결을 하는 경우에는 재의요구를 할 수 있도록 하고 있다. 이와 관련하여 살펴보아야 할 규정은 지방자치법 제127조로 지방자치단체장은 예산편성권을 가지며, 지방자치단체의 장의 동의 없이 지출예산 각 항의 금액을 증가하거나 새로운 비용항목을 설치할 수 없다고 규정하여 지방예산의 편성권자가 지방자치단체의 장임을 명백히 하고 지방자치단체장의 예산편성권을 침해한 경우에는 재의요구를 할 수 있게 하고 있다. 만약 지방의회에서 심의하면서 지방의회가 증액한 예산안에 대하여 자치단체장이 동의하지 않는다면 지방의회는 예산안을 수정하여 재동의를 얻어야 할 것이며, 동의 없이 증액된 예산안을 그대로 의결할 경우에는 지방자치단체장은 법령위반을 이유로 재의요구를 할 수 있으며 실제 집행권자로서 이 증액된 예산을 집행하지 않는 방법으로 운영할 가능성도 매우 높은 것이 현실이다. 뿐만 아니라 지방재정법 제44조는 지방자치단체의 채무부담의 원인이 될 계약의 체결 그 밖의 행위를 하고자 할 때에는 미리 예산으로 지방의회의 의결을 얻어야 하고, 의회의 의결을 통해 채무부담이 되는 행위를 한 때에는 상환 회계연도 세출예산에 반드시 계상하도록 규정하고 있어 동 내용에 대한 삭감도 위법하다.

③ 예산안 재의요구 절차

지방자치법은 재의요구에 대하여 "재적의원 과반수의 출석과 출석의원 3분의 2 이상

지방자치법 이론과 운영, 서강출판사

의 찬성으로 전과 같은 의결을 하면 그 의결은 확정된다."고 규정하고 있다. 예산안도 의회 의결 중의 하나이며 안건으로 접수된 이상 조례안이나 건의안 등 다른 안건과 마찬가지의 재의요구 절차를 거치게 된다. 즉 예산안도 다른 의안과 마찬가지로 자치단체장이 제출하여 접수되고 각 상임위원회로 회부되어 예비심사를 거치며 예산결산특별위원회의 본 심사를 마치고 본회의에서 의결하면 자치단체장에게 송부하게 된다. 자치단체의 장은 이에 대해서 재의요구이유를 붙여 재의요구를 할 수 있다. 다만 예산안의 재의요구는 지방의회의 의결에 대해 일부거부 혹은 수정재의요구를 금지하고 있는 지방자치법 시행령 제71조 제2항에도 불구하고 대법원 판례가 "예산안은 각 항목별로 독립된 성격을 가지고 있어 전체 예산안이 반드시 통일된 의결에 의해 규율될 필요는 없는 점, 지방자치법 제99조 제2항에서도 일정한 경비를 삭감하는 의결을 한 때에 재의를 요구할 수 있도록 규정하고 있는 점 등에 비추어 볼 때, 삭감된 예산안 중 특정 항목에 관하여만 재의요구를 요구하는 것은 당해 규정에 위배된다고 볼 수 없다."[206]고 판시한 바 있다.

(4) 선결처분

① 의의

지방자치단체의 장은 지방의회가 성립되지 않을 때(의원의 구속 등의 사유로 의결정족수에 미달하게 된 때를 말한다)와 지방의회의 의결사항중 주민의 생명과 재산보호를 위하여 긴급하게 필요한 사항으로서 지방의회를 소집할 시간적 여유가 없거나 지방의회에서 의결이 지체되어 의결되지 아니한 때에는 선결처분을 할 수 있다. 선결처분권은 헌법상 긴급재정경제처분 및 명령권, 긴급명령권과 유사한 제도라 할 수 있으며, 지방자치단체의 장과 의회의 조정을 도모하고 지방행정의 정체를 방지하는 것을 주된 목적으로 한다. 선결처분은 비상시에 지방자치단체의 장이 지방의회가 의결하여야 할 사항을 임시적으로 결정하는 것이므로 엄격한 요건 하에서만 허용된다고 하겠다. 이 선결처분제도는 집행기관과 의결기관의 조정을 도모하는 제도로 지방의회의 의결권에 대한

206) 대법원 2004.5.7. 2003추 68

제한으로 해석되어 질 수 있기 때문이다. 지방자치단체 장은 선결처분에 대한 승인을 얻지 못한 때에는 그 선결처분은 그 때부터 효력을 상실한다.

> **법 제109조(지방자치단체의 장의 선결처분)** ① 지방자치단체의 장은 지방의회가 성립되지 아니한 때(의원이 구속되는 등의 사유로 제64조에 따른 의결정족수에 미달하게 될 때를 말한다)와 지방의회의 의결사항 중 주민의 생명과 재산보호를 위하여 긴급하게 필요한 사항으로서 지방의회를 소집할 시간적 여유가 없거나 지방의회에서 의결이 지체되어 의결되지 아니할 때에는 선결처분(先決處分)을 할 수 있다.
> ② 제1항에 따른 선결처분은 지체 없이 지방의회에 보고하여 승인을 받아야 한다.
> ③ 지방의회에서 제2항의 승인을 받지 못하면 그 선결처분은 그때부터 효력을 상실한다.
> ④ 지방자치단체의 장은 제2항이나 제3항에 관한 사항을 지체 없이 공고하여야 한다.

② 대상과 요건

단체장의 선결처분 대상은 주민의 생명과 재산을 보호하기 위하여 긴급하게 필요한 사항으로서 ⓐ 천재지변이나 대형화재로 인한 피해의 복구 및 구호 ⓑ 중요한 군사안보상의 지원 ⓒ 급성 전염병에 대한 예방조치 ⓓ 기타 긴급하게 조치하지 아니하면 주민의 생명과 재산에 대하여 중대한 피해가 발생할 우려가 있는 사항이다. 그리고 단체장이 선결처분을 한 때에는 시·도는 행정자치부 장관에게 시·군·구는 시·도지사에게 이를 보고 하여야 한다.

단체장이 선결처분을 할 수 있는 요건은 ⓐ 의회가 성립되지 아니할 때 ⓑ 지방의회를 소집할 시간적 여유가 없을 때 ⓒ 지방의회에서 의결이 지체되어 의결되지 아니할 때이다.

③ 효과

선결처분권은 지방자치단체장이 행사한다. 그러나 적법하게 부단체장이 단체장의 직무를 대리하는 경우에는 부단체장도 선결처분권을 행사할 수 있다고 볼 수 있다. 단체장이 선결처분권에 의하여 행한 처분은 의회의 의결을 거쳐 행한 것과 같이 적법하고 유효하게 효력을 발생한다.

단체장이 선결처분권을 행사한 경우에 다음 회기(선결처분 후 집회되는 최초의 임시회나 정기회)의 지방의회에 보고하여 승인을 얻어야 한다. 지방의회는 선결처분 사실을 보고받으면 그에 대한 승인여부를 결정하게 되는데 의회의 승인을 얻는 때에는 시 · 도는 행정자치부장관에게, 시 · 군 · 구는 시 · 도지사에게 보고하여야 한다. 선결처분을 한 때에도 행정자치부장관 및 시 · 도지사에게 보고하여야 한다.

지방의회가 단체장의 선결처분을 승인하지 않을 때에는 그 선결처분은 그 때부터 효력을 상실한다. 승인을 얻지 못한 때에는 그 선결처분은 소급실효 되는 것이 아니라 일단은 적법한 처분으로서의 효력을 발생하나 승인을 얻지 못한 때로부터 효력을 상실한다. 선결처분은 의결기관인 의회가 그 본래의 기능을 수행할 수 없는 경우에 장이 보완적으로 의회에 대신하여 그 권능을 행사하는 것이며 또한 시간적으로 유예할 수 없기 때문에 행사하는 것이므로 의회의 승인을 얻지 못하였기 때문에 그 처분이 무효가 된다고 한다면 이미 처분을 받은 자의 이익을 해하고 행정의 안정을 훼손하며 신속한 조치를 취하기 위하여 설정된 제도의 취지를 상실하게 하는 것이 되기 때문이다.

④ 운영사례

실제 있었던 선결처분의 사례를 살펴보면, 1991년 8월 경북 군위군에서는 같은 해 8월 23일 태풍 글래디스의 총 31건의 피해에 대해 2억5천만 원을 부담하기로 선결처분하고 같은 해 10월 19일 본회의에서 1991년 수해복구사업예산 선결처분승인의 건을 원안가결(수해복구사업 지방비부담 선결처분)한 바 있으며, 1994년 7월 충남 연기군에서도 준용하천 내 하상정비를 위한 골재채취 현장 내 익사사고와 관련하여 미호천의 관리청인 연기군이 1994년 7월 3천2백만 원의 손해배상금을 지급하기로 하여 선결처분하고 동년 9월 추가 경정예산 승인 시 의회의 승인(준용하천 익사자 손해배상금 지급 선결처분)을 받은 적이 있다.

한편 지방의회가 성립하지 못해 발생한 선결처분의 경우를 보면 1995년 강원도 양양군에서는 지방자치단체의 장의 직급이 1995년 7월 1일부터 지방정무직으로 조정 승인됨에 따라 양양군지방공무원정원조례를 개정하여야 했으나, 속초시와 양양군의 통합반대에 따른 양양군의원(6명)의 집단사직으로 의결이 불가능함에 따라 선결처분하고 사후에 지방의회에서 승인을 받은 적이 있다.

사례에서 볼 때 예산의 불성립 시에의 예산집행도 넓은 의미의 선결처분으로 볼 수 있다고 판단된다.

2. 보조기관

보조기관이란 행정기관의 의사 또는 판단의 결정이나 표시를 보조함으로써 행정기관의 목적달성에 공헌하는 기관을 말한다. 지방자치법은 제6장 제2절에서 보조기관의 제명 아래 부단체장과 권한대행 및 행정기구와 공무원의 정원 등에 관한 규정을 두고 있다.

1) 부단체장

(1) 의의

지방자치단체는 원활한 사무의 수행을 위하여 지방자치단체의 장의 보조기관으로 특별시 · 광역시 및 특별자치시에는 부시장, 도와 특별자치도에는 부지사, 시에는 부시장, 군에는 부군수, 자치구에는 부구청장을 두고 정수와 직급은 대통령령에서 정하도록 하고 있다.

부단체장제도의 변천내용을 요약하면 다음과 같다.

부단체장제도의 변천내용

연도	제도 변화의 주요내용
1949.7.4. (제정)	도(부지사 1인), 서울특별시와 시, 읍, 면(각 부시, 읍 ,면장 1인) 부지사, 서울특별시의 부시장, 대통령령에 정한 시의 부시장은 자치단체장의장 추천, 내무부장관 경유, 대통령 임명 기타 시의 부시장은 당해 시장의 추천으로 도지사가 임명 부읍, 면장은 읍, 면장 추천으로 군수를 경유 도지사가 임명 임용자격은 대통령령으로 정함 자치단체장의 명을 받아 사무총괄, 소속직원 지휘감독 지방자치단체의 장 사고 시 직무를 대리

1949.12.15	도의 부지사제 폐지
1988.4.6	특별시와 직할시(부시장), 도(부지사), 직급은 대통령령으로 정함 자치구 부구청장제 도입(일반직 지방공무원으로 보함) 시·도의 부시장· 부지사는 내무부장관 제청, 국무총리 경유, 대통령령이 임명 시군구의 부단체장은 지방자치단체장이 임명 부단체장은 당해 지방자치단체장을 보좌하여 사무를 총괄하고, 소속직원을 지휘· 감독 지방자치단체장 사고 시 직무 대리
1989.12.30	시· 도의 부시장, 부지사는 시· 도지사 추천, 내무부장관 제청, 국무총리 경유, 대통령이 임명(민선초대 시· 도지사가 임기 중에는 종전 방식 적용)
1994.3.16	시· 군· 자치구의 부단체장은 일반직 지방공무원으로 자치단체장이 임명(민선초대 자치단체장 임기 중에는 일반직 국가공무원으로 보함) 지방자치단체의 장의 위임사무 해태 시 주무장관과 도지사의 직무이행 명령, 대집행, 행정·재정상의 조치권 부여
1999.8.31	권한대행(지방자치단체장 궐위, 공소 제기된 후 구금상태, 60일 이상 계속 입원, 당해 지방자치단체의 장 선거에 입후보 한 경우)
2000.1.12	인구 800만 이상 광역자치단체는 부단체장을 3인까지 둠
2002.3.25	(권한대행 사유 추가) 지방자치단체 장이 금고 이상의 형의 선고를 받은 경우
2005.8.4	(권한대행 사유 추가) 지방자치단체의 장이 당해 지방자치단체장 선거에 입후보하는 경우
2009.4.1.	시도의 부단체장의 신분을 현행 정무직 또는 별정직에 일반직 지방공무원을 추가함
2011.5.30	(권한대행사유추가) 지방자치단체장이 금고 이상의 형을 선고 받은 경우 직무정지 및 부단체장 권한대행 규정 삭제(헌법재판소의 헌법 불일치 판결[207])

일반적으로 '보조기관'이라 함은 행정적 즉 장의 내부적 기관으로서 장(長의) 의사와 판단의 결정 및 표시에 관하여 이를 보조하는 권한을 갖는 행정기관을 말한다. 따라서 보조기관은 행정청의 권한을 대행하는 경우를 제외하고는 스스로 의사를 결정하거나 이를 대외적으로 표시할 권한은 없다.

즉 '보조기관'이라 함은 행정기관의 의사 또는 판단의 결정이나 표시를 보조함으로써 행정기관의 목적달성에 공헌하는 기관을 말하며, 이와 대비되는 '보좌기관'이라 함은 행

207) 헌재 2010. 9. 2. 2010헌마418

정기관이 그 기능을 원활하게 수행할 수 있도록 그 기관장이나 보조기관을 보좌함으로써 행정기관의 목적달성에 공헌하는 기관을 말한다.

법 제110조(부지사 · 부시장 · 부군수 · 부구청장) ① 특별시 · 광역시 및 특별자치시에 부시장, 도와 특별자치도에 부지사, 시에 부시장, 군에 부군수, 자치구에 부구청장을 두며, 그 정수는 다음 각 호와 같다.

1. 특별시의 부시장의 정수 : 3명을 넘지 아니하는 범위에서 대통령령으로 정한다.
2. 광역시와 특별자치시의 부시장 및 도와 특별자치도의 부지사의 정수 : 2명(인구 800만 이상의 광역시나 도는 3명)을 초과하지 아니하는 범위에서 대통령령으로 정한다.
3. 시의 부시장, 군의 부군수 및 자치구의 부구청장의 정수 : 1명으로 한다.

② 특별시 · 광역시 및 특별자치시의 부시장, 도와 특별자치도의 부지사는 대통령령으로 정하는 바에 따라 정무직 또는 일반직 국가공무원으로 보한다. 다만, 제1항제1호와 제2호에 따라 특별시 · 광역시 및 특별자치시의 부시장, 도와 특별자치도의 부지사를 2명이나 3명 두는 경우에 1명은 대통령령으로 정하는 바에 따라 정무직 · 일반직 또는 별정직 지방공무원으로 보하되, 정무직과 별정직 지방공무원으로 보할 때의 자격기준은 해당 지방자치단체의 조례로 정한다.

③ 제2항의 정무직 또는 일반직 국가공무원으로 보하는 부시장 · 부지사는 시 · 도지사의 제청으로 행정자치부장관을 거쳐 대통령이 임명한다. 이 경우 제청된 자에게 법적 결격사유가 없으면 30일 이내에 그 임명절차를 마쳐야 한다.

④ 시의 부시장, 군의 부군수, 자치구의 부구청장은 일반직 지방공무원으로 보하되, 그 직급은 대통령령으로 정하며 시장 · 군수 · 구청장이 임명한다.

⑤ 시 · 도의 부시장과 부지사, 시의 부시장 · 부군수 · 부구청장은 해당 지방자치단체의 장을 보좌하여 사무를 총괄하고, 소속직원을 지휘 · 감독한다.

⑥ 제1항제1호와 제2호에 따라 시 · 도의 부시장과 부지사를 2명이나 3명 두는 경우에 그 사무 분장은 대통령령으로 정한다. 이 경우 부시장 · 부지사를 3명 두는 시 · 도에서는 그 중 1명에게 특정지역의 사무를 담당하게 할 수 있다.

(2) 정수와 임명절차

우리나라의 부단체장 운영실태를 살펴보면 광역자치단체 및 특별시와 특별자치도 부단체장의 정수는 2명으로 되어있으며 인구가 800만 이상일 경우에는 3명을 두도록 하고 있다. 부단체장의 업무는 행정부시장 · 행정부지사는 시 · 도의 사무를 총괄하고 소속 공무원을 감독하며 정무부시장 · 정무부지사는 해당 시 · 도지사를 보좌하여 정책과 기획의 수립에 참여하며 그 밖의 정무적 업무를 수행한다.

정무부시장과 정무부지사의 경우 지방자치단체의 정책 수요에 따라 경제부시장으로 지칭하는 경우도 있으며 정무부시장 · 부지사에게 일부 부서를 관장하도록 하는 경우도 있다.

기초자치단체 부단체장의 정수는 1명으로 정해져 있으며, 기초자치단체장을 보좌하며, 사무를 총괄하고 소속 직원을 지휘 · 감독하며 지방자치단체장이 궐위된 경우, 공소제기된 후 구금상태에 있는 경우, 의료법에 따른 의료기관에 60일 이상 계속하여 입원한 경우에는 지방자치단체의 장의 권한을 대행하는 역할을 담당한다.

부단체장의 정수와 지위

구분	지방자치단체	내용
정수	특별시	부시장 3명 이내
	광역(특별자치)시, 도(특별자치도)	부시장(부지사) 2명 이내 (단, 인구 800만 이상의 광역시, 도의 경우 3명 이내)
	시 · 군 · 자치구	부시장 · 부군수 · 부구청장 1명
신분	특별시	국가공무원(정무직 또는 일반직), 단, 2명 이상을 두는 경우 2명은 지방공무원(정무직 · 일반직 또는 별정직)
	광역(특별자치)시, 도(특별자치도)	
	시 · 군 · 자치구	지방공무원(일반직)
자격기준	특별시	대통령령
	광역(특별자치)시, 도(특별자치도)	
	시 · 군 · 자치구	해당 지방자치단체의 조례(직급은 대통령령)

<table>
<tr><td rowspan="3">임용
방법</td><td>특별시</td><td rowspan="2">시 · 도지사 제청 → 행정자치부장관 → 대통령 임명</td></tr>
<tr><td>광역(특별자치)시,
도(특별자치도)</td></tr>
<tr><td>시 · 군 · 자치구</td><td>시장 · 군수 · 구청장이 임명</td></tr>
<tr><td rowspan="3">직무
권한</td><td>특별시</td><td rowspan="3">– 지방자치단체장 보좌
– 사무 총괄
– 소속직원의 지휘 · 감독
– 권한대행</td></tr>
<tr><td>광역(특별자치)시,
도(특별자치도)</td></tr>
<tr><td>시 · 군 · 자치구</td></tr>
</table>

(3) 권한

지방자치법에서 규정하고 있는 부단체장의 권한은 다음과 같이 크게 3가지로 구분할 수 있다.

첫째, 지방자치단체장을 보좌하여 사무를 총괄하는 권한이다. 보좌의 방법에는 지방자치단체장이 그 사무를 처리함에 있어서 부단체장이 이를 보좌하는 것 즉, 지방행정에 관한 지식과 경험으로 지방자치단체장에게 조언하고 지방자치단체장의 권한에 속하는 사무를 위임전결규정에 따라 처리하는 등 내부관계에 있어서 지방자치단체장의 사무처리를 보좌하는 방법과 지방자치단체장의 위임을 받아 그 권한에 속하는 사무의 일부를 처리하는 방법이 있다.

둘째, 조직구성원이 업무를 처리함에 있어 부단체장이 이를 지휘 · 감독하는 권한이다. 이러한 권한은 부단체장이 직업공무원으로서는 최고의 직위에 있음으로 갖는 권한이며 이러한 지휘 · 감독권한은 지방자치단체장에 대한 보좌를 하기 위해서 필요한 권한이라고 볼 수 있다.

셋째, 부단체장은 지방자치단체장이 궐위된 경우, 공소제기된 후 구금상태에 있는 경우, 의료법에 따른 의료기관에 입원한 경우에는 지방자치단체의 장의 권한을 대행한다.

법 제111조(지방자치단체의 장의 권한대행 등) ① 지방자치단체의 장이 다음 각 호의 어느 하나에 해당되면 부지사 · 부시장 · 부군수 · 부구청장(이하 이 조에서 "부단체장"이라 한다)이 그 권한을 대행한다.

1. 궐위된 경우
2. 공소 제기된 후 구금상태에 있는 경우
3. 의료법에 따른 의료기관에 60일 이상 계속하여 입원한 경우

② 지방자치단체의 장이 그 직을 가지고 그 지방자치단체의 장 선거에 입후보하면 예비후보자 또는 후보자로 등록한 날부터 선거일까지 부단체장이 그 지방자치단체의 장의 권한을 대행한다.

③ 지방자치단체의 장이 출장 · 휴가 등 일시적 사유로 직무를 수행할 수 없으면 부단체장이 그 직무를 대리한다.

④ 제1항부터 제3항까지의 경우에 부지사나 부시장이 2명 이상인 시 · 도에서는 대통령령으로 정하는 순서에 따라 그 권한을 대행하거나 직무를 대리한다.

⑤ 제1항부터 제3항까지의 규정에 따라 권한을 대행하거나 직무를 대리할 부단체장이 부득이한 사유로 직무를 수행할 수 없으면 그 지방자치단체의 규칙에 정하여진 직제 순서에 따른 공무원이 그 권한을 대행하거나 직무를 대리한다.

[2011.5.30. 법률 제10739호에 의하여 2010.9.2. 헌법재판소에서 헌법불합치 결정된 이 조 제1항제3호를 삭제함.][208]

여기서 구별해야 할 것은 행정권한의 대리에 관해서 현행법에서는 '권한의 대행', '직무대행', '직무대리' 등으로 다양하게 표현되고 있는 것이다.

그러나 행정권한을 피대리기관을 위한 것임을 표시하고 대리기관의 이름으로 행하되 그 행위는 피대리기관의 행위로서 효과가 발생하는 취지의 의미라면 법령용어의 통일을 위하여 '직무의 대리'로 통일하여 표현하도록 하는 것이 바람직해 보인다. 현행법상 직무를 대리하는 경우를 '대행'으로 표현한 경우가 많으나, '대행'은 행정기관의 법령상

208) 지방자치단체의 장이 금고 이상의 형을 선고받고 그 형이 확정되지 아니한 경우 부단체장이 그 권한을 대행하도록 규정한 지방자치법 제111조 제1항 제3호가 자치단체장인 청구인의 공무담임권 등 기본권을 침해한다고 판결: 2010. 9. 2. 2010헌마418

의 권한을 그 명의와 책임으로 행사하되 권한의 행사에 따른 실무를 대행기관으로 하여금 하게 하는 경우에 사용되는 표현이므로 이를 명확하게 구분하여 명칭상의 혼란을 없애는 것이 필요하다.

권한대행과 직무대리

구분	권한대행	직무대리
근거	지방자치법 제111조 제1·2·4·5항	지방자치법 제111조 제3·4·5항
요건	조문 참고	자치단체장의 출장 · 휴가 · 일시적 휴양 등으로 직무수행 곤란 시 그 기간 동안 부단체장이 직무를 대리
절차	• 요건 충족 시 당연 대행하므로 별도의 임명절차는 불필요 • 부단체장이 단체장 권한을 대행하거나 권한대행을 하지 아니하게 된 즉시 지방의회에 통보하고, 시도는 행자부장관, 시군구는 시도지사에게 즉시 보고해야 함 ※ 지방자치법 시행령 제74조 제4항	• 자치단체장이 부단체장의 직무대리 범위와 기간을 미리 서면으로 정하여야 함 ※ 지방자치법 시행령 제74조 제2항
범위	• 법령과 당해 자치단체의 조례나 규칙이 정하는 바에 의해 당해 자치단체장의 권한에 속하는 모든 사무 처리(포괄적 권한대행) ※ 지방자치법 시행령 제74조 제1항 • 다만, 부단체장은 부단체장의 직위에서 단체장의 권한을 당연 대행하므로, 권한대행자가 부단체장을 임명할 수는 없음	• 자치단체장이 미리 서면으로 위임하거나 지시한 사무를 처리 (한시적·제한적 직무대리) – 단, 공익상 긴급을 요하는 경우에는 위 사무 외의 자치단체장의 권한에 속하는 사무 처리도 가능 ※ 지방자치법 시행령 제74조 제3항
순서	• 서울시·경기도는 행정1부시장 (부지사) → 행정2부시장(부지사) → 정무부시장(부지사) 순 – 나머지 시·도는 행정부시장 (부지사) → 정무부시장(부지사) 순 ※ 지방자치법 시행령 제74조 제5항 • 부단체장이 부득이한 사유로 직무를 수행할 수 없는 경우 – 당해 자치단체 규칙에 정하여진 직제순에 의한 공무원	左同

2) 행정기구와 공무원

지방자치단체는 당해 사무를 수행하기 위하여 필요한 행정기구와 지방공무원을 둔다. 여기서 행정기구는 지방자치단체의 내부적 조직의 문제이므로 해당 지방자치단체의 조례로 정하며 지방자치단체의 장의 보조기관이다. 이와 관련하여 지방자치단체의 행정기구 및 정원기준 등에 관한 규정[209]을 제정하여 시행중이다. 이 대통령령에 의하면 '보조기관'이란 지방행정기관의 의사 또는 판단의 결정이나 표시를 보조함으로써 행정기관의 목적달성에 공헌하는 기관을 말한다고 정의하고 있다.

> 법 제112조(행정기구와 공무원) ① 지방자치단체는 그 사무를 분장하기 위하여 필요한 행정기구와 지방공무원을 둔다.
> ② 제1항에 따른 행정기구의 설치와 지방공무원의 정원은 인건비 등 대통령령으로 정하는 기준에 따라 그 지방자치단체의 조례로 정한다.
> ③ 행정자치부장관은 지방자치단체의 행정기구와 지방공무원의 정원이 적정하게 운영되고 다른 지방자치단체와의 균형이 유지되도록 하기 위하여 필요한 사항을 권고할 수 있다.
> ④ 지방공무원의 임용과 시험 · 자격 · 보수 · 복무 · 신분보장 · 징계 · 교육훈련 등에 관하여는 따로 법률로 정한다.
> ⑤ 지방자치단체에는 제1항에도 불구하고 법률로 정하는 바에 따라 국가공무원을 둘 수 있다.
> ⑥ 제5항에 규정된 국가공무원은 국가공무원법 제32조제1항부터 제3항까지에도 불구하고 5급 이상의 국가공무원이나 고위공무원단에 속하는 공무원은 해당 지방자치단체의 장의 제청으로 소속 장관을 거쳐 대통령이 임명하고, 6급 이하의 국가공무원은 그 지방자치단체의 장의 제청으로 소속 장관이 임명한다.

지방자치단체의 행정기구와 정원기준 등에 관한 규정 제9조 및 제13조 등의 규정에 따르면 지방자치단체에서 과 단위 기구는 자율적으로 설치 · 운영할 수 있으나 국 단위

209) 대통령령 제26183호

기구는 인구수 등을 고려하여 설치할 수 있는 최대 숫자가 정해져 있으므로 새로운 업무가 필요한 경우에는 조직 진단 등을 통해 기존의 기구 및 업무를 재조정하는 등으로 기준을 넘지 않도록 조직을 효율적으로 운영하여야 한다.

지방자치단체는 지방공무원의 정원관리에 있어 그 규모의 적정화와 운영의 합리화를 도모하여야 하며, 지방공무원의 임용과 시험 · 자격 · 보수 · 복무 · 신분보장 · 징계 · 교육훈련 등에 관하여는 지방공무원법이 제정되어 운영 중이다.

지방자치단체에는 법률이 정하는 바에 의하여 국가공무원을 둘 수 있고, 이 경우 5급 이상의 국가공무원이나 고위공무원단에 속하는 공무원은 해당 지방자치단체의 장의 제청으로 소속 장관을 거쳐 대통령이 임명하고, 6급 이하의 국가공무원은 그 지방자치단체의 장의 제청으로 소속 장관이 임명한다.

3. 소속 행정기관

1) 직속기관

'직속기관'이란 그 개념을 명확하게 규정하기는 어려우나 지방자치단체가 소관 사무의 성격상 별도의 전문기관에서 수행하는 것이 효율적이라 판단되는 경우 조례로 설치할 수 있는 기관을 말한다. 지방자치단체의 행정기구 및 정원기준 등에 관한 규정에 의하면 지방자치법 제113조에 따른 직속기관으로 지방농촌진흥기구 · 지방공무원교육훈련기관 · 보건환경연구원 · 보건소 · 지방소방학교 · 소방서와 공립의 대학 · 전문대학 등을 규정하고 있다.

> **법 제113조(직속기관)** 지방자치단체는 그 소관 사무의 범위 안에서 필요하면 대통령령이나 대통령령으로 정하는 바에 따라 지방자치단체의 조례로 자치경찰기관(제주특별자치도에 한한다), 소방기관, 교육훈련기관, 보건진료기관, 시험연구기관 및 중소기업지도기관 등을 직속기관으로 설치할 수 있다.

특히, 우리나라의 대표적인 직속기관인 공무원교육원의 현황을 살펴보면 법적으로 설치가 가능한 광역자치단체 중 울산광역시를 제외한 다른 모든 광역자치단체가 공무원교육원을 설치하고 있다. 그리고 대학의 경우도 거의 절반 이상의 광역자치단체가 설치 운영하고 있음을 알 수 있다.

지방자치단체가 설치한 대학현황

구분	대학명
서 울	서울시립대학교
인 천	인천대학교
강 원	강원도립대학
충 북	충북도립대학
충 남	충남도립청양대학
전 남	전남도립대학교
경 북	경북도립대학
경 남	경남도립 남해 · 거창대학

2) 사업소

지방자치단체는 특정 업무를 효율적으로 수행하기 위하여 필요한 때에는 대통령령이 정하는 바에 의하여 해당 지방자치단체의 조례로 사업소를 설치할 수 있다. 사업소의 개념에 대해 설명하거나 정의하고 있는 규정은 찾아 볼 수 없으며 다만, 업무의 성격이나 위치가 별도의 기관에서 그리고 현장에서 추진하는 것이 효율적일 경우 설치할 수 있다고 보여진다.

법 제114조(사업소) 지방자치단체는 특정 업무를 효율적으로 수행하기 위하여 필요하면 대통령령으로 정하는 바에 따라 그 지방자치단체의 조례로 사업소를 설치할 수 있다.

3) 출장소

지방자치단체는 원격지 주민의 편의와 특정지역의 개발촉진을 위하여 필요한 때에는 그 지방자치단체의 조례로 출장소를 설치 할 수 있다.

출장소의 설치도 인력과 기구가 필요한 바 ① 원격지 주민의 편의를 위하여 소관 사무를 분장할 필요가 있고, ② 업무의 종합성과 계속성이 있으며, ③ 관할구역의 범위가 분명할 때 설치할 수 있다.

> **법 제115조(출장소)** 지방자치단체는 원격지 주민의 편의와 특정지역의 개발 촉진을 위하여 필요하면 대통령령으로 정하는 바에 따라 그 지방자치단체의 조례로 출장소를 설치할 수 있다.

시 · 도 출장소현황[210]

시 · 도	출장소명	설치일	관할구역
인 천	경제자유구역청	2003.10.15	(3구) · 중 구 · 연 수 구 · 서 구
강 원	환동해 본 부	1967.4.28. (2012.7.20 명칭변경)	(4시 2군) · 강 릉 시 · 동 해 시 · 속 초 시 · 삼 척 시 · 고 성 군 · 양 양 군
충 북	북 부	2011.1.1	(1시 1군) · 제 천 시 · 단 양 군
	남 부	2012.1.1	(3군) · 보 은 군 · 옥 천 군 · 영 동 군
전 남	동 부	2005.10.13	(3시 4군) · 여 수 시 · 순 천 시 · 광 양 시 · 구 례 군 · 고 흥 군 · 보 성 군 · 곡 성 군

210) 2014년 1월 1일 기준(행자부 현황)

4) 합의제 행정기관

(1) 의의

행정기관은 의사결정구조를 기준으로 독임제와 합의제로 구분되는데, 우리나라에서 독임제 중앙행정기관의 일반적 형태는 부(部) · 처(處) · 청(廳)이고, 합의제 중앙행정기관의 일반적 형태는 행정위원회라고 할 수 있다. 독임제는 최고결정자 1인의 책임과 결정에 의해 이루어지는 반면, 합의제는 여러 사람으로 구성되는 합의체에 조직의 의사결정권을 부여하고, 그 운영 또는 행정이 여러 사람의 합의에 의하여 이루어지도록 하는 조직형태를 갖는다. 합의형 또는 다수지배형이라고도 부르며, 독임제와는 상반되는 개념이다.

독임제기관도 보조기관 내지 자문기관, 보좌기관을 갖추고 있어 여러 명의 공무담당자가 관여하나 독임기관 담당자의 의사와 다른 관여자들의 의사의 가치에는 현저한 차이가 있다. 이에 대하여 합의제 기관에 있어서 구성원들의 의사는 같은 가치를 가지고 참여 · 심의한다는 점에서 차이가 있다.

독임제행정기관은 책임의 소재를 분명히 하고 사무의 통일성, 신속성, 융통성, 비밀성 등을 확보하는 장점을 가지는데 대하여 합의제기관은 참여를 통한 민주성, 신중성, 독립성 등의 장점을 가진다. 행정조직은 원칙적으로 독임제 기관으로 구성되나 독립성, 공정성, 신중성, 민주성 내지 참여의 폭을 넓혀 민주적인 정당성 보완이 필요하거나, 다양한 경험과 아이디어를 수렴할 필요가 있는 경우 등에 합의제행정기관을 설치하는 것이 보통이다.

합의제행정기관에는 대외적인 구속력을 가지는 의사표시를 할 수 있는 합의제행정(관)청과 그 밖의 보조기관 내지 보좌기관으로서 합의제행정기관으로 구분될 수 있다. 후자의 경우는 내부적인 의사결정에만 관여할 수 있을 뿐 대외적인 표시권한은 없다. 합의제행정기관은 통상 의결기관과 심의기관, 자문기관으로 구분된다. 의결기관은 합의제기관의 의사결정이 당해 기관 및 대외적인 구속력을 가지는 경우를 의미한다. 의결기관에 속하는 지방자치단체의 합의제기관으로는 지방의회, 인사위원회, 징계위원회 등을 들 수 있다. 이에 대하여 심의기관은 일정한 안건을 반드시 심의에 부쳐야 하나 행정청의 의사가 심의결과에 반드시 구속될 필요는 없는 경우를 의미한다. 이에 속하는 지방행정기관으로는 학교운영위원회를 들 수 있다. 자문기관은 안건의 부의여부, 안건의 심의결과 등이 구속력이 없는 경우를 의미한다.

지방자치단체는 그 소관 사무의 일부를 독립하여 수행할 필요가 있을 경우에는 합의제행정기관을 조례가 정하는 바에 의하여 설치할 수 있다. 이러한 합의제행정기관에는 그 의사와 판단을 결정하여 외부에 표시하는 권한을 가지는 합의제 행정관청뿐만 아니라 행정주체 내부에서 행정에 관한 의사 또는 판단을 결정할 수 있는 권한만을 가지는 의결기관도 포함된다.[211)]

(2) 설치할 수 있는 요건

지방자치단체는 ① 고도의 전문지식이나 기술이 요청되는 경우 ② 중립적이고 공정한 집행이 필요한 경우 ③ 주민의사의 반영과 이해관계의 조정이 필요한 경우에는 합의제 행정기관을 설치할 수 있다.

현행 법령상 지방자치단체의 합의제행정기관으로는 인사위원회와 지방공무원 소청심사위원회가 있다. 이 중 인사위원회의 경우 독립된 행정기관으로 의결기관이지만 외부에 대하여 해당 지방자치단체를 대표할 수 있는 행정기관은 아니다.

합의제행정기관은 기본적으로 소관과 관련하여 규칙을 제정할 수 있고 이의의 결정 등 재결을 행할 수 있는 바, 설치나 기본적인 사항은 적어도 법률로 정하는 것이 타당하다고 본다.[212)]

211) 대법원 2000.11.10. 2000추36
212) 일본 지방자치법이 이러한 관점에서 규정하고 있다.

법 제116조(합의제행정기관) ① 지방자치단체는 그 소관 사무의 일부를 독립하여 수행할 필요가 있으면 법령이나 그 지방자치단체의 조례로 정하는 바에 따라 합의제행정기관을 설치할 수 있다.

② 제1항의 합의제행정기관의 설치 · 운영에 관하여 필요한 사항은 대통령령이나 그 지방자치단체의 조례로 정한다.

5) 자문기관

(1) 자문기관

지방자치단체는 ① 업무 특성상 전문적인 지식이나 경험이 있는 사람의 의견을 들어 결정할 필요가 있을 때, ② 업무의 성질상 다양한 이해관계의 조정 등 특히 신중한 절차를 거쳐 처리할 필요가 있을 때 그 소관 사무의 범위에서 법령이나 그 지방자치단체의 조례로 정하는 바에 따라 심의회 · 위원회 등의 자문기관을 설치 · 운영할 수 있다.[213]

여기서 자문기관을 설치 · 운영할 수 있는 주체를 '지방자치단체의 장'이 아닌 '지방자치단체'로 규정하고 있어 지방자치단체에 속해 있는 지방의회도 자문기관을 둘 수 있는 것으로 해석될 수도 있다. 그러나 지방의회와 지방자치단체장의 관계에서 서로 견제와 균형의 원리를 구현하기 위한 '기관대립형' 구조를 취하고 있는 지방자치법의 전체적인 체계를 고려할 때, 제5장 '지방의회', 제6장 '집행기관'에 대한 내용을 따로 규정하면서 자문기관의 설치 근거를 제6장 '집행기관'에 포함시키고 있다는 점, 입법연혁적으로 같은 법 제116조의2의 조항이 지방자치단체의 장의 자문기관 남설에 대하여 조례로 설치 근거를 두게 함으로써 지방의회의 통제를 강화하기 위한 점 등을 고려하면, 이 근거를 제5장에서 규정하고 있는 '지방의회'에 대하여 확대하여 적용시키기 어렵다고 할 것이므로, 지방자치법 제116조의2제1항을 지방의회가 자문위원회를 설치 · 운영할 수 있는

213) 합의제행정기관의 설치를 규정한 조항과 자문기관의 설치를 규정한 조항, 위 조항 소정의 기관들은 독립하여 사무를 수행한다 할지라도 이는 어디까지나 지방자치단체의 사무 일부의 집행을 위한 기관으로서 결국은 집행기관에 속하는 기관이라고 볼 것이지 의결기관에 소속된 기관이라거나 집행기관이나 의결기관의 어디에도 속하지 않는 독립된 제3의 기관을 의미하는 것은 아니라고 할 것이다.(대법원 1994.04.26. 93추175)

직접적인 근거로 보기는 어렵다 할 것이다. 다만, 지방자치단체의 자치조직권은 법령의 규정에 저촉되지 않는 한 가급적 넓게 보장하는 것이 지방자치의 이념에 부합된다 할 것이므로, 지방의회에 자문기관을 둘 수 없다는 법령상 명문의 규정이 없는 이상 현실적으로 지방의회의 원활한 운영을 위하여 자문기관을 두는 것이 필요할 수도 있다는 점 등을 고려하면, 지방자치단체는 '조례'로 정하는 바에 따라 자문기관을 설치 · 운영할 수 있도록 한 지방자치법 제116조의2제1항의 취지에 비추어 지방의회의 경우에도 자문기관을 설치할 경우 조례로써 그 설치 · 운영에 관한 사항을 정하는 것이 바람직하다고 하겠다[214].

(2) 구성 및 존속기한

자문기관은 설치목적을 효율적으로 달성하는데 필요한 인원으로 구성하며 자문기관의 위원은 비상임으로 하고, 공무원이 아닌 위원의 임기는 3년을 넘지 않도록 하여야 한다. 그리고 존속기한도 5년의 범위 안에서 필요한 최소한의 기간으로 조례에 명시하여야 한다.

> **법 제116조의2(자문기관의 설치 등)** ① 지방자치단체는 그 소관 사무의 범위에서 법령이나 그 지방자치단체의 조례로 정하는 바에 따라 심의회 · 위원회 등의 자문기관을 설치 · 운영할 수 있다.
>
> ② 제1항에 따라 설치되는 자문기관은 해당 지방자치단체의 조례로 정하는 바에 따라 성격과 기능이 유사한 다른 자문기관의 기능을 포함하여 운영할 수 있다.

여기서 공무원이 아닌 위원의 임기는 3년을 넘지 않도록 해야 한다는 의미가 공무원이 아닌 위원의 1회 임기를 3년 이내로 제한하는 취지인지 아니면 공무원이 아닌 위원의 전체 임기를 3년 이내로 제한하는 취지인지가 문제될 수 있다.

먼저, 지방자치법 시행령 제80조의2제2항에서는 지방자치단체의 자문기관에 두는 공무원이 아닌 위원의 '임기'는 3년을 넘지 못한다고 규정하고 있을 뿐, 문언상 특정 개인

---

214) 행자부 질의답변, 2013.10.31

이 자문기관에 위원으로 참여할 수 있는 임기 전체를 규정한 것으로 보이지 않는바, 같은 항의 규정은 공무원이 아닌 위원의 1회 임기는 3년을 넘을 수 없다는 의미로 볼 것이지 공무원이 아닌 위원은 모두 3년 동안만 자문기관의 위원이 될 수 있다는 의미라고 볼 수 없다. 그리고 지방자치법 등 관계 법령에서 정하는 사항 외에 지방자치단체 자문기관의 구성 등에 대하여는 지방자치단체가 위원의 연임 · 재위촉 등에 대해 자율적으로 정할 수 있도록 하고, 다만 위원임기가 지나치게 길어지는 것을 방지하기 위해 1회 임기를 최대 3년으로 확정한 취지라고 보아야 할 것이다.

또한 법령에서 위원회 등 자문기관의 구성에 관하여 규정하는 경우, 해당 위원회의 위원이 당연직 위원이 아닌 한 위원의 임기를 정하여 두고, 위원의 연임을 제한하려는 경우에는 '연임할 수 없다.'라고 하거나 '1차에 한하여 연임할 수 있다.'고 규정하며, 계속하여 연임할 수 있게 하려면 연임에 관한 규정을 두지 않는 것이 일반적이므로 지방자치법 시행령 제80조의2제2항이 지방자치단체가 설치하는 심의회 · 위원회 등 자문기관의 경우 그 위원의 임기는 3년을 넘지 않도록 하면서 그 외의 다른 규정을 두지 않았다면 위원의 연임 또는 재위촉을 할 수 있다고 보아야 할 것이다.

한편, 위원회는 공정성 · 적정성 · 전문성 등을 확보하여 민주적이고 효율적인 행정이 되도록 하는 것을 목적으로 하는바, 이러한 위원회의 제도적 목적을 달성하기 위해 위원의 재임기간을 단기로 하거나 전체 재임기간을 한정하는 방식도 가능할 것이나, 재위촉이나 연임에 대한 규정이 없이 임기의 상한을 규정하는 입법방식을 취하고 있다는 이유만으로 이를 위원의 전체 재임기간을 한정하는 것이라 해석하는 것은 과도한 확대해석이라 여겨진다.

따라서 지방자치단체에 설치한 자문기관의 위원 중 공무원이 아닌 위원에 대해 임기만료 후의 재위촉이나 연임에 관한 규정이 없을 경우, 그 위원의 임기만료 후에 재위촉하거나 연임시킬 수 있다.[215)]

215) 법제처 09-0387 (2010.1.22. 참조)

4. 하부행정기관

(1) 하부행정기관의 장

지방자치단체의 하부행정기관은 읍·면·동을 두고 그 장으로 자치구가 아닌 구에 구청장, 읍에 읍장, 면에 면장, 동에 동장을 둔다.

> **법 제117조(하부행정기관의 장)** 자치구가 아닌 구에 구청장, 읍에 읍장, 면에 면장, 동에 동장을 둔다. 이 경우 면·동은 제4조의2제3항 및 제4항에 따른 행정면·행정동을 말한다

(2) 임명

자치구가 아닌 구의 구청장은 일반직 지방공무원으로 보하되, 시장이 임명한다. 읍장·면장·동장은 일반직 지방공무원으로 보하되, 시장·군수 및 자치구의 구청장이 임명한다.

> **법 제118조(하부행정기관의 장의 임명)** ① 자치구가 아닌 구의 구청장은 일반직 지방공무원으로 보하되, 시장이 임명한다.
> ② 읍장·면장·동장은 일반직 지방공무원으로 보하되, 시장·군수 및 자치구의 구청장이 임명한다.

읍·면의 행정리에는 이장(里長)을 두며 읍장·면장이 임명한다. 그리고 이를 해당 시장이나 군수에게 보고하여야 한다.

(3) 직무권한

지방자치단체의 하부행정기관의 장은 상급기관의 지휘·감독을 받아 소관 국가사무와 지방자치단체의 사무를 맡아 처리하고 소속 직원을 지휘·감독한다.

> **법 제119조(하부행정기관의 장의 직무권한)** 자치구가 아닌 구의 구청장은 시장의, 읍장 · 면장은 시장이나 군수의, 동장은 시장(구가 없는 시의 시장을 말한다)이나 구청장(자치구의 구청장을 포함한다)의 지휘 · 감독을 받아 소관 국가사무와 지방자치단체의 사무를 맡아 처리하고 소속 직원을 지휘 · 감독한다.

이와 관련하여 대법원은 "지방자치법은 행정의 통일적 수행을 기하기 위하여 군수에게 읍 · 면장에 대한 일반적 지휘 · 감독권을 부여함으로써 군수와 읍 · 면장은 상급 행정관청과 하급 행정관청의 관계에 있어 상명하복의 기관계층체를 구성하는 것이고, 지방자치법이 상급 지방자치단체의 장에게 하급 지방자치단체의 장의 위임사무 처리에 대한 지휘 · 감독권을 규정하면서 하급 지방자치단체의 장의 자치사무 이외의 사무처리에 관한 위법하거나 현저히 부당한 명령 · 처분에 대하여 취소 · 정지권을 부여하고 있는 점에 비추어 볼 때, 동일한 지방자치단체 내에서 상급 행정관청이 하급 행정관청에 사무를 위임한 경우에도 위임관청으로서의 수임관청에 대한 지휘 · 감독권의 범위는 그 사무처리에 관한 처분의 합법성뿐만 아니라 합목적성의 확보에까지 미친다."[216]고 판시하고 있다.

(4) 하부행정기구

지방자치단체는 조례로 정하는 바에 따라 자치구가 아닌 구와 읍 · 면 · 동에 그 소관 행정사무를 분장하기 위하여 필요한 행정기구를 둘 수 있다.

> **법 제120조(하부행정기구)** 지방자치단체는 조례로 정하는 바에 따라 자치구가 아닌 구와 읍 · 면 · 동에 그 소관 행정사무를 분장하기 위하여 필요한 행정기구를 둘 수 있다. 이 경우 면 · 동은 제4조의2제3항 및 제4항에 따른 행정면 · 행정동을 말한다.

행정기관은 행정주체를 위하여 실제적으로 행정사무를 담당하는 내부조직을 말하는 것으로 그것을 구성하는 자연인인 공무원과 구별된다. 공무원은 독립적인 법주체로서

---

216) 대법원 1996.12.23. 96추114

행정주체에 대하여 일정한 권리의무관계에 있으나, 행정기관은 독립적인 법주체가 아니고 행정주체의 기관으로서 그 사무를 담당하는 것으로 다만 일정한 범위의 행정권한을 갖고 있는데 그친다. 이와 구별하여 행정기구란 행정주체가 권력을 행사하여 행정기능을 수행하는 데 필요한 여러 형태의 제도와 조직들을 의미한다.

5. 교육·과학 및 체육에 관한 기관

우리나라는 지방자치사무 중 교육 · 과학 및 체육에 관한 사무를 분장하기 위하여 별도의 기관을 두는데 이것이 '교육청'이다. 그리고 이는 지방교육 자치에 관한 법률에 의하여 보장되고 있다.

> **법 제121조(교육 · 과학 및 체육에 관한 기관)** ① 지방자치단체의 교육 · 과학 및 체육에 관한 사무를 분장하기 위하여 별도의 기관을 둔다.
>
> ② 제1항에 따른 기관의 조직과 운영에 관하여 필요한 사항은 따로 법률로 정한다.

종전에는 교육 · 학예에 관한 사무라고 하였으며 이는 시 · 도 등 광역자치단체 단위로 자치를 실시하고 심의 의결기관인 교육위원회와 집행기관인 교육감, 그리고 하부교육행정기관으로서 교육청과 그 장인 교육장을 두고 있다.

제6장

재 무

제6장

재 무

1. 재정운영의 원칙

1) 건전재정운영의 원칙

지방자치단체가 갖는 자치권 중 재정고권이 있는데 이는 지방자치단체가 법령의 범위 안에서 그 수입과 지출을 자기책임으로 수행할 수 있는 권한을 말하는 것으로 지방자치의 중요한 전제조건이다.

따라서 지방자치단체는 재정을 건전하게 운영함으로써 주민의 복리에 관한 사무처리를 궁극적으로 수행하여야한다. 즉 지방재정은 적자재정을 인정하지 않고 있으나 이에 대한 예외로 지방채, 일시차입금 등이 있다.

더불어 국가는 헌법상 보장된 자치권을 보호하기 위하여 지방자치단체가 주민의 복리에 관한 사무를 수행하기 위한 최소한의 재정확보를 지원하여야 한다.

법 제122조(건전재정의 운영) ① 지방자치단체는 그 재정을 수지균형의 원칙에 따라 건전하게 운영하여야 한다.

② 국가는 지방재정의 자주성과 건전한 운영을 조장하여야 하며, 국가의 부담을 지방자치단체에 넘겨서는 아니 된다.

③ 국가는 다음 각 호의 어느 하나에 해당하는 기관의 신설 · 확장 · 이전 · 운영과 관련된 비용을 지방자치단체에 부담시켜서는 아니 된다.

1. 정부조직법과 다른 법률에 의하여 설치된 국가행정기관 및 그 소속 기관
2. 공공기관의 운영에 관한 법률 제4조에 따른 법인 · 단체 또는 기관
3. 국가가 출자 · 출연한 기관(재단법인, 사단법인 등을 포함한다)
4. 국가가 설립 · 조성 · 관리하는 시설 또는 단지 등을 지원하기 위하여 설치된 기관(재단법인, 사단법인 등을 포함한다)

④ 국가는 제3항의 기관을 신설 또는 확장하거나 이전하는 위치를 선정할 경우 지방자치단체의 재정적 부담을 조건으로 하거나 입지 적합성의 선정항목으로 이용하여서는 아니 된다.

현행 지방자치법 제122조에는 국가의 지방재정에 대한 건전운영 조장과 국가 부담사항의 지방부담 전가금지를 규정하고 있다, 그러나 2014년 이전에는 국가의 공공이나 국가가 출자 · 출연하여 운영하는 연구기관, 국가가 설립 · 조성 관리하는 시설 또는 단지 등을 지원하기 위해 설치된 재단법인 등의 신설, 확장, 이전 등을 추진할 때 지방자치단체가 유치를 희망한다는 점을 이용하여 지방자치단체에 과도한 비용을 부담시키는 사례가 발생하였고, 이로 인해 일부 지방자치단체는 지방채까지 발행하여 재원을 조달하는 등 지방자치단체에 큰 재정 부담이 되고 있던 것이 현실이었다.

또한 지방자치단체 부담 내역도 부지 제공뿐만 아니라 해당 기관이 당연히 부담해야 할 재료구입비, 인건비와 관리비 등 운영비까지 포함하는 사례도 있어 국가와 지방자치단체 사이의 재원부담 원칙이 심각하게 훼손되고 있었다. 그래서 2014년 입법 취지를 보다 구체적으로 명시하여 국가기관 등에 따른 국가부담사항을 지방자치단체로 전가는 일이 발생하지 않도록 하고자 하는 현행 규정이 신설되게 된 것이다.

2015 행정자치통계연보에 의하면 지방 재정자립도와 재정자주도는 2013년 이후 계속 하락세로 각각 45.1%, 68.0%였다. 이는 대부분 국고보조사업의 형태로 시행되는 사회복지사업의 확대로 의존수입(국고보조금)이 크게 증가한 반면, 경제위기 등의 여파로 자체수입 증가율이 의존수입 증가율에 미치지 못하기 때문인 것으로 보인다. 재원조달의 자립 정도를 나타내는 지표인 재정자립도는 광역자치단체에서는 서울(80.4%)을 제외

하고 인천 57.5%로 가장 높았고, 전남이 14.5%로 가장 낮았다. 기초자치단체는 서울 강남구가 60.0%로 가장 높고, 경북 영양군이 4.5%로 가장 낮았다. 재정집행의 자율권의 측정 지표인 재정자주도는 광역자치단체 중에서 서울(81.0%)을 제외하고 인천이 63.8%로 가장 높았고, 전남이 31.0%로 가장 낮았다. 기초자치단체 중에서는 경기 과천시가 83.3%로 가장 높았고 광주 북구가 27.8%로 가장 낮았다.

자치단체별 최고·최저 재정자주도[217)]

구 분	서울	광역시	도	시	군	구
평 균	81.0	61.2	41.0	60.1	57.5	42.5
최고 재정자주도		인천 63.8	경기 51.4	경기 과천 83.3	강원 홍천 71.5	서울 종로 64.9
최저 재정자주도		광주 57.4	전남 31.0	전북 김제 49.4	전북 부안 46.5	광주 북구 27.8

2) 국가시책의 구현

(1) 책무

지방자치단체가 독립성을 가지고 자치권을 가진다하더라도 결국은 국가의 한 구성인 바 전체적인 통일성이 유지될 필요성이 있다. 따라서 지방자치단체는 국가시책을 구현하기 위하여 노력하여야 한다.

> **법 제123조(국가시책의 구현)** ① 지방자치단체는 국가시책을 달성하기 위하여 노력하여야 한다.
>
> ② 제1항에 따라 국가시책을 달성하기 위하여 필요한 경비에 대한 국고보조율과 지방비 부담률은 법령으로 정한다.

217) 2015 행정자치통계연보(통권 17호)

(2) 비용의 부담

지방자치단체는 국가의 시책을 구현하기 위하여 노력해야 하는바, 이에 필연적으로 수반되는 비용에 대해서 국고보조율과 지방비의 부담률은 법령으로 정하도록 하고 있다. 이 법령에 해당하는 것은 일반적으로 보조금 관리에 관한 법률 및 지방재정법이 적용되고 있다.

'보조금'이란 국가 외의 자가 수행하는 사무 또는 사업에 대하여 국가가 이를 조성하거나 재정상의 원조를 하기 위하여 교부하는 보조금(지방자치단체에 교부하는 것과 그 밖에 법인 · 단체 또는 개인의 시설자금이나 운영자금으로 교부하는 것만 해당한다), 부담금(국제조약에 따른 부담금은 제외한다), 그 밖에 상당한 반대급부를 받지 아니하고 교부하는 급부금으로서 대통령령으로 정하는 것을 말한다.

보조금이 지급되는 대상사업, 경비의 종목, 국고 보조율 및 금액은 매년 예산으로 정하는데, 지방자치단체에 대한 보조금의 경우 보조금이 지급되는 대상 사업의 범위와 기준보조율[218]은 대통령령으로 정한다.

지방재정법 제20조에 의하면 지방자치단체의 관할구역 자치사무에 필요한 경비는 그 지방자치단체가 전액을 부담하도록 규정하고 있고, 제21조에서는 ① 지방자치단체나 그 기관이 법령에 따라 처리하여야 할 사무로서 국가와 지방자치단체 간에 이해관계가 있는 경우에는 원활한 사무처리를 위하여 국가에서 부담하지 아니하면 아니 되는 경비는 국가가 그 전부 또는 일부를 부담하며 ② 국가가 스스로 하여야 할 사무를 지방자치단체나 그 기관에 위임하여 수행하는 경우 그 경비는 국가가 전부를 그 지방자치단체에 교부하도록 규정하고 있다.

그리고 국가와 지방자치단체가 부담할 경비 중 지방자치단체가 부담할 경비의 종목 및 부담 비율에 관하여는 대통령령[219]으로 정하도록 하고 있다. 이 대통령령에 근거하

218) 보조금의 예산 계상 신청 및 예산 편성 시 보조사업별로 적용하는 기준이 되는 국고 보조율
219) 지방재정법 시행령 제33조(지방자치단체가 부담할 경비의 종목 등) ① 법 제22조제1항의 규정에 의하여 특별시 · 광역시 및 도(이하 '시 · 도'라 한다)와 시 · 군 · 자치구가 각각 부담하여야 할 경비(국가의 재정융자금으로 조달되는 금액 및 수익자가 부담하여야 할 금액을 제외한다)의 종목과 부담비율은 사업의 성격, 사업의 효과가 미치는 범위 및 당해 사업에 대

여 행정자치부령으로 지방재정법 시행령 제33조제1항의 규정에 의한 지방자치단체 경비부담의 기준 등에 관한 규칙이 제정되어 시행되고 있다.

3) 지방채무 및 채권관리

지방자치단체는 재정의 건전성을 위하여 지방채를 발행할 수 있고, 채무부담행위, 보증채무부담행위, 채권보전 및 관리를 할 수 있다.

법 제124조(지방채무 및 지방채권의 관리) ① 지방자치단체의 장이나 지방자치단체조합은 따로 법률로 정하는 바에 따라 지방채를 발행할 수 있다.

② 지방자치단체의 장은 따로 법률로 정하는 바에 따라 지방자치단체의 채무부담의 원인이 될 계약의 체결이나 그 밖의 행위를 할 수 있다.

③ 지방자치단체의 장은 공익을 위하여 필요하다고 인정하면 미리 지방의회의 의결을 받아 보증채무부담행위를 할 수 있다.

④ 지방자치단체는 조례나 계약에 의하지 아니하고는 그 채무의 이행을 지체할 수 없다.

⑤ 지방자치단체는 법령이나 조례의 규정에 따르거나 지방의회의 의결을 받지 아니하고는 채권에 관하여 채무를 면제하거나 그 효력을 변경할 수 없다.

(1) 지방채

지방자치단체가 지방재정의 건전한 운영과 공공의 목적을 위해 재정상의 필요에 따라 발행하는 공채(公債)이다.

지방자치의 역사가 일천한 나라에서 기채를 완전히 자유화하기는 어렵겠지만 점진적으로 기채의 승인요건을 포괄적으로 규정하고 자치단체에게 어느 정도 자율권을 허용하는 방향으로 나가야 할 것이다. 미국이나 캐나다의 일부 주 및 지방자치단체에서는 주민투표에 의하여 기채하고 있으며, 영국에서는 토지취득을 위한 기채는 자유화하고

한 지방자치단체 간 이해관계를 참작하여 행정자치부령으로 정한다. 다만, 다른 법령에서 달리 정하여진 경우에는 그러하지 아니하다.

② 시 · 도지사는 제1항의 규정에 의하여 행정자치부령이 정한 부담비율(이하 '기준부담률'이라 한다)에 불구하고 시 · 군 · 자치구의 재정형편상 필요하다고 인정하는 때에는 기준부담률 외에 따로 추가부담을 할 수 있다.

자본예산을 위한 기채는 포괄적인 승인방식을 취하고 있다. 노르웨이는 투자사업에 한하여 기채자율권을 인정하지만 일반재원으로 채무상환이 불가능할 경우에는 기채한도액을 부과하고, 네덜란드는 수지불균형이 단기간에 해소될 가능성이 없다고 판단되면 지방채를 포함한 지방재정 전반에 걸쳐 엄격한 통제를 가한다.

우리나라 지방채 제도의 특징은, 세출은 원칙적으로 자체 세입으로 충당한다고 하는 건전재정원칙을 기초로 하고 중앙정부가 적극적으로 관여하여 조정하고 있으며 비교적 엄격한 승인기준을 적용한다는 점이다

지방채는 지방채발행 한도를 부여받은 모든 자치단체가 그 발행주체가 되며, ① 공유재산의 조성 등 소관 재정투자사업과 그에 직접적으로 수반되는 경비의 충당 ② 재해예방 및 복구사업 ③ 천재지변으로 발생한 예측할 수 없었던 세입결함의 보전 등을 위하여 소요되는 재정수입의 부족분을 보충하기 위하여 지방자치단체가 발행하는 채무로서 증서차입채(차입금)[220]와 증권발행채(지방채증권)[221]가 있다.

지방채 발행절차는 지방재정법 시행령 제11조에 따른다.[222]

지방채발행 한도액은 지방재정법과 그 시행령에 따라 행정자치부장관의 승인 없이 지방의회의 의결을 거쳐 지방채를 발행할 수 있는 상한액으로, 행정자치부장관이 매년 자치단체의 채무규모, 채무상환 일정 등 재정상황을 고려하여 해당 자치단체의 전전년

220) 지방자치단체가 정부, 공공기관 및 금융기관과 대차계약을 맺고 차입증서를 제출하는 기채로 정부자금채, 공공자금채, 민간자금채 등이 있음

221) 일정한 인수선에 대하여 증권을 발하여 교부하는 기채로 모집공채, 매출공채, 교부공채 등이 있음

222) ① 행정자치부장관은 매년 7월 15일까지 다음 연도 지방자치단체 지방채발행 한도액을 통보하여야 한다. ② 지방자치단체의 장 또는 지방자치단체조합의 장은 다음 연도에 법 제11조제2항 단서 · 제3항 및 제4항의 규정에 의하여 행정자치부장관의 승인을 얻어 지방채를 발행하고자 하는 때에는 행정자치부장관이 정하는 기준에 따라 8월 31일까지 다음 연도의 지방채발행계획안을 행정자치부장관에게 제출하여야 한다. 이 경우 시 · 군 및 자치구의 지방채발행 계획안은 특별시장 · 광역시장 · 도지사(이하 '시 · 도지사'라 한다)를 거쳐 제출하여야 한다. ③ 행정자치부장관은 제2항에 따라 지방채발행 계획안을 관계 중앙관서(국가재정법 제6조제2항에 따른 중앙관서를 말한다. 이하 같다)의 장과 협의하여 10월 31일까지 승인 여부를 결정 · 통보하여야 한다. ④ 지방자치단체의 장 또는 지방자치단체조합의 장은 회계연도 중에 지방채발행 한도액을 초과하여 지방채를 발행하고자 하는 때에는 제2항 및 제3항의 규정에 불구하고 따로 행정자치부장관의 승인을 얻어야 한다.

도 예산액의 10% 범위 내에서 정한다.

지방채발행제도의 연혁

※ '49. 8. 15 : 지방자치법 제정 지방채발행승인제도 도입
- 부채의 상환, 항구적 이익, 비상재해복구 등 특별한 경우 발행
※ '49. 12. 15 : 지방자치법 개정, 지방채발행 승인절차 변경
- 지방의회 의결후 내무부장관 승인
※ '88. 4. 6 : 지방자치법 전문개정
- 발행절차 변경 : 내무부장관 승인후 → 지방의회 의결을 거쳐 발행
※ '90년 이후(지방자치법, 지방재정법) - 승인대상 변경

종전	변경
부채의 상환, 항구적 이익, 비상재해복구 사업 등	공용 · 공공시설의 설치, 재해예방 · 복구사업, 경영수익사업, 기발행한 지방채의 차환, 기타 주민복지사업 등

※ '02. 4. 2 : 채무관리 및 지방채발행승인기준에 관한 사항 규정
- 지방채무관리 및 지방채발행 승인기준 등에 관한 규정(행정자치부 예규 92호)
※ '06. 1. 1 : 지방채발행 총액한도제 도입
- 지방채발행 사업별 승인제도를 총액한도제로 전환
- 지방자치법, 지방재정법, 지방재정법시행령 등 개정
※ '07. 6. 28 : 경제자유구역청의 관할 행정기구에 추가 지방채발행 한도액 부여 근거 신설
- 경제자유구역의 행정기구의 원활한 사업추진을 위하여 필요한 경우 해당 자치단체에 지방채발행 추가 한도액 부여 가능
※ '08. 6. 30 지방채발행 한도액 설정 등에 관한 규정(행정안전부 예규) 폐지에 따라 '지방채발행계획 수립기준(지침)'으로 시달

지방채 발행시 유의사항

※ 지방채 발행이 허용되는 경우라도 다음과 같은 소규모 사업은 불가
(지방재정법 시행령 제10조제1항)
- 투자심사 대상규모 이하의 사업은 지방채 발행 불가
(광역 시 · 도 40억원 미만, 시 · 군 · 구 20억원 미만)
- 청사정비기금에서 차입하는 소규모 지방청사 관련 사업은 가능
※ 지방채 발행은 자본적 지출사업에 대하여 발행
- 소모성 경상적 지출*(경상사업), 인건비는 지방채 발행 불가
* 예시) 경상적 유지보수비 및 일반적 조사 · 연구비, 소모성 기자재비 등

2014년 말 행정자치부 자료[223]에 의하면 현재 지방자치단체의 지방채는 27조 7071억 원이며 사업별로 분류할 때 지하철 부분이 5조 8081억 원으로 21%를 차지하며 가장 높고 도로건설이 5조 1089억 원으로 18.4%를 차지하고 있다.

그리고 지방채 잔액은 다음과 같다.

회계별 지방채 잔액(시군구포함) 단위:억원

구 분	합 계	일반회계	기타특별회계	공기업특별회계	기금
총계	277,071	102,889	78,514	95,528	141
서울특별시	52,164	7,617	43,107	1,544	0
부산광역시	28,737	15,532	9,426	3,761	18
대구광역시	18,979	11,270	5,927	1,782	0
인천광역시	33,265	11,581	12,235	9,448	0
광주광역시	9,206	4,640	0	4,566	0
대전광역시	6,969	2,798	0	4,160	11
울산광역시	5,230	487	0	4,729	14
세종특별자치시	1,220	0	0	1,220	0
경기도	39,310	15,618	1,595	22,096	0
강원도	10,764	6,389	326	4,049	0
충청북도	6,561	2,167	267	4,127	0
충청남도	9,059	2,383	2,472	4,197	7
전라북도	10,081	4,676	534	4,872	0
전라남도	11,409	4,012	866	6,483	48
경상북도	13,001	6,415	855	5,731	0
경상남도	14,677	4,365	715	9,557	40
제주특별자치도	6,336	2,940	189	3,206	1

223) 재정고 공개: 2014년 말 지방채무 현황(2015.7)

(2) 채무부담행위

지방자치단체가 당해 연도의 기정(旣定) 세출예산에 소요경비가 계상되지 않았음에도 별도의 세출예산 확보 없이 당해 연도 내 사업을 우선 발주하고 사업대금을 다음연도 이후에 지불하는 행위를 채무부담행위라고 한다.

채무부담행위는 결국 주민의 부담으로 돌아가기 때문에 의회의 의결을 얻는 것이 원칙이나 예외적으로 법령 또는 조례에 근거가 있는 경우, 세출예산, 명시이월비 또는 계속비 범위 내인 경우에 의회 의결 없이 지방자치단체장의 채무부담행위가 가능하다.

채무부담행위는 예산서 후단에 채무부담행위 조서로 명시되며 당해 연도 자금이동은 없다.

채무부담행위의 예시

ㅇㅇ년도에 총 300억 원이 소요되는 종합체육시설 공사의 경우, 250억 원은 당년 세출예산에 계상하고 나머지 50억 원은 당해 연도 가용재원 판단상 부득이 계상 못하고 공사만 시행하고(즉 외상공사), 그 대금은 익년도 세입 중에서 지출하는 예산회계 제도로써 그 채무액은 채무부담행위 조서를 예산안으로 의회의 의결을 받은 다음 다음연도 세출예산에 계상할 경우 50억 원은 채무부담행위액이 됨

(3) 보증채무부담행위

보증채무부담행위란 다음 연도 이후의 경비지출이 반드시 예정되어 있지 않은 채무를 부담하는 행위를 말하는데, 지금 바로 경비지출을 가져오는 것은 아니지만 장래 언젠가는 재정적인 부담이 될 것이므로 지방의회의 의결을 요건으로 하고 있다. 즉 다시 말해 공익을 위하여 필요하다고 인정되는 경우 지방자치단체의 직접 채무는 아니지만 제3자의 채무에 대하여 보증하는 행위를 말한다. 예를 들어 영세서민의 주택자금 차입 보증이나 지역 내 중소기업의 차입 보증 등이 그 운영사례에 해당한다.

(4) 채무의 이행

지방자치단체는 조례 또는 계약에 의하지 아니하고는 그 채무의 이행을 지체할 수 없다. 이런 법적 근거가 없는 채무불이행은 바로 위법한 행위이기 때문이다.

(5) 채권의 보전 및 관리

지방자치단체의 채권은 지방자치단체의 재산으로 지방재정에 큰 영향을 미친다. 따라서 법령이나 조례의 규정에 의하지 않고, 또는 지방의회의 의결을 받지않고 임의적으로 채무를 변제하거나 효력변경을 할 수 없다.

2. 예산

1) 회계연도

회계연도란 국가나 지방자치단체의 세입 세출을 구분하기 위해 설정하는 일정한 기간으로 예산의 유효기간을 뜻한다. 우리나라의 회계연도는 매년 1월1일 시작해 12월31일에 끝나는 역년제(曆年制)이다. 독일 · 프랑스 · 러시아 등이 이런 역년제 회계연도를 채택하고 있다. 반면 미국의 회계연도는 매년 10월1일에서 다음해 9월30일까지이며 일본 · 영국 · 인도 등의 회계연도는 매년 4월1일에서 다음해 3월31일까지다. 미국은 회계연도가 끝나는 역년으로 그것을 호칭하나 일본의 경우는 회계연도가 시작되는 역년으로 그것을 부른다.

> **법 제125조(회계연도)** 지방자치단체의 회계연도는 매년 1월 1일에 시작하여 그 해 12월 31일에 끝난다.

이와 관련하여 회계연도 독립의 원칙이란 각 회계연도의 경비는 당해연도의 세입으로 충당해야 하며, 매 회계연도의 세출예산은 다음연도에 사용할 수 없다는 원칙이 도출되며, 회계연도는 재정활동의 시간적 구분으로서 지방자치단체가 세입・세출의 상황을 명확히 하고 재정을 적절히 통제하기 위해 설정한 기간으로 1년(1월 1일~12월 31일)을[224] 단위로 하고 있다.[225]

---

224) 이를 예산단년성의 원칙이라고도 한다.

225) 지방재정법 시행령 제2조(세입의 회계연도소속 구분) 세입의 회계연도소속은 다음 각 호의 구분에 의한다.

각국에서 적용하는 회계연도

✻ 1월 ~ 12월말 : 한국, 프랑스, 러시아, 독일, 네덜란드 ✻ 3월 ~ 다음해 2월말 : 터키 ✻ 4월 ~ 다음해 3월말 : 일본, 영국, 캐나다, 인도 등 ✻ 7월 ~ 다음해 6월말 : 필리핀, 노르웨이, 스웨덴, 미국의 주 ✻ 10월 ~ 다음해 9월말 : 미국연방정부 등

그러나 재정활동은 한해에만 그치지 않는 것이 많은 바 특히 투자사업과 같이 계속적으로 이어지거나 한해에 완성되지 않는 사업이 많으므로 이와 관련하여 많은 예외를 두고 있다. 예산운영상 신축성을 유지하기 위한 회계연도독립 원칙의 예외로는 '계속비', '예산의 이월', '세계잉여금의 세입이입', '과년도수입', '과년도 지출' 등이 있다.

'계속비'는 완성에 몇 년이 걸리는 장기적인 공사나 제조 · 연구개발사업의 경우에, 수년(5년 이내)에 걸쳐 지출할 수 있도록 경비의 총액과 연부액을 정하여 미리 의회의 의결을 받아 놓은 예산을 말한다. 예산은 당해 연도에만 효력을 미치므로, 장기적인 사업의 경우 수년에 걸치는 전체 예산에 대하여 승인을 받아 놓아야만 안정적으로 사업을 수행할 수 있을 뿐만 아니라 기투자액이 무용지물이 되는 것을 방지한다는 데 계속비

1. 납기가 정하여져 있는 수입은 그 납기말일이 속하는 연도. 다만, 그 납기소속의 회계연도 내에 납입고지서를 발부하지 아니한 때에는 그 납입고지서를 발부한 날이 속하는 연도
2. 수시수입으로서 납입고지서를 발부하는 것은 그 납입고지서를 발부한 날이 속하는 연도. 다만, 수시수입으로서 기본수입에 부수되는 수입은 그 기본수입이 속하는 연도
3. 수시수입으로서 납입고지서를 발부하지 아니하는 것은 그 영수한 날이 속하는 연도. 다만, 지방채증권 · 차입금 · 부담금 · 교부금 · 보조금 · 기부금 · 상환금 그 밖에 이와 유사한 수입은 그 예산이 속하는 연도

제3조(세출의 회계연도소속 구분) 세출의 회계연도소속은 다음 각 호의 구분에 의한다.

1. 지방채의 원리금은 지급기일이 속하는 연도
2. 모든 반환금 · 결손보전금 · 상환금 그 밖에 이와 유사한 것은 그 결정을 한 날이 속하는 연도
3. 부담금 · 교부금 · 보조금 · 기부금 그 밖에 이와 유사한 것은 그 예산이 속하는 연도
4. 실비보상 · 급여 · 여비 · 수수료 그 밖에 이와 유사한 것은 그 지급을 하여야 할 사실이 생긴 날이 속하는 연도
5. 사용료 · 보관료 · 전기료 그 밖에 이와 유사한 것은 그 지급의 원인이 되는 사실이 있는 기간이 속하는 연도
6. 공사제조비 · 물건구입비 · 운반비 그 밖에 이와 유사한 것으로서 상대방의 행위가 완료된 후에 지급하는 것은 그 지급이 확정된 날이 속하는 연도
7. 제1호 내지 제6호의 어느 하나에 해당되지 아니하는 것은 그 지급명령을 발한 날이 속하는 연도

의 필요성이 있다.

'예산의 이월'이란 회계연도 독립의 원칙에 대한 예외로서 당해 연도에 사용하지 않은 세출예산을 다음연도에 넘겨서 사용할 수 있도록 한 제도로써 명시이월, 사고이월, 계속비 이월이 있다.

'세계잉여금'이란 당해 연도 세출예산으로 집행되지 않고 남는 세입부분을 통틀어 일컫는 것이다. 다시 말해 초과징수된 세금과 예산불용액을 합한 것으로, 세계잉여금은 이를 결산상 잉여금이라고도 하며 1회계연도에 수납된 세입액으로부터 지출된 세출액을 차감한 잔액을 말한다.

2) 회계의 구분

예산은 재원의 조달 및 재원의 배분계획이지만 회계는 배분된 목적대로 자금을 집행하고 이를 분석 평가하는 기술이다. 이런 회계는 수행하는 사업의 성질을 기준으로 일반회계와 특별회계로 나누어진다.

> **법 제126조(회계의 구분)** ① 지방자치단체의 회계는 일반회계와 특별회계로 구분한다.
> ② 특별회계는 법률이나 지방자치단체의 조례로 설치할 수 있다.

일반회계는 지방자치단체 예산 가운데 주민의 공공복지 증진을 위하여 운영되는 회계를 말하는데 일반회계로 지원되는 사업은 성과에 대한 분석이 어렵고, 이념에 있어서는 기업성보다 공공성이 강조되는 특성이 있으며, 일반적으로 예산이라고 하면 일반회계를 지칭한다.

특별회계는 특정한 목적을 달성하기 위하여 특정한 세입으로 특정한 세출에 충당하는 회계를 말한다. 특별회계는 이념상 기업성을 중시하며 이러한 이념을 구현하기 위해 일반회계와 구분하여 별도의 회계로 설치 · 운영한다. 지방자치단체의 특별회계의 설치는 ① 공기업을 운영할 때, ② 기타 특정사업을 운영할 때, ③ 특정 자금이나 특정세입 · 세출로서 일반 세입 · 세출과 구분하여 경리할 필요가 있을 때에 한하여 법률 또는 조례로서 설치한다.[226]

지방자치단체에서 설치·관리하는 특별회계는 공기업특별회계와 기타 특별회계로 구분되며 공기업특별회계는 지방자치단체가 직접 설치 경영하는 지방직영 기업과 법인을 설립하여 경영하는 기업형식인 지방공사 등에 대한 회계이며, 지방공기업법이 적용된다. 기타 특별회계는 기타 특정사업과 특정자금이나 특정세입·세출로서 일반회계와 구분 경리하는 회계로 지역개발기금이나 중소기업 육성기금 등이 있다.

국가예산과 지방예산의 차이

제 목	국 가	지방자치단체
1. 예산의 내용	예산총칙, 세입·세출예산 명시이월비, 계속비, 채무부담행위	국가의 경우와 동일
2. 예산편성규정 (기준경비 등)	기획재정부 (4월말까지)	안전행정부장관 (7월 31일까지)
3. 예산심의 확정	국 회	지방의회
4. 특별회계 설치	법 률	조 례
5. 예산의 과목구분	법정(국가재정법)	법정(지방재정법)
6. 예산의 전용	기획재정부장관	지방자치단체의 장

3) 예산의 편성과 의결

(1) 의의

예산이란 숫자로 표현된 정부의 정책이다. 즉 일정기간동안 국가가 어떠한 정책이나

226) 지방재정법 제9조(회계의 구분) ① 지방자치단체의 회계는 일반회계와 특별회계로 구분한다.
② 특별회계는 지방공기업법에 따른 지방직영기업이나 그 밖의 특정사업을 운영할 때 또는 특정자금이나 특정세입·세출로서 일반세입·세출과 구분하여 회계처리할 필요가 있을 때에만 법률이나 조례로 설치할 수 있다. 다만, 목적세에 따른 세입·세출은 다른 법률에 특별한 규정이 있는 경우를 제외하고는 특별회계를 설치·운용하여야 한다.
③ 지방자치단체가 특별회계를 설치하려면 5년 이내의 범위에서 특별회계의 존속기한을 해당 조례에 명시하여야 한다. 다만 법률에 따라 의무적으로 설치·운용되는 특별회계는 그러하지 아니하다.
④ 지방자치단체의 장은 특별회계를 신설하거나 그 존속기한을 연장하려면 해당 조례안을 입법예고하기 전에 제33조제9항에 따른 지방재정계획심의위원회의 심의를 거쳐야 한다. 다만, 법률에 따라 의무적으로 설치·운용되는 특별회계는 그러하지 아니하다

목적을 위해 얼마만큼 지출하고 이를 위한 재원을 어떻게 해서 조달할 것인가를 금액으로 표시한 것이다.

예산이라는 용어의 유래는 처음 가죽을 의미하는 피혁(bougette)이라는 뜻에서 시작되었다가 오늘날 예산이라는 개념으로 굳어진 것이다. 근대적 예산제도의 출발점인 영국에서 재무장관이 국회에서 예산을 설명할 서류들을 넣고 다니는 가방의 의미로 사용되었다가 오늘날에 와서는 예산이라는 독립된 개념으로 사용되게 되었다. budget이라는 단어는 영국에서 재정민주주의를 실현하는 과정에서 생성된 것으로 지방예산에서 살펴볼 함축된 의미는 매우 크다.

(2) 편성

① 의의

예산편성이란 다음 회계연도에 자치단체가 하고자 하는 시책이나 사업계획을 재정적인 용어와 금액으로 표시하여 세입·세출 예산안을 작성하는 것으로서 회계연도 개시 최소 6개월 전부터 재정관리제도[227] 등 사전절차를 이행하고 예산요구, 조정, 예산안의 확정에 이르는 모든 과정을 포함한다. 예산과정 중에서도 특히 예산편성 과정은 가장 전형적으로 정치적 성격을 띠고 있으므로 국가의 정책목표와 관련하여 그 합리적 배분이 요청되지만, 실제로는 예산구조에 참여하는 사람들 간의 권력관계나 동원된 정치권력, 영향력에 의하여 크게 좌우된다.

227) 지방재정관리제도는 지방재정운용의 효율성 및 건전성을 제고하기 위해 마련된 제도로서 편의상 예산편성과 관련된 사전관리제도와 예산집행 및 결산과 관련된 사후관리제도로 분류할 수 있다. 전자에 속하는 것으로는 중기지방재정계획, 주민참여예산제도, 재정투·융자심사제도, 지방채발행 총액한도제도 등이 있고, 후자의 경우 지방재정분석·진단제도, 지방교부세 감액제도, 지방재정공시제도, 지방재정위기 사전경보시스템 등을 들 수 있다.

예산편성의 일반적 원칙

※ 법령과 조례가 정하는 범위 안에서 합리적인 기준에 의하여 경비를 산정
※ 엄격하게 재원을 포착하고 경제의 현실에 적응하도록 수입을 산정
※ 재정 투·융자사업 예산은 사업의 필요성, 사업계획의 타당성 등에 대해 심사 실시
※ 국가시책에 반하는 사업추진 지양
※ 지방예산편성기준, 지방자치단체 세입·세출예산과목 구분과 설정 규정 준수

법 제127조(예산의 편성 및 의결) ① 지방자치단체의 장은 회계연도마다 예산안을 편성하여 시·도는 회계연도 시작 50일 전까지, 시·군 및 자치구는 회계연도 시작 40일 전까지 지방의회에 제출하여야 한다.

② 제1항의 예산안을 시·도의회에서는 회계연도 시작 15일 전까지, 시·군 및 자치구의회에서는 회계연도 시작 10일 전까지 의결하여야 한다.

③ 지방의회는 지방자치단체의 장의 동의 없이 지출예산 각 항의 금액을 증가하거나 새로운 비용항목을 설치할 수 없다.

④ 지방자치단체의 장은 제1항의 예산안을 제출한 후 부득이한 사유로 그 내용의 일부를 수정하려면 수정예산안을 작성하여 지방의회에 다시 제출할 수 있다.

② 심의·의결

지방예산의 편성권자는 지방자치단체의 장이다. 따라서 각 지방자치단체의 장은 예산안을 편성하여 시·도는 회계연도 시작 50일 전까지(11월 11일), 시·군 및 자치구는 회계연도 시작 40일 전까지(11월 25일) 지방의회에 제출하여야 한다.

지방의회에 제출된 예산안은 지방의회 정례회 중 자치단체장의 제안설명을 듣고 소관 상임위원회에 회부되어 예비심사를 거쳐 예산결산특별위원회의 본 심사를 거쳐 본회의에서 확정된다.

예산안을 시·도의회에서는 회계연도 시작 15일까지, 시·군 및 자치구의회에서는 회계연도 시작 10일전까지 의결하여야 한다. 그러나 의회운영의 문제로 기간을 경과하여 예산안을 의결하였더라도 예산안의 의결에 대한 효력발생에는 전혀 문제가 없다.

예산안 심의의결 흐름도

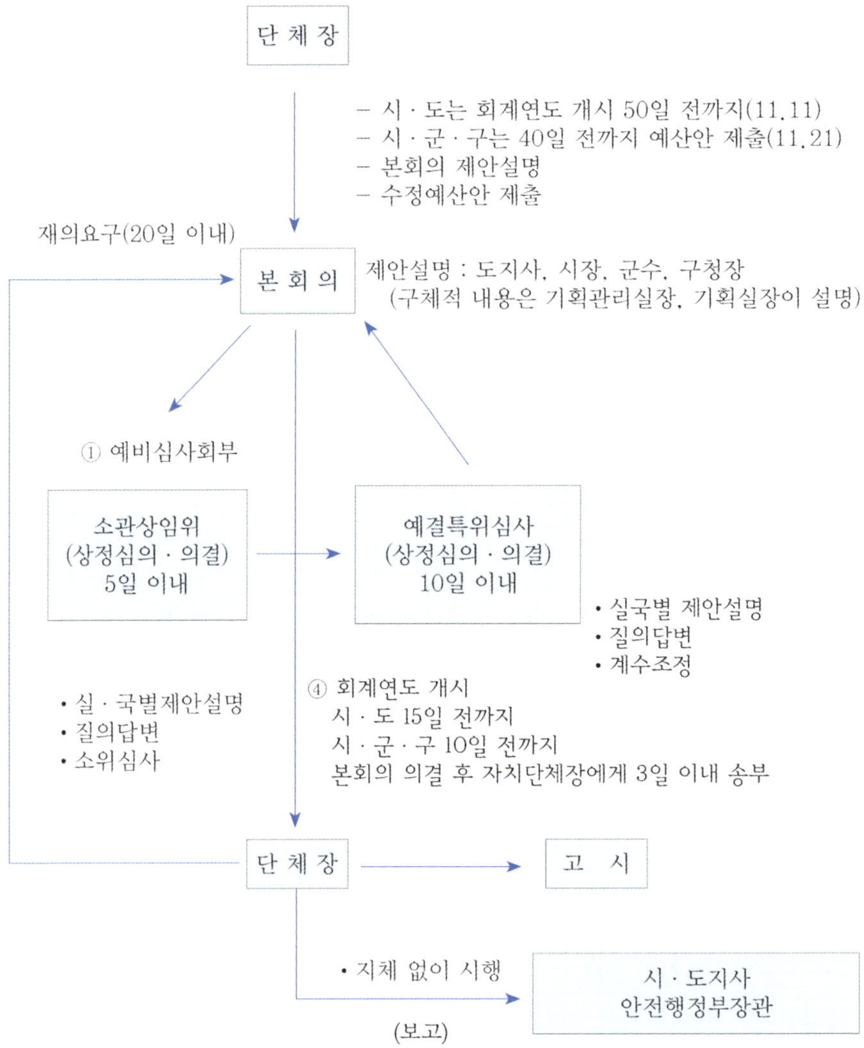
단 체 장
– 시 · 도는 회계연도 개시 50일 전까지(11.11)
– 시 · 군 · 구는 40일 전까지 예산안 제출(11.21)
– 본회의 제안설명
– 수정예산안 제출
재의요구(20일 이내)
본 회 의
제안설명 : 도지사, 시장, 군수, 구청장
(구체적 내용은 기획관리실장, 기획실장이 설명)
① 예비심사회부
소관상임위
(상정심의 · 의결)
5일 이내
예결특위심사
(상정심의 · 의결)
10일 이내
• 실국별 제안설명
• 질의답변
• 계수조정
• 실 · 국별제안설명
• 질의답변
• 소위심사
④ 회계연도 개시
시 · 도 15일 전까지
시 · 군 · 구 10일 전까지
본회의 의결 후 자치단체장에게 3일 이내 송부
단 체 장
고 시
• 지체 없이 시행
(보고)
시 · 도지사
안전행정부장관

예산 관련 헌법과 지방자치법 비교

헌법		지방자치법	
조문	내용	조문	내용
제54조	① 국회의 국가예산안 심의 · 확정 ② 예산편성(회계연도 개시 90일 전) 예산의결(회계연도 개시 30일 전) ③ 회계연도 개시 전 예산안 미의결 시 전년도 예산에 준하여 집행	제122조 제124조 제125조 제126조	① 수지균형원칙 건전운영 ② 국가부담의 지자체 전가금지 지방채의 발행 및 채무관리 회계연도(1.1.~12.31.) 회계의 구분(일반+특별)
제55조	① 계속비의 국회의결 ② 예비비지출의 다음 연도 국회승인	제127조	① 예산안 지방의회 제출 (회계연도 시작 50일 전) ② 예산안 지방의회 의결 (회계연도 시작 15일 전) ※ 시 · 군 · 구는 40일 전 제출, 10일 전 의결 ③ 자치단체장의 동의 없이 지출예산 각 항의 금액을 증가하거나 새로운 비용항목 설치 금지
제56조	정부의 추경예산안 편성	제128조 제129조 제130조	계속비 지방의회 의결 예비비 편성 및 다음연도 지방의회 승인 추가경정예산 편성
제57조	정부 동의 없이 예산안 각 항의 금액을 증가하거나 새 비목의 설치금지	제131조	회계연도 개시 전 예산안 미의결 시 전년도 예산에 준하여 집행
제58조	국채모집, 국가부담 계약체결의 사전 국회의결	제132조 제133조 제134조	지방의회의 재정부담 조례의결 시 단체장의 의견 수렴 ① 의결된 예산안의 3일 내 이송 ② 이송된 예산의 고시 및 상급기관 보고결산 및 지방의회 승인

③ 지방의회의 동의

지방의회는 지방자치단체의 장의 동의 없이 지출예산 각 항의 금액을 증가하거나 새로운 비용항목을 설치할 수 없다. 이는 예산편성권이 지방자치단체의 장의 권한이기 때문에 의결기관과의 권한분배에 있어 매우 중요한 요소이다. 따라서 이런 경우 동의를 받지 않고 의결된 예산에 대해서는 지방자치단체의 장은 제107조의 규정에 의거하여 재의를 요구할 수 있다. 동의를 받지 않고 의결된 예산안의 경우 자치단체의 장이 재의를 요구하지 않아도 예산의 집행권자가 자치단체의 장이므로 동의하지 않은 예산을 집행하지 않을 수 있다.

동의의 방법은 구두이든 서면이든 상관하지 않으며 규정도 없다. 대부분은 예산안을 의결하는 본회의장에서 구두로 동의를 하는 경우가 많다.

④ 수정예산안

지방자치단체의 장은 예산안을 제출한 후 부득이한 사유로 그 내용의 일부를 수정하려면 수정예산안을 작성하여 지방의회에 다시 제출할 수 있다.

(3) 계속비

계속비는 공사나 제조 그 밖의 사업으로서 그 완성에 수년을 요하고 1개 연도단위의 공사로서는 그 효용을 발휘할 수 없는 경우, 사업을 계획적으로 하기 위하여 완성에 수년을 요하는 필요한 경비총액을 미리 지방의회의 의결을 받아 놓는 예산을 말한다.

> **법 제128조(계속비)** 지방자치단체의 장은 한 회계연도를 넘어 계속하여 경비를 지출할 필요가 있으면 그 총액과 연도별 금액을 정하여 계속비로서 지방의회의 의결을 받아야 한다.

이는 회계연도 독립의 원칙에 대한 예외로 예산은 당해 연도에만 효력을 미치므로, 장기적인 사업의 경우 수년에 걸치는 전체 예산에 대하여 승인을 받아놓아야만 안정적으로 사업을 수행할 수 있을 뿐만 아니라 기투자액이 무용지물이 되는 것을 방지한다는 데 계속비의 필요성이 있다.

계속비를 지출할 수 있는 연한은 그 회계연도로부터 5년 이내로 하며 필요시 지방의회의 의결을 거쳐 다시 그 연한을 연장할 수 있다.[228] 계속비의 설정은 그 경비의 총액과 연도별 금액을 예산으로 정하고 각 연도의 지출은 각 연도의 세출예산에 계상하지 않으면 지출할 수 없으며, 계속비 설정 후 사정변경에 의하여 연도별 금액 등을 변경코자 할 때에는 예산으로 변경할 수 있다.

계속비의 매 회계연도 연도별 금액에 관련된 세출예산 경비의 금액 중 당해 연도에 지출을 종료하지 못한 것은 각 연도의 결산 시 그 잔액을 불용액으로 처리하지 않고 이를 다음연도에 순차적으로 이월하여 다음연도의 연도별 금액에 가산하여 지출할 수 있다.

계속비는 처음부터 이행에 2년 이상의 장기간을 요하며 그 경비의 총액과 연도별 금액이 미리 정해지는 반면에 명시이월금은 다음 연도 1년을 한도로 하며, 부득이 당해 연도에 원인행위를 하지 못하고 이월하는 경우를 말하는데 이월사용재원은 반드시 현금이 뒤따라야 된다.

(4) 예비비

예비비란 예측하기 어려운 세출예산의 부족에 충당하기 위하여 예산에 계상되는 비용을 말하며, 지방자치단체는 예측할 수 없는 예산 외의 지출이나 예산초과지출에 충당하기 위하여 예비비를 계상하여야 한다.[229]

---

228) 지방재정법 제42조

229) 지방재정법 제43조(예비비) ① 지방자치단체는 예측할 수 없는 예산 외의 지출 또는 예산초과 지출에 충당하기 위하여 일반회계 예산 총액의 100분의 1 범위 내의 금액을 예비비로 예산에 계상하여야 한다. 다만, 특별회계(교육비특별회계는 제외한다)의 경우에는 예비비를 계상하지 아니할 수 있다.
② 제1항에도 불구하고 재해 · 재난 관련 목적 예비비는 별도로 예산에 계상할 수 있다.
③ 지방자치단체의 장은 지방의회의 예산안 심의 결과 폐지되거나 감액된 지출항목에 대해서는 예비비를 사용할 수 없다.
④ 지방자치단체의 장은 예비비로 사용한 금액의 명세서를 지방자치법 제134조제1항에 따라 지방의회의 승인을 받아야 한다

법 제129조(예비비) ① 지방자치단체는 예측할 수 없는 예산 외의 지출이나 예산초과 지출에 충당하기 위하여 세입·세출예산에 예비비를 계상하여야 한다.

② 예비비의 지출은 다음 연도 지방의회의 승인을 받아야 한다.

예비비는 예산외의 지출 또는 예산초과지출에 충당하기 위하여 설치하는 것이므로 예비비의 지출제한은 그 성격이나 제도설치의 취지라는 측면에서의 내재적 제약과 실정법상의 제약으로 구분될 수 있다.

예비비 지출의 내재적 제약으로는 ① 연도중의 계획이나 여건변동에 의한 대규모 투자지출의 보전, ② 예산편성이나 지방의회의 심의과정에서 삭감된 경비, ③ 다음 연도로의 이월을 전제로 한 경비에 소요되는 것이나 이용·전용 등으로 재원의 소요를 우선적으로 충당할 수 있는 경우에는 예비비를 지출해서는 안 될 것이다. 더불어 실정법상 제약[230]으로는 업무추진비·보조금 등이 그 예로써 이들에 대해서도 예비비를 지출할 수 없다. 단, 긴급재해대책을 위한 보조금으로는 집행이 가능하다.

예비비를 사용한 다음에는 예비비 지출에 관한 총괄표를 작성한 뒤 다음연도 지방의회의 승인을 얻어야 한다. 의회의 승인은 사후적 승인으로 집행부의 예비비사용에 대한 책임을 해제시켜 주며, 지방의회의 예산심의가 명목적인 것에 그치지 않고 실질적인 의의를 가질 수 있도록 해준다는 의미를 지닌다. 그러나 예비비승인이 이루어지지 않아도 정치적 부담을 질 뿐 실정법상 책임이나 제재가 없어 그 실효성에는 문제가 있다고 할 수 있다.

(5) 추가경정예산

추가경정예산이란 지방자치단체 예산이 성립되고 회계연도가 개시된 후에 새로이 발생한 사유로 이미 성립된 예산내용을 추가하거나 변경을 가할 필요가 있을 때, 지방자치단체가 다시 예산을 편성하여 의회의 심의·의결을 거쳐 성립된 예산을 말한다.

230) 지방재정법시행령 제48조

법 제130조(추가경정예산) ① 지방자치단체의 장은 예산을 변경할 필요가 있으면 추가경정예산안을 편성하여 지방의회의 의결을 받아야 한다.

② 제1항에 관하여는 제127조제3항과 제4항을 준용한다.

추가경정예산은 추가예산과 경정예산으로 이루어진다. 추가예산과 경정예산은 모두 본예산을 보정하는 예산이라는 점에서는 공통점을 갖고 있다. 그러나 '추가예산'이 본예산에 새로운 비목의 신설 또는 기존비목의 금액을 추가 증액하는 것이라면, '경정예산'은 기존예산의 범위 내에서 금액에만 한정되지 않고 또 예산총칙 · 계속비 · 채무부담행위 · 명시이월비 등에 대해서도 수정할 수 있다.

경정예산에서 수정할 수 있는 범위는 예산금액의 감액, 부서 · 소관 · 과목 상호 간 예산금액의 변경, 예산목적의 변경, 채무부담행위 금액 및 조건의 변경, 명시이월비 범위의 변경 등이 해당된다. 지방재정의 현실에서는, 추가예산의 필요성과 경정예산의 필요성이동시에 발생하는 경우가 통상적이므로 이 두 가지 예산을 합하여 추가경정예산안으로 편성, 지방의회에 제출한 것이 상례이다.

본예산과 추가경정예산은 각각 별개로 성립되나 추가경정예산은 본예산의 내용을 추가하거나 일부를 변경하는 것이므로 일단 성립되면 본예산과 추가경정예산은 하나로 통합하여 운영된다. 따라서 예산 성립 후 사업계획의 변경 · 취소 · 중지 등의 사유로 당초 계획했던 사업의 추진이 불가능할 때는 추가경정예산을 통해 삭감하여 더 유용한 사업에 투자할 수 있도록 하여야 한다.

그러나 추가경정예산은 예산운영을 형식화할 우려가 있다. 즉 일년에 몇 번씩 예산이 추가경정예산을 통하여 변경된다면 예산관련자들은 편성과정과 심의과정에서 또 예산이 변경될 것이라고 생각하여 계획을 열심히 세우지 않거나 심의를 열심히 하지 않을 우려가 있다. 그리고 추경은 예산집행 중의 계획의 변경을 의미하는 것이기 때문에 집행이 복잡하게 되고 이로 인하여 예산통제를 어렵게 할 수 있다. 이러한 이유에서 잦은 추경의 이용은 예산운영을 형식화될 우려가 있다.

이와 같이 추가경정예산이 이미 성립한 예산을 변경하는 예산운영의 신축성을 높여 주는 도구이지만 전략적으로 이용될 수도 있고 매년 상례적으로 이용됨으로써 예산운영을 형식화하고 비능률을 초래할 가능성도 있다.

추가경정예산안과 구별해야 할 것이 '수정예산안'인데, 예산안이 의회에 제출된 후 사정변경이 있을 때 이미 편성되어 의회에 제출한 예산안에 대해 의결되기 전에 본래의 예산 가운데 일부가 수정된 것을 수정 예산이라 한다.

4) 예산불성립 시 예산집행

지방의회가 법정기간 내에 예산을 의결하지 않을 때 예산의 불성립에서 오는 행정의 마비나 혼란을 방지하고자 예산안이 의결될 때까지 몇 가지 경비를 전년도 예산에 준하여 집행할 수 있다. 이를 1956년 지방자치법 제2차 개정 때에는 '가예산제도'라 했고, 1960년 제5차 개정 때에는 '준예산제도'라 했고[231], 현행은 '예산 불성립시의 예산집행'이라 한다.

현행은 예산안이 의결될 때까지 ① 법령이나 조례에 의하여 설치된 기관 또는 시설의 유지 · 운영경비[232], ② 법령 또는 조례상 지출의무의 이행을 위한 경비[233], 그리고

231) 지방의회가 의결을 하지 아니할 때, 1월 이내에 다음 각 호의 경비를 전년도 예산에 준하여 지출(구법 제160조)
   1. 공무원의 봉급, 사무처리 필요한 기본경비
   2. 법령 또는 조례에 의하여 설치된 기관과 시설의 유지비와 법령 또는 조례상지출의 업무가 있는 경비
   3. 전년도예산에서 승인된 계속사업비

232) 이에 해당하는 것으로는 ① 인건비 : 기본급, 수당, 정액급식비, 교통보조비, 명절휴가비, 가계지원비, 기타직보수, 무기계약근로자보수 등 인건비 ② 일반운영비 : 사무관리비 내 일반수용비 · 운영수당 · 급량비 · 임차료, 공공운영비 내 공공요금 및 제세 · 연료비 · 시설장비유지비, 차량 · 선박비 ③ 여비 : 국내여비, 월액여비 ④ 업무추진비 : 기관운영 · 정원가산 · 부서운영 업무추진비 ⑤ 직무수행경비 : 직책급업무수행경비 · 직급보조비 · 특정업무경비 ⑥ 의회비 : 의정활동비, 월정수당, 의원국내여비, 의정운영공통 · 의회운영 업무추진비, 의장단협의체 부담금, 의원국민연금부담금, 의원국민건강보험금 ⑦ 기타 사무처리에 필요한 기본경비 및 기관 · 시설의 유지 운영에 소요되는 기본경비

233) 이에 해당하는 것으로는 ① 일반보상금 : 사회보장적 수혜금, 장학금및학자금, 의용소방대 지원 경비, 통 · 리 · 반장 활동보상금, 입영장정지원비, 사회복무요원보상금 ② 이주및재해보상금 : 민간인이주보상금, 민간인 재해 및 복구활동보상금 ③ 배상금 등 : 배상금 ④ 연금부담금 등 : 연금부담금, 국민건강보험금, 의원상해부담금 ⑤ 민간이전 : 의료및구료비, 보험금, 연금지급금 ⑥ 기타 법령 또는 조례에 의거 지출의무가 있는 경비

③ 이미 예산으로 승인된 사업의 계속 집행을 위한 경비는 전년도 예산에 준하여 집행할 수 있다.

> **법 제131조(예산이 성립하지 아니할 때의 예산집행)** 지방의회에서 새로운 회계연도가 시작될 때까지 예산안이 의결되지 못하면 지방자치단체의 장은 지방의회에서 예산안이 의결될 때까지 다음의 목적을 위한 경비는 전년도 예산에 준하여 집행할 수 있다.
>
> 1. 법령이나 조례에 따라 설치된 기관이나 시설의 유지·운영
> 2. 법령상 또는 조례상 지출의무의 이행
> 3. 이미 예산으로 승인된 사업의 계속
>
> **법 제131조의2(지방자치단체를 신설하는 때의 예산)** ① 지방자치단체를 폐지하거나 설치하거나 나누거나 합쳐 새로운 지방자치단체가 설치된 경우에는 지체 없이 그 지방자치단체의 예산을 편성하여야 한다.
>
> ② 제1항의 경우에 해당 지방자치단체의 장은 예산이 성립될 때까지 필요한 경상적 수입과 지출을 할 수 있다. 이 경우 수입과 지출은 새로 성립될 예산에 포함시켜야 한다

5) 재정부담을 수반하는 조례제정

지방자치단체의 예산 편성권은 자치단체장의 고유한 권한이기 때문에 예산을 수반하는 조례나 안건을 당해 지방의회가 의결하고자 하는 경우 미리 자치단체장의 의견을 들어야 한다. 그러나 의견을 들어야 하는 것이 곧 동의를 얻어야 하는 것은 아니다.

> **법 제132조(재정부담을 수반하는 조례제정 등)** 지방의회는 새로운 재정부담을 수반하는 조례나 안건을 의결하려면 미리 지방자치단체의 장의 의견을 들어야 한다.

즉 지방의회는 이러한 의결의 경우 그 안건의 실효성을 확보하기 위하여 동의를 얻는 것이 필요하지만, 지방의회가 지방자치단체의 장의 의견에 구속되지는 않는다. 지방의회가 재정부담을 수반하는 조례나 안건을 자치단체장의 의견에 구속받지 않고 의결한 경우 자치단체장은 이런 절차를 위반한 이유로 재의를 요구할 수 있고 이 의결을 미집행하더라도 책임을 지지 않는다고 보아야 한다.

이에 해당하는 것은 짐작하건대 지방자치단체장이 제출하는 조례나 안건은 아니고 의원발의 안건이라 여겨지는 바, 건전한 지방재정을 유지하기 위해 당연한 제도가 아닌가 여겨진다.

한편 지방자치단체의 장의 의견을 듣는 방법에 대해서 규정이 없는 바, 조례안을 의결할 때 상임위원회에서나 본회의에서 구두로 동의하는 형식을 취하는 경우가 많다.

6) 예산의 이송 · 고시

의회의 의장은 의결한 예산안을 3일 이내에 당해 지방자치단체의 장에게 이송하여야 한다. 다만 예산안에 대하여 불복이 있을 경우에는 재의를 지방의회에 요구할 수 있다. 중앙정부는 예산안에 대한 재의요구제도가 없는 것과 비교할 때 다소 차이가 있어 보인다.

법 제133조(예산의 이송 · 고시 등) ① 지방의회의 의장은 예산안이 의결되면 3일 이내에 지방자치단체의 장에게 이송하여야 한다.

② 지방자치단체의 장은 제1항에 따라 예산을 이송 받으면 지체 없이 시 · 도에서는 행정자치부장관에게, 시 · 군 및 자치구에서는 시 · 도지사에게 각각 보고하고, 그 내용을 고시하여야 한다. 다만, 제108조에 따른 재의요구를 할 때에는 그러하지 아니하다.

재의가 필요 없는 경우에는 각각의 지방자치단체의 장은 시 · 도지사나 행자부장관에게 지체 없이 보고하고 '예산공개의 원칙'에 의해 주민들에게 고시하여야 한다. 고시의 방법에 대해서는 특별히 규정하고 있지 않은바 조례나 규칙의 경우와 비교할 때[234] 공보(公報) 혹은 대중매체를 이용하는 것이 일반적이다.

234) 시행령 제30조(조례와 규칙의 공포 방법 등) ① 법 제26조에 따른 조례와 규칙의 공포는 해당 지방자치단체의 공보에 게재하는 방법으로 한다. 다만, 법 제26조제6항에 따라 지방의회의 의장이 공포하는 경우에는 공보나 일간신문에 게재하거나 게시판에 게시한다.
② 지방자치단체나 그 장이 공고하거나 고시하는 경우에는 제1항 본문을 준용하되, 법 제133조제2항에 따른 예산의 고시에 관하여는 제1항과 제29조제1항 및 제2항을 준용한다.

3. 결산

1) 의의

결산이란 예산과정의 마지막 단계로 1회계연도의 세입세출예산의 집행실적을 확정된 계수로 표시하는 행위를 말한다. 결산심사 · 승인은 심의 · 의결된 예산대로 즉 의회의 의도대로 예산을 집행하였는가를 규명하는 사후적 재정 감독수단으로, 결산은 예산과의 괴리정도, 재정운영성과 등을 체계적으로 분석할 수 있고 그 결과를 다음연도의 예산편성과 재정운영에 환류(還流)하는데 그 제도적 의의가 있다.

법 제134조(결산) ① 지방자치단체의 장은 출납 폐쇄 후 80일 이내에 결산서와 증빙서류를 작성하고 지방의회가 선임한 검사위원의 검사의견서를 첨부하여 다음 연도 지방의회의 승인을 받아야 한다. 결산의 심사결과 위법 또는 부당한 사항이 있는 경우에 지방의회는 본회의 의결 후 지방자치단체 또는 해당 기관에 변상 및 징계 조치 등 그 시정을 요구하고, 지방자치단체 또는 해당 기관은 시정요구를 받은 사항을 지체 없이 처리하여 그 결과를 지방의회에 보고하여야 한다.

② 지방자치단체의 장은 제1항에 따른 승인을 받으면 5일 이내에 시 · 도에서는 행정자치부장관에게, 시 · 군 및 자치구에서는 시 · 도지사에게 각각 보고하고 그 내용을 고시하여야 한다.

③ 제1항의 검사위원의 선임과 운영에 관하여 필요한 사항은 대통령령으로 정한다.

법 제134조의2(지방자치단체가 없어진 때의 결산) ① 지방자치단체를 폐지하거나 설치하거나 나누거나 합쳐 없어진 지방자치단체의 수입과 지출은 없어진 날로써 마감하되, 그 지방자치단체의 장이었던 사람이 이를 결산하여야 한다.

② 제1항의 결산은 제134조제1항에 따라 사무를 인수한 지방자치단체의 의회의 승인을 받아야 한다.

2) 결산처리 과정

결산검사는 결산서가 지방자치단체의 장에게 보고된 후 조례에서 정한 기간 동안 실시하며 결산검사위원은 결산검사 후 조례에서 정한 기간 이내에 '검사의견서'를 지방자치단체의 장에게 제출하고 자치단체장은 6월말까지 지방의회의 승인을 신청한다.

결산과정

일 정	처리 내용
① 결산서 작성 (4월 30일까지)	· 부문별 결산서 작성 – 세입 · 세출, 재무제표 – 기금, 채권 · 채무, 재산 · 물품결산
⬇	
② 지자체장에게 보고 (5월 19일까지)	– 세입 · 세출, 재무제표 – 기금, 채권 · 채무, 재산 · 물품결산
⬇	
③ 결산 검사 (조례 규정 기간)	· 결산검사위원의 검사 (재무제표는 공인회계사의 검토의견서로 결산검사 갈음)
⬇	
④ 검사의견서 제출 (조례 규정 기간)	· 지방자치단체의 장에게 제출
⬇	
⑤ 의회 승인 신청 (다음 연도 6월말까지)	· 자치단체장은 결산검사의견서를 첨부하여 의회에 결산승인을 신청

3) 결산서의 내용

결산서는 출납폐쇄일로부터 80일 이내에 작성하여 다음 연도 지방의회의 승인을 얻어야 한다. 지방재정법이 2014년 5월 개정되어 지방자치단체의 출납은 회계연도가 끝나는 날 폐쇄된다. 결산서에는 세입 · 세출보고서[235], 계속비결산보고서, 채권 · 채무에 관한 보고서를 포함하여야 한다.

4) 결산검사

결산검사는 지방의회가 선임한 검사위원이 검사하고 검사의견서를 첨부하여 지방의회의 승인을 받아야 한다. 지방자치단체의 장은 지방의회에 결산처리일정의 협의와 함께 해당 지방자치단체의 재정규모를 감안한 결산검사위원의 수를 정하여 선임을 의뢰하여야 한다. 검사위원 수[236]는 시 · 도의 경우에는 5명 이상 10명 이하, 시 · 군 및 자치구의 경우 3명 이상 5명 이하로 하되 그 수 · 선임방법 · 운영 및 실비보상에 필요한 사항은 지방자치단체 조례로 정한다. 이 경우 지방자치단체의 장은 결산검사위원의 위촉에 필요한 공인회계사, 세무사 등 회계 관련 전문가에 관한 자료를 제출할 수 있다.

235) 지방재정법 시행령 제59조의2 제2항에 따라 세입에 관해서는 (세입예산액, 이체 등 증감액, 세입예산 현액, 징수결정액, 수납액, 불납결손액, 미수납액)을 명시하여야 하고 세출에 관해서는 (세출예산액, 전년도 이월액, 예비비 사용액, 전용 등 증감액, 수입대체경비의 초과 지출액, 세출예산 현액, 지출액, 다음 연도 이월액, 집행잔액)이 명시되어야 한다.

236) 지방의회 의원은 검사위원 수의 1/3을 초과할 수 없으며, 지방자치단체 상근직원은 검사위원이 될 수 없다.

결산검사와 결산심사·승인

결산검사		결산심사 · 승인
• 결산검사위원(민간위원 포함)	주체	• 지방의회
• 결산서상의 금액이 법령이나 예산이 정한 대로 집행되었는지를 의회 제출 전에 확인하여 보고	목적	• 의회에서 심의 · 의결한 대로 예산을 집행하였는지를 규명하는 사후적 재정 감독수단
• 의회나 시민 등이 집행주체의 회계책임을 평가하는 데 도움을 주고, 재정이 시민을 위하여 집행될 수 있도록 지원	의의	• 예산의 괴리정도, 재정운영성과 등을 분석. 향후 예산편성과 재정운영에 환류
• 재정집행 및 회계질서 확립	효과	• 예산집행의 정치적 책임 해제

5) 지방의회의 승인

지방자치단체의 장이 지방의회에 결산의 승인을 받도록 하는 것은 세입 · 세출예산 집행의 결과를 최종적으로 확인 · 검증하고 재정효과와 행정효과를 객관적으로 판단하려는 것이며, 그 과정에서 나타난 잘못된 점이나 개선사항을 다음연도의 예산편성과 재정운영에 활용하고, 지방의회의 입장에서 예산심의와 재정운영에 관한 비판과 지도에 도움을 주는데 있다.

즉 결산승인제도가 있음으로 해서 예산집행의 책임자이며 동시에 회계처리 책임자인 지방자치단체의 장이 행정집행이나 사무 처리에 신중을 기한다는 의미에서 사후통제와 사후감시의 역할을 다함과 동시에 결산을 승인함으로써 지방자치단체 장의 집행책임을 주민에 대하여 해소시켜주는 효과를 갖고 있다고 보여진다.

그리고 결산심사를 하는 의회를 통하여 주민에게 해당 지방자치단체의 재정상황을 알리고 이해와 협조를 얻을 수 있다는 의미에서 재정민주화를 제고하는데도 도움이 된다.

결산은 단지 승인함으로써 끝나는 것이 아니고, 그 결과가 해당자치단체의 재정운영상황을 한층 더 건전하게 하고 적정화 하는데 도움을 준다고 하는 장래를 위한 전향적인 목적이 바로 지방의회의 기능을 높이기 위한 결산 승인의 취지인바, 승인의 효과는 정치적 책임을 해제하는 것에 불과하므로 특정사항에 대한 회계적 · 법적 책임은 별개이다. 따라서 불승인시에도 이미 집행한 부분은 유효하고 해당결산의 효력에는 영향을 미치지 아니하나 정치적 책임은 면할 수 없다고 보여진다.

6) 고시와 공시

지방자치단체의 장은 의회가 결산을 승인한 경우 이를 5일 이내에 시 · 도에서는 행정자치부장관에게, 시 · 군 및 자치구에서는 시 · 도지사에게 각각 보고하고 그 내용을 고시하여야 한다. 그리고 회계연도마다 한 번 이상 세입 · 세출예산의 집행상황, 발생주의와 복식부기에 의한 재무제표, 지방채 · 일시차입금 등 채무의 현재액, 채권관리 현황, 기금운용 현황, 공유재산의 증감 및 현재액, 재정건전화계획 및 이행현황, 통합재정정보, 그 밖에 재정운영에 관한 중요사항을 주민에게 공시하여한다.

4. 수입과 지출

1) 지방세

지방자치단체는 자주재원을 확보하기 위하여 지방세를 부과하고 징수 할 수 있다. 지방세는 지방자치단체의 주된 수입원으로서 지방세법이 정하는 바에 따라 징수하는데, 그 세목과 세율 등은 법령[237]에서 정함을 원칙으로 하고 있다. 즉 지방세는 지방자치단체가 지방재정 수입에 충당하기 위해 관할구역 내의 주민 재산 또는 수익, 기타 특정행위에 대해 아무런 대가적 보상 없이 강제적으로 과징하는 조세를 말하며, 과세권의 주체가 국가인 국세와 구별된다.

237) 지방세기본법 제2조의 규정에 의하면 '지방세관계법'이란 지방세법, 지방세특례제한법, 조세특례제한법 및 제주특별자치도 설치 및 국제자유도시 조성을 위한 특별법을 말한다.

법 제135조(지방세) 지방자치단체는 법률로 정하는 바에 따라 지방세를 부과 · 징수할 수 있다.

지방세는 지방자치단체의 일반적인 경비를 충당하기 위한 보통세와 특정 목적의 용도를 위한 목적세로 이원화되어 있다. 세목별로 보면 보통세로는 취득세 · 등록세 · 면허세 · 주민세 · 재산세 · 자동차세 · 종합토지세 · 농지세 · 도축세 · 마권세 · 담배소비세 등 11종이 있고, 목적세로는 도시계획세 · 공동시설세 · 사업소세 및 지역개발세의 4종을 두고 있다.

지방세

세 금			
지방세	특별시 · 광역시세	보통세	주민세, 자동차세, 농업소득세, 도축세, 담배소비세, 주행세, 등록세, 취득세, 레저세
		목적세	공동시설세, 지역개발세, 지방교육세, 도시계획세
	도세	보통세	취득세, 등록세, 레저세, 면허세
		목적세	공동시설세, 지역개발세, 지방교육세
	시 · 군세	보통세	주민세, 재산세, 자동차세, 농업소득세, 도축세, 담배소비세, 주행세,
		목적세	도시계획세, 사업소세
	구세	보통세	재산세, 면허세
		목적세	사업소세

우리나라의 경우 헌법에 '조세의 종목과 세율은 법률로 정한다.'라고 규정하여 조세법률주의(租稅法律主義)를 천명하고 있고, 지방세기본법 제5조에서는 "지방자치단체는 지방세의 세목(稅目), 과세대상, 과세표준, 세율, 그 밖에 부과 · 징수에 필요한 사항을 정할 때에는 이 법 또는 지방세관계법에서 정하는 범위에서 조례로 정하여야 한다."고 하여 논란의 여지가 있을 수 있다. 이에 헌법재판소는 "지방세법 규정들의 합헌성문제는 지방자치를 제도적으로 보장하고 있는 헌법의 규정과 연관시켜 이해하여야 할 것이다.

지방자치의 제도적 목적은 각 지방자치단체의 실정을 잘 파악하고 있는 주민이 직접 또는 그 대표자로 하여금 그러한 사정에 맞는 정책을 자치적으로 결정하고 실현함으로써 민주주의적 이념을 구현하는 데 있다. 그리하여 지방자치단체는 헌법이나 법률이 국가나 그 밖의 공공단체의 사무로 유보하고 있는 것이 아니라면, 지방자치단체의 모든 사무를 자치적으로 처리하는 데 필요한 자치입법권을 갖는 것이다. 이러한 관점에서 지방자치법은 '지방자치단체는 법률이 정하는 바에 의하여 지방세를 부과·징수할 수 있다'라고 하고, 지방세법은 지방세의 부과와 징수에 관하여 필요한 사항은 지방자치단체가 '조례'로써 정하도록 하고 있다. 이렇게 지방세법이 지방세의 부과와 징수에 관하여 필요한 사항을 조례로 정할 수 있도록 한 것은 지방세법은 그 규율대상의 성질상 어느 정도 요강적 성격(要綱的 性格)을 띨 수밖에 없기 때문이라고 해석된다. 왜냐하면 비록 국민의 재산권에 중대한 영향을 미치는 지방세에 관한 것이라 하더라도 중앙정부가 모든 것을 획일적으로 확정하는 것은 지방자치제도의 본래의 취지를 살릴 수 없기 때문이다. 더구나 지방세법의 규정에 의거하여 제정되는 지방세부과에 관한 조례는 주민의 대표로 구성되는 지방의회의 의결을 거치도록 되어 있으므로 법률이 조례로써 과세요건 등을 확정할 수 있도록 조세입법권을 부분적으로 지방자치단체에 위임하였다고 하더라도 조세법률주의의 바탕이 되고 있는, '대표 없이는 조세 없다.'는 사상에 반하는 것도 아니다."[238]라고 판시하고 있다.

이와 관련하여 지방간 세수 격차는 국세의 지방세 이양에 걸림돌이 되며 이를 보완하기 위하여 지방교부세제도를 도입하고 있는데 여기에 관하여는 지방자치법에 별다른 규정이 없다.

2) 사용료

사용료라 함은 지방자치단체 등 공행정주체가 제공하는 공공시설의 이용 또는 재산의 사용에 대하여 사용자가 부담하는 반대급부로서의 금전을 말한다. 공공시설은 지방

---

238) 헌법재판소 94헌마242

자치단체가 주민의 복지를 증진할 목적으로 주민의 이용에 제공하기 위하여 설치한 시설을 말하며, '재산의 사용'이란 행정재산의 목적 외 사용을 의미한다.

> **법 제136조(사용료)** 지방자치단체는 공공시설의 이용 또는 재산의 사용에 대하여 사용료를 징수할 수 있다.

3) 수수료

수수료는 특정인에 대한 직무행위 기타 공행정주체의 행위에 대한 반대급부로서 그 특정인이 부담하는 금전급부를 말한다. 즉 지방자치단체의 활동으로 개별적으로 특수한 이익을 누리게 되는 사람으로부터[239] 징수되는 공과금의 일종이다. 이런 수수료를 징수하는 목적은 수익자와 일반주민의 부담의 공평확보와 행정경비의 보전에 있다.

수수료는 이익을 얻는 특정인에 대하여 부과 · 징수한다는 점에서 개별적 · 구체적인 대가성(代價性)이 있다. 이런 점에서 수익자(受益者) 부담금과 유사한 반면, 조세와는 구별된다. 또한, 수수료는 공익사업 자체에 수반하여 드는 경비의 분담으로서 그 사업에 특별한 이해관계가 있는 모든 자에게 부과되는 부담금과도 구별된다.

> **법 제137조(수수료)** ① 지방자치단체는 그 지방자치단체의 사무가 특정인을 위한 것이면 그 사무에 대하여 수수료를 징수할 수 있다.
>
> ② 지방자치단체는 국가나 다른 지방자치단체의 위임사무가 특정인을 위한 것이면 그 사무에 대하여 수수료를 징수할 수 있다.
>
> ③ 제2항에 따른 수수료는 그 지방자치단체의 수입으로 한다. 다만, 법령에 달리 정하여진 경우에는 그러하지 아니하다.

수수료는 지방자치단체의 자치사무에 관한 수수료와 위임사무에 대한 수수료로 나눌 수 있으며, 수수료의 징수에 관한 사항은 조례로 정하되, 전국적인 통일이 필요한 수수

239) 지방자치단체의 사무가 특정인만을 위한 사무인 경우에 한정하여 수수료를 징수할 수 있다는 것이 아니라 지방자치단체의 사무가 특정인을 위한 사무인 동시에 지방자치단체 자신의 사무인 경우에도 수수료를 징수할 수 있음(대법원 1997.10.14. 97다21253).

료에 관한 사항은 다른 법령의 규정에도 불구하고 대통령령으로 정하는 기준에 따라 조례로 정하도록 하고 있다.

국가의 경우는 수수료에 관한 이런 일반법이 없고 다만, 행정절차법 제52조에서는 행정절차에 드는 비용은 행정청이 부담하도록 하고 있으면서 당사자등이 자기를 위하여 스스로 지출한 비용은 예외를 인정하고 있다.

4) 분담금

'분담금'이란 지방자치단체의 재산이나 공공시설의 설치로 인하여 주민의 일부가 특히 이익을 받을 때 그 이익을 받는 자로부터 수익의 정도에 따라 징수하는 공과금의 일종이다. 그런데 '분담금'이라는 용어는 다른 법령에는 찾아볼 수 없고 '부담금'이라는 용어로 실정법에서 사용되고 있다.[240)]

현행법상 그 법적 성질이 부담금이 아닌데도 '부담금'이라는 용어를 사용한 예가 있는가 하면, 법적 성격이 부담금인데도 '부담금'이란 용어를 사용하지 않은 예가 많아 혼란을 초래하고 있다. 실제 부담금이 아닌데 국가나 지방자치단체가 부담하는 금액(교부금이나 지원금 등)을 법령에서 '부담금'이라고 사용하기도 하고, 부담금이라는 용어를 사용하고 있지는 않으나 실제 부담금적 성격을 가지고 있는 골재채취법의 '골재채취 복구 예치금', 건축법의 건축공사 현장 '안전관리 예치금' 등을 예로 들 수 있다.

따라서 앞으로는 그 법적 성격에 따라 법령상 용어를 통일하여 사용할 필요가 있다. 부담금에 관한 기본법인 부담금관리기본법에서 부담금을 부과할 수 있도록 한 근거법이 96개 법률이고, 그러한 법률에서 총 101개의 부담금을 정하고 있는데, 부담금이라는 용어를 직접 사용하고 있는 것은 48개뿐이다. '부과금', '출연금', '이익금', '기여금', '납입금" 등 다양한 용어를 사용하고 있어 특별한 경우가 아니면 부담금관리기본법에서 정

240) 부담금관리 기본법 제2조에 의하면 '부담금'이란 중앙행정기관의 장, 지방자치단체의 장, 행정권한을 위탁받은 공공단체 또는 법인의 장 등 법률에 따라 금전적 부담의 부과권한을 부여받은 자(이하 '부과권자'라 한다)가 분담금, 부과금, 기여금, 그 밖의 명칭에도 불구하고 재화 또는 용역의 제공과 관계없이 특정 공익사업과 관련하여 법률에서 정하는 바에 따라 부과하는 조세 외의 금전지급의무(특정한 의무이행을 담보하기 위한 예치금 또는 보증금의 성격을 가진 것은 제외한다)를 말한다.

하는 부담금부터 그 용어를 통일적으로 사용해야 할 것이다.

> **법 제138조(분담금)** 지방자치단체는 그 재산 또는 공공시설의 설치로 주민의 일부가 특히 이익을 받으면 이익을 받는 자로부터 그 이익의 범위에서 분담금을 징수할 수 있다.

부담금은 국가 또는 공공단체가 '특정한 공익사업'에 충당하기 위하여 사업에 드는 경비의 전부 또는 일부를 그 공익사업과 특별한 관계에 있는 자에게 부담시키는 공법상의 금전급부의무로 이해되어 왔다. 그러나 최근에는 특정한 사업보다 더 넓은 의미의 공익사업을 위하여 공용부담이 행해지고 그 부담이 특정한 개인이나 특정한 재산권에 한정된다고 보기 어려운 경우도 많아졌기 때문에 부담금의 개념도 확대되고 있다.

이러한 금전납부의무는 국민에게 준조세로 인식되어 행정편의적 징수금이라는 오해를 받았으며 실제 그 부과 · 징수의 법적 근거에 조세법률주의와 같은 엄격성이 요구되지 않고 그 용도도 특별회계나 기금에 편입되어 예산의 일반원칙이 지켜지지 못했다. 또한, 부과 · 징수상의 투명성과 공정성에서도 문제를 일으키는 경우가 많았다.

이에 따라, 부담금에 관한 기본법인 부담금관리 기본법을 제정(2001. 12. 31. 공포, 2002. 1. 1. 시행)하고 이 법에 부담금의 설치 · 관리 및 운영에 관한 기본적인 사항을 규정함으로써 개별 법률에 근거하여 설치 · 운영되던 각종 부담금의 신설을 억제하고, 그 관리 · 운용의 공정성과 투명성을 높이도록 했다.

부담금은 여러 종류가 있는 바 지방자치법상의 분담금은 공익사업으로부터 특별한 이익을 받는 계층에 대하여 그 수익의 한도에서 사업의 경비 일부를 부담하게 하는 '수익자부담금'에 해당한다고 보여진다.

부담금은 특정한 공익사업에 드는 경비의 충당을 목적으로 한다. 반면에 조세는 국가 또는 지방자치단체의 일반 재정수입을 목적으로 한다. 조세 중 목적세는 특정 사업의 경비에 충당하기 위한 것이라는 점에서 부담금과 그 성질이 유사하나, 일반개인의 담세력을 표준으로 부과된다는 점에서 특정 사업과의 특별이해관계에 따라 부과되는 부담금과 구분된다.

부담금은 국민이 지니는 일반적인 재정책임인 납세의무 외에 특별히 공익사업과 관련이 있는 자에 대하여 특별한 재정책임으로서의 공용부담을 주는 것이므로 이에 대해서는 그 도입이나 시행이 정당한 것인지를 엄격히 검토할 필요가 있다. 이와 관련하여 헌법재판소는 조세 외의 공과금인 부담금을 징수하려는 경우에는 엄격한 요건하에서만 허용된다고 보면서, 부담금이 정당화될 수 있는 요건을 제시하고 있다.[241] 또한, 부담금은 국민의 재산권을 제한하는 성격을 가지고 있으므로 부담금을 부과할 때에도 평등원칙이나 비례성 원칙과 같은 재산권 제한 입법의 한계를 반드시 준수해야 한다.

5) 징수 근거와 구제절차

(1) 징수 근거

사용료·수수료 또는 분담금의 징수에 관한 사항은 조례로 정한다. 조례는 각 자치단체마다 그 기준이 다를 수 있으나 전국적 통일이 필요한 사항에 대해서는 형평을 맞추기 위하여 대통령령이 정하는 기준에 따라 조례로 정한다.

> **법 제139조(사용료의 징수조례 등)** ① 사용료·수수료 또는 분담금의 징수에 관한 사항은 조례로 정한다. 다만, 국가가 지방자치단체나 그 기관에 위임한 사무와 자치사무의 수수료 중 전국적으로 통일할 필요가 있는 수수료에 관한 사항은 다른 법령의 규정에도 불구하고 대통령령으로 정하는 표준금액으로 징수하되, 지방자치단체가 다른 금액으로 징수하고자 하는 경우에는 표준금액의 100분의 50의 범위에서 조례로 가감 조정하여 징수할 수 있다.
>
> ② 사기나 그 밖의 부정한 방법으로 사용료·수수료 또는 분담금의 징수를 면한 자에 대하여는 그 징수를 면한 금액의 5배 이내의 과태료를, 공공시설을 부정사용한 자에 대하여는 50만 원 이하의 과태료를 부과하는 규정을 조례로 정할 수 있다.

241) 헌재 1998. 12. 24. 98헌가1, 헌재 1999. 10. 21. 97헌바84 (① 부담금 납부의무자들이 일반인과 구별되고 동질성을 지니는 특정 집단일 것 ② 부담금의 부과를 통하여 수행하려는 특정한 경제적·사회적 과제와 특별히 객관적으로 밀접한 관련성이 있을 것 ③ 그러한 과제의 수행에 관하여 조세 외적 부담을 질 만한 집단적인 책임성이 인정되는 집단에 대해서만 부과될 것 ④ 부담금의 수입이 부담금 납부의무자의 집단적 이익을 위하여 사용될 것)

③ 제2항에 따른 과태료의 부과 · 징수, 재판 및 집행 등의 절차에 관한 사항은 질서위반행위규제법에 따른다.

사용료 등을 부정한 방법으로 면탈한 자에 대해서는 5배 이내의 과태료나 50만 원 이하의 과태료를 처하는 규정을 조례로 정할 수 있다. 그리고 이에 대한 절차에 관한 사항은 질서행위규제법에 따른다.

지방자치법 제139조제1항 단서에 따른 전국적 통일이 필요한 수수료의 징수기준에 관한 규정 (대통령령)

제1조(목적) 이 영은 지방자치법 제139조제1항 단서에 따라 지방자치단체가 징수하는 수수료 중 전국적 통일이 필요한 수수료의 징수기준에 관한 사항을 정함을 목적으로 한다.

제2조(수수료의 징수기준) 지방자치법 제139조제1항 단서에서 "대통령령으로 정하는 표준금액"이란 별표에서 정한 금액을 말한다.

참고로 과태료부과대상이 되는 행정질서법은 행정질서 유지를 위하여 행정법규 위반이라는 객관적 사실에 착안하여 과하는 제재이므로 특별한 규정이 없는 한 행정질서법의 성립에 원칙적으로 고의나 과실을 요하지 아니한다.

(2) 구제절차(救濟節次)

사용료 · 수수료 · 분담금 등 지방공과금의 부과와 징수에 대해서는 다른 법률에는 규정이 없고 지방자치법에서만 규정하고 있다.

우선 이런 지방공과금도 조세에서와 마찬가지로 형평성이 요구되며, 비록 세금은 아니지만 납부하지 않은 경우에는 지방세의 징수절차를 적용하고 있다.

법 제140조(사용료 등의 부과 · 징수, 이의신청) ① 사용료 · 수수료 또는 분담금은 공평한 방법으로 부과하거나 징수하여야 한다.

② 사용료 · 수수료 또는 분담금의 징수는 지방세 징수의 예에 따른다.

③ 사용료 · 수수료 또는 분담금의 부과나 징수에 대하여 이의가 있는 자는 그 처분을 통지받은 날부터 90일 이내에 그 지방자치단체의 장에게 이의신청할 수 있다.

④ 지방자치단체의 장은 제3항의 이의신청을 받은 날부터 60일 이내에 이를 결정하여 알려야 한다.

⑤ 사용료 · 수수료 또는 분담금의 부과나 징수에 대하여 행정소송을 제기하려면 제4항에 따른 결정을 통지받은 날부터 90일 이내에 처분청을 당사자로 하여 소를 제기하여야 한다.

⑥ 제4항에 따른 결정기간 내에 결정의 통지를 받지 못하면 제5항에도 불구하고 그 결정기간이 지난날부터 90일 이내에 소를 제기할 수 있다.

⑦ 제3항과 제4항에 따른 이의신청의 방법과 절차 등에 관하여는 지방세기본법 제118조와 제121조부터 제127조까지의 규정을 준용한다.

먼저 이런 공과금에 대하여 이의가 있는 자는 그 지방자치단체의 장에게 이의신청을 하고, 그 지방자치단체의 장은 이를 결정하여 알려야한다[242]. 이때 이의신청의 방법과 절차 등에 관해서는 지방세기본법의 관련 규정들을 준용한다.

또 이 공과금에 대하여 행정소송을 제기하고자 하는 때에는 처분청을 당사자로 소를 제기하여야 한다. 즉 지방공과금의 부과 · 징수에 대하여 불복하는 경우에는 이의신청절차를 거친 경우에는 별도로 행정심판을 거칠 필요 없이 바로 행정소송을 제기하면 된다.

6) 경비지출

지방자치단체는 본연의 역할에 맞게 여러 가지 사무수행에 필요한 경비를 지출할 책임이 있다. 다만 위임된 사무의 경우에는 실질적으로 그 사무를 수행하는 위임기관이

242) 지방자치단체의 공공시설에 관한 사용료부과처분을 받은 자는 그 부과 또는 징수에 대하여 이의가 있으면 지방자치법의 규정에 의하여 그 통지를 받은 날로부터 60일 이내에 그 지방자치단체의 장에게 이의신청을 하고 이에 대한 지방자치단체의 장의 결정에 대하여 불복이 있을 때에는 다시 행정심판법상의 행정심판을 청구할 필요 없이 그 결정통지를 받은 날로부터 60일 이내에 관할 고등법원에 행정소송을 제기하여야 한다. 또 사용료부과처분에 대한 이의신청에 대하여 지방자치단체의 장이 결정을 함에 있어서 행정심판법 제35조 소정의 재결의 방식에 관한 규정에 따라야 하는 것도 아니다: : 대법원 1994. 6. 24. 94누2497:

사무처리경비를 부담하여야 한다.243)

> **법 제141조(경비의 지출)** 지방자치단체는 그 자치사무의 수행에 필요한 경비와 위임된 사무에 관하여 필요한 경비를 지출할 의무를 진다. 다만, 국가사무나 지방자치단체사무를 위임할 때에는 이를 위임한 국가나 지방자치단체에서 그 경비를 부담하여야 한다.

앞서 지적되었듯이 지방자치단체의 사무 중 어느 사무가 위임사무이고, 어느 사무가 자치사무인지 명확하지 않은 상황이 많은 바 비용부담의 문제는 늘 논란의 여기자 있어 보인다. 그리고 지방자치단체가 필요한 이런 지방경비는 다양하면서도 재원의 부족으로 지출의 한계가 있는 바, 상당부분 '보조금'이나 '교부세' 등을 통하여 중앙정부에 의존하고 있는 실정이다. 앞서 확인했듯이 2014년 광역자치단체 재정자립도를 살펴보면 서울이 80%로 가장 높고 전남이 17.4%로 가장 낮다.

지방자치단체의 경비지출에 대해서는 지방재정법에 더 자세히 규정되어 있다.

5. 재산과 공공시설

1) 지방자치단체의 재산

지방자치단체는 본연의 목적을 달성하기 위하여 필요한 재산을 보유하거나 기금을 설치할 수 있다. 여기서 '재산'244)이란 현금 외의 모든 재산적 가치가 있는 물건과 권리

---

243) 지방재정법 제20조(자치사무에 관한 경비) 지방자치단체의 관할구역 자치사무에 필요한 경비는 그 지방자치단체가 전액을 부담한다.
제21조(부담금과 교부금) ① 지방자치단체나 그 기관이 법령에 따라 처리하여야 할 사무로서 국가와 지방자치단체 간에 이해관계가 있는 경우에는 원활한 사무처리를 위하여 국가에서 부담하지 아니하면 아니 되는 경비는 국가가 그 전부 또는 일부를 부담한다.
② 국가가 스스로 하여야 할 사무를 지방자치단체나 그 기관에 위임하여 수행하는 경우 그 경비는 국가가 전부를 그 지방자치단체에 교부하여야 한다.

244) 공유재산 및 물품 관리법 제4조(공유재산의 범위) ① 공유재산의 범위는 다음 각 호와 같다.
1. 부동산과 그 종물(從物)
2. 선박, 부잔교(浮棧橋), 부선거(浮船渠) 및 항공기와 그 종물
3. 공영사업 또는 공영시설에 사용하는 중요한 기계와 기구
4. 지상권 · 지역권 · 전세권 · 광업권과 그 밖에 이에 준하는 권리
5. 특허권, 실용신안권, 디자인권 및 상표권 등 지식재산

를 말하며 이에 대해 필요한 사항은 조례로 정한다.

> 법 제142조(재산과 기금의 설치) ① 지방자치단체는 행정목적을 달성하기 위한 경우나 공익상 필요한 경우에는 재산을 보유하거나 특정한 자금을 운용하기 위한 기금을 설치할 수 있다.
>
> ② 제1항의 재산의 보유, 기금의 설치 · 운용에 관하여 필요한 사항은 조례로 정한다.
>
> ③ 제1항에서 "재산"이란 현금 외의 모든 재산적 가치가 있는 물건과 권리를 말한다.

지방자치단체의 재산은 사유재산이 아닌 '공유재산'으로 그 종류와 관리 방법 등은 공유재산 및 물품 관리법에 규정되어 있다. 따라서 지방자치법에도 공유재산의 개념을 명확히 할 필요성이 있어 보인다.

지방자치단체가 특정목적을 위하여 재산을 유지하고 관리하기 위하여 기금을 설치할 수 있는 바 이에 대한 기본 규정이 지방자치단체 기금관리기본법이다.

지방자치단체의 재정활동은 주로 일반회계와 특별회계로 구성된 예산에 의하여 이루어지고 있으나 특정한 분야의 사업에 대하여 지속적이고 안정적인 자금지원이 필요하거나 사업추진에 있어 탄력적인 집행이 필요한 경우에, 예산과는 별도로 기금을 설치 · 운용할 필요성이 발생한다. 따라서 지방자치단체 기금은 특수한 목적을 위해 사업추진의 융통성, 효과성, 효율성을 제고하는 데 가장 큰 가치를 두고 있으며, 행정의 신축성을 높이고, 특정사업의 지속적이고 안정적인 재원확보를 위해 예산과는 별도로 조성 · 운용하도록 하고 있다[245].

지방기금은 지방재정법 제34조 제3항에 의하여 예산총계주의 원칙에서 벗어나 세입 · 세출예산외로 운용할 수 있도록 규정하고 있다. 지방자치단체 기금이라 함은 지방

---

6. 주식, 출자로 인한 권리, 사채권 · 지방채증권 · 국채증권과 그 밖에 이에 준하는 유가증권
7. 부동산신탁의 수익권
8. 제1호 및 제2호의 재산으로 건설 중인 재산

245) 2015년 현재 서울특별시의 경우 재정투융자기금, 중소기업육성기금, 식품진흥기금, 기후변화기금, 사회투자기금, 도로굴착복구기금, 여성발전기금, 자원회수시설 주변지역주민 지원기금, 사회복지기금, 체육진흥기금, 감채기금, 재난관리기금, 남북교류협력기금, 대외협력기금 총 14개를 운영하고 있다.

자치단체 기금관리기본법 제2조에서 규정하고 있는 바와 같이 지방자치단체가 특정한 행정목적 달성을 위하여 지방자치법 제142조의 규정 또는 다른 법률의 규정에 의하여 설치 · 운용하는 기금 중 지방공기업법 제19조의 규정에 의한 지역개발을 위한 기금을 제외한 기금을 의미하는 바, 지방공기업법 제19조의 규정에 의한 '지역개발을 위한 기금'은 기금이라는 명칭을 사용하고 있으나, 지방공기업법에 의거한 '공기업특별회계'로 관리되고 있기 때문에 기금의 범위에 포함되지 않는다.

예산은 세입과 세출을 일치시켜 '단년도' 원칙에 따라 처리하고 있으나, 기금은 일정 시점의 재산상태를 나타내는 '조성'과 일정기간의 운영상황을 나타내는 '운용'으로 나누어지는 특징을 지닌다.

예산과 기금

구 분	일 반 회 계	특 별 회 계	기 금
설치사유	• 자치단체 고유의 일반적 재정활동	• 특정세입으로 특정세출에 충당 • 특정사업운영 • 특정자금 보유운용	• 특정목적 및 시책추진을 위해 특정자금을 운용할 필요가 있는 경우
재원조달 및 운용형태	• 공권력에 의한 지방세 수입과 무상적 급부의 제공이 원칙	• 일반회계와 기금의 운용형태 혼재	• 출연금, 부담금 등 다양한 수입원으로 융자사업 등 사업수행
확정절차	• 사업부서 예산요구, 예산부서 예산안편성, 지방의회 심의 · 의결	• 좌 동	• 기금운용부서 계획 수립, 예산부서 협의 · 조정, 지방의회 심의 · 의결
집행절차	• 집행과정에서도 합법성에 입각한 통제가 가해짐 – 예산의 목적외사용 금지원칙	• 좌 동	• 집행과정에서는 합목적성 차원에서 자율성과 탄력성이 보장
수입과 지출의 연계	• 특정한 수입과 지출의 연계 배제	• 특정한 수입과 지출의 연계	• 좌 동

계획변경	• 추경예산 편성	• 좌 동	• 주요항목(분야 · 부문 · 정책 사업) 지출금액의 10분의 5 초과 변경 시 지방의회 의결
결 산	• 지방의회 심의 · 승인	• 좌 동	• 좌 동

2) 재산의 관리와 처분

지방자치단체의 재산은 지방자치단체의 장이 소관 공유재산을 관리 · 처분하되, 소속 공무원에게 위임하여 공유재산을 관리 · 처분하게 할 수 있고, 특별시장 · 광역시장 또는 도지사는 시장 · 군수 또는 구청장에게 위임하여 그 재산을 관리 · 처분하게 할 수 있다.

지방자치단체는 수익을 목적으로 하는 것이 아니라 공적인 임무의 수행이 본연의 목적인 바, 교환 · 양여 · 대여, 출자 또는 지급의 수단 등의 행위를 제한하여 재산의 공공성을 확보하여야 한다.

법 제143조(재산의 관리와 처분) 지방자치단체의 재산은 법령이나 조례에 따르지 아니하고는 교환 · 양여(讓與) · 대여하거나 출자 수단 또는 지급 수단으로 사용할 수 없다.

3) 공공시설

지방자치단체는 주민의 복지를 증진하기 위하여 공공시설을 설치할 수 있다. 공공시설의 정의에 대해서는 지방자치법 어느 규정에서도 찾아볼 수 없고 다만 지방의회의 의결대상으로 규정되어있다.

법 제144조(공공시설) ① 지방자치단체는 주민의 복지를 증진하기 위하여 공공시설을 설치할 수 있다.

② 제1항의 공공시설의 설치와 관리에 관하여 다른 법령에 규정이 없으면 조례로 정한다.

③ 제1항의 공공시설은 관계 지방자치단체의 동의를 받아 그 지방자치단체의 구역 밖에 설치할 수 있다.

이와 관련하여 국토의 계획 및 이용에 관한 법률 제2조에 '공공시설'이란 도로 · 공원 · 철도 · 수도, 그 밖에 대통령령으로 정하는 공공용(公共用) 시설을 말한다고 명시하고 있다. 따라서 공공시설은 지방자치단체가 주민의 복지증진을 목적으로 설치하고 관리하는 인적 · 물적 요소가 함께 포함된 영조물(營造物)을 말한다고 해석해야 할 것이다.

행정자치부 2014 재정공개에 따르면 지방자치단체에서 설치하고 운영하고 있는 공공시설은 총 555개로 서울특별시의 경우 서울도서관을 포함하여 55개의 시설을 운영하고 있다.

시 · 도별 공공시설 운영현황-2014기준

구 분	시설수(개)	연간이용인원(만명)	순비용(억원)	구 분	시설수(개)	연간이용인원(만명)	순비용(억원)
서 울	55	3,567	174	강 원	38	387	121
부 산	14	753	325	충 북	15	133	41
대 구	11	313	108	충 남	30	518	267
인 천	24	829	281	전 북	27	411	159
광 주	3	151	78	전 남	36	872	77
대 전	10	537	114	경 북	52	778	490
울 산	14	314	274	경 남	53	1,556	212
경 기	124	5,076	1,492	제 주	9	114	106

제7장

지방자치단체 상호 간의 관계

제7장

지방자치단체 상호 간의 관계

1. 지방자치단체 상호 간의 협력과 분쟁조정

1) 지방자치단체의 사무처리에 관한 협력

지방자치단체는 독립된 인격체로 자신의 사무를 스스로 처리해야 하고 다른 지방자치단체의 지위와 사무를 존중하고 침해하는 일이 없어야 한다. 그러나 지방자치단체는 상호 간에 야기되는 문제나 행정수요를 충족시키기 위하여 사무를 공동으로 처리해야 할 필요성이 있고, 이를 위하여 법령의 범위에서 협력하여야 한다.

> **법 제147조(지방자치단체 상호 간의 협력)** 지방자치단체는 다른 지방자치단체로부터 사무의 공동처리에 관한 요청이나 사무처리에 관한 협의 · 조정 · 승인 또는 지원의 요청을 받으면 법령의 범위에서 협력하여야 한다.

이런 협력을 위하여 각종 협력수단이 아래와 같이 규정되어 있다.

광역행정관련 협력제도

구 분	운 영 목 적	관련규정
협력사업	지방자치단체는 다른 지방자치단체로부터 사무의 공동처리, 사무처리의 협의 · 조정 · 승인 또는 지원요청이 있는 경우 법령의 범위 내에서 협력	지방자치법 제147조

사무위탁	지방자치단체 또는 그 장은 소관사무의 일부를 다른 지방자치단체 또는 그 장에게 위탁 · 처리	지방자치법 제151조
행정협의회	지방자치단체는 2개 이상의 지방자치단체와 관련된 사무의 일부를 공동 처리	지방자치법 제152조 내지 제158조
지방자치단체 조합	2개 이상 지방자치단체가 하나 또는 둘 이상의 사무를 공동 처리	지방자치법 제159조 내지 제164조
지방자치단체장 등 협의체	지방자치단체장 또는 지방의회 의장은 상호 간 교류와 협력증진, 공동의 문제를 협의하기 위해 전국적 협의체 설립	지방자치법 제165조

2) 지방자치단체 상호 간의 분쟁조정

(1) 의의

지방자치제도를 시행하다보면 지방자치단체 간 혹은 지방자치단체의 장 상호 간에 권한 내지 권리 또는 의무의 범위나 주체를 둘러싸고 분쟁이 발생할 수 있다. 우리나라 법체계상 분쟁이 발생하면 사법절차를 통하여 해결하여야 하는데, 지방자치단체간의 분쟁은 시간도 오래 걸리며 엄격한 절차와 많은 비용이 소요되는바 바람직한 분쟁해결을 위하여 조정제도를 갖추고 이를 시행하는 것이다.

따라서 지방자치법은 지방자치단체 상호 간이나 지방자치단체의 장 상호 간에 분쟁이 생기면 제3의 상급 감독기관이 조정할 수 있도록 분쟁조정제도를 1988년 4월에 마련하였다.

(2) 연혁

지방자치단체 상호 간의 분쟁조정제도는 1988년 4월 6일 도입되었고, 이 당시에는 분쟁조정기관이 시 · 도 또는 그 장이 당사자가 되는 분쟁은 내무부장관이, 시 · 군 · 구 또는 그 장이 당사자가 되는 분쟁은 시 · 도지사가 분쟁조정기관이 되었다.

1994년 3월 16일 지방자치단체분쟁조정위원회 설치 근거가 마련되었고, 지방분쟁조정위원회(시 · 도지사 소속)도 설치되었다. 그리고 2000년 4월 25일 제1기 중앙분쟁조정위원회가 출범하였다.

법 제148조(지방자치단체 상호 간의 분쟁조정) ① 지방자치단체 상호 간이나 지방자치단체의 장 상호 간 사무를 처리할 때 의견이 달라 다툼(이하 “분쟁”이라 한다)이 생기면 다른 법률에 특별한 규정이 없으면 행정자치부장관이나 시 · 도지사가 당사자의 신청에 따라 조정(調整)할 수 있다. 다만, 그 분쟁이 공익을 현저히 저해하여 조속한 조정이 필요하다고 인정되면 당사자의 신청이 없어도 직권으로 조정할 수 있다.

② 제1항 단서에 따라 행정자치부장관이나 시 · 도지사가 분쟁을 조정하는 경우에는 그 취지를 미리 당사자에게 알려야 한다.

③ 행정자치부장관이나 시 · 도지사가 제1항의 분쟁을 조정하고자 할 때에는 관계 중앙행정기관의 장과의 협의를 거쳐 제149조에 따른 지방자치단체중앙분쟁조정위원회나 지방자치단체지방분쟁조정위원회의 의결에 따라 조정하여야 한다.

④ 행정자치부장관이나 시 · 도지사는 제1항의 조정에 대하여 결정을 하면 서면으로 지체 없이 관계 지방자치단체의 장에게 통보하여야 하며, 통보를 받은 지방자치단체의 장은 그 조정결정사항을 이행하여야 한다.

⑤ 제4항의 조정결정사항 중 예산이 수반되는 사항에 대하여는 관계 지방자치단체는 필요한 예산을 우선적으로 편성하여야 한다. 이 경우 연차적으로 추진하여야 할 사항은 연도별 추진계획을 행정자치부장관이나 시 · 도지사에게 보고하여야 한다.

⑥ 행정자치부장관이나 시 · 도지사는 제1항의 조정결정에 따른 시설의 설치 또는 역무의 제공으로 이익을 받거나 그 원인을 일으켰다고 인정되는 지방자치단체에 대하여는 그 시설비나 운영비 등의 전부나 일부를 행정자치부장관이 정하는 기준에 따라 부담하게 할 수 있다.

⑦ 행정자치부장관이나 시 · 도지사는 제4항부터 제6항까지의 규정에 따른 조정결정사항이 성실히 이행되지 아니하면 그 지방자치단체에 대하여 제170조를 준용하여 이행하게 할 수 있다.

분쟁조정제도의 연혁

일 자	주 요 내 용
1988. 4.6	❋ 지방자치단체 상호 간 분쟁조정제도 신설 – 내무부장관 : 시·도 또는 그 장이 당사자가 되는 분쟁 – 시·도지사 : 시·군·구 또는 그 장이 당사자가 되는 분쟁
	❋ 지방자치단체 상호 간 협력제도 신설 – 협력사업, 사무위탁, 행정협의회, 지방자치단체조합 등
1989.12.30	❋ 지방자치단체조합 사무기능 강화 – 특정사무의 전부 또는 일부 → 하나 또는 둘 이상의 사무로 명확화
1994. 3.6	❋ '지방자치단체분쟁조정위원회' 설치근거 마련 – 중앙 : 내무부장관 소속 / 지방 : 시·도지사 소속 – 이행의무, 직무이행명령, 대법원 제소 등 신설
1999. 8.31	❋ '지방자치단체분쟁조정위원회' 기능 강화 – 직권조정제도 도입, 민간위원(6명) 위촉 등 전문성 강화 ※ '중앙분쟁조정위'·'지방분쟁조정위'로 이원화, 심의 → 의결기구화
	❋ 자치단체장 등 협의체 설립근거 신설 – 자치단체장·지방의회 의장 등 상호 간 교류·협력 증진, 공동문제 협의
	❋ '행정협의조정위원회' 설치근거 신설 – 중앙부처와 자치단체 간 분쟁에 대한 행정부 내 사전조정
2009. 4. 1	❋ 지적공부 미등록지의 귀속절차 제도화 – 매립지·누락토지는 '중앙분쟁조정위'의 의결을 거쳐 행안부장관이 결정 ※ 결정에 이의가 있을 경우 대법원에 제소 가능
2011. 7. 14	❋ 지방자치단체장 등 협의체 의견 제출권 신설 – 지방자치와 관련된 법률의 제·개정, 폐지가 필요한 경우 ※ 중앙행정기관의 장은 2개월 이내에 검토결과를 통보(의무화)
	❋ '행정협의조정위원회' 설치 의무화 –『시행령』에 규정된 위원 구성사항을『법률』로 격상

(3) 분쟁조정절차

지방자치단체 상호 간이나 지방자치단체의 장 상호 간에 분쟁이 생기면 당사자의 신청에 따라 상급기관이 분쟁을 조정할 수 있다. 다만 당사자의 신청이 없을 때에도 조속한 조정이 필요하다고 인정되는 경우에는 직권으로 조정할 수 있다.

당사자의 신청에 의한 분쟁조정과 상급기관의 직권조정에 의한 분쟁조정절차는 차이가 나는바 직권조정의 경우 조정결정 후 당사자에게 조정신청을 권고하는 것이 그 차이점이라 볼 수 있다.

분쟁을 조정한 후에는 행정자치부장관 또는 시 · 도지사는 조정결정한 사항이 이행되도록 감독하여야 하며, 지방자치단체의 장은 조정결정사항 이행 및 조정결정 통보일로부터 30일 이내에 이행계획을 작성하여 시 · 도지사에 보고하여야 한다.

분쟁관계 지방자치단체는 조정결정 사항 중 예산이 수반되는 사항에 대하여는 예산을 우선적으로 편성하고, 행정자치부장관이나 시 · 도지사는 조정결정 사항이 성실히 이행되지 않으면 그 지방자치단체에 대하여 직무이행 명령을 할 수 있으며 불이행시 행정대집행 등 행정 · 재정상 필요한 조치를 할 수 있다.

(4) 분쟁조정위원회의 설치와 구성

지방자치단체 상호 간 또는 지방자치단체의 장 상호 간 사무를 처리함에 있어서 분쟁의 조정과 지방자치단체간의 행정협의회에서 합의가 이루어지지 아니한 사항에 대하여 관계 지방자치단체의 장으로부터 조정요청이 있을 경우 조정에 필요한 사항을 심의 · 의결하기 위하여 행정자치부에 지방자치단체중앙분쟁조정위원회를 설치하고, 시 · 도에는 지방자치단체지방분쟁조정위원회를 설치하여 운영한다.

> **법 제149조(지방자치단체중앙분쟁조정위원회 등의 설치와 구성 등)** ① 제148조제1항에 따른 분쟁의 조정과 제156조제1항에 따른 협의사항의 조정에 필요한 사항을 심의 · 의결하기 위하여 행정자치부에 지방자치단체중앙분쟁조정위원회(이하 "중앙분쟁조정위원회"라 한다)와 시 · 도에 지방자치단체지방분쟁조정위원회(이하 "지방분쟁조정위원회"라 한다)를 둔다.
>
> ② 중앙분쟁조정위원회는 다음 각 호의 분쟁을 심의 · 의결한다.
>
> 1. 시 · 도 간 또는 그 장 간의 분쟁
> 2. 시 · 도를 달리하는 시 · 군 및 자치구 간 또는 그 장 간의 분쟁
> 3. 시 · 도와 시 · 군 및 자치구 간 또는 그 장 간의 분쟁
> 4. 시 · 도와 지방자치단체조합 간 또는 그 장 간의 분쟁
> 5. 시 · 도를 달리하는 시 · 군 및 자치구와 지방자치단체조합 간 또는 그 장 간의 분쟁
> 6. 시 · 도를 달리하는 지방자치단체조합 간 또는 그 장 간의 분쟁

③ 지방분쟁조정위원회는 제2항 각 호에 해당하지 아니하는 지방자치단체 · 지방자치단체조합 간 또는 그 장 간의 분쟁을 심의 · 의결한다.

④ 중앙분쟁조정위원회와 지방분쟁조정위원회(이하 "분쟁조정위원회"라 한다)는 각각 위원장을 포함한 11명 이내의 위원으로 구성한다.

⑤ 중앙분쟁조정위원회의 위원장과 위원 중 5명은 다음 각 호에 해당하는 자 중에서 행정자치부장관의 제청으로 대통령이 임명하거나 위촉하고, 대통령령으로 정하는 중앙행정기관 소속 공무원은 당연직위원이 된다.

1. 대학에서 부교수 이상으로 3년 이상 재직 중이거나 재직한 자
2. 판사 · 검사 또는 변호사의 직에 6년 이상 재직 중이거나 재직한 자
3. 그 밖에 지방자치사무에 관한 학식과 경험이 풍부한 자

⑥ 지방분쟁조정위원회의 위원장과 위원 중 5명은 제5항 각 호에 해당하는 자 중에서 시 · 도지사가 임명하거나 위촉하고, 조례로 정하는 해당 지방자치단체 소속 공무원은 당연직위원이 된다.

⑦ 공무원이 아닌 위원장 및 위원의 임기는 3년으로 하되, 연임할 수 있다. 다만, 보궐위원의 임기는 전임자의 남은 임기로 한다.

① 중앙분쟁조정위원회

중앙분쟁조정위원회는 시 · 도 간 또는 그 장 간의 분쟁, 시 · 도를 달리하는 시 · 군 및 자치구간 또는 그 장 간의 분쟁, 시 · 도와 시 · 군 및 자치구 간 또는 그 장 간의 분쟁, 시 · 도와 지방자치단체조합 간 또는 그 장 간의 분쟁, 시 · 도를 달리하는 시 · 군 및 자치구와 지방자치단체조합 간 또는 그 장 간의 분쟁, 그리고 시 · 도를 달리하는 지방자치단체조합 간 또는 그 장 간의 분쟁을 심의 · 의결할 권한을 갖는다.

중앙분쟁조정위원회는 행정자치부에 두는데 위원장을 포함한 11명의 위원으로 구성되며, 위원장과 위원 중 5명은 대학교수, 판사, 검사, 변호사 등으로 일정기간 재직 중이거나 재직한 자 중에서 행정자치부 장관의 제청으로 대통령이 임명하거나 위촉하고 대통령령으로 정하는 중앙행정기관 소속 공무원은 당연직 위원이 된다.

중앙분쟁조정위원회는 위원회의 심의에 앞서 안건을 전문적으로 검토하기 위하여 소

위원회를 둘 수 있고, 소위원회는 위원장인 행자부차관을 포함하여 5명의 위원으로 구성한다. 소위원회 위원장은 필요한 경우 관계 공무원과 관계 전문가 등을 출석하게 하여 의견을 듣거나 관계 기관·단체 등에 자료 및 의견제출 등을 요구할 수 있다. 소위원회의 운영에 관하여 필요한 사항은 중앙분쟁조정위원회의 의결을 거쳐 위원장이 정한다.

② 지방분쟁조정위원회

지방분쟁조정위원회는 동일 시·도내의 기초 자치단체·지방자치단체조합 간 또는 그 장 간의 사무를 처리할 때 의견이 달라 분쟁이 생기는 경우 그 분쟁을 조정하고 심의·의결할 권한을 갖는다.

지방분쟁조정위원회는 시·도에 두는데 위원장을 포함한 11명의 위원으로 구성되며 위원장과 위원 중 5명은 대학교수, 판사, 검사, 변호사 등으로 일정기간 재직 중이거나 재직한 자 중에서 시·도지사가 임명하거나 위촉하고 조례로 정하는 해당 지방자치단체 소속 공무원은 당연직위원이 된다.

당사자 신청에 의한 조정절차

당사자신청 (위원회 직권상정)	당사자 쌍방 또는 일방이 서면으로 시·도지사에 조정신청
⬇	
지방분쟁위 심의·조정	중앙행정기관의 장과 협의, 의결에 따라 조정
⬇	
결정사항 통보	지방분쟁위 조정·결정사항을 해당 지방자치단체에 통보
⬇	
이행계획 보고·이행	조정결정을 통보받은 날로부터 30일 이내에 이행계획을 작성보고 조정결정사항의 이행(필요예산 우선 편성, 연도별 추진계획 수립 등)
⬇	
미 이행 시	이행계획의 미 이행 시 집행명령(행정대집행) – 이행명령에 이의가 있는 경우, 명령서 접수 후 15일 이내에 대법원에 소제기

(5) 분쟁조정위원회의 운영

분쟁조정위원회는 11명 이내의 위원으로 구성하게 하고 있으므로 최대 11명의 위원 중에서 7명 이상의 출석으로 개의하고 출석위원 3분의 2 이상의 찬성으로 의결하도록 하고 있다. 분쟁조정위원회 위원장은 조정과 관련하여 필요에 따라 관계 공무원, 지방자치단체조합의 직원 또는 관계 전문가를 출석시켜 의견을 듣거나 자료 등을 요구할 수 있다.

법 제150조(분쟁조정위원회의 운영 등) ① 분쟁조정위원회는 위원장을 포함한 위원 7명 이상의 출석으로 개의하고, 출석위원 3분의 2 이상의 찬성으로 의결한다.

② 분쟁조정위원회의 위원장은 분쟁의 조정과 관련하여 필요하다고 인정하면 관계 공무원, 지방자치단체조합의 직원 또는 관계 전문가를 출석시켜 의견을 듣거나 관계 기관이나 단체에 대하여 자료 및 의견 제출 등을 요구할 수 있다. 이 경우 분쟁의 당사자에게는 의견을 진술할 기회를 주어야 한다.

③ 이 법에서 정한 사항 외에 분쟁조정위원회의 구성과 운영 등에 관하여 필요한 사항은 대통령령으로 정한다.

(6) 사무의 위탁

지방자치단체는 업무의 중복방지 등 예산절감효과를 높이기 위해 다른 지방자치단체 또는 그 장에게 소관사무의 일부를 위탁하여 처리하게 할 수 있다.

법 제151조(사무의 위탁) ① 지방자치단체나 그 장은 소관 사무의 일부를 다른 지방자치단체나 그 장에게 위탁하여 처리하게 할 수 있다. 이 경우 지방자치단체의 장은 사무위탁의 당사자가 시·도나 그 장이면 행정자치부장관과 관계 중앙행정기관의 장에게, 시·군 및 자치구나 그 장이면 시·도지사에게 이를 보고하여야 한다.

② 지방자치단체나 그 장은 제1항에 따라 사무를 위탁하려면 관계 지방자치단체와의 협의에 따라 규약을 정하여 고시하여야 한다.

③ 제2항의 사무위탁에 관한 규약에는 다음 각 호의 사항이 포함되어야 한다.

1. 사무를 위탁하는 지방자치단체와 사무를 위탁받는 지방자치단체
2. 위탁사무의 내용과 범위
3. 위탁사무의 관리와 처리방법
4. 위탁사무의 관리와 처리에 드는 경비의 부담과 지출방법
5. 그 밖에 사무위탁에 관하여 필요한 사항

④ 지방자치단체나 그 장은 사무위탁을 변경하거나 해지하려면 관계 지방자치단체나 그 장과 협의하여 그 사실을 고시하고, 제1항의 예에 따라 행정자치부장관과 관계 중앙행정기관의 장 또는 시 · 도지사에게 보고하여야 한다.

⑤ 사무가 위탁된 경우 위탁된 사무의 관리와 처리에 관한 조례나 규칙은 규약에 다르게 정하여진 경우 외에는 사무를 위탁받은 지방자치단체에 대하여도 적용한다.

지방자치단체가 주로 사무위탁하는 위탁대상업무는 ① 상 · 하수도 및 쓰레기처리 등 환경시설에 대하여 인근 지방자치단체와 공동이용이 가능한 분야, ② 환경보전, 수질개선 등 인근 지방자치단체와의 공조가 필요한 분야, ③ 인근 지방자치단체와 공동사용을 위한 각종 공공시설물 설치 분야 등이며, 시 · 도의 경우에는 행정자치부장관과 관계 중앙행정기관의 장에게 시 · 군 · 자치구의 경우에는 시도지사에게 사무위탁을 보고하여야 한다.

사무위탁은 관계 지방자치단체와의 협의에 따라 규약을 정하여 고시하도록 하고, 규약에는 위탁을 주고받는 자치단체, 위탁사무의 내용과 범위, 위탁사무의 관리와 처리방법, 소요 경비의 부담 및 지출방법 등을 정하여야 한다. 위탁의 해지도 협의 · 고시 · 보고 등 같은 절차에 의한다. 위탁사무의 관리 및 처리에 관한 조례 또는 규칙은 규약에서 달리 정하지 않는 한 위탁받은 자치단체에 대하여도 적용된다.

지방자치단체의 협의에 의해 작성된 규약의 내용을 주민들이 알 수 있도록 지방자치단체 홈페이지 게시판에 게재되며, 사무위탁 규약을 변경 · 해지하고자 하는 경우에도 관계 지방자치단체(장)와 협의를 거쳐 고시된다.

최근 관민협력사업(public private partnerships : PPP)의 한 형태로서 민간부문의 참여

내지 사무위탁 방식은 상당히 활발하게 논의되고 있지만, 우리나라의 경우 자치단체 간의 사무위탁은 활성화되어 있지 않다.

지방자치단체간 사무위탁 운영현황[246)]

※ 분야별

합계	상 · 하수처리	쓰레기 처리	묘지	도로건설	행정기능 등	교육
53	24	13	1	5	5	5

※ 기관별

합계	광역–광역간	광역–기초간	기초–기초간
53	17	8	28

2. 행정협의회

1) 의의

행정협의회는 2개 이상의 지방자치단체에 관련된 사무를 공동으로 처리하기 위하여 구성하는 관계 지방자치단체간의 협의기구이다. 협의회는 지방자치단체조합과는 달리 법인격을 갖지 않는 공동의 집행기관 내지 직무조직이며, 1973년 지방자치에 관한 임시조치법의 개정으로 행정협의회에 관한 규정이 신설되었다가 1988년 지방자치법의 개정으로 행정협의회에 관한 규정이 마련되었다.

법 제152조(행정협의회의 구성) ① 지방자치단체는 2개 이상의 지방자치단체에 관련된 사무의 일부를 공동으로 처리하기 위하여 관계 지방자치단체 간의 행정협의회(이하 "협의회"라 한다)를 구성할 수 있다. 이 경우 지방자치단체의 장은 시 · 도가 구성원이면 행정자

246) 2014 지방자치단체 광역행정 업무편람, 행정자치부

치부장관과 관계 중앙행정기관의 장에게, 시 · 군 또는 자치구가 구성원이면 시 · 도지사에게 이를 보고하여야 한다.

② 지방자치단체는 협의회를 구성하려면 관계 지방자치단체 간의 협의에 따라 규약을 정하여 관계 지방의회의 의결을 각각 거친 다음 고시하여야 한다.

③ 행정자치부장관이나 시 · 도지사는 공익상 필요하면 관계 지방자치단체에 대하여 협의회를 구성하도록 권고할 수 있다

2) 성격과 기능

협의회는 법인격을 가지지 않는 공동의 집행기관 내지 직무조직으로 관계 지방자치단체간의 융통성 있는 협의를 가능하게 해주는 느슨한 형태의 협력방식으로 기능을 한다. 그런데 현행법은 협의회의 결정에 법적 구속력을 부여하고 있기 때문에 다른 나라에서 일반적으로 인정되는 협의회[247]와는 달리 상대적으로 강력한 협의기구로서의 성질을 가지고 있는 것에 특색이 있다.

3) 조직과 규약

협의회는 회장과 위원으로 구성하며 기타 세부적인 사항은 규약에 맡김으로써 구체적인 사정에 따라 유연성을 보장하려는 입법취지를 느낄 수 있다.

> **법 제153조(협의회의 조직)** ① 협의회는 회장과 위원으로 구성한다.
> ② 회장과 위원은 규약으로 정하는 바에 따라 관계 지방자치단체의 직원 중에서 선임한다.
> ③ 회장은 협의회를 대표하며 회의를 소집하고 협의회의 사무를 총괄한다.

협의회의 회장은 1명으로 하며 회의를 소집하고 협의회의 사무를 총괄한다. 또 법은 협의회규약의 필요적 기재사항을 구체적으로 규정함으로써, 협의회의 구성원 · 처리사무 · 조직구성방식 · 경비부담 및 지출방법 등을 법적으로 명확하게 하고 있다. 물론 법 154조에 규정되는 각호의 사항은 규약의 필요적 기재사항으로 협의회규약에 반드시 규

247) 일본 지방자치법 제252조의2: 협의회의 결정은 법적 구속력이 없다.

정되어야 하며, 학자들은 이 규약에 협의회의 결정이 관계 지방자치단체를 구속하는지의 여부를 명시하도록 할 필요가 있다고 입법론을 제기하기도 한다.[248)]

법 제154조(협의회의 규약) 협의회의 규약에는 다음 각 호의 사항이 포함되어야 한다.

1. 협의회의 명칭
2. 협의회를 구성하는 지방자치단체
3. 협의회가 처리하는 사무
4. 협의회의 조직과 회장 및 위원의 선임방법
5. 협의회의 운영과 사무 처리에 필요한 경비의 부담이나 지출방법
6. 그 밖에 협의회의 구성과 운영에 관하여 필요한 사항

협의회의 회의는 연2회의 정기회와 임시회로 운영되며, 임시회는 관계 지방자치단체의 장이 요구할 때 회장이 소집한다. 더불어 행정자치부장관이나 시ㆍ도지사가 개최할 필요성이 있다고 인정되는 경우에는 그 개최를 권고할 수 있다.

4) 자료제출요구 등

협의회의 기능이 효과적으로 수행되기 위해서는 그 사무의 처리를 위하여 각종 자료의 수집과 조사 등이 제대로 이루어져야 할 것이다. 이를 보장하기 위하여 법은 협의회에 자료제출요구와 같은 협조요구권을 부여하고 있다. 이러한 요구를 받은 자는 특별한 정당화사유가 없는 한, 그 요구에 따라야한다고 해석되어진다.

법 제155조(협의회의 자료제출요구 등) 협의회는 사무를 처리하기 위하여 필요하다고 인정하면 관계 지방자치단체의 장에게 자료 제출, 의견 개진, 그 밖에 필요한 협조를 요구할 수 있다.

---

248) 지방자치법주해, 한국지방자치법학회, 박영사, 2004, 650p

5) 협의사항의 조정

행정협의회가 사무를 처리하면서 관계지방자치단체간의 의견조정이 제대로 이루어지지 않아 업무의 처리가 교착상태에 빠질 우려가 있다. 이를 방지하여 행정협의회가 효율적으로 운용될 수 있도록 법은 해결방안을 규정하고 있다. 즉 지방자치단체 간 일반적 분쟁조정제도를 행정협의회의 협의사항 분쟁해결에도 준용함으로써 외국의 입법례에서는 보기 드문 규정을 두고 있다.

> **법 제156조(협의사항의 조정)** ① 협의회에서 합의가 이루어지지 아니한 사항에 대하여 관계 지방자치단체의 장이 조정(調整) 요청을 하면 시ㆍ도 간의 협의사항에 대하여는 행정자치부장관이, 시ㆍ군 및 자치구 간의 협의사항에 대하여는 시ㆍ도지사가 조정할 수 있다. 다만, 관계되는 시ㆍ군 및 자치구가 2개 이상의 시ㆍ도에 걸치는 경우에는 행정자치부장관이 조정할 수 있다.
>
> ② 행정자치부장관이나 시ㆍ도지사가 제1항에 따라 조정을 하려면 관계 중앙행정기관의 장과의 협의를 거쳐 제149조에 따른 분쟁조정위원회의 의결에 따라 조정하여야 한다.

6) 협의 및 사무처리의 효력

행정협의회의 결정과 행정협의회의 협의사항에 대한 분쟁조정권자의 조정결정에 대하여 법은 법적 구속력을 부여함으로써 관계 지방자치단체들에게 그 결정을 경시할 수 없도록 의무를 부여하고 있다.

> **법 제157조(협의회의 협의 및 사무처리의 효력)** ① 협의회를 구성한 관계 지방자치단체는 협의회가 결정한 사항이 있으면 그 결정에 따라 사무를 처리하여야 한다.
>
> ② 제156조제1항에 따라 행정자치부장관이나 시ㆍ도지사가 조정한 사항에 관하여는 제148조제3항부터 제6항까지의 규정을 준용한다.

③ 협의회가 관계 지방자치단체나 그 장의 명의로 한 사무의 처리는 관계 지방자치단체나 그 장이 한 것으로 본다.

한편 협의회가 관계 지방자치단체 또는 그 장의 명의로 행한 사무의 처리를 관계 지방자치단체 또는 그 장이 행한 것으로 보도록 간주함으로써 협의회가 단순한 협력기구가 아니라 경우에 따라서는 집행대행기관으로서의 기능도 동시에 하고 있음을 확인하고 있다. 그러나 법인격이 인정되지 않는 행정협의회의 결정에 대해 법적 구속력을 부여하는 것은 오히려 지방자치단체들이 협의회를 구성하지 않는 기피요인이 될 수 도 있다는 비판이 있을 수 있다.

7) 기타 운영

지방자치단체가 협의회의 규약을 변경하거나 협의회를 폐지하려면 상급기관에 보고하고 지방의회의 의결을 거쳐 이를 고시하여야 한다.

법 제158조(협의회의 규약변경 및 폐지) 지방자치단체가 협의회의 규약을 변경하거나 협의회를 없애려는 경우에는 제152조제1항과 제2항을 준용한다.

협의회의 운영에 관하여 필요한 사항은 행정자치부령으로 전하도록 하였는데 그 규정이 행정협의회 구성 및 운영규칙[249]이다.

8) 행정협의회현황('13.12.31 기준)

※ 총괄

구분	계	권역별			기능별
		소계	광역권	기초권	
누계	87	43	12	31	44
'13년 신규	4	2	–	2	2

249) 내무부령 제630호

※ 광역권 행정협의회

협의회명	구성일	참여 자치단체
합계		12개 권역
수도권 행정협의회	'88.11.16.	서울, 인천, 경기, 강원, 충북
광주전남 광역협의회	'89. 3.27.	광주, 전남
대구대도시권행정협의회	'89. 4.19.	대구, 경북
충청권행정협의회	'95. 3. 3.	대전, 충남, 충북, 세종
영호남 시도지사협력회의	'98.10. 8.	부산, 대구, 광주, 울산, 전북, 전남, 경북, 경남
수도권관광진흥협의회	'99. 1.27.	서울, 인천, 경기, 강원, 충북
황해권시도지사협의회	'03. 3.21.	인천, 경기, 충남, 전북, 전남
충청권관광진흥협의회	'04. 3.30.	대전, 세종, 충북, 충남
호남권 정책협의회	'04.12.15.	광주, 전남, 전북
영남권시도지사협의회	'07. 9. 4.	부산, 대구, 울산, 경북, 경남
충청권광역경제발전위원회	'09. 9.21.	충남, 대전, 충북
충청소방학교운영 행정협의회	'12.12.27.	대전, 세종, 충북, 충남

3. 지방자치단체조합

1) 의의

지방자치단체조합이란 2개 이상의 사무를 공동으로 처리하기 위해 설립한 공법인으로서 지방자치단체간의 협력기구 중의 하나를 말한다. 자치단체조합은 특정한 사무의 공동처리를 위한 자치단체 상호 간의 협력방식이라는 점에서는 행정협의회와 같으나 집행능력이 없고 법인격을 갖지 못하는 행정협의회와는 달리 집행력을 갖는 법인이기 때문에, 자치단체조합에 의한 협력은 행정협의회의 경우보다 실효성이 높다고 할 수 있다. 자치단체조합은 특별지방자치단체라는 점, 법인이라는 점, 고유한 재산과 직원을 가진다는 점, 조합자체의 사무처리라는 점, 조합이 처리하는 사무의 효과는 조합에 귀속된다는 점, 조합의 의결기관으로서 조합회의와 집행기관으로 관리자의 구성을 요구한다는 점, 설치와 운영에는 복잡한 절차가 필요하다는 점 등의 특색을 가지고 있다.

또한 자치단체조합은 분쟁을 야기하는 지역을 하나로 통합하여 관리하게 하는 제도이지만, 자치단체의 합병과는 근본적으로 다르다. 합병은 두 개 이상의 자치단체에 의해 수행되는 모든 사무가 새로 창출된 하나의 자치단체에 흡수되는 동시에 기존의 자치단체는 폐지되는 것이다. 이에 반해, 자치단체조합은 기존의 자치단체는 폐지하지 않고 이들이 수행하는 하나 또는 둘 이상의 사무만 자치단체조합이라는 법인에 맡기는 것이다. 따라서, 자치단체조합은 합병에 비해 보다 온건한 분쟁해결방식이다

법 제159조(지방자치단체조합의 설립) ① 2개 이상의 지방자치단체가 하나 또는 둘 이상의 사무를 공동으로 처리할 필요가 있을 때에는 규약을 정하여 그 지방의회의 의결을 거쳐 시 · 도는 행정자치부장관의, 시 · 군 및 자치구는 시 · 도지사의 승인을 받아 지방자치단체조합을 설립할 수 있다. 다만, 지방자치단체조합의 구성원인 시 · 군 및 자치구가 2개 이상의 시 · 도에 걸치는 지방자치단체조합은 행정자치부장관의 승인을 받아야 한다.

② 지방자치단체조합은 법인으로 한다.

뿐만 아니라 자치단체조합은 행정협의회와 달리 조례를 제정할 수 있고, 행정처분을 발하거나 행정처분의 대상이 되며, 재산을 보유할 수 있다. 이러한 점에서 우리나라의 자치단체조합은 일본의 지방공공단체조합과 유사하다고 보여진다.[250)]

2) 법적지위

전술한 바와 같이 현행의지방자치법에 근거한 특별지방자치단체에 관한 대통령령이 부재한 상태이기 때문에 원칙적으로 우리나라에는 특별지방자치단체가 존재하지 않는 것으로 간주할 수 있다. 따라서 특별지방자치단체의 설치 및 운영에 관한 실태 역시 부재한 것으로 보아야 한다. 그럼에도 불구하고, 일부 학계를 중심으로 지방자치단체조합과 지방공기업을 특별지방자치단체로 간주하고, 그 설치 및 운영에 관한 사례로 해석하는 경우가 있다.[251)] 특히, 지방자치단체조합에 대해서는 다수의 학자들이 특별지방자치

250) 일본지방자치법은 지방자치단체의 조합에 관하여 제284조에 상세하게 규정하고 있다.

단체로 간주하고 그 운영사례를 제시하고 있다.

지방자치단체조합에 대한 학리적 해석이 어떠하든 실제의 법적 지위는 유권해석에 의해 결론이 나기 마련이다. 지방자치단체조합에 대한 최종적인 유권해석 기관인 행정자치부 자치제도팀의 의견에 따르면, 현행의 지방자치단체조합은 특별지방자치단체로 간주할 수 없다는 것이다. 다만, 지방자치법과 지방교부세법에서 지방자치단체조합에 대한 법적 지위를 각기 다른 것으로 규정하고, 또한 유권해석의 주무기관인 행정자치부의 자치제도과와 자치행정과 간에 지방자치단체조합의 법적 지위에 대해 상호 다른 견해를 보이고 있는 것은 문제로 지적할 수 있다.

지방자치단체조합에 대한 법적지위 문제[252)]

구분		견해	비고
관련 규정	지방자치법	특별지방자치단체 불인정	지방자치단체 상호 간 관계 수단 (지방자치법 제149조 –154조)
	지방교부세법	특별지방자치단체 인정	포괄적인 지방자치단체 범주 (지방교부세법 제2조 제2항)
유권 해석	자치제도과	특별지방자치단체 불인정	광역행정수단의 일종 (자치정보화담당관실의 질의에 대한 응답)
	자치행정과	특별지방자치단체 인정	지방자치단체의 일종 (수도권매립지운영관리조합의 질의에 대한 응답)
학리 해석	다수의견	특별지방자치단체 인정	특별지방자치단체 (지방자치단체조합의 성격 및 외국사례 근거)

251) 예를 들면,지방자치법 제2조가 특별지방자치단체의 설치와 운영에 관하여 필요한 사항을 대통령령으로 정하도록 하고 있는데, 이들 지방자치단체조합이나 지방공기업단체는 대통령령이 아닌 법률에서 이를 별도로 정하고 있기 때문에 특별지방자치단체로 해석함이 타당하다는 것이다(최창호, 지방자치학, 삼영사, p.172).

252) 금창호 외, 자치정보화조합의 설립·운영방안, 행정자치부, 2002.

3) 종류와 설립절차

지방자치단체조합은 사무의 처리범위에 따라 일부사무조합과 전부사무조합으로 구분할 수 있는데, 전부사무조합은 결국 가입자치단체의 사실상의 합병을 의미하는 것으로 보이는바, 어떤 지방자치단체가 그 수행해야 할 행정사무는 전부 위임하면서도 여타의 의견적인 대외적 행위를 수행하는 경우에는 당해 지방자치단체의 존립은 유지된다고 할 것이므로 굳이 그러한 사무의 전부를 위임받는 지방 자치단체조합의 설립을 부인할 필요는 없다고 생각되지만 .우리나라에서는 인정되지 않고 있는 듯하다.

그리고 지방자치단체조합은 2개 이상의 지방자치단체가 규약을 정하여 해당 지방의회의 의결을 거쳐 상급기관의 승인을 얻어 설립한다.

지방자치단체들이 자치사무를 공동으로 수행하게 하기 위하여 임의적으로 조합을 구성하는 경우, 이는 헌법상 보장된 자치권(조직고권)의 행사라고 할 것이므로 행정자치부장관 또는 시 · 도지사의 '승인'은 법적 감독수단으로 보아야 할 것이다. 그러므로 이 때의 승인에 있어서는 지방자치단체조합의 설립과 구성이 법령에 저촉되는가의 여부만이 심사의 대상이 된다고 할 것이다. 또한 공익을 위하여 특정사무를 처리할 지방자치단체조합(예 도시계획 수립목적조합)의 설립이 요구될 경우, 외국에서는 법률로 그 설치에 관한 의무조항을 두는 사례도 있다.

지방자치단체조합 설립절차

협 의	• 조합설립 기본계획 수립(필요성, 추진방법 등) • 2개 이상의 지방자치단체 간 조합결성 협의
⬇	
규약제정	• 지방자치단체 간 협의 사항에 대하여 규약을 제정 ※ 조합설립승인 기관과 사전협의 필요
⬇	
지방의회 의 결	• 각 지방자치단체 의회에서 조합구성과 규약관련 사항을 의결 ※ 규약변경 및 폐지의 경우에도 지방의회의 의결을 받음

⬇

조합설립 신청 및 승인	• 조합규약(안), 지방의회 의결서 사본 등을 첨부, 행정자치부에 신청 • 조합설립요건 구비여부, 필요적 기재사항 누락여부 등 확인

⬇

조합설립 운영	• 조합장 및 조합직원 임용, 각종 규정 마련 등

4) 조합의 조직과 권한

조합은 의결기관과 집행기관 그리고 필요한 사무직원을 둔다. 조직을 자세히 보면 그 구성단체들 간의 밀접한 관계의 특성을 감안하여 조합회의의 위원, 조합장은 구성단체의 의회의원, 집행기관을 겸직하도록 규정하고 있다.

> **법 제160조(지방자치단체조합의 조직)** ① 지방자치단체조합에는 지방자치단체조합회의와 지방자치단체조합장 및 사무직원을 둔다.
>
> ② 지방자치단체조합회의의 위원과 지방자치단체조합장 및 사무직원은 지방자치단체조합규약으로 정하는 바에 따라 선임한다.
>
> ③ 관계 지방자치단체의 의회 의원과 그 지방자치단체의 장은 제35조제1항과 제96조제1항에도 불구하고 지방자치단체조합회의의 위원이나 지방자치단체조합장을 겸할 수 있다.

또 조합의 기관을 사무의 심의 · 의결기관으로서의 조합회의와 조합의 대표 통할기관으로서의 조합장으로 나누어 각자의 권한을 명백히 하고 있다.

조합회의는 조합의 중요 사무를 심의 · 의결하며, 조합장은 조합을 대표하고 사무를 총괄한다.

> **법 제161조(지방자치단체조합회의와 지방자치단체조합장의 권한)** ① 지방자치단체조합회의는 지방자치단체조합의 규약으로 정하는 바에 따라 지방자치단체조합의 중요 사무를 심의 · 의결한다.
>
> ② 지방자치단체조합회의는 지방자치단체조합이 제공하는 역무에 대한 사용료 · 수수료 또는 분담금을 제139조제1항에 따른 조례의 범위 안에서 정할 수 있다.
>
> ③ 지방자치단체조합장은 지방자치단체조합을 대표하며 지방자치단체조합의 사무를 총괄한다.

뿐만 아니라 지방자치법은 지방자치단체조합 규약의 내용과 실효성확보와 관련하여 지방자치단체의 자치권보장을 명확히 하기 위하여 요구되는 조합규약의 필요적 규율사항을 명문화하고 있다.

> **법 제162조(지방자치단체조합의 규약)** 지방자치단체조합의 규약에는 다음 각 호의 사항이 포함되어야 한다.
>
> 1. 지방자치단체조합의 명칭
> 2. 지방자치단체조합을 구성하는 지방자치단체
> 3. 사무소의 위치
> 4. 지방자치단체조합의 사무
> 5. 지방자치단체조합회의의 조직과 위원의 선임방법
> 6. 집행기관의 조직과 선임방법
> 7. 지방자치단체조합의 운영 및 사무처리에 필요한 경비의 부담과 지출방법
> 8. 그 밖에 지방자치단체조합의 구성과 운영에 관한 사항

5) 자치단체조합의 지도 · 감독

지방자치단체조합은 각 상급기관의 지도 · 감독을 받는다. 다만 조합의 구성원인 시 · 군 및 자치구가 2개 이상의 시 · 도에 걸치는 조합은 행정자치부장관의 지도 · 감독을 받는다. 행정자치부장관은 공익상 필요한 경우에는 조합의 설립 · 해산 또는 규약의

변경을 명할 수 있다.

> 법 제163조(지방자치단체조합의 지도 · 감독) ① 시 · 도가 구성원인 지방자치단체조합은 행정자치부장관의, 시 · 군 및 자치구가 구성원인 지방자치단체조합은 1차로 시 · 도지사의, 2차로 행정자치부장관의 지도 · 감독을 받는다. 다만, 지방자치단체조합의 구성원인 시 · 군 및 자치구가 2개 이상의 시 · 도에 걸치는 지방자치단체조합은 행정자치부장관의 지도 · 감독을 받는다.
>
> ② 행정자치부장관은 공익상 필요하면 지방자치단체조합의 설립이나 해산 또는 규약의 변경을 명할 수 있다.

6) 규약변경 및 해산

조합의 규약을 변경하거나 해산하고자 할 때 각 상급기관의 승인을 얻어야 한다. 그리고 조합을 해산할 경우에는 그 재산의 처분은 관계 지방자치단체의 협의에 의한다.

> 법 제164조(지방자치단체조합의 규약변경 및 해산) ① 지방자치단체조합의 규약을 변경하거나 지방자치단체조합을 해산하려는 경우에는 제159조제1항을 준용한다.
>
> ② 지방자치단체조합을 해산한 경우에 그 재산의 처분은 관계 지방자치단체의 협의에 따른다.

조합해산절차

협 의	• 조합해산 기본계획 수립 및 해당 지방자치단체간 해산 관련 협의 (조합취득재산 처분, 해산 제반절차 및 주요사안 협의조정)
조합회의	• 조합 해산결의, 청산인 선임 등
지방의회 의결	• 각 지방자치단체 의회에서 조합 해산 동의안 의결
취득채산 처분 등	• 조합이 취득한 재산의 조사 및 처분

조합해산 신청 및 승인	• 각 지방자치단체 의회의 조합해산 동의서, 잔여재산 처분 방법 등 첨부 • 해산에 필요한 절차와 형식적 요건 적합 등 심의 후 승인
해산등기 등	• 관할 세무서 및 등기소에 해산등기 절차 이행

7) 현황

지방자치단체조합 설립현황('13.12.31 기준)

명 칭	구 성 원	목 적	승인일자
부산 · 진해 경제자유구역청	부산광역시 · 경남도	부산 · 진해 경제자유구역 내 각종 인 · 허가사무 및 외자유치 등	'04. 1.20
광양만권 경제자유구역청	전남도 · 경남도	광양만권 경제자유구역 내 각종 인 · 허가사무 및 외자유치 등	'04. 1.20
수도권 교통본부	서울특별시 · 인천광역시 · 경기도	수도권 교통 광역교통 추진 운영	'05. 2. 4
황해 경제자유구역청	경기도 · 충남도	황해 경제자유구역 내 각종 인 · 허가사무 및 외자유치 등	'08. 6.10
대구 · 경북 경제자유구역청	대구광역시 · 경북도	대구 · 경북 경제자유구역 내 각종 인 · 허가사무 및 외자유치 등	'08. 6.10
지리산권 관광개발조합	남원 · 장수 · 구례 · 곡성 · 함양 · 산청 · 하동	지리산 인근 7개 시 · 군 관광개발사업 공동 추진	'08. 9. 5
지역상생 발전기금조합	16개 시 · 도	수도권 규제 합리화 이익을 지방상생 발전 재원으로 활용	'10. 5. 3

4. 협의체

지방자치단체의 장이나 지방의회의 의장은 상호 간의 교류와 협력을 증진하고, 공동의 문제를 협의하기 위하여 시 · 도지사, 시 · 도의회의 의장. 시장 · 군수 · 자치구의 구청장, 시 · 군 · 자치구의회의 의장의 구분에 따라 각각 전국적 협의체를 설립할 수 있다. 또 전국적 협의체가 모두 참가하는 지방자치단체 연합체를 설립할 수 있다. 협의체나 연합체를 설립한 때에는 그 협의체의 대표자는 지체 없이 행정안전부장관에게 신고하여야 한다.

법 제165조(지방자치단체의 장 등의 협의체) ① 지방자치단체의 장이나 지방의회의 의장은 상호 간의 교류와 협력을 증진하고, 공동의 문제를 협의하기 위하여 다음 각 호의 구분에 따라 각각 전국적 협의체를 설립할 수 있다.

1. 시 · 도지사
2. 시 · 도의회의 의장
3. 시장 · 군수 · 자치구의 구청장
4. 시 · 군 · 자치구의회의 의장

② 제1항 각 호의 전국적 협의체가 모두 참가하는 지방자치단체 연합체를 설립할 수 있다.

③ 제1항에 따른 협의체나 제2항에 따른 연합체를 설립한 때에는 그 협의체의 대표자는 지체 없이 행정자치부장관에게 신고하여야 한다.

④ 제1항에 따른 협의체나 제2항에 따른 연합체는 지방자치에 직접적인 영향을 미치는 법령 등에 관한 의견을 행정자치부장관에게 제출할 수 있으며, 행정자치부장관은 제출된 의견을 관계 중앙행정기관의 장에게 통보하여야 한다.

⑤ 관계 중앙행정기관의 장은 제4항에 따라 통보된 내용에 대하여 통보를 받은 날부터 2개월 이내에 타당성을 검토하여 행정자치부장관에게 그 결과를 통보하여야 하고, 행정자치부장관은 통보받은 검토 결과를 해당 협의체나 연합체에 지체 없이 통보하

여야 한다. 이 경우 관계 중앙행정기관의 장은 검토 결과 타당성이 없다고 인정하면 구체적인 사유 및 내용을 명시하여 통보하여야 하며, 타당하다고 인정하면 관계 법령에 그 내용이 반영될 수 있도록 적극 협력하여야 한다.

⑥ 제1항에 따른 협의체나 제2항에 따른 연합체는 지방자치와 관련된 법률의 제정·개정 또는 폐지가 필요하다고 인정하는 경우에는 국회에 서면으로 의견을 제출할 수 있다.

⑦ 제1항에 따른 협의체나 제2항에 따른 연합체의 설립신고와 운영, 그 밖에 필요한 사항은 대통령령으로 정한다.

협의체나 연합체는 지방자치에 직접적인 영향을 미치는 법령 등에 관한 의견을 행정자치부장관에게 제출할 수 있으며, 행정자치부장관은 제출된 의견을 관계 중앙행정기관의 장에게 통보하여야 한다. 관계 중앙행정기관의 장은 통보된 내용에 대하여 통보를 받은 날부터 2개월 이내에 타당성을 검토하여 행정자치부장관에게 그 결과를 통보하여야 하고, 행정자치부장관은 통보받은 검토 결과를 해당 협의체나 연합체에 지체 없이 통보하여야 한다. 이 경우 관계 중앙행정기관의 장은 검토 결과 타당성이 없다고 인정하면 구체적인 사유 및 내용을 명시하여 통보하여야 하며, 타당하다고 인정하면 관계 법령에 그 내용이 반영될 수 있도록 적극 협력하여야 한다. 협의체나 연합체는 지방자치와 관련된 법률의 제정·개정 또는 폐지가 필요하다고 인정하는 경우에는 국회에 서면으로 의견을 제출할 수 있다. 협의체나 연합체의 설립신고와 운영, 그 밖에 필요한 사항은 대통령령으로 정한다.

제8장

국가의 지도 · 감독

제8장

국가의 지도 · 감독

국가의 지방자치단체에 대한 지도와 감독은 지방자치단체가 본연의 사무를 처리할 수 있도록 보장해주는 기능과 더불어 지방자치단체의 행정력이 부족한 경우 이를 지원하여 지방자치단체의 사무수행이 원활하게 이루어지도록 지원하는 기능을 수행하기도 한다.

1. 자치단체에 대한 지도와 지원

중앙행정기관의 장 또는 시 · 도지사는 지방자치단체의 사무에 관하여 조언 또는 권고하거나 지도할 수 있고, 이를 위하여 필요한 때에는 지방자치단체에 대하여 자료의 제출을 요구할 수 있으며, 국가 또는 시 · 도는 지방자치단체가 당해 지방자치단체의 사무를 처리함에 있어서 필요하다고 인정할 경우 재정지원 또는 기술지원을 할 수 있다.

조언이나 권고는 사실행위로서의 성격을 가지며 지방자치단체가 반드시 따라야 할 의무가 발생하지는 않고, 또한 국가가 지방자치단체를 보호 내지 후원하는 관계에 지나지 아니하므로 이런 지도는 개별 법률의 근거 없이도 가능하다.

'지도'는 조언이나 권고보다는 구속력이 강하다고 하겠으나, 본질적으로는 역시 비구속적인 사실행위로 보아야 한다. '지원'이란 지방자치단체가 충분한 행정능력이나 재정능력을 갖지 못하는 경우에 국가가 보호적인 차원에서 행하는 수단을 의미하는데, 조언 등이 주로 대화나 정보의 전달 등 무형적 형태로 이루어지는 반면, 지원은 물적 · 인적 형태로 행하여지는 점에 그 특징이 있다.

그 밖에 자료제출요구권은 국가에 인정된 지방자치단체의 활동에 관한 정보수집권한으로서 역시 비권력적 관여수단의 일종이다.

> **법 제166조(지방자치단체의 사무에 대한 지도와 지원)** ① 중앙행정기관의 장이나 시 · 도지사는 지방자치단체의 사무에 관하여 조언 또는 권고하거나 지도할 수 있으며, 이를 위하여 필요하면 지방자치단체에 자료의 제출을 요구할 수 있다.
>
> ② 국가나 시 · 도는 지방자치단체가 그 지방자치단체의 사무를 처리하는 데에 필요하다고 인정하면 재정지원이나 기술지원을 할 수 있다.

2. 사무처리의 지도와 감독

지방자치단체에 대한 국가의 관여는 지방자치단체에서 수행하는 사무의 종류, 즉 자치사무인지 국가사무를 위임받아 수행하는 기관위임사무인지에 따라 다르다. 전자의 관여는 비권력적 · 간접적 방법에 의하고 최소한의 관여에 그쳐야 하는 반면, 후자는 지방자치단체의 장이 국가의 일선행정기관이라는 지위에서 수행하는 사무이기 때문에 보다 직접적이고 강제적인 지도 · 감독을 사용하며 그 사무에 대하여서는 지방의회가 개입될 여지가 없고, 국가의 지도 · 감독은 지방자치단체장에 대한 지도 · 감독에 한정된다.

> **법 제167조(국가 사무나 시 · 도 사무처리의 지도 · 감독)** ① 지방자치단체나 그 장이 위임받아 처리하는 국가사무에 관하여 시 · 도에서는 주무부장관의, 시 · 군 및 자치구에서는 1차로 시 · 도지사의, 2차로 주무부장관의 지도 · 감독을 받는다.
>
> ② 시 · 군 및 자치구나 그 장이 위임받아 처리하는 시 · 도의 사무에 관하여는 시 · 도지사의 지도 · 감독을 받는다.

지방자치단체에 대한 행정감사규정

[대통령령 제25751호]

제1조(목적) 이 영은 지방자치법 제167조, 제171조 및 제171조의2(지방교육자치에 관한 법률 제3조에서 준용하는 경우를 포함한다)에 따라 지방자치단체 및 시 · 도교육청에 대하여 실시하는 감사의 절차와 방법 등에 관한 사항을 규정함을 목적으로 한다.

제2조(정의) 이 영에서 "감사"란 주무부장관, 행정자치부장관 또는 특별시장 · 광역시장 · 도지사(이하 "시 · 도지사"라 한다)가 지방자치법(이하 "법"이라 한다) 제167조, 제171조 및 제171조의2에 따라 다음 각 호의 사무(이하 "감사대상사무"라 한다)에 관한 업무와 활동 등을 조사 · 점검 · 확인 · 분석 · 검증하고 그 결과를 처리하는 것을 말한다.

1. 법 제167조제1항에 따른 지방자치단체(제주특별자치도는 제외한다. 이하 같다)나 그 장이 위임받아 처리하는 국가사무
2. 법 제167조제2항에 따른 시 · 군 및 자치구나 그 장이 위임받아 처리하는 특별시 · 광역시 또는 도의 사무
3. 법 제171조제1항에 따른 지방자치단체의 자치사무

제3조(감사의 종류) 주무부장관, 행정자치부장관 또는 시 · 도지사가 실시하는 감사는 다음 각 호와 같이 구분한다.

1. 정부합동감사: 주무부장관과 행정자치부장관이 법 제171조의2제2항에 따라 지방자치단체에 대하여 같은 기간 동안 함께 실시하는 감사
2. 시도종합감사: 시 · 도지사가 시 · 군 및 자치구의 감사대상사무 전반에 대하여 실시하는 감사
3. 특정감사: 주무부장관, 행정자치부장관 또는 시 · 도지사가 지방자치단체의 감사대상사무 중 특정한 분야에 대하여 실시하는 감사
4. 복무감사: 행정자치부장관 또는 시 · 도지사가 법 제167조, 제171조 및 제171조의2에 따른 감사대상 지방자치단체에 소속된 사람이 감사대상 사무와 관련하여 법령과 직무상 명령을 준수하는지 여부 등 그 복무에 대하여 실시하는 감사

일반적으로 지도 · 감독이라 함은 감독의 지위에 있는 기관이 일정한 자나 기관의 행위에 대하여 요청, 권장, 지시, 명령, 조사 등의 필요한 조치를 함으로써 일정한 자나 기관이 행하는 행위의 합법성 내지는 합목적성을 보장하는 것을 말한다.

우리나라의 헌법은 지방자치단체의 종류를 법률로 정하도록 하고 있고, 이에 따라 지방자치법은 지방자치단체의 종류를 광역지방자치단체와 기초지방자치단체로 구분하고 있는 바, 광역지방자치단체의 감독기관은 주무부장관을 규정하고 기초자치단체의 경우는 1차적 감독기관으로 광역자치단체장을 규정하고 2차적으로 주무부장관을 규정하고 있다. 이와 관련하여 교육감에 대한 감독기관은 교육부장관이며, 감사원은 지방자치단체의 회계감사와 지방자치단체의 사무와 그에 소속한 지방공무원의 직무의 감찰에 관한 권한을 가진다.

국가의 지도 · 감독수단으로는 지정 · 명령 · 취소 등 행정처분과 승인, 그리고 감사 등이 있는 바, 국가의 지방자치단체에 대한 지도감독의 범위는 합법적 감독은 물론이고 합목적적인 범위까지 포함된다고 보여진다.

여기서 지방자치법 제166조와 제167조에 명시된 '사무'의 용어를 구별해야 할 필요성이 있다. 즉 제166조의 경우는 지방자치단체 전체의 사무 즉 자치사무와 위임사무 전부를 포함한 개념이고, 제167조의 경우는 위임사무 즉 단체위임사무와 기관위임사무만 해당하고 자치사무는 제외된다. 따라서 제166조는 지방자치단체의 자치사무에 대해 비권력적이긴 하지만 상급기관의 일반적인 감독을 인정하는 부분으로 지방자치의 취지에는 다소 맞지 않는 부분이다.

3. 행정협의조정기구

1) 의의

중앙행정기관의 장과 지방자치단체의 장이 사무를 처리할 때 의견을 달리하는 경우 이를 협의 · 조정하기 위하여 국무총리 소속으로 '행정협의조정위원회'를 둔다. 행정협의조정위원회는 중앙행정기관의 장과 지방자치단체의 장이 사무를 처리함에 있어 의견의 불일치가 있는 경우에 그 문제를 협의하고 조정하기 위한 위원회 조직의 하나로 1999년 8월 31일 지방자치법 개정으로 신설된 기구이다.

법 제168조(중앙행정기관과 지방자치단체 간 협의조정) ① 중앙행정기관의 장과 지방자치단체의 장이 사무를 처리할 때 의견을 달리하는 경우 이를 협의 · 조정하기 위하여 국무총리 소속으로 행정협의조정위원회를 둔다.

② 행정협의조정위원회는 위원장 1명을 포함하여 13명 이내의 위원으로 구성한다.

③ 행정협의조정위원회의 위원은 다음 각 호의 사람이 되고, 위원장은 제3호에 따른 위촉위원 중에서 국무총리가 위촉한다.

1. 기획재정부장관, 행정자치부장관, 국무조정실장 및 법제처장
2. 안건과 관련된 중앙행정기관의 장과 시 · 도지사 중 위원장이 지명하는 사람
3. 그 밖에 지방자치에 관한 학식과 경험이 풍부한 사람 중에서 국무총리가 위촉하는 사람 4명

④ 그 밖에 행정협의조정위원회의 구성과 운영 등에 필요한 사항은 대통령령으로 정한다.

2) 협의조정 대상사무

행정협의조정위원회의 대상이 되는 사무는 지방자치단체가 처리할 수 없는 국가사무를 제외하고 국가와 지방자치단체의 공동사무는 물론 국가사무 또는 지방자치단체의 장이 위임받아 처리하는 위임사무도 포함된다고 보아야 할 것이다.

따라서 외교 · 사법 · 국방 · 국세 등 국가의 존립에 필요한 사무나, 전국적 규모나 기준이 필요한 사무 즉 국가사무의 경우는 협의조정대상사무에서 제외된다.

행정협의조정위원회에서 국가사무에 해당한다고 판단한 사례[253)]

① 경부고속철도 4-1공구 역명 선정(아산시 → 건설교통부) 경부고속철도 사업과 역 명칭의 제정 · 선정사무는 지방자치법 제11조 제6호에 포함되어 자치단체가 처리할 수 없는 국가사무로서 국가의 전속적인 권한에 속한다고 판단하여 각하 의결 ② 신항만 명칭 관련 협의조정(해양수산부 → 부산시 · 경남도) 항만명칭을 결정하는 행위는 항만관리사무의 하나이므로 지정항만인 신항만 명칭 결정은 지방자치법 제11조 제4호에 포함되어 자치단체가 처리할 수 없는 국가사무로서 국가의 전속적인 권한에 속한다고고 판단하여 각하 의결

심의제외 대상사무[254)]

＊ 다른 법률의 분쟁조정에 대하여 별도의 규정이 있는 사항 ① 환경오염, 폐기물처리시설 등에 대한 분쟁(환경분쟁조정법 제5조) ② 하천의 유수 사용에 관한 분쟁 (하천법 제54조) ③ 어장의 구역, 어업권의 범위 등에 대한 분쟁(수산업법 제89조) ④ 설계, 시공, 건설공사 시공상 책임 등에 관한 분쟁 (건설산업기본법 제69조) 등 ＊ 헌법재판소 또는 법원에 소송 계류 중인 사항 ＊ 분쟁의 원인 또는 목적이 소멸되어 조정의 실익이 없는 상황 ＊ 기타 위원회에서 심의하기에 부적합하다고 인정하는 사항

253) 2014년도 지방자치단체 광역행정 업무편람, 행정자치부
254) 행정협의조정위원회 운영세칙에서 심사제외 대상 업무를 규정하고 있다.

3) 행정협의조정위원회 구성

행정협의조정위원회는 위원장 포함 13인 이내로 구성하며 국무총리 소속 하에 설치한다. 위촉직은 4인으로 지방자치에 관한 학식과 경험이 풍부한 자 중에서 국무총리가 위촉하고, 임기는 2년으로 하되 연임 가능하다. 당연직 4인은 기재부 · 행자부장관, 국무조정실장, 법제처장이 되며, 지명직은 안건관련 관계 장관 및 시 · 도지사중 위원장이 지명한다.

4) 조정절차와 효력

행정협의조정위원회의 조정절차를 살펴보면 먼저 행정협의조정위원회는 중앙행정기관의 장이나 지방자치단체의 장의 신청에 의하여 협의와 조정을 시작한다. 협의 · 조정의 신청은 당사자 쌍방이나 일방이 서면으로 행정협의조정위원회 위원장에게 하며, 시 · 도지사는 행정자치부장관을 거쳐 신청하여야 하고, 시장 · 군수 · 구청장은 시 · 도지사와 행정자치부장관을 거쳐 신청하여야 한다. 행정협의조정위원회 위원장은 신청을 받으면 즉시 국무총리에게 보고하고, 행정자치부장관, 관련 중앙행정기관의 장 및 해당 지방자치단체의 장에게 통보하여야 한다.

행정협의조정위원회는 재적위원 과반수의 출석으로 회의를 시작할 수 있으며, 출석위원 3분의 2 이상의 찬성으로 의결한다. 행정협의조정위원회 위원장은 협의 · 조정 사항에 관한 결정이 이루어지면 즉시 국무총리에게 서면으로 보고하고, 행정자치부 장관, 관련 중앙행정기관의 장 및 지방자치단체의 장에게 통보하여야 하며, 통보를 받은 각 기관의 장은 협의 · 조정에 따른 결정사항을 이행하여야 한다.

행정협의조정위원회의 결정사항은 관련 중앙행정기관이나 지방자치단체가 이행하여야 한다고 지방자치법 시행령은 명문화하고 있다. 하지만, 지방자치법 시행령은 중앙행정기관이나 지방자치단체가 결정사항을 이행하도록 강제할 수단이나 이행하지 않은 경우의 제재수단은 가지고 있지 않다. 따라서 현재의 법규정상으로는 행정협의조정위원회의 결정이 효력을 가지기에는 한계가 있다.

5) 운영사례

행정협의조정위원회는 2000년 5월 13일 구성되었으며, 2013년 말까지 14건의 분쟁을 접수하였다. 그 중에서 12건을 조정하였고, 2건을 각하였다.[255] 구체적인 조정내용은 조정수용 7건, 실무조정수용 및 취하 5건으로 나타나고 있다.

가장 최근의 조정사례로는 2012년 1월 30일 조정결정이 난 안양교도소 재건축 관련 분쟁사례이다. 행정협의조정위원회는 법무부가 신청한 안양교도소 재건축 안건에 대한 심의에서 이전보다 현 위치에 재건축하는 것이 낫다고 결정했다. 다만, 위원회는 기피시설로 인해 불이익을 받게 될 지역 주민들을 위해 전체 부지의 30% 이상을 체육시설과 주차장 등 주민편의시설로 제공하도록 권고했다. 그러나 안양시는 행정협의조정위원회의 결정을 수용할 수 없다는 입장을 표명하였고, 이에 법무부는 안양시를 상대로 소송을 제기하여 현재 진행 중이다.

4. 시정명령권과 취소정지권

1) 의의

지방자치단체의 사무에 관한 그 장의 명령이나 처분이 법령에 위반되거나 현저히 부당하여 공익을 해한다고 인정될 때에는 시 · 도에 대하여는 주무부장관이, 시 · 군 및 자치구에 대하여는 시 · 도지사가 기간을 정하여 서면으로 시정을 명하고 그 기간 내에 이행하지 아니할 때에는 이를 취소하거나 정지할 수 있다.

이 제도는 국가의 지방자치단체에 대한 직접적인 관여수단으로 위법 부당한 행정처리로부터 국민의 권익을 보호하고 자치행정의 적법성과 법치주의를 확립하기 위한 것으로, 국가기관에 의한 행정적 통제 중의 하나이다.

---

255) 2014 지방자치단체 광역행정업무편람, 행정자치부

법 第169조(위법·부당한 명령·처분의 시정) ① 지방자치단체의 사무에 관한 그 장의 명령이나 처분이 법령에 위반되거나 현저히 부당하여 공익을 해친다고 인정되면 시·도에 대하여는 주무부장관이, 시·군 및 자치구에 대하여는 시·도지사가 기간을 정하여 서면으로 시정할 것을 명하고, 그 기간에 이행하지 아니하면 이를 취소하거나 정지할 수 있다. 이 경우 자치사무에 관한 명령이나 처분에 대하여는 법령을 위반하는 것에 한한다.

② 지방자치단체의 장은 제1항에 따른 자치사무에 관한 명령이나 처분의 취소 또는 정지에 대하여 이의가 있으면 그 취소처분 또는 정지처분을 통보받은 날부터 15일 이내에 대법원에 소(訴)를 제기할 수 있다.

이는 지방자치단체에 대한 국가의 지도·감독수단 중 사후적·교정적 감독에 관한 것으로. 지방자치단체의 사무도 다른 행정작용과 마찬가지로 적법하고 합목적적으로 수행되어야 하며, 이는 자치사무와 위임사무 모두에 해당되는 요구사항이다. 따라서 사무수행과정에서 하자가 있는 때에는 감독관청에 의하여 시정될 필요성이 있다.

그러나 이러한 사후적·교정적 감독은 이미 이루어진 명령이나 처분의 효력을 변경시키며 국가의 관여 결과 지방자치단체의 자율성 내지 자치행정의 신뢰성에 중대한 침해가 될 수 있기 때문에 사전적·예방적 감독의 경우보다 강력한 감독수단이며 따라서 그 발동요건을 엄격히 규제하여야 한다.

2) 대상사무

시정명령의 대상이 되는 행위는 지방자치단체의 명령이나 처분이며, 시정명령을 내릴 수 있는 지방자치단체의 사무는 자치사무와 단체위임사무를 전체 포괄한다고 보아야 할 것이다. 이 경우 자치사무에 관한 명령이나 처분에 있어서는 법령에 위반하는 것[256]에 한하도록 하고 있다.

256) 지방자치단체의 사무에 관한 그 장의 명령이나 처분이 법령에 위반되는 경우라 함은 명령이나 처분이 현저히 부당하여 공익을 해하는 경우, 즉 합목적성을 현저히 결하는 경우와 대비되는 개념으로, 시·군·구의 장의 사무의 집행이 명시적인 법령의 규정을 구체적으로 위반한 경우뿐만 아니라 그러한 사무의 집행이 재량권을 일탈·남용하여 위법하게 되는 경우를 포함한다고 할 것임. (대법원 2007.03.22. 선고 2005추62)

즉 국가는 단체위임사무의 경우 합법성뿐만 아니라 합목적성에 대해서도 통제를 하며 자치사무에 대해서는 '법령에 위반하는 것'에 한하는 규정으로 합법성 관여만 인정하여 지방자치단체의 자치권보장에 그 취지를 두고 있다.

그런데 이 '법령에 위반하는 것'에 '재량권의 일탈 · 남용'이 포함되는지의 여부가 문제가 되는바 대법원은 "지방자치법은 '지방자치단체의 사무에 관한 그 장의 명령이나 처분이 법령에 위반되거나 현저히 부당하여 공익을 해한다고 인정될 때에는 시 · 도에 대하여는 주무부장관이, 시 · 군 및 자치구에 대하여는 시 · 도지사가 기간을 정하여 서면으로 시정을 명하고 그 기간 내에 이행하지 아니할 때에는 이를 취소하거나 정지할 수 있다'고 규정하고 있고, 같은 항 후문은 '이 경우 자치사무에 관한 명령이나 처분에 있어서는 법령에 위반하는 것에 한한다.'고 규정하고 있는바, 전문 및 후문에서 규정하고 있는 지방자치단체의 사무에 관한 그 장의 명령이나 처분이 법령에 위반되는 경우라 함은 명령이나 처분이 현저히 부당하여 공익을 해하는 경우, 즉 합목적성을 현저히 결하는 경우와 대비되는 개념으로, 시 · 군 · 구의 장의 사무의 집행이 명시적인 법령의 규정을 구체적으로 위반한 경우뿐만 아니라 그러한 사무의 집행이 재량권을 일탈 · 남용하여 위법하게 되는 경우를 포함한다고 할 것이므로, 시 · 군 · 구의 장의 자치사무의 일종인 당해 지방자치단체 소속 공무원에 대한 승진처분이 재량권을 일탈 · 남용하여 위법하게 된 경우 시 · 도지사는 본조 후문에 따라 그에 대한 시정명령이나 취소 또는 정지를 할 수 있다."[257]고 판시하여 이를 인정하고 있다.

또한 '기관위임사무'에 대해서는 이 '시정명령'의 대상이 된다고 긍정하는 견해가 있지만 판례는 부정하고 있다[258].

3) 취소 · 정지권

지방자치단체가 시정명령을 받은 후 정해진 기간 안에 이행을 하지 않으면 상급기관

257) 대법원 2007.03.22. 2005추62 전원합의체 판결

258) "…위 시정명령은 기관위임사무에 관하여 행하여진 것이어서 지방자치법 제169조제2항의 소정의 소를 제기할 수 있는 대상에 해당하지 않으므로…": 대법원 2013.5.23. 2011추56

은 이를 취소하거나 정지할 수 있다.

취소 · 정지는 매우 권력적 수단이므로 법령에 구체적 근거규정이 있는 경우에 한해서만 인정되는 것이 바람직하다. 여기서 현재 법규정을 살펴보면 자치사무의 취소 · 정지에 대해서는 대법원에 소를 제기할 수 있도록 구제방법을 명시하고 있으나 위임사무 즉 단체위임사무에 대해서는 규정이 없어 다소 해석의 논란이 있을 수 있다.

4) 구제

지방자치단체의장은 자치사무에 관한 명령이나 처분의 취소 또는 정지에 대하여 이의가 있는 때에는 그 취소 또는 정지처분을 통보받은 날부터 15일 이내에 대법원에 소를 제기할 수 있다. 이 경우 명령이나 취소 · 정지처분의 효력은 대법원의 판결이 있을 때까지 정지되는 것으로 보아야 할 것이다.

앞서 지적했듯이 자치사무에 관한 취소 또는 정지처분에 한하여 지방자치단체의 장이 대법원에 그에 불복하는 소송을 제기할 수 있는 것으로 규정하고 있고, 단체위임사무에 관한 명령이나 처분의 취소 또는 정지에 대하여는 취소소송을 인정하지 않고 있다. 또 시정명령에 대하여는 취소송의 제기를 규정하고 있지 않고 있다. 대법원도 "지방교육자치에 관한 법률 제3조에 의하여 준용되는 지방자치법 제169조 제2항은 자치사무에 관한 명령이나 처분의 취소 또는 정지에 대하여서만 소를 제기할 수 있다고 규정하고, 주무부장관이 지방자치법 제169조 제1항에 따라 시 · 도에 대하여 행한 시정명령에 관하여도 대법원에 소를 제기할 수 있다는 규정을 두고 있지 않으므로, 이러한 시정명령의 취소를 구하는 소송은 허용되지 않는다고 보아야 한다."[259]라고 판시하여 시정명령의 취소를 구하는 소송은 허용되지 않는다고 본다.

그리고 현행법 하에서 지방자치단체의 장은 감독기관의 취소 · 정지에 대한 집행정지를 신청할 수 있다고 보아야 할 것이다. 왜냐하면 위의 소송을 항고소송으로 보면 행정소송법상의 집행정지에 관한 규정이 이 소송에도 적용되는 것으로 볼 수 있기 때문이다.[260]

259) 대법원 2011.1.27. 2010추42
260) 행정법강의, 박균성, 박영사, P1039

5) 보고

주무부장관이나 지방자치단체의 장은 시정명령 · 처분의 취소 · 정지 그리고 대법원 제소가 있는 경우 즉시 행정자치부장관에게 통보하거나 보고하여야 한다.

5. 직무이행명령

1) 의의

지방자치단체의 장은 맡은 바 행정업무를 원활하게 추진하는 동시에, 국가의 보통지방행정기관으로서 국가사무를 위임받아 충실하게 처리하여야 한다. 그럼에도 불구하고 자치단체장이 그 직무를 선의 또는 악의로 게을리 할 경우에는 국민이 뜻밖의 손해를 입을 수 있으며, 국가 발전이 저해되는 결과를 초래할 가능성이 있으므로 그 이행을 보장할 제도적 장치가 필요하다. 이에 지방자치단체의 장이 법령의 규정에 의하여 그 의무에 속하는 국가위임사무의 관리 및 집행을 명백히 게을리 하고 있다고 인정되는 때에는 시 · 도에 대하여는 주무부장관이, 시 · 군 및 자치구에 대하여는 시 · 도지사가 기간을 정하여 서면으로 그 이행할 사항을 명령할 수 있다.

> **법 제170조(지방자치단체의 장에 대한 직무이행명령)** ① 지방자치단체의 장이 법령의 규정에 따라 그 의무에 속하는 국가위임사무나 시 · 도위임사무의 관리와 집행을 명백히 게을리 하고 있다고 인정되면 시 · 도에 대하여는 주무부장관이, 시 · 군 및 자치구에 대하여는 시 · 도지사가 기간을 정하여 서면으로 이행할 사항을 명령할 수 있다.
>
> ② 주무부장관이나 시 · 도지사는 해당 지방자치단체의 장이 제1항의 기간에 이행명령을 이행하지 아니하면 그 지방자치단체의 비용부담으로 대집행하거나 행정상 · 재정상 필요한 조치를 할 수 있다. 이 경우 행정대집행에 관하여는 행정대집행법을 준용한다.

③ 지방자치단체의 장은 제1항의 이행명령에 이의가 있으면 이행명령서를 접수한 날부터 15일 이내에 대법원에 소를 제기할 수 있다. 이 경우 지방자치단체의 장은 이행명령의 집행을 정지하게 하는 집행정지결정을 신청할 수 있다.

2) 요건과 행사

직무이행명령을 발하기 위해서는 지방자치단체의 장이 법령의 규정에 의하여 그 의무에 속하는 국가위임사무 또는 시 · 도 위임사무의 관리 및 집행을 명백히 해태하고 있어야 한다. 시 · 도에 대해서는 주무부장관이, 시 · 군 및 자치구에 대해서는 시 · 도지사가 명령을 내린다. 명령의 내용은 지방자치단체의 장이 기관위임사무의 관리 및 집행을 적극적으로 행하기 위하여 이행하여야 할 사항 및 이행기간이며, 주무부장관 또는 시 · 도지사는 당해 지방자치단체의 장이 일정한 기간 내에 이를 이행하지 아니할 때에는 당해 지방자치단체의 비용부담으로 대집행하거나 행정 · 재정상 필요한 조치를 할 수 있다. 이 경우 행정대집행에 관하여는 행정대집행법을 준용한다.

주무부장관 또는 지방자치단체의 장은 위와 관련한 사항이 있는 경우에는 행정자치부장관에게 즉시 이를 통보하거나 보고하여야 한다.

지방자치단체의 장은 이행명령에 이의가 있는 때에는 이행명령서를 접수한 날부터 15일 이내에 대법원에 소를 제기할 수 있다. 이 경우 지방자치단체의 장은 이행명령의 집행을 정지하게 하는 집행정지결정을 신청할 수 있다.

6. 자치사무에 대한 감사[261)]

1) 의의

행정자치부장관이나 시 · 도지사는 지방자치단체의 자치사무에 관하여 보고를 받거나 법령위반사항에 대하여 서류 · 장부 또는 회계를 감사할 수 있다.

> **법 제171조(지방자치단체의 자치사무에 대한 감사)** ① 행정자치부장관이나 시 · 도지사는 지방자치단체의 자치사무에 관하여 보고를 받거나 서류 · 장부 또는 회계를 감사할 수 있다. 이 경우 감사는 법령위반사항에 대하여만 실시한다.
>
> ② 행정자치부장관 또는 시 · 도지사는 제1항에 따라 감사를 실시하기 전에 해당 사무의 처리가 법령에 위반되는지 여부 등을 확인하여야 한다.
>
> **법 제171조의2(지방자치단체에 대한 감사 절차 등)** ① 주무부장관, 행정자치부장관 또는 시 · 도지사는 이미 감사원 감사 등이 실시된 사안에 대하여는 새로운 사실이 발견되거나 중요한 사항이 누락된 경우 등 대통령령으로 정하는 경우를 제외하고는 감사대상에서 제외하고 종전의 감사결과를 활용하여야 한다.
>
> ② 주무부장관과 행정자치부장관은 다음 각 호의 어느 하나에 해당하는 감사를 실시하고자 하는 때에는 지방자치단체의 수감부담을 줄이고 감사의 효율성을 높이기 위하여 같은 기간 동안 함께 감사를 실시할 수 있다.
>
> 1. 제167조에 따른 주무부장관의 위임사무 감사

261) 지방자치제 실시를 유보하던 개정전 헌법 부칙 제10조를 삭제한 현행헌법 및 이에 따라 자치사무에 관한 감사규정은 존치하되 '위법성 감사'라는 단서를 추가하여 자치사무에 대한 감사를 축소한 구 지방자치법 제158조 신설경위, 자치사무에 관한 한 중앙행정기관과 지방자치단체의 관계가 상하의 감독관계에서 상호보완적 지도 · 지원의 관계로 변화된 지방자치법의 취지, 중앙행정기관의 감독권 발동은 지방자치단체의 구체적 법위반을 전제로 하여 작동되도록 제한되어 있는 점, 그리고 국가감독권 행사로서 지방자치단체의 자치사무에 대한 감사원의 사전적 · 포괄적 합목적성 감사가 인정되므로 국가의 중복감사의 필요성이 없는 점 등을 종합하여 보면, 중앙행정기관의 지방자치단체의 자치사무에 대한 구 지방자치법 제158조 단서 규정의 감사권은 사전적 · 일반적인 포괄감사권이 아니라 그 대상과 범위가 한정적인 제한된 감사권이라 해석함(헌재 2009. 5. 28. 2006헌라6)

2. 제171조에 따른 행정자치부장관의 자치사무 감사

③ 제167조, 제171조 및 제2항에 따른 감사에 대한 절차 · 방법 등 필요한 사항은 대통령령으로 정한다.

이 제도는 자치단체의 위임사무뿐만 아니라 자치사무에 관하여도 일반적 감독관청인 행정자치부장관과 상급자치단체의 감사권이 미친다는 것을 명문으로 규정하면서, 다만 자치사무에 대하여는 합법성 위주[262]의 사후통제 방식의 감사를 실시함으로써 자치사무의 자율성을 제고하려는 취지라고 할 수 있다.

그리고 지방자치법이 1994. 3. 16. 법률 제4741호로 일부 개정되면서 지방자치단체의 자치사무에 관한 감사 규정에 '이 경우 감사는 법령위반사항에 한하여 실시한다.'라는 단서가 추가되어 자치사무에 대한 감사범위가 축소된 점 등을 고려하면, '법령위반'의 범위는 지방자치제의 실현을 위하여 지방자치단체의 자율권을 확대하고 중앙행정기관의 지방자치단체의 자치사무에 관한 감사범위를 제한하는 방향으로 해석하여야 할 것이고, 그렇다면 법령위반사항은 감사대상이 되는 자치사무 처리의 근거가 되는 법령을 위반한 사항을 의미한다고 보아야 할 것이며 이를 지나치게 확대해석하여서는 안될 것이다.

이와 관련하여 법제처는 법령위반사항에 지방공무원법 제48조의 성실의무 위반도 포함되는가에 대해 "지방공무원법 중 인사위원회, 심사위원회 등 인사기관과 공무원의 임용 · 보수 · 신분보장 · 권익의 보장 · 징계 · 훈련에 대한 규정은 임용권자의 인사행정 사무 처리의 근거가 되는 법령에 해당할 것이나, 공무원의 복무의무 중 지방공무원법 제48조 성실의무 규정은 비밀엄수의 의무(제52조), 집단행위의 금지의무(제58조)와 같이 구체적인 의무 규정과 달리 공무원이 위임사무나 자치사무를 처리함에 있어 가져야 할

262) 중앙행정기관이 구 지방자치법 제158조 단서 규정상의 감사에 착수하기 위해서는 자치사무에 관하여 특정한 법령위반행위가 확인되었거나 위법행위가 있었으리라는 합리적 의심이 가능한 경우이어야 하고, 또한 그 감사대상을 특정해야 한다. 따라서 전반기 또는 후반기 감사와 같은 포괄적 · 사전적 일반감사나 위법사항을 특정하지 않고 개시하는 감사 또는 법령위반사항을 적발하기 위한 감사는 모두 허용될 수 없음(헌재 2009. 5. 28. 2006헌라6).

기본자세를 규정한 추상적인 의무 규정에 불과하여 공무원의 해당 자치사무 처리의 근거가 되는 법령에 해당되는 것으로 보기는 어려울 것이다. 만일, 지방공무원법 제48조 위반을 이유로 자치사무에 대해 지방자치법 제171조제1항에 따른 감사를 할 수 있다면, 이는 공무원이 자치사무를 집행함에 있어 주어진 재량권의 범위를 넘어 재량권을 일탈 · 남용한 경우 해당 사무의 처리에 근거가 되는 법령을 위반하였다는 이유로 중앙행정기관이나 시 · 도지사가 감사를 실시하는 것과는 달리, 공무원이 자치사무 처리의 근거가 되는 법령을 위반한 바 없이 주어진 재량권의 범위 내에 자치사무를 집행하였음에도 불구하고 불성실하게 업무를 집행하였다는 이유로 중앙행정기관이나 시 · 도지사가 감사를 실시하는 것으로, 이는 중앙행정기관이나 시 · 도지사가 지방자치단체의 자치사무에 대해 법령위반이 아닌 단순한 업무처리 소홀 등의 부당사항까지 감사하는 것이 되어 결국 지방자치법 제171조에서 자치사무에 대한 감사범위를 위법성 감사로 축소시킨 취지에 반하게 된다.

따라서 시 · 도지사가 시 · 군 · 구 자치사무에 관하여 지방자치법 제171조제1항에 따라 감사할 수 있는 법령위반사항에 지방공무원법 제48조의 성실의무 위반은 포함되지 않는다."[263]고 해석한 바 있다.

위임사무에 대한 감사권의 근거를 직접 규정한 조항은 지방자치법에서 찾아볼 수 없다. 그러나 감사권이라는 것은 감독권이 포함되는 것이기 때문에 위임사무에 대한 일반적인 사무감독권을 규정하고 있는 부분에서 위임사무에 대한 감사권의 근거를 찾을 수 있다.

또한 감사란 행정행위의 합법성 또는 타당성을 심사하여 시정조치를 취하는 행정통제 작용으로서 구체적 행정행위가 '법령에 위반되는지 여부와 그 위반의 정도'는 감사실시결과 판명된다고 할 것이므로 감사의 실시 전제가 되는 감사대상은 원칙적으로 자치사무 전반(법령위반사항뿐만 아니라, 법령위반 개연성이 있는 사무포함-행정감사규정 제7조 참조)에 해당된다고 할 것이다. 따라서 행정자치부장관 또는 상급자치단체의 장

263) 법제처-11-0514(2011.10.13.)

이 자치사무를 감사할 때에는 본조의 입법취지와 행정감사실시 목적을 고려하여 법령 위반의 개연성이 큰 문제사항을 중심으로 합법성과 사후통제 위주의 감사를 실시하여 자치사무의 자율성을 제고하도록 하여야 할 것이다.

주무부장관, 행정자치부장관 또는 시 · 도지사는 이미 감사원 감사 등이 실시된 사안에 대하여는 새로운 사실이 발견되거나 중요한 사항이 누락된 경우 등 대통령령으로 정하는 경우를 제외하고는 감사대상에서 제외하고 종전의 감사결과를 활용하여야 한다. 주무부장관과 행정자치부장관은 지방자치법에 따른 주무부장관의 위임사무 감사나 행정자치부장관의 자치사무 감사를 실시하고자 하는 때에는 지방자치단체의 수감부담을 줄이고 감사의 효율성을 높이기 위하여 같은 기간 동안 함께 감사를 실시할 수 있다.

2) 지방자치단체에 대한 행정감사규정

정부는 지방자치단체 및 시 · 도교육청에 대하여 실시하는 감사의 절차와 방법 등에 관한 사항을 규정함을 목적으로 지방자치단체에 대한 행정감사규정[264]을 제정하여 운영하고 있다. 이 대통령령에 의하면 감사의 종류와 절차 그리고 감사기간과 결과처리 등 절차와 방법이 자세히 규정되어 있다.

7. 재의지시와 제소

1) 의의

지방의회의 의결이 법령에 위반되거나 공익을 현저히 해한다고 판단될 때에는 시 · 도의 경우에는 주무부장관이, 시 · 군 · 자치구의 경우에는 시 · 도지사가 재의를 요구하게 할 수 있고, 재의의 요구를 받은 지방자치단체장은 지방의회에 이유를 붙여 재의를 요구할 수 있는데 이것이 국가가 지방자치단체를 지도 · 감독하기 위한 재의요구지시제도이다.

264) 대통령령 제25751호

재의요구지시에 따라 재의 요구된 의결사항이 지방의회에서 재의결된 경우 그 재의결사항이 법령에 위반된다고 판단된 때에는 지방자치단체장이 재의결된 날부터 20일 이내에 대법원에 제소할 수 있는데 대법원제소사유에서 공익저해를 제외시킨 것은 지방의회의 재의결의사를 최대한 존중하려는 취지로 볼 수 있다. 그리고 대법원제소에 있어 필요한 때에는 집행정지결정을 신청할 수 있도록 하였는데 그 취지는 위법한 의결사항이 대법원에서 계류되어 있는 동안 시행됨으로써 대법원에서 무효판결이 날 경우 종전의 조례에 의하여 이루어진 법률관계의 동요 내지 혼란을 방지하려는 데 그 제도적 취지가 있다.

주무부장관 또는 시 · 도지사는 재의결된 사항이 법령에 위반된다고 판단됨에도 당해 지방자치단체장이 제소를 하지 아니하면 제소를 지시하거나 직접 제소 및 집행정지결정을 신청할 수 있다.

법 제172조(지방의회 의결의 재의와 제소) ① 지방의회의 의결이 법령에 위반되거나 공익을 현저히 해친다고 판단되면 시 · 도에 대하여는 주무부장관이, 시 · 군 및 자치구에 대하여는 시 · 도지사가 재의를 요구하게 할 수 있고, 재의요구를 받은 지방자치단체의 장은 의결사항을 이송 받은 날부터 20일 이내에 지방의회에 이유를 붙여 재의를 요구하여야 한다.

② 제1항의 요구에 대하여 재의의 결과 재적의원 과반수의 출석과 출석의원 3분의 2 이상의 찬성으로 전과 같은 의결을 하면 그 의결사항은 확정된다.

③ 지방자치단체의 장은 제2항에 따라 재의결된 사항이 법령에 위반된다고 판단되면 재의결된 날부터 20일 이내에 대법원에 소를 제기할 수 있다. 이 경우 필요하다고 인정되면 그 의결의 집행을 정지하게 하는 집행정지결정을 신청할 수 있다.

④ 주무부장관이나 시 · 도지사는 재의결된 사항이 법령에 위반된다고 판단됨에도 불구하고 해당 지방자치단체의 장이 소(訴)를 제기하지 아니하면 그 지방자치단체의 장에게 제소를 지시하거나 직접 제소 및 집행정지결정을 신청할 수 있다.

⑤ 제4항에 따른 제소의 지시는 제3항의 기간이 지난 날부터 7일 이내에 하고, 해당 지방자치단체의 장은 제소지시를 받은 날부터 7일 이내에 제소하여야 한다.

⑥ 주무부장관이나 시 · 도지사는 제5항의 기간이 지난 날부터 7일 이내에 직접 제소할 수 있다.

⑦ 제1항에 따라 지방의회의 의결이 법령에 위반된다고 판단되어 주무부장관이나 시 · 도지사로부터 재의요구지시를 받은 지방자치단체의 장이 재의를 요구하지 아니하는 경우(법령에 위반되는 지방의회의 의결사항이 조례안인 경우로서 재의요구지시를 받기 전에 그 조례안을 공포한 경우를 포함한다)에는 주무부장관이나 시 · 도지사는 제1항에 따른 기간이 지난 날부터 7일 이내에 대법원에 직접 제소 및 집행정지결정을 신청할 수 있다.

⑧ 제1항에 따른 지방의회의 의결이나 제2항에 따라 재의결된 사항이 둘 이상의 부처와 관련되거나 주무부장관이 불분명하면 행정자치부장관이 재의요구 또는 제소를 지시하거나 직접 제소 및 집행정지결정을 신청할 수 있다.

재의요구명령을 행정처분으로 보는 견해[265]도 있고 내부적 감독작용으로 보는 견해도 있다.[266]

2) 감독청의 제소지시와 직접 제소

지방의회의 의결이 법령에 위반된다고 판단하여 주무부장관 또는 시 · 도지사로부터 재의요구지시를 받은 지방자치단체의 장이 재의를 요구하지 않은 경우에는 주무부장관 또는 시 · 도지사는 직접 제소 및 집행정지를 신청할 수 있다. 이 제소지시 및 직접 제소는 지방자치단체의 장에 의한 제소에 대한 보충적인 것으로, 지방의회에 대한 국가기관의 통제권이며 동시에 지방자치단체의 장의 제소에 대한 감독권의 성질을 갖는다.

3) 기관소송

지방의회의 재의결에 대하여 지방자치단체의 장 또는 감독기관에 의해 소송이 제기된 경우에 법원은 지방의회의 재의결의 적법성에 대하여 통제하게 된다. 감독기관이 지

265) 홍정선, 지방자치법학, P514
266) 박균성, 행정법강의, P1043

방의회의 재의결에 대하여 제기하는 소송은 기관소송이 아니라 일종의 항고소송이라는 견해도 있지만 기관소송으로 보는 것이 다수의 견해이다.

4) 전부무효판결

지방의회가 재의결한 경우 의결은 가분적인 것이 아니므로 일부가 위법하더라도 전부무효판결을 내려야 한다. 대법원은 "의결의 일부에 대한 효력배제는 결과적으로 전체적인 의결의 내용을 변경하는 것에 다름 아니어서 의결기관인 지방의회의 고유권한을 침해하는 것이 될 뿐 아니라, 그 일부만의 효력배제는 자칫 전체적인 의결내용을 지방의회의 당초의 의도와는 다른 내용으로 변질시킬 우려가 있으며, 또 재의요구가 있는 때에는 재의요구에서 지적한 이의사항이 의결의 일부에 관한 것이라고 하여도 의결 전체가 실효되고 재의결만이 의결로서 효력을 발생하는 것이어서 의결의 일부에 대한 재의요구나 수정재의 요구가 허용되지 않는 점에 비추어 보아도 재의결의 내용 전부가 아니라 그 일부만이 위법한 경우에도 대법원은 의결 전부의 효력을 부인할 수밖에 없다."[267]고 판시하여 일부무효판결을 인정하지 않고 있다.

8. 행정특례

1) 자치구의 재원조정

지방재정조정제도는 지방자치단체 간에 있어서 자체 재원의 격차가 발생하고 있음에도 불구하고, 일정수준의 표준적인 행정서비스를 제공하여야 하기 때문에 실시하고 있는 제도이다.

우리나라의 지방재정조정제도(local finance equalization scheme)는 지방자치단체 간의 재정조정제도와 광역지방자치단체와 기초지방자치단체 간의 재정조정제도로 나눌 수 있다. 국가와 지방자치단체 간의 재정조정제도로는 지방교부세제도가 있으며, 광역(특별 ·

---

267) 대법원 1992.07.28. 92추31

광역시)과 기초지방자치단체(자치구) 간의 재정조정제도로는 조정교부금제도가 있다.

이에 우리나라 특별시장이나 광역시장은 해당 관할구역 안의 자치구 상호 간의 재정을 조정하여 재정불균형을 해소하여야 한다. 이는 자치구 간의 일정한 행정수준을 유지할 수 있도록 표준 수준의 기본적 행정수행경비를 산출하고 지방세 등 일반재원으로 충당할 수 없는 부족분을 지원하는 것으로 '조정교부금' 제도로 운영되고 있다. 이 조정교부금제도는 1988년 지방자치법 개정으로 도입되어 서울특별시와 부산광역시 등 6개 광역시에서 관할 자치구의 재원을 조정하고 있다.

이는 대도시 행정의 재정운영에 관한 특례로서, 특별시 및 광역시가 시세의 일정액을 활용하여 자치구간 재정격차를 완화하고 지역주민에게 일정수준의 표준적인 행정서비스(Civil Minimum) 제공이 가능토록 자치구의 재정을 지원하는 재정조정제도로서 지방교부세법에 의하여 운영되는 보통교부세제도와 유사하다.

조정교부금의 종류로는 보통교부금과 특별교부금으로 나누어지는 바, 보통교부금은 매년도 기준수입액이 기준수요액에 미달하는 자치구에 한하여 그 미달액(이하 '재원부족액'이라 한다)을 기초로 하여 교부하는 것이다. 이때에 보통교부금의 총액이 재원부족액의 합산액에 미달할 때에는 그 미달액에 대하여 일정률로서 조정교부한다. 다만, 재원부족액의 합산액에 현저하게 미달할 때에는 시의 조례를 개정하여야 한다. 조정교부금제도의 자치구의 재원보장기능 및 자치구간 재정조정기능을 수행 가능하게 하는 조정교부금제도의 근간이 되는 재원이라 할 수 있음(조정교부금 총 재원의 90%)

특별교부금은 보통교부금의 산정방법으로 측정하기 어려운 재정수요나 보통교부금 산정 후 발생한 자치구의 특별한 재정수요가 있을 경우 교부하는 재원이다(조정교부금 총 재원의 10%). 특별교부금은 ① 기준수요액의 산정방법으로써 포착할 수 없는 특별한 재정수요가 있을 때, ② 자치구의 청사 기타 공공시설의 신설, 복구, 보수 등의 사유로 인하여 특별한 재정수요가 있을 때, ③ 시 · 구정 역점시책 추진과 관련하여 특별한 재정수요가 있을 때, ④ 기타 예산 성립 후에 발생한 재해 등으로 인하여 특별한 재정수요가 있거나 재정수입의 감소가 있을 때 교부한다.

법 제173조(자치구의 재원) 특별시장이나 광역시장은 지방재정법에서 정하는 바에 따라 해당 지방자치단체의 관할 구역 안의 자치구 상호 간의 재원을 조정하여야 한다.

이러한 재원조정교부금 제도는 지방자치법과 동법 시행령에 근거를 두고 있으나 자치구에 지원하는 규모나 운영방식은 조례에 의하여, 운영하도록 하고 있어 각 자치단체별 특성에 따라 각기 다르게 운영되고 있다.[268] 이렇게 재원조정교부금 제도를 특별·광역시의 조례에 의해 자율적으로 운영토록 함으로써 1988년 제도도입 이래 운영실태를 보면 산정방식 일부를 개정하거나 재원규모를 결정하는 취득세 및 등록세율을 약간 변동하는 등 큰 변화 없이 운영해왔다.

자치단체별 교부율 및 규모 (단위:%)[269]

		서울	부산	인천	대구	광주	대전	울산
교부율		50	55	40	56	70	56	58
종류 및 규모	보통교부금	90	–	90	90	90	90	90
	특별교부금	10	10 이내	10	10	10	10	10

2) 특례의 인정

지방자치단체 중 서울특별시의 경우는 수도로서의 특수성을 고려하여 서울특별시 행정특례에 관한 법률을 제정하여 조직과 운영에 있어 특수성을 인정하고 있다.

268) 지방재정법 제29조의2(자치구 조정교부금) 특별시장 및 광역시장은 대통령령으로 정하는 보통세 수입의 일정액을 조정교부금으로 확보하여 조례로 정하는 바에 따라 해당 지방자치단체 관할구역의 자치구 간 재정력 격차를 조정하여야 한다.

269) 2012년 각 자치단체 조례를 기준으로 작성

> **법 제174조(특례의 인정)** ① 서울특별시의 지위·조직 및 운영에 대하여는 수도로서의 특수성을 고려하여 법률로 정하는 바에 따라 특례를 둘 수 있다.
> ② 세종특별자치시와 제주특별자치도의 지위·조직 및 행정·재정 등의 운영에 대하여는 행정체제의 특수성을 고려하여 법률로 정하는 바에 따라 특례를 둘 수 있다.

뿐만 아니라 '세종특별자치시'와 '제주특별자치도'도 각각 세종특별자치시 설치 등에 관한 특별법과 제주특별자치도 설치 및 국제자유도시 조성을 위한 특별법을 설치하여 운영하고 있다.

그리고 지방분권 및 지방행정체제개편에 관한 특별법 제40조 제1항에서는 "특별시와 광역시가 아닌 인구 50만 이상 대도시 및 1000만 이상 대도시의 행정·재정 운영 및 지도·감독에 대하여는 그 특성을 고려하여 관계 법률에서 정하는 바에 따라 특례를 둘 수 있다. 다만, 인구 30만 이상인 지방자치단체로서 면적이 1천 제곱킬로미터 이상인 경우 이를 인구 50만 이상 대도시로 본다."고 규정하여 대도시에 대한 특례를 인정하고 있다.

특히 지방자치법은 인구 50만 이상 대도시에 대해서는 그 특성을 고려하여 특례를 둘 수 있게 하고 있는데, 인구 50만 이상의 대도시로 지정될 경우 우선 지방자치법 시행령의 인구 50만 이상의 시가 직접 처리할 수 있는 도의 사무를 처리할 수 있게 되며, 각 개별 법률에서 정한 대도시 사무 특례에 적용을 받게 된다.

> **법 제175조(대도시에 대한 특례인정)** 서울특별시·광역시 및 특별자치시를 제외한 인구 50만 이상 대도시의 행정, 재정운영 및 국가의 지도·감독에 대하여는 그 특성을 고려하여 관계 법률로 정하는 바에 따라 특례를 둘 수 있다.

인구 50만 이상 대도시의 인구기준은 해당 관할구역에 전년도 말일 주민등록이 되어 있는 주민 수를 기준으로 2년간 연속하여 매해 말일 인구가 50만 이상인 시를 말한다. 이에 따라 2014년 기준 인구 50만 이상의 대도시는 15개이다. 지역별로 살펴보면 경기도에 9개시(수원시, 성남시, 고양시, 부천시, 안양시, 안산시, 용인시, 남양주시, 화성

시), 충북 1개시(청주시), 충남 1개시(천안시), 전북 1개시(전주시), 경북 1개시(포항시), 경남 2개시(창원시, 김해시)가 있다.

이에 따라 1988년 이후, 인구 50만 이상 대도시에 대해 현재 지방자치법상으로는 18개 분야 42개 사무를, 온천법 등 7개 법률에 27개 사무[270]를 행정특례로 인정하고 있다. 또한, 지방재정법상 추가 지원[271]과 지방분권 및 지방행정체제개편에 관한 특별법상 도세의 10% 이하 추가 지원 등을 대도시 재정특례[272]로 인정하고 있다.

270) 온천법의 3개 사무, 도시 및 주거환경정비법의 3개 사무, 도시재정비촉진특별법의 1개 사무, 주택법의 1개 사무, 도시개발법의 3개 사무, 국토의 계획 및 이용법의 14개 사무, 산업입지 및 개발에 관한 법률의 2개 사무이다.

271) 지방재정법 제29조(시·군 조정교부금) ① 시 · 도지사(특별시장은 제외한다. 이하 이 조에서 같다)는 다음 각 호의 금액의 27퍼센트(인구 50만 이상의 시와 자치구가 아닌 구가 설치되어 있는 시의 경우에는 47퍼센트)에 해당하는 금액을 관할 시 · 군 간의 재정력 격차를 조정하기 위한 조정교부금의 재원으로 확보하여야 한다.

272) 지방분권 및 지방행정체제개편에 관한 특별법 제43조(대도시에 대한 재정특례) ① 도지사는 지방재정법 제29조에 따라 배분되는 재정보전금과 별도로 제40조제1항에 따른 대도시의 경우에는 해당 시에서 징수하는 도세(원자력발전에 대한 지역자원시설세, 특정부동산에 대한 지역자원시설세 및 지방교육세는 제외한다) 중 100분의 10 이하의 범위에서 일정 비율을 추가로 확보하여 해당 시에 직접 교부하여야 한다.
② 제1항에 따라 대도시에 추가로 교부하는 도세의 비율은 사무이양 규모 및 내용 등을 고려하여 대통령령으로 정한다.

서울특별시 행정특례에 관한 법률
[법률 제128445호]

제1조(목적) 이 법은 지방자치법 제174조에 따라 서울특별시의 지위 · 조직 및 운영에 관한 특례를 규정함을 목적으로 한다.

제2조(지위) 서울특별시는 정부의 직할로 두되, 이 법에서 정하는 범위에서 수도로서의 특수한 지위를 가진다.

제3조 삭제 〈1994.12.20.〉

제4조(일반행정 운영상의 특례) ① 행정자치부장관이 지방재정법 제11조에 따라 서울특별시의 지방채 발행의 승인 여부를 결정하려는 경우에는 국무총리에게 보고하여야 한다.

② 행정자치부장관은 지방자치법 제171조에 따라 서울특별시의 자치사무에 관한 감사를 하려는 경우에는 국무총리의 조정을 거쳐야 한다.

③ 삭제

④ 삭제

⑤ 서울특별시 소속 국가공무원의 임용 등에 관한 국가공무원법 제32조제1항부터 제3항까지, 제78조제1항 · 제4항 및 제82조에 따른 소속 장관 또는 중앙행정기관의 장의 권한 중 대통령령으로 정하는 사항은 서울특별시장이 행사하며, 이와 관련된 행정소송의 피고는 같은 법 제16조에도 불구하고 서울특별시장이 된다.

⑥ 삭제

⑦ 서울특별시 소속 공무원 등에 대한 서훈(敍勳)의 추천은 상훈법 제5조제1항에도 불구하고 서울특별시장이 한다.

⑧ 삭제

제5조(수도권 광역행정 운영상의 특례) ① 수도권 지역에서 서울특별시와 관련된 도로 · 교통 · 환경 등에 관한 계획을 수립하고 그 집행을 할 때 관계 중앙행정기관의 장과 서울특별시장의 의견이 다른 경우에는 다른 법률에 특별한 규정이 없으면 국무총리가 이를 조정한다.

② 제1항의 조정에 필요한 사항은 대통령령으로 정한다.

부록

지방자치법 · 지방자치법 시행령

지방자치법	지방자치법시행령
지방자치법 [시행 2015.6.4.] [법률 제12738호, 2014.6.3., 타법개정] 행정자치부(자치제도과) 02-2100-3814	**지방자치법 시행령** [시행 2014.12.23.] [대통령령 제25869호, 2014.12.23., 일부개정] 행정자치부(자치제도과) 02-2100-3814
제1장 총강(總綱) **제1절 총칙**	**제1장 총칙**
제1조(목적) 이 법은 지방자치단체의 종류와 조직 및 운영에 관한 사항을 정하고, 국가와 지방자치단체 사이의 기본적인 관계를 정함으로써 지방자치행정을 민주적이고 능률적으로 수행하고, 지방을 균형 있게 발전시키며, 대한민국을 민주적으로 발전시키려는 것을 목적으로 한다.	**제1조(목적)** 이 영은 지방자치법에서 위임된 사항과 그 시행에 필요한 사항을 규정함을 목적으로 한다.
제2조(지방자치단체의 종류) ① 지방자치단체는 다음의 두 가지 종류로 구분한다. 〈개정 2011.5.30.〉 1. 특별시, 광역시, 특별자치시, 도, 특별자치도 2. 시, 군, 구	
② 지방자치단체인 구(이하 "자치구"라 한다)는 특별시와 광역시의 관할 구역 안의 구만을 말하며, 자치구의 자치권의 범위는 법령으로 정하는 바에 따라 시·군과 다르게 할 수 있다. ③ 제1항의 지방자치단체 외에 특정한 목적을 수행하기 위하여 필요하면 따로 특별지방자치단체를 설치할 수 있다. ④ 특별지방자치단체의 설치·운영에 관하여 필요한 사항은 대통령령으로 정한다.	**제9조(자치구 사무의 특례)** 법 제2조제2항에 따라 시·군과 다르게 자치구에서 처리하지 아니하고 특별시·광역시에서 처리하는 사무의 예시는 별표 2와 같다. 다만, 다른 법령에 이와 다른 규정이 있는 경우에는 그러하지 아니하다.
제3조(지방자치단체의 법인격과 관할) ① 지방자치단체는 법인으로 한다. ② 특별시, 광역시, 특별자치시, 도, 특별자치도(이하 "시·도"라 한다)는 정부의 직할(直轄)로 두고, 시는 도의 관할 구역 안에, 군은 광역시, 특별자치시나 도의 관할 구역 안에 두며, 자치구는 특별시와 광역시, 특별자치시의 관할 구역 안에 둔다. 〈개정 2011.5.30.〉 ③ 특별시·광역시 및 특별자치시가 아닌 인구 50만 이상의 시에는 자치구가 아닌 구를 둘 수 있고, 군에는 읍·면을 두며, 시와 구(자치구를 포함한다)에는 동을, 읍·면에는 리를 둔다. 〈개정 2011.5.30.〉 ④ 제7조제2항에 따라 설치된 시에는 도시의 형태를 갖춘 지역에는 동을, 그 밖의 지역에는 읍·면을 두되, 자치구가 아닌 구를 둘 경우에는 그 구에 읍·면·동을 둘 수 있다.	

지방자치법	지방자치법시행령
제2절 지방자치단체의 관할 구역 **제4조(지방자치단체의 명칭과 구역)** ① 지방자치단체의 명칭과 구역은 종전과 같이 하고, 명칭과 구역을 바꾸거나 지방자치단체를 폐지하거나 설치하거나 나누거나 합칠 때에는 법률로 정한다. 다만, 지방자치단체의 관할 구역 경계변경과 한자 명칭의 변경은 대통령령으로 정한다. 〈개정 2009.4.1.〉 ② 제1항에 따라 지방자치단체를 폐지하거나 설치하거나 나누거나 합칠 때 또는 그 명칭이나 구역을 변경할 때에는 관계 지방자치단체의 의회(이하 "지방의회"라 한다)의 의견을 들어야 한다. 다만, 「주민투표법」 제8조에 따라 주민투표를 한 경우에는 그러하지 아니하다. ③ 제1항에도 불구하고 다음 각 호의 지역이 속할 지방자치단체는 제4항부터 제7항까지의 규정에 따라 행정자치부장관이 결정한다. 〈개정 2009.4.1., 2010.4.15., 2011.7.14., 2013.3.23., 2014.6.3., 2014.11.19.〉 1. 「공유수면 관리 및 매립에 관한 법률」에 따른 매립지 2. 「공간정보의 구축 및 관리 등에 관한 법률」 제2조제19호의 지적공부(이하 "지적공부"라 한다)에 등록이 누락되어 있는 토지 ④ 제3항제1호의 경우에는 「공유수면 관리 및 매립에 관한 법률」 제28조에 따른 면허관청 또는 관련 지방자치단체의 장이 같은 법 제45조에 따른 준공검사 전에, 제3항제2호의 경우에는 「공간정보의 구축 및 관리 등에 관한 법률」 제2조제18호에 따른 소관청(이하 "지적소관청"이라 한다)이 지적공부에 등록하기 전에 각각 행정자치부장관에게 해당 지역이 속할 지방자치단체의 결정을 신청하여야 한다. 이 경우 제3항제1호에 따른 매립지의 매립면허를 받은 자는 면허관청에 해당 매립지가 속할 지방자치단체의 결정 신청을 요구할 수 있다. 〈개정 2009.4.1., 2010.4.15., 2011.7.14., 2013.3.23., 2014.6.3., 2014.11.19.〉 ⑤ 행정자치부장관은 제4항에 따른 신청을 받은 후 지체 없이 그 사실을 20일 이상 관보나 인터넷 등의 방법으로 널리 알려야 한다. 이 경우 알리는 방법, 의견의 제출 등에 관하여는 「행정절차법」 제42조 · 제44조 및 제45조를 준용한다. 〈개정 2009.4.1., 2013.3.23., 2014.11.19.〉 ⑥ 행정자치부장관은 제5항에 따른 기간이 끝난 후 제149조에 따른 지방자치단체중앙분쟁조정위원회(이하 이 조에서 "위원회"라 한다)의 심의 · 의결에 따라 제3항 각 호의 지역이 속할 지방자치단체를 결정하고, 그 결과를	**제2조(관계 지방의회)** 「지방자치법」(이하 "법"이라 한다) 제4조제2항에서 "관계 지방자치단체의 의회"란 해당 지방자치단체의 의회와 그 상급 지방자치단체의 의회를 말한다. **제3조(관할구역의 변경 등으로 인한 지방자치단체 등의 사무인계)** 법 제4조제1항 및 제4조의2제1항 · 제2항에 따라 지방자치단체 및 자치구가 아닌 구와 읍 · 면 · 동 · 리의 구역을 변경하거나 폐지하거나 설치하거나 나누거나 합치는 데에 따른 사무의 인계에 관하여는 제66조부터 제70조까지의 규정을 준용한다. 〈개정 2011.10.14.〉 **제4조** 삭제 〈2011.10.14.〉 **제5조** 삭제 〈2011.10.14.〉

지방자치법	지방자치법시행령
면허관청이나 지적소관청, 관계 지방자치단체의 장 등에게 통보하고 공고하여야 한다. 〈개정 2009.4.1., 2013.3.23., 2014.11.19.〉 ⑦ 위원회의 위원장은 제6항에 따른 심의과정에서 필요하다고 인정되면 관계 중앙행정기관 및 지방자치단체의 공무원 또는 관련 전문가를 출석시켜 의견을 듣거나 관계 기관이나 단체에 자료 및 의견 제출 등을 요구할 수 있다. 이 경우 관계 지방자치단체의 장에게는 의견을 진술할 기회를 주어야 한다. 〈신설 2009.4.1.〉 ⑧ 관계 지방자치단체의 장은 제3항부터 제7항까지의 규정에 따른 행정자치부장관의 결정에 이의가 있으면 그 결과를 통보받은 날부터 15일 이내에 대법원에 소송을 제기할 수 있다. 〈신설 2009.4.1., 2013.3.23., 2014.11.19.〉 ⑨ 행정자치부장관은 제8항에 따라 대법원의 인용결정이 있으면 그 취지에 따라 다시 결정하여야 한다. 〈신설 2009.4.1., 2013.3.23., 2014.11.19.〉 **제4조의2(자치구가 아닌 구와 읍 · 면 · 동 등의 명칭과 구역)** ① 자치구가 아닌 구와 읍 · 면 · 동의 명칭과 구역은 종전과 같이 하고, 이를 폐지하거나 설치하거나 나누거나 합칠 때에는 행정자치부장관의 승인을 받아 그 지방자치단체의 조례로 정한다. 다만, 명칭과 구역의 변경은 그 지방자치단체의 조례로 정하고, 그 결과를 특별시장 · 광역시장 · 도지사에게 보고하여야 한다. 〈개정 2013.3.23., 2014.11.19.〉 ② 리의 구역은 자연 촌락을 기준으로 하되, 그 명칭과 구역은 종전과 같이 하고, 명칭과 구역을 변경하거나 리를 폐지하거나 설치하거나 나누거나 합칠 때에는 그 지방자치단체의 조례로 정한다. ③ 인구 감소 등 행정여건 변화로 인하여 필요한 경우 그 지방자치단체의 조례로 정하는 바에 따라 2개 이상의 면을 하나의 면으로 운영하는 등 행정 운영상 면(이하 "행정면"이라 한다)을 따로 둘 수 있다.	
④ 동 · 리에서는 행정 능률과 주민의 편의를 위하여 그 지방자치단체의 조례로 정하는 바에 따라 하나의 동 · 리를 2개 이상의 동 · 리로 운영하거나 2개 이상의 동 · 리를 하나의 동 · 리로 운영하는 등 행정 운영상 동 · 리(이하 "행정동 · 리"라 한다)를 따로 둘 수 있다. ⑤ 행정동 · 리에 그 지방자치단체의 조례로 정하는 바에 따라 하부 조직을 둘 수 있다. [본조신설 2009.4.1.] **제5조(구역을 변경하거나 폐치 · 분합할 때의 사무와 재산의 승계)** ① 지방자치단체의 구역을 변경하거나 지방자치단	**제81조(이장의 임명)** ① 법 제4조의2제4항에 따른 읍 · 면의 행정리에는 이장을 둔다. 〈개정 2010.11.2.〉 ② 제1항에 따른 이장은 주민의 신망이 두터운 자 중에서 해당 지방자치단체의 규칙으로 정하는 바에 따라 읍장 · 면장이 임명한다. ③ 읍장 · 면장이 제2항에 따라 이장을 임명한 경우에는 이를 해당 시장이나 군수에게 보고하여야 한다.

지방자치법	지방자치법시행령
체를 폐지하거나 설치하거나 나누거나 합칠 때에는 새로 그 지역을 관할하게 된 지방자치단체가 그 사무와 재산을 승계한다. ② 제1항의 경우에 지역에 의하여 지방자치단체의 사무와 재산을 구분하기 곤란하면 시·도에서는 행정자치부장관이, 시·군 및 자치구에서는 특별시장·광역시장·특별자치시장·도지사·특별자치도지사(이하 "시·도지사"라 한다)가 그 사무와 재산의 한계 및 승계할 지방자치단체를 지정한다. 〈개정 2008.2.29., 2009.4.1., 2011.5.30., 2013.3.23., 2014.11.19.〉	
제6조(사무소의 소재지) ① 지방자치단체의 사무소의 소재지와 자치구가 아닌 구 및 읍·면·동의 사무소의 소재지는 종전과 같이 하고, 이를 변경하거나 새로 설정하려면 지방자치단체의 조례로 정한다. 이 경우 면·동은 제4조의2제3항 및 제4항에 따른 행정면(行政面)·행정동(行政洞)을 말한다. 〈개정 2009.4.1.〉 ② 제1항의 조례는 그 지방의회의 재적의원 과반수의 찬성을 받아야 한다.	**제6조(사무소의 소재지)** 법 제6조에 따른 지방자치단체의 사무소 소재지는 주사무소를 기준으로 다음 각 호의 구분에 따른 단위로 결정한다. 1. 특별시·광역시 및 도: 시·군 또는 자치구 2. 특별자치도: 「제주특별자치도 설치 및 국제자유도시 조성을 위한 특별법」 제15조제2항에 따른 행정시 3. 특별자치시 및 시·군·자치구: 읍·면 또는 동 [전문개정 2011.10.14.]
제7조(시·읍의 설치기준 등) ① 시는 그 대부분이 도시의 형태를 갖추고 인구 5만 이상이 되어야 한다. ② 다음 각 호의 어느 하나에 해당하는 지역은 도농(都農) 복합형태의 시로 할 수 있다. 1. 제1항에 따라 설치된 시와 군을 통합한 지역 2. 인구 5만 이상의 도시 형태를 갖춘 지역이 있는 군 3. 인구 2만 이상의 도시 형태를 갖춘 2개 이상의 지역의 인구가 5만 이상인 군. 이 경우 군의 인구가 15만 이상으로서 대통령령으로 정하는 요건을 갖추어야 한다. 4. 국가의 정책으로 인하여 도시가 형성되고, 제115조에 따라 도의 출장소가 설치된 지역으로서 그 지역의 인구가 3만 이상이고, 인구 15만 이상의 도농 복합형태의 시의 일부인 지역 ③ 읍은 그 대부분이 도시의 형태를 갖추고 인구 2만 이상이 되어야 한다. 다만, 다음 각 호의 어느 하나에 해당하면 인구 2만 미만인 경우에도 읍으로 할 수 있다. 1. 군사무소 소재지의 면 2. 읍이 없는 도농 복합형태의 시에서 그 면 중 1개 면 ④ 시·읍의 설치에 관한 세부기준은 대통령령으로 정한다. **제3절 지방자치단체의 기능과 사무** **제8조(사무처리의 기본원칙)** ① 지방자치단체는 그 사무를 처리할 때 주민의 편의와 복리증진을 위하여 노력하여야	**제7조(시·읍의 설치기준)** ① 법 제7조제1항에 따라 시로 되려면 다음 각 호의 요건을 갖추어야 한다. 〈개정 2008.2.29., 2013.3.23., 2014.11.19.〉 1. 해당 지역의 시가지를 구성하는 지역 안에 거주하는 인구의 비율이 전체 인구의 60퍼센트 이상일 것 2. 해당 지역의 상업·공업, 그 밖의 도시적 산업에 종사하는 가구의 비율이 전체 가구의 60퍼센트 이상일 것 3. 1인당 지방세 납세액, 인구밀도 및 인구증가 경향이 행정자치부령으로 정하는 기준 이상일 것 ② 법 제7조제2항제2호 및 제3호에 따라 도농 복합형태의 시로 되려면 다음 각 호의 요건을 갖추어야 한다. 1. 해당 지역의 상업·공업, 그 밖의 도시적 산업에 종사하는 가구의 비율이 군 전체 가구의 45퍼센트 이상일 것 2. 다음의 식으로 계산한 해당 군의 재정자립도가 전국 군 재정자립도의 평균치 이상일 것 {(지방세+세외수입-지방채)÷일반회계예산}×100 ③ 법 제7조제3항 본문에 따라 읍으로 되려면 다음 각 호의 요건을 갖추어야 한다. 1. 해당 지역의 시가지를 구성하는 지역 안에 거주하는 인구의 비율이 전체 인구의 40퍼센트 이상일 것 2. 해당 지역의 상업·공업, 그 밖의 도시적 산업에 종사하는 가구의 비율이 전체 가구의 40퍼센트 이상일 것

지방자치법	지방자치법시행령
한다. ② 지방자치단체는 조직과 운영을 합리적으로 하고 그 규모를 적정하게 유지하여야 한다. ③ 지방자치단체는 법령이나 상급 지방자치단체의 조례를 위반하여 그 사무를 처리할 수 없다. **제9조(지방자치단체의 사무범위)** ① 지방자치단체는 관할 구역의 자치사무와 법령에 따라 지방자치단체에 속하는 사무를 처리한다. ② 제1항에 따른 지방자치단체의 사무를 예시하면 다음 각 호와 같다. 다만, 법률에 이와 다른 규정이 있으면 그러하지 아니하다. <개정 2007.4.6., 2007.5.17., 2009.12.29., 2011.7.14.> 1. 지방자치단체의 구역, 조직, 행정관리 등에 관한 사무 가. 관할 구역 안 행정구역의 명칭 · 위치 및 구역의 조정 나. 조례 · 규칙의 제정 · 개정 · 폐지 및 그 운영 · 관리 다. 산하(傘下) 행정기관의 조직관리 라. 산하 행정기관 및 단체의 지도 · 감독 마. 소속 공무원의 인사 · 후생복지 및 교육 바. 지방세 및 지방세 외 수입의 부과 및 징수 사. 예산의 편성 · 집행 및 회계감사와 재산관리 아. 행정장비관리, 행정전산화 및 행정관리개선 자. 공유재산관리(公有財産管理) 차. 가족관계등록 및 주민등록 관리 카. 지방자치단체에 필요한 각종 조사 및 통계의 작성 2. 주민의 복지증진에 관한 사무 가. 주민복지에 관한 사업 나. 사회복지시설의 설치 · 운영 및 관리 다. 생활이 곤궁(困窮)한 자의 보호 및 지원 라. 노인 · 아동 · 심신장애인 · 청소년 및 여성의 보호와 복지증진 마. 보건진료기관의 설치 · 운영 바. 감염병과 그 밖의 질병의 예방과 방역 사. 묘지 · 화장장(火葬場) 및 납골당의 운영 · 관리 아. 공중접객업소의 위생을 개선하기 위한 지도 자. 청소, 오물의 수거 및 처리 차. 지방공기업의 설치 및 운영 3. 농림 · 상공업 등 산업 진흥에 관한 사무 가. 소류지(小溜池) · 보(洑) 등 농업용수시설의 설치 및 관리 나. 농산물 · 임산물 · 축산물 · 수산물의 생산 및 유통지원 다. 농업자재의 관리	

지방자치법	지방자치법시행령
라. 복합영농의 운영 · 지도 마. 농업 외 소득사업의 육성 · 지도 바. 농가 부업의 장려 사. 공유림 관리 아. 소규모 축산 개발사업 및 낙농 진흥사업 자. 가축전염병 예방 차. 지역산업의 육성 · 지원 카. 소비자 보호 및 저축 장려 타. 중소기업의 육성 파. 지역특화산업의 개발과 육성 · 지원 하. 우수토산품 개발과 관광민예품 개발 4. 지역개발과 주민의 생활환경시설의 설치 · 관리에 관한 사무 가. 지역개발사업 나. 지방 토목 · 건설사업의 시행 다. 도시계획사업의 시행 라. 지방도(地方道), 시군도의 신설 · 개수(改修) 및 유지 마. 주거생활환경 개선의 장려 및 지원 바. 농촌주택 개량 및 취락구조 개선 사. 자연보호활동 아. 지방하천 및 소하천의 관리 자. 상수도 · 하수도의 설치 및 관리 차. 간이급수시설의 설치 및 관리 카. 도립공원 · 군립공원 및 도시공원, 녹지 등 관광 · 휴양시설의 설치 및 관리 타. 지방 궤도사업의 경영 파. 주차장 · 교통표지 등 교통편의시설의 설치 및 관리 하. 재해대책의 수립 및 집행 거. 지역경제의 육성 및 지원 5. 교육 · 체육 · 문화 · 예술의 진흥에 관한 사무 가. 유아원 · 유치원 · 초등학교 · 중학교 · 고등학교 및 이에 준하는 각종 학교의 설치 · 운영 · 지도 나. 도서관 · 운동장 · 광장 · 체육관 · 박물관 · 공연장 · 미술관 · 음악당 등 공공교육 · 체육 · 문화시설의 설치 및 관리 다. 지방문화재의 지정 · 보존 및 관리 라. 지방문화 · 예술의 진흥 마. 지방문화 · 예술단체의 육성 6. 지역민방위 및 지방소방에 관한 사무 가. 지역 및 직장 민방위조직(의용소방대를 포함한다)의 편성과 운영 및 지도 · 감독 나. 지역의 화재예방 · 경계 · 진압 · 조사 및 구조 · 구급	

지방자치법	지방자치법시행령
제10조(지방자치단체의 종류별 사무배분기준) ① 제9조에 따른 지방자치단체의 사무를 지방자치단체의 종류별로 배분하는 기준은 다음 각 호와 같다. 다만, 제9조제2항제1호의 사무는 각 지방자치단체에 공통된 사무로 한다. 1. 시 · 도 가. 행정처리 결과가 2개 이상의 시 · 군 및 자치구에 미치는 광역적 사무 나. 시 · 도 단위로 동일한 기준에 따라 처리되어야 할 성질의 사무 다. 지역적 특성을 살리면서 시 · 도 단위로 통일성을 유지할 필요가 있는 사무 라. 국가와 시 · 군 및 자치구 사이의 연락 · 조정 등의 사무 마. 시 · 군 및 자치구가 독자적으로 처리하기에 부적당한 사무 바. 2개 이상의 시 · 군 및 자치구가 공동으로 설치하는 것이 적당하다고 인정되는 규모의 시설을 설치하고 관리하는 사무	**제10조(인구 50만 이상 시의 사무의 특례)** ① 삭제 〈2008.10.8.〉
2. 시 · 군 및 자치구 제1호에서 시 · 도가 처리하는 것으로 되어 있는 사무를 제외한 사무. 다만, 인구 50만 이상의 시에 대하여는 도가 처리하는 사무의 일부를 직접 처리하게 할 수 있다.	② 법 제10조제1항제2호 단서에 따른 인구 50만 이상의 시가 직접 처리할 수 있는 도의 사무의 예시는 별표 3과 같다. 다만, 다른 법령에 이와 다른 규정이 있는 경우에는 그러하지 아니하다. 〈개정 2008.10.8.〉
② 제1항의 배분기준에 따른 지방자치단체의 종류별 사무는 대통령령으로 정한다.	**제8조(지방자치단체의 종류별 사무)** 법 제10조제2항에 따른 지방자치단체의 종류별 사무의 예시는 별표 1과 같다. 다만, 다른 법령에 이와 다른 규정이 있는 경우에는 그러하지 아니하다.
③ 시 · 도와 시 · 군 및 자치구는 사무를 처리할 때 서로 경합하지 아니하도록 하여야 하며, 사무가 서로 경합하면 시 · 군 및 자치구에서 먼저 처리한다.	
제11조(국가사무의 처리제한) 지방자치단체는 다음 각 호에 해당하는 국가사무를 처리할 수 없다. 다만, 법률에 이와 다른 규정이 있는 경우에는 국가사무를 처리할 수 있다. 1. 외교, 국방, 사법(司法), 국세 등 국가의 존립에 필요한 사무 2. 물가정책, 금융정책, 수출입정책 등 전국적으로 통일적 처리를 요하는 사무 3. 농산물 · 임산물 · 축산물 · 수산물 및 양곡의 수급조절과 수출입 등 전국적 규모의 사무 4. 국가종합경제개발계획, 국가하천, 국유림, 국토종합개발계획, 지정항만, 고속국도 · 일반국도, 국립공원 등 전국적 규모나 이와 비슷한 규모의 사무 5. 근로기준, 측량단위 등 전국적으로 기준을 통일하고 조정하여야 할 필요가 있는 사무	

지방자치법	지방자치법시행령
6. 우편, 철도 등 전국적 규모나 이와 비슷한 규모의 사무 7. 고도의 기술을 요하는 검사·시험·연구, 항공관리, 기상행정, 원자력개발 등 지방자치단체의 기술과 재정능력으로 감당하기 어려운 사무 **제2장 주민** **제12조(주민의 자격)** 지방자치단체의 구역 안에 주소를 가진 자는 그 지방자치단체의 주민이 된다. **제13조(주민의 권리)** ① 주민은 법령으로 정하는 바에 따라 소속 지방자치단체의 재산과 공공시설을 이용할 권리와 그 지방자치단체로부터 균등하게 행정의 혜택을 받을 권리를 가진다. ② 국민인 주민은 법령으로 정하는 바에 따라 그 지방자치단체에서 실시하는 지방의회의원과 지방자치단체의 장의 선거(이하 "지방선거"라 한다)에 참여할 권리를 가진다. **제14조(주민투표)** ① 지방자치단체의 장은 주민에게 과도한 부담을 주거나 중대한 영향을 미치는 지방자치단체의 주요 결정사항 등에 대하여 주민투표에 부칠 수 있다. ② 주민투표의 대상·발의자·발의요건, 그 밖에 투표절차 등에 관한 사항은 따로 법률로 정한다. **제15조(조례의 제정과 개폐 청구)** ① 19세 이상의 주민으로서 다음 각 호의 어느 하나에 해당하는 사람(「공직선거법」 제18조에 따른 선거권이 없는 자는 제외한다. 이하 이 조 및 제16조에서 "19세 이상의 주민"이라 한다)은 시·도와 제175조에 따른 인구 50만 이상 대도시에서는 19세 이상 주민 총수의 100분의 1 이상 70분의 1 이하, 시·군 및 자치구에서는 19세 이상 주민 총수의 50분의 1 이상 20분의 1 이하의 범위에서 지방자치단체의 조례로 정하는 19세 이상의 주민 수 이상의 연서(連署)로 해당 지방자치단체의 장에게 조례를 제정하거나 개정하거나 폐지할 것을 청구할 수 있다. 〈개정 2009.4.1.〉 1. 해당 지방자치단체의 관할 구역에 주민등록이 되어 있는 사람 2. 「재외동포의 출입국과 법적 지위에 관한 법률」 제6조제1항에 따라 해당 지방자치단체의 국내거소신고인명부에 올라 있는 국민 3. 「출입국관리법」 제10조에 따른 영주의 체류자격 취득일 후 3년이 경과한 외국인으로서 같은 법 제34조에 따라 해당 지방자치단체의 외국인등록대장에 올라 있는 사람 ② 다음 각 호의 사항은 제1항에 따른 청구대상에서 제	**제11조(주민 총수의 공표)** 지방자치단체의 장은 법 제15조제1항에 따른 19세 이상의 주민(이하 "19세 이상의 주민"이라 한다)의 총수를 매년 1월 10일까지 공표하여야 한다. [전문개정 2009.8.13.] **제12조(청구인의 대표자 증명 등)** ① 법 제15조제1항에 따라 조례의 제정·개정·폐지를 청구하려는 청구인의 대표자(이하 "대표자"라 한다)는 청구의 취지와 이유 등을 적은 조례의 제정·개정·폐지 청구서(이하 "청구서"라 한다) 및 조례의 제정·개정·폐지안(이하 "주민청구조례안"이라 한다)을 첨부하여 해당 지방자치단체의 장에게 문서로 대표자증명서의 발급을 신청하여야 한다. 〈개정 2011.10.14.〉 ② 제1항에 따른 신청을 받으면 해당 지방자치단체의 장은 대표자가 19세 이상의 주민인 경우에만 대표자 증명서를 발급하고 그 취지를 공표하여야 한다. **제13조(서명 요청 절차)** ① 대표자는 19세 이상의 주민에게 청구인명부에 서명할 것을 요청할 수 있다. 이 경우 대표자는 청구서나 그 사본, 주민청구조례안 또는 그 사본 및 대표자증명서나 그 사본을 첨부하여야 한다. 〈개정 2011.10.14.〉

지방자치법	지방자치법시행령

지방자치법

외한다. 〈신설 2009.4.1.〉

1. 법령을 위반하는 사항
2. 지방세 · 사용료 · 수수료 · 부담금의 부과 · 징수 또는 감면에 관한 사항
3. 행정기구를 설치하거나 변경하는 것에 관한 사항이나 공공시설의 설치를 반대하는 사항

③ 지방자치단체의 19세 이상의 주민이 제1항에 따라 조례를 제정하거나 개정하거나 폐지할 것을 청구하려면 청구인의 대표자를 선정하여 청구인명부에 적어야 하며, 청구인의 대표자는 조례의 제정안 · 개정안 및 폐지안(이하 "주민청구조례안"이라 한다)을 작성하여 제출하여야 한다. 〈개정 2009.4.1., 2011.7.14.〉

④ 지방자치단체의 장은 제1항에 따른 청구를 받으면 청구를 받은 날부터 5일 이내에 그 내용을 공표하여야 하며, 청구를 공표한 날부터 10일간 청구인명부나 그 사본을 공개된 장소에 갖추어두어 열람할 수 있도록 하여야 한다. 〈개정 2009.4.1.〉

⑤ 청구인명부의 서명에 관하여 이의가 있는 자는 제4항에 따른 열람기간에 해당 지방자치단체의 장에게 이의를 신청할 수 있다. 〈개정 2009.4.1.〉

⑥ 지방자치단체의 장은 제5항에 따른 이의신청을 받으면 제4항에 따른 열람기간이 끝난 날부터 14일 이내에 심사 · 결정하되, 그 신청이 이유 있다고 결정한 때에는 청구인명부를 수정하고, 이를 이의신청을 한 자와 제3항에 따른 청구인의 대표자에게 알려야 하며, 그 이의신청이 이유 없다고 결정한 때에는 그 뜻을 즉시 이의신청을 한 자에게 알려야 한다. 〈개정 2009.4.1.〉

⑦ 지방자치단체의 장은 제5항에 따른 이의신청이 없는 경우 또는 제5항에 따라 제기된 모든 이의신청에 대하여 제6항에 따른 결정이 끝난 경우 제1항 및 제2항에 따른 요건을 갖춘 때에는 청구를 수리하고, 그러하지 아니한 때에는 청구를 각하하되, 수리 또는 각하 사실을 청구인의 대표자에게 알려야 한다. 〈개정 2009.4.1.〉

⑧ 지방자치단체의 장은 제7항에 따라 청구를 각하하려면 청구인의 대표자에게 의견을 제출할 기회를 주어야 한다. 〈개정 2009.4.1.〉

⑨ 지방자치단체의 장은 제7항에 따라 청구를 수리한 날부터 60일 이내에 주민청구조례안을 지방의회에 부의하여야 하며, 그 결과를 청구인의 대표자에게 알려야 한다. 〈개정 2009.4.1., 2011.7.14.〉

⑩ 제1항에 따른 19세 이상의 주민 총수는 전년도 12월 31일 현재의 주민등록표 및 재외국민국내거소신고표, 외국인등록표에 의하여 산정한다. 〈개정 2009.4.1.〉

지방자치법시행령

② 대표자는 19세 이상의 주민에게 제1항에 따른 서명요청권을 위임할 수 있으며, 이를 위임한 경우에는 수임자(受任者)의 성명 및 위임 연월일을 해당 지방자치단체의 장에게 신고하여야 한다. 이 경우 지방자치단체의 장은 즉시 위임신고증을 발급하여야 한다.

③ 제2항에 따른 수임자는 19세 이상의 주민에게 청구인명부에 서명할 것을 요청할 수 있다. 이 경우 수임사는 청구서나 그 사본, 주민청구조례안 또는 그 사본, 대표자증명서나 그 사본 및 위임신고증을 첨부하여야 한다. 〈개정 2011.10.14.〉

④ 제1항과 제3항에 따른 서명은 제12조제2항에 따른 공표가 있은 날부터 특별시 · 광역시 · 특별자치시 · 도 및 특별자치도(이하 "시 · 도"라 한다)의 경우에는 6개월 이내, 시 · 군 · 자치구의 경우에는 3개월 이내에 요청하여야 한다. 다만, 서명 요청 기간을 계산할 때에 「공직선거법」 제33조에 따른 선거기간은 이를 산입하지 아니한다. 〈개정 2011.10.14.〉

⑤ 누구든지 「공직선거법」 제33조에 따른 선거기간 중에는 제1항과 제3항에 따라 서명을 요청할 수 없다.

제14조(청구인명부의 작성 등) ① 청구인명부에 서명하려는 19세 이상의 주민은 청구인명부에 다음 각 호의 사항을 적고 서명하거나 도장을 찍어야 한다. 〈개정 2009.8.13.〉

1. 성명
2. 주민등록번호 · 국내거소신고번호 또는 외국인등록번호
3. 주소 · 거소 또는 체류지
4. 서명 연월일

② 서명을 한 자가 그 서명을 취소하려면 제15조제1항에 따라 대표자가 해당 지방자치단체의 장에게 청구인명부를 제출하기 전에 취소하여야 한다. 이 경우 대표자는 즉시 청구인명부에서 그 서명을 삭제하여야 한다.

③ 청구인명부는 시 · 군 · 자치구의 경우에는 읍 · 면 · 동별로 작성하고, 시 · 도의 경우에는 시 · 군 · 자치구별로 읍 · 면 · 동으로 구분하여 작성하여야 한다.

[제목개정 2009.8.13.]

제15조(청구인명부의 제출) ① 대표자는 청구인명부에 서명한 19세 이상의 주민의 수가 법 제15조제1항에 따른 주민 수 이상이 되면 제13조제4항에 따른 서명 요청 기간이 지난 날부터 시 · 도의 경우에는 10일 이내에, 시 · 군 · 자치구의 경우에는 5일 이내에 해당 지방자치단체의 장에게 청구인명부를 제출하여야 한다.

② 제1항에 따라 청구인명부가 제출되면 지방자치단체의

지방자치법	지방자치법시행령
⑪ 조례의 제정·개정 및 폐지 청구에 관하여 그 밖에 필요한 사항은 대통령령으로 정한다. 〈개정 2009.4.1.〉	장은 대표자의 성명·주소, 청구취지 및 이유, 연서주민 수, 청구인명부 열람기간·장소 및 이의신청 방법 등을 공표하여야 한다. **제16조(청구인명부의 열람 및 이의신청 등)** ① 지방자치단체의 장은 시·도의 경우에는 그 지방자치단체와 시·군·자치구별로, 시·군·자치구의 경우에는 그 지방자치단체와 읍·면·동별로 청구인명부나 그 사본을 공개된 장소에 갖추어 두어 열람하게 하여야 한다. ② 지방자치단체의 장은 제1항에 따라 청구인명부나 그 사본을 열람하게 하는 경우에는 개인의 주민등록번호·국내거소신고번호 또는 외국인등록번호가 나타나지 아니하도록 필요한 조치를 하여야 한다. 〈개정 2009.8.13.〉 ③ 법 제15조제5항에 따라 이의신청을 하려면 그 사유를 적은 서면으로 하여야 한다. 〈개정 2009.8.13.〉 ④ 지방자치단체의 장은 청구인명부에 적힌 서명이 정당한 서명자가 아니거나 누구의 서명인가를 확인하기 어려우면 제28조에 따른 조례·규칙심의회(이하 "조례·규칙심의회"라 한다)의 심의를 거쳐 서명을 무효로 결정하고 청구인명부를 수정한 후 그 사실을 즉시 대표자에게 알려야 한다. ⑤ 지방자치단체의 장은 법 제15조제6항에 따라 이의신청에 대한 심사·결정을 하려는 경우에는 미리 조례·규칙심의회의 심의를 거쳐야 한다. 〈개정 2009.8.13.〉 ⑥ 지방자치단체의 장은 제4항과 제5항에 따른 결정으로 청구인명부에 서명한 19세 이상의 주민수가 법 제15조제1항에 따른 주민 수에 미치지 못할 때에는 대표자로 하여금 시·도의 경우에는 5일 이내에, 시·군·자치구의 경우에는 3일 이내에 이를 보정하게 할 수 있다. ⑦ 지방자치단체의 장은 제6항에 따라 보정된 청구인명부가 제출되면 열람기간·장소 및 이의신청 방법 등을 공표하여야 한다. 이 경우 보정된 청구인명부의 열람 및 이의신청 등의 절차에 관하여는 제1항부터 제5항까지의 규정을 적용한다. **제17조(청구요건 심사)** ① 지방자치단체의 장은 법 제15조제7항에 따라 청구를 수리하거나 각하하려는 경우에는 미리 조례·규칙심의회의 심의를 거쳐야 한다. 〈개정 2009.8.13.〉 ② 법 제15조제8항에 따른 청구인 대표자의 의견 제출에 관하여는 「행정절차법」 제27조를 준용한다. 〈개정 2009.8.13.〉
제15조의2(주민청구조례안의 심사절차) ① 지방자치단체의 장은 제15조에 따라 청구된 주민청구조례안에 대하여 의견이 있으면 제15조제9항에 따라 주민청구조례안을 지방	**제18조** 삭제 〈2011.10.14.〉

지방자치법	지방자치법시행령
의회에 부의할 때 그 의견을 첨부할 수 있다. ② 지방의회는 심사 안건으로 부쳐진 주민청구조례안을 의결하기 전에 청구인의 대표자를 회의에 참석시켜 그 청구취지(청구인의 대표자와의 질의·답변을 포함한다)를 들을 수 있다. ③ 제2항에 따른 주민청구조례안의 심사절차에 관하여 필요한 사항은 지방의회 회의규칙으로 정한다. [본조신설 2011.7.14.] **제16조(주민의 감사청구)** ① 지방자치단체의 19세 이상의 주민은 시·도는 500명, 제175조에 따른 인구 50만 이상 대도시는 300명, 그 밖의 시·군 및 자치구는 200명을 넘지 아니하는 범위에서 그 지방자치단체의 조례로 정하는 19세 이상의 주민 수 이상의 연서(連署)로, 시·도에서는 주무부장관에게, 시·군 및 자치구에서는 시·도지사에게 그 지방자치단체와 그 장의 권한에 속하는 사무의 처리가 법령에 위반되거나 공익을 현저히 해친다고 인정되면 감사를 청구할 수 있다. 다만, 다음 각 호의 어느 하나에 해당하는 사항은 감사청구의 대상에서 제외한다. 1. 수사나 재판에 관여하게 되는 사항 2. 개인의 사생활을 침해할 우려가 있는 사항 3. 다른 기관에서 감사하였거나 감사 중인 사항. 다만, 다른 기관에서 감사한 사항이라도 새로운 사항이 발견되거나 중요 사항이 감사에서 누락된 경우와 제17조제1항에 따라 주민소송의 대상이 되는 경우에는 그러하지 아니하다. 4. 동일한 사항에 대하여 제17조제2항 각 호의 어느 하나에 해당하는 소송이 진행 중이거나 그 판결이 확정된 사항 ② 제1항에 따른 청구는 사무처리가 있었던 날이나 끝난 날부터 2년이 지나면 제기할 수 없다. ③ 주무부장관이나 시·도지사는 감사청구를 수리한 날부터 60일 이내에 감사청구된 사항에 대하여 감사를 끝내야 하며, 감사결과를 청구인의 대표자와 해당 지방자치단체의 장에게 서면으로 알리고, 공표하여야 한다. 다만, 그 기간에 감사를 끝내기가 어려운 정당한 사유가 있으면 그 기간을 연장할 수 있다. 이 경우 이를 미리 청구인의 대표자와 해당 지방자치단체의 장에게 알리고, 공표하여야 한다. ④ 주무부장관이나 시·도지사는 주민이 감사를 청구한 사항이 다른 기관에서 이미 감사한 사항이거나 감사 중인 사항이면 그 기관에서 실시한 감사결과 또는 감사 중인 사실과 감사가 끝난 후 그 결과를 알리겠다는 사	**제19조(주무부장관 등)** ① 지방자치단체의 19세 이상의 주민이 법 제16조제1항에 따라 감사를 청구하는 경우 그 청구 내용이 둘 이상의 부처와 관련되거나 주무부장관이 불분명한 경우에는 행정자치부장관에게 감사를 청구할 수 있다. 〈개정 2008.2.29., 2013.3.23., 2014.11.19.〉 ② 제1항에 따른 청구를 받으면 행정자치부장관은 관계 부처와 협의를 거쳐 처리 주무부처를 지정하고 그 부처로 하여금 관계 부처 간 협의를 통하여 주민 감사청구를 일괄 처리하도록 요청할 수 있다. 〈개정 2008.2.29., 2013.3.23., 2014.11.19.〉 **제20조(주민의 감사청구 절차)** ① 19세 이상의 주민의 감사청구에 관하여는 제12조제1항, 제13조제1항부터 제3항까지 및 제5항, 제14조, 제15조제2항, 제16조제2항부터 제5항까지 및 제7항, 제17조제1항을 준용한다. 이 경우 "조례의 제정이나 개폐"는 "감사"로, "지방자치단체의 장"은 "주무부장관이나 시·도지사"로, "조례·규칙심의회"는 "감사청구심의회"로 본다. ② 제1항에 따라 준용하는 제12조제1항에 따른 신청을 받으면 주무부장관이나 시·도지사는 대표자가 19세 이상의 주민인 경우에만 대표자증명서를 발급하여야 한다. ③ 제1항에 따라 준용하는 제13조제1항 및 제3항에 따른 서명은 제2항에 따른 증명서를 발급한 날부터 시·도의 경우에는 6개월 이내에, 시·군·자치구의 경우에는 3개월 이내에 요청하여야 한다. 이 경우 서명 요청 기간을 계산할 때에 「공직선거법」 제33조에 따른 선거기간은 이를 산입하지 아니한다. ④ 대표자는 청구인명부에 서명한 19세 이상의 주민 수가 법 제16조에 따른 주민 수 이상이 된 경우에는 제3항에 따른 서명 요청 기간이 지난 날부터 시·도의 경우에는 10일 이내에 주무부장관에게, 시·군·자치구의 경우에는 5일 이내에 시·도지사에게 청구인명부를 제출하여야 한다. ⑤ 주무부장관은 해당 부처와 시·도 및 시·군·자치구별로, 시·도지사는 해당 시·도와 시·군·자치구 및

지방자치법	지방자치법시행령
실을 청구인의 대표자와 해당 기관에 지체 없이 알려야 한다. 〈개정 2014.1.21.〉 ⑤ 주무부장관이나 시·도지사는 주민 감사청구를 처리(각하를 포함한다)할 때 청구인의 대표자에게 반드시 증거 제출 및 의견 진술의 기회를 주어야 한다. 〈개정 2011.7.14.〉 ⑥ 주무부장관이나 시·도지사는 제3항에 따른 감사결과에 따라 기간을 정하여 해당 지방자치단체의 장에게 필요한 조치를 요구할 수 있다. 이 경우 그 지방자치단체의 장은 이를 성실히 이행하여야 하고 그 조치결과를 지방의회와 주무부장관 또는 시·도지사에게 보고하여야 한다. ⑦ 주무부장관이나 시·도지사는 제6항에 따른 조치요구 내용과 지방자치단체의 장의 조치결과를 청구인의 대표자에게 서면으로 알리고, 공표하여야 한다. ⑧ 그 밖에 19세 이상의 주민의 감사청구에 관하여 필요한 사항은 대통령령으로 정한다. ⑨ 19세 이상의 주민의 감사청구에 관하여는 제15조제3항부터 제7항까지의 규정을 준용한다. 이 경우 "조례를 제정하거나 개정하거나 폐지할 것을"은 "감사를"로, "지방자치단체의 장"은 "주무부장관이나 시·도지사"로 본다. 〈개정 2009.4.1.〉	읍·면·동별로 청구인명부나 그 사본을 공개된 장소에 갖추어 두고 열람하게 하여야 한다. ⑥ 주무부장관이나 시·도지사는 제1항에 따라 준용하는 제16조제4항 및 제5항에 따른 결정으로 청구인명부에 서명한 19세 이상의 주민 수가 법 제16조에 따른 주민 수에 못 미칠 때에는 대표자로 하여금 시·도의 경우에는 5일 이내에, 시·군·자치구의 경우에는 3일 이내에 이를 보정하게 할 수 있다. **제21조(감사 절차 등)** 주무부장관이나 시·도지사가 법 제16조제3항 및 제6항에 따른 감사와 감사결과에 따른 필요 조치를 요구하는 경우에는 「지방자치단체에 대한 행정감사규정」에서 정하는 바에 따라야 한다. 〈개정 2010.10.13.〉 **제22조(감사결과의 공표)** 주무부장관이나 시·도지사는 법 제16조제3항에 따른 감사가 끝나면 지체 없이 감사 실시 개요와 청구 대상 사무 처리의 적법 여부에 대한 감사결과를 공표하여야 한다. **제23조(부처 간 협조)** ① 주무부장관이나 시·도지사는 주민 감사청구를 처리할 때에 필요하면 관계 부처의 장이나 지방자치단체의 장에게 자료 요구나 관계 공무원의 지원 등 협조 요청을 할 수 있다. ② 주무부장관이나 시·도지사는 다른 기관에서 이미 감사한 사항이나 감사 중인 사항에 대하여 감사가 청구된 경우에는 법 제16조제4항에 따른 감사 업무의 처리와 관련하여 그 감사기관에 감사 진행 여부를 확인할 수 있으며, 감사가 끝나면 그 감사결과에 대하여 자료의 제출 등 필요한 협조를 요청할 수 있다. ③ 제1항과 제2항에 따른 협조 요청을 받은 관계 부처의 장, 지방자치단체의 장 및 감사기관은 정당한 사유가 없으면 협조하여야 한다. **제24조(공표 방법 등)** 법 제16조제7항, 이 영 제11조, 제12조제2항, 제15조제2항, 제16조제7항 및 제22조에 따른 관련 사항의 공표는 관보, 지방자치단체의 공보, 게시판·전산망 또는 일간신문에 게시하거나 게재하는 방법으로 한다. **제25조(보고 등)** 주무부장관이나 시·도지사는 다음 각 호의 어느 하나에 해당하는 경우에는 행정자치부장관에게 그 사실을 통보하거나 보고하여야 한다. 〈개정 2008.2.29., 2013.3.23., 2014.11.19.〉 1. 법 제16조제7항, 이 영 제12조제2항, 제15조제2항, 제16조제7항 및 제22조에 따른 공표를 한 경우 2. 법 제16조제6항에 따라 감사결과에 따른 필요 조치를 요구하고 그 조치결과를 보고받은 경우

지방자치법	지방자치법시행령
	제26조(감사청구심의회) ① 지방자치단체의 19세 이상의 주민의 감사청구에 있어서 제5항에 규정된 사항을 심의·의결하기 위하여 주무부장관이나 시·도지사의 소속으로 감사청구심의회(이하 이 조에서 "심의회"라 한다)를 둔다. ② 심의회는 위원장과 부위원장 각 1명을 포함하여 9명 이상 13명 이하의 위원으로 구성하되, 제3항제2호 각 목에 따라 위촉되는 위원이 2분의 1 이상이어야 한다. ③ 심의회의 위원장과 부위원장은 위원 중에서 호선(互選)하고, 위원은 다음 각 호의 자가 된다. 1. 주무부장관이나 시·도지사가 소속 공무원 중에서 지명하는 자 2. 다음 각 목의 어느 하나에 해당하는 자 중에서 주무부장관이나 시·도지사가 위촉하는 자 가. 법관·검사 또는 변호사 자격이 있는 자 나. 공인회계사·기술사·건축사 또는 세무사 자격이 있는 자 다. 시민단체(「비영리민간단체 지원법」 제2조에 따른 비영리민간단체를 말한다)에서 추천한 자 라. 대학에서 법학·회계학·토목공학 또는 건축공학을 담당하는 부교수 이상으로 재직 중인 자 마. 그 밖에 감사 업무에 관하여 학식과 경험이 풍부한 자 ④ 주무부장관이나 시·도지사가 위촉하는 위원의 임기는 2년으로 한다. 〈개정 2011.10.14.〉 ⑤ 심의회에서 심의·의결할 사항은 다음 각 호와 같다. 1. 주민 감사청구 요건의 심사 2. 주민 감사청구인명부에 적힌 유효 서명의 확인 3. 청구인명부의 서명에 관한 이의신청의 심사·결정 4. 그 밖에 주무부장관이나 시·도지사가 주민 감사청구와 관련하여 회의에 부치는 사항 ⑥ 심의회의 회의는 재적위원 과반수의 출석과 출석위원 과반수의 찬성으로 의결한다. ⑦ 위원장은 심의회의 회의에 부쳐진 안건을 효율적으로 처리하기 위하여 필요하다고 인정되면 관계 공무원과 감사청구인, 그 밖의 이해관계인을 회의에 참석시켜 의견을 진술하게 하거나 필요한 자료의 제출을 요구할 수 있다. ⑧ 이 영에 규정된 것 외에 심의회의 구성 및 운영 등에 관하여 필요한 사항은 주무부장관 소속인 경우에는 주무부장관이, 시·도지사 소속인 경우에는 해당 시·도의 조례로 정한다. **제27조(청구서 등의 서식)** 제12조에 따른 청구서 및 대표자

지방자치법	지방자치법시행령
	증명서, 제13조에 따른 위임신고서 및 신고증, 제14조에 따른 청구인명부, 제16조에 따른 이의신청서 및 제20조에 따른 대표자증명서의 서식은 행정자치부령으로 정한다. 〈개정 2008.2.29., 2013.3.23., 2014.11.19.〉
제17조(주민소송) ① 제16조제1항에 따라 공금의 지출에 관한 사항, 재산의 취득·관리·처분에 관한 사항, 해당 지방자치단체를 당사자로 하는 매매·임차·도급 계약이나 그 밖의 계약의 체결·이행에 관한 사항 또는 지방세·사용료·수수료·과태료 등 공금의 부과·징수를 게을리한 사항을 감사청구한 주민은 다음 각 호의 어느 하나에 해당하는 경우에 그 감사청구한 사항과 관련이 있는 위법한 행위나 업무를 게을리 한 사실에 대하여 해당 지방자치단체의 장(해당 사항의 사무처리에 관한 권한을 소속 기관의 장에게 위임한 경우에는 그 소속 기관의 장을 말한다. 이하 이 조에서 같다)을 상대방으로 하여 소송을 제기할 수 있다. 1. 주무부장관이나 시·도지사가 감사청구를 수리한 날부터 60일(제16조제3항 단서에 따라 감사기간이 연장된 경우에는 연장기간이 끝난 날을 말한다)이 지나도 감사를 끝내지 아니한 경우 2. 제16조제3항 및 제4항에 따른 감사결과 또는 제16조제6항에 따른 조치요구에 불복하는 경우 3. 제16조제6항에 따른 주무부장관이나 시·도지사의 조치요구를 지방자치단체의 장이 이행하지 아니한 경우 4. 제16조제6항에 따른 지방자치단체의 장의 이행 조치에 불복하는 경우 ② 제1항에 따라 주민이 제기할 수 있는 소송은 다음 각 호와 같다. 1. 해당 행위를 계속하면 회복하기 곤란한 손해를 발생시킬 우려가 있는 경우에는 그 행위의 전부나 일부를 중지할 것을 요구하는 소송 2. 행정처분인 해당 행위의 취소 또는 변경을 요구하거나 그 행위의 효력 유무 또는 존재 여부의 확인을 요구하는 소송 3. 게을리한 사실의 위법 확인을 요구하는 소송 4. 해당 지방자치단체의 장 및 직원, 지방의회의원, 해당 행위와 관련이 있는 상대방에게 손해배상청구 또는 부당이득반환청구를 할 것을 요구하는 소송. 다만, 그 지방자치단체의 직원이 「지방재정법」 제94조나 「회계관계직원 등의 책임에 관한 법률」 제4조에 따른 변상책임을 져야 하는 경우에는 변상명령을 할 것을 요구하는 소송을 말한다.	

지방자치법	지방자치법시행령
③ 제2항제1호의 중지청구소송은 해당 행위를 중지할 경우 생명이나 신체에 중대한 위해가 생길 우려가 있거나 그 밖에 공공복리를 현저하게 저해할 우려가 있으면 제기할 수 없다. ④ 제2항에 따른 소송은 다음 각 호의 어느 하나에 해당하는 날부터 90일 이내에 제기하여야 한다. 1. 제1항제1호의 경우 : 해당 60일이 끝난 날(제16조제3항 단서에 따라 감사기간이 연장된 경우에는 연장기간이 끝난 날을 말한다) 2. 제1항제2호의 경우 : 해당 감사결과나 조치요구내용에 대한 통지를 받은 날 3. 제1항제3호의 경우 : 해당 조치를 요구할 때에 지정한 처리기간이 끝난 날 4. 제1항제4호의 경우 : 해당 이행 조치결과에 대한 통지를 받은 날 ⑤ 제2항 각 호의 소송이 진행 중이면 다른 주민은 같은 사항에 대하여 별도의 소송을 제기할 수 없다. ⑥ 소송의 계속(繫屬) 중에 소송을 제기한 주민이 사망하거나 제12조에 따른 주민의 자격을 잃으면 소송절차는 중단된다. 소송대리인이 있는 경우에도 또한 같다. ⑦ 감사청구에 연서한 다른 주민은 제6항에 따른 사유가 발생한 사실을 안 날부터 6개월 이내에 소송절차를 수계(受繼)할 수 있다. 이 기간에 수계절차가 이루어지지 아니할 경우 그 소송절차는 종료된다. ⑧ 법원은 제6항에 따라 소송이 중단되면 감사청구에 연서한 다른 주민에게 소송절차를 중단한 사유와 소송절차 수계방법을 지체 없이 알려야 한다. 이 경우 법원은 감사청구에 적힌 주소로 통지서를 우편으로 보낼 수 있고, 우편물이 통상 도달할 수 있을 때에 감사청구에 연서한 다른 주민은 제6항의 사유가 발생한 사실을 안 것으로 본다. ⑨ 제2항에 따른 소송은 해당 지방자치단체의 사무소 소재지를 관할하는 행정법원(행정법원이 설치되지 아니한 지역에서는 행정법원의 권한에 속하는 사건을 관할하는 지방법원본원을 말한다)의 관할로 한다. ⑩ 해당 지방자치단체의 장은 제2항제1호부터 제3호까지의 규정에 따른 소송이 제기된 경우 그 소송 결과에 따라 권리나 이익의 침해를 받을 제3자가 있으면 그 제3자에 대하여, 제2항제4호에 따른 소송이 제기된 경우 그 직원, 지방의회의원 또는 상대방에 대하여 소송고지를 하여 줄 것을 법원에 신청하여야 한다. ⑪ 제2항제4호에 따른 소송이 제기된 경우에 지방자치단체의 장이 한 소송고지신청은 그 소송에 관한 손해배상	

지방자치법	지방자치법시행령
청구권 또는 부당이득반환청구권의 시효중단에 관하여 「민법」 제168조제1호에 따른 청구로 본다. ⑫ 제11항에 따른 시효중단의 효력은 그 소송이 끝난 날부터 6개월 이내에 재판상 청구, 파산절차참가, 압류 또는 가압류, 가처분을 하지 아니하면 효력이 생기지 아니한다. ⑬ 국가, 상급 지방자치단체 및 감사청구에 연서한 다른 주민과 제10항에 따라 소송고지를 받은 자는 법원에서 계속 중인 소송에 참가할 수 있다. ⑭ 제2항에 따른 소송에서 당사자는 법원의 허가를 받지 아니하고는 소의 취하, 소송의 화해 또는 청구의 포기를 할 수 없다. 이 경우 법원은 허가하기 전에 감사청구에 연서한 다른 주민에게 이를 알려야 하며, 알린 때부터 1개월 이내에 허가 여부를 결정하여야 한다. 위 통지에 관하여는 제8항 후단을 준용한다. ⑮ 제2항에 따른 소송은 「민사소송 등 인지법」 제2조제4항에 따른 소정의 비재산권을 목적으로 하는 소송으로 본다. 〈16〉 소송을 제기한 주민은 승소(일부 승소를 포함한다)한 경우 그 지방자치단체에 대하여 변호사 보수 등의 소송비용, 감사청구절차의 진행 등을 위하여 사용된 여비, 그 밖에 실제로 든 비용을 보상할 것을 청구할 수 있다. 이 경우 지방자치단체는 청구된 금액의 범위에서 그 소송을 진행하는 데에 객관적으로 사용된 것으로 인정되는 금액을 지급하여야 한다. 〈17〉 제1항에 따른 소송에 관하여는 이 법에 규정된 것 외에는 「행정소송법」에 따른다. **제18조(손해배상금 등의 지불청구 등)** ① 지방자치단체의 장(해당 사항의 사무처리에 관한 권한을 소속 기관의 장에게 위임한 경우에는 그 소속 기관의 장을 말한다. 이하 이 조에서 같다)은 제17조제2항제4호 본문에 따른 소송에 대하여 손해배상청구나 부당이득반환청구를 명하는 판결이 확정되면 그 판결이 확정된 날부터 60일 이내를 기한으로 하여 당사자에게 그 판결에 따라 결정된 손해배상금이나 부당이득반환금의 지불을 청구하여야 한다. 다만, 손해배상금이나 부당이득반환금을 지불하여야 할 당사자가 지방자치단체의 장이면 지방의회 의장이 지불을 청구하여야 한다. ② 지방자치단체는 제1항에 따라 지불청구를 받은 자가 같은 항의 기한 내에 손해배상금이나 부당이득반환금을 지불하지 아니하면 손해배상·부당이득반환의 청구를 목적으로 하는 소송을 제기하여야 한다. 이 경우 그 소송의 상대방이 지방자치단체의 장이면 그 지방의회 의장	

지방자치법

이 그 지방자치단체를 대표한다.

제19조(변상명령 등) ① 지방자치단체의 장은 제17조제2항제4호 단서에 따른 소송에 대하여 변상할 것을 명하는 판결이 확정되면 그 판결이 확정된 날부터 60일 이내를 기한으로 하여 당사자에게 그 판결에 따라 결정된 금액을 변상할 것을 명령하여야 한다.

② 제1항에 따라 변상할 것을 명령받은 자가 같은 항의 기한 내에 변상금을 지불하지 아니하면 지방세 체납처분의 예에 따라 징수할 수 있다.

③ 제1항에 따라 변상할 것을 명령받은 자는 이에 불복하는 경우 행정소송을 제기할 수 있다. 다만, 「행정심판법」에 따른 행정심판청구는 제기할 수 없다.

제20조(주민소환) ① 주민은 그 지방자치단체의 장 및 지방의회의원(비례대표 지방의회의원은 제외한다)을 소환할 권리를 가진다.

② 주민소환의 투표 청구권자 · 청구요건 · 절차 및 효력 등에 관하여는 따로 법률로 정한다.

제21조(주민의 의무) 주민은 법령으로 정하는 바에 따라 소속 지방자치단체의 비용을 분담하여야 하는 의무를 진다.

제3장 조례와 규칙

제22조(조례) 지방자치단체는 법령의 범위 안에서 그 사무에 관하여 조례를 제정할 수 있다. 다만, 주민의 권리 제한 또는 의무 부과에 관한 사항이나 벌칙을 정할 때에는 법률의 위임이 있어야 한다.

제23조(규칙) 지방자치단체의 장은 법령이나 조례가 위임한 범위에서 그 권한에 속하는 사무에 관하여 규칙을 제정할 수 있다.

제24조(조례와 규칙의 입법한계) 시 · 군 및 자치구의 조례나 규칙은 시 · 도의 조례나 규칙을 위반하여서는 아니 된다.

제25조(지방자치단체를 신설하거나 격을 변경할 때의 조례 · 규칙의 시행) 지방자치단체를 나누거나 합하여 새로운 지방자치단체가 설치되거나 지방자치단체의 격이 변경되면 그 지방자치단체의 장은 필요한 사항에 관하여 새로운 조례나 규칙이 제정 · 시행될 때까지 종래 그 지역에 시행되던 조례나 규칙을 계속 시행할 수 있다.

지방자치법시행령

제2장 조례와 규칙

제28조(조례 · 규칙심의회) ① 지방자치단체의 장이 조례 · 규칙의 제정 · 개정 · 폐지 및 공포 등을 하려는 경우에 이를 심의 · 의결하기 위하여 해당 지방자치단체의 장 소속으로 조례 · 규칙심의회(이하 이 조에서 "심의회"라 한다)를 둔다.

② 심의회는 다음 각 호의 사항을 심의 · 의결한다.

1. 지방자치단체의 장이 지방의회에 제출하는 조례안
2. 지방의회의 의결을 거친 조례공포안. 다만, 지방자치단체의 장이 지방의회에 제출하여 원안 의결된 조례공포안을 제외한다.
3. 주민의 조례 제정 · 개정 · 폐지 청구를 받은 경우 유효서명의 확인, 이의신청 및 청구요건에 관한 사항
4. 지방자치단체의 장이 제정 · 개정 · 폐지하려는 규칙안
5. 예산안 · 결산안, 그 밖에 지방의회에 제출하는 안건 중 지방자치단체의 장이 심의회의 심의 · 의결이 필요하다고 인정하는 안건

③ 심의회의 의장은 지방자치단체의 장이 되고, 부의장은 지방자치단체의 부지사 · 부시장 · 부군수 · 부구청장이 되며, 위원은 실장 · 국장 또는 실장 · 과장이 된다. 다만, 제2항제3호의 사항을 심의 · 의결하는 경우에는 지방자치에 관하여 경험과 학식이 풍부한 변호사 · 대학교수

지방자치법	지방자치법시행령
	및 시민단체대표 등으로서 그 지방자치단체의 장이 위촉하는 위원이 5명 이상 포함되어야 한다. ④ 심의회의 회의는 의장과 부의장을 포함한 재적위원 과반수의 찬성으로 의결한다. ⑤ 이 영에 규정된 것 외에 심의회의 운영에 관하여 필요한 사항은 지방자치단체의 규칙으로 정한다. 〈개정 2008.2.29., 2009.8.13.〉
제26조(조례와 규칙의 제정 절차 등) ① 조례안이 지방의회에서 의결되면 의장은 의결된 날부터 5일 이내에 그 지방자치단체의 장에게 이를 이송하여야 한다. ② 지방자치단체의 장은 제1항의 조례안을 이송받으면 20일 이내에 공포하여야 한다. ③ 지방자치단체의 장은 이송받은 조례안에 대하여 이의가 있으면 제2항의 기간에 이유를 붙여 지방의회로 환부(還付)하고, 재의(再議)를 요구할 수 있다. 이 경우 지방자치단체의 장은 조례안의 일부에 대하여 또는 조례안을 수정하여 재의를 요구할 수 없다. ④ 제3항에 따른 재의요구를 받은 지방의회가 재의에 부쳐 재적의원 과반수의 출석과 출석의원 3분의 2 이상의 찬성으로 전과 같은 의결을 하면 그 조례안은 조례로서 확정된다. ⑤ 지방자치단체의 장이 제2항의 기간에 공포하지 아니하거나 재의요구를 하지 아니할 때에도 그 조례안은 조례로서 확정된다. ⑥ 지방자치단체의 장은 제4항과 제5항에 따라 확정된 조례를 지체 없이 공포하여야 한다. 제5항에 따라 조례가 확정된 후 또는 제4항에 따른 확정조례가 지방자치단체의 장에게 이송된 후 5일 이내에 지방자치단체의 장이 공포하지 아니하면 지방의회의 의장이 이를 공포한다. ⑦ 제2항 및 제6항 전단에 따라 지방자치단체의 장이 조례를 공포한 때에는 즉시 해당 지방의회의 의장에게 통지하여야 하며, 제6항 후단에 따라 지방의회의 의장이 조례를 공포한 때에는 이를 즉시 해당 지방자치단체의 장에게 통지하여야 한다. 〈신설 2011.7.14.〉 ⑧ 조례와 규칙은 특별한 규정이 없으면 공포한 날부터 20일이 지나면 효력을 발생한다. 〈개정 2011.7.14.〉 ⑨ 조례와 규칙의 공포에 관하여 필요한 사항은 대통령령으로 정한다. 〈개정 2011.7.14.〉	**제29조(조례와 규칙의 공포 절차)** ① 조례와 규칙의 공포문에는 전문(全文)을 붙여야 한다. ② 제1항에 따른 조례와 규칙의 공포문 전문에는 제정·개정 및 폐지하는 뜻을 적어 지방자치단체의 장이 서명한 후 직인을 찍고 그 일자를 기록한다. 이 경우 조례 공포문 전문에는 지방의회의 의결을 얻은 사실을 적어야 한다. ③ 법 제26조제6항 후단에 따라 지방의회의 의장이 공포하는 조례의 공포문 전문에는 지방의회의 의결을 얻은 사실과 법 제26조제6항 후단에 따라 공포한다는 사실을 적고, 지방의회의 의장이 서명한 후 직인을 찍고 그 일자를 기록한다. **제30조(조례와 규칙의 공포 방법 등)** ① 법 제26조에 따른 조례와 규칙의 공포는 해당 지방자치단체의 공보에 게재하는 방법으로 한다. 다만, 법 제26조제6항에 따라 지방의회의 의장이 공포하는 경우에는 공보나 일간신문에 게재하거나 게시판에 게시한다. ② 지방자치단체나 그 장이 공고하거나 고시하는 경우에는 제1항 본문을 준용하되, 법 제133조제2항에 따른 예산의 고시에 관하여는 제1항과 제29조제1항 및 제2항을 준용한다. **제31조(공포일)** 제30조에 따른 조례와 규칙의 공포일과 공고·고시일은 그 조례와 규칙 등을 게재한 공보나 신문이 발행된 날이나 게시판에 게시된 날로 한다. **제32조(운영 규정)** 법과 이 영에 규정된 것 외에 조례와 규칙의 공포 등에 관하여 필요한 사항은 해당 지방자치단체의 조례로 정한다.
제27조(조례위반에 대한 과태료) ① 지방자치단체는 조례를 위반한 행위에 대하여 조례로써 1천만원 이하의 과태료를 정할 수 있다. ② 제1항에 따른 과태료는 해당 지방자치단체의 장이나	

지방자치법	지방자치법시행령
그 관할 구역 안의 지방자치단체의 장이 부과·징수한다. 〈개정 2009.4.1.〉 ③ 삭제 〈2009.4.1.〉 ④ 삭제 〈2009.4.1.〉 ⑤ 삭제 〈2009.4.1.〉 **제28조(보고)** 조례나 규칙을 제정하거나 개정하거나 폐지할 경우 조례는 지방의회에서 이송된 날부터 5일 이내에, 규칙은 공포예정 15일 전에 시·도지사는 행정자치부장관에게, 시장·군수 및 자치구의 구청장은 시·도지사에게 그 전문(全文)을 첨부하여 각각 보고하여야 하며, 보고를 받은 행정자치부장관은 이를 관계 중앙행정기관의 장에게 통보하여야 한다. 〈개정 2008.2.29., 2013.3.23., 2014.11.19.〉	
제4장 선거 **제29조(지방선거에 관한 법률의 제정)** 지방선거에 관하여 이 법에서 정한 것 외에 필요한 사항은 따로 법률로 정한다.	
제5장 지방의회 **제1절 조직** **제30조(의회의 설치)** 지방자치단체에 주민의 대의기관인 의회를 둔다. 〈개정 2014.1.21.〉 **제31조(지방의회의원의 선거)** 지방의회의원은 주민이 보통·평등·직접·비밀선거에 따라 선출한다.	**제3장 지방의회**
제2절 지방의회의원 **제32조(의원의 임기)** 지방의회의원의 임기는 4년으로 한다. **제33조(의원의 의정활동비 등)** ① 지방의회의원에게 다음 각 호의 비용을 지급한다. 1. 의정 자료를 수집하고 연구하거나 이를 위한 보조 활동에 사용되는 비용을 보전(補塡)하기 위하여 매월 지급하는 의정활동비 2. 본회의 의결, 위원회의 의결 또는 의장의 명에 따라 공무로 여행할 때 지급하는 여비	
3. 지방의회의원의 직무활동에 대하여 지급하는 월정수당 ② 제1항 각 호에 규정된 비용의 지급기준은 대통령령으로 정하는 범위에서 해당 지방자치단체의 의정비심의위원회에서 결정하는 금액 이내로 하여 지방자치단체의 조례로 정한다. 〈개정 2009.4.1.〉	**제33조(의정활동비·여비 및 월정수당의 지급기준 등)** ① 법 제33조제2항에 따라 지방의회 의원에게 지급하는 의정활동비·여비 및 월정수당의 지급기준은 다음 각 호의 범위에서 제34조에 따른 의정비심의위원회가 임기만료에 의한 지방의회의원 선거가 있는 해에 선거를 마친 후 해당 지방자치단체의 재정 능력 등을 고려하여 결정한 금액 이내에서 조례로 정한다. 〈개정 2008.10.8., 2014.6.3.〉

지방자치법	지방자치법시행령
	1. 의정활동비 : 별표 4에 따른 금액 2. 여비 : 별표 5와 별표 6에 따른 금액 3. 월정수당: 별표 7에 따른 금액 ② 제1항에 따른 의정활동비와 월정수당은 해당 지방자치단체 소속 공무원의 보수 지급일에 지급한다.
③ 의정비심의위원회의 구성·운영 등에 관하여 필요한 사항은 대통령령으로 정한다.	**제34조(의정비심의위원회의 구성 등)** ① 법 제33조제3항에 따른 의정비심의위원회(이하 이 조에서 "심의회"라 한다)는 법 제33조제1항 각 호에 따른 비용 지급기준의 결정이 필요한 경우에 10명의 위원으로 구성하되, 교육계·법조계·언론계·시민사회단체, 통·리의 장 및 지방의회 의장 등으로부터 추천을 받아 지방자치단체의 장이 위촉한다. 이 경우 지방자치단체의 장은 위원이 다양하게 구성되도록 하여야 한다. 〈개정 2008.10.8.〉 ② 위원이 될 수 있는 자는 위원회가 구성되는 해의 1월 1일을 기준으로 1년 이전부터 계속하여 당해 지방자치단체의 관할구역에 주민등록이 되어 있는 19세 이상인 자로 한다. 다만, 「공직선거법」 제18조에 따라 선거권이 없는 자와 그 지방자치단체의 소속 공무원·의회의원·교육위원 및 그 배우자·직계존비속·형제자매는 위원이 될 수 없다. ③ 위원장은 위원 중에서 호선하며, 위원의 임기는 위원으로 위촉된 날부터 1년으로 한다. 〈개정 2008.10.8.〉 ④ 심의회에 참석한 위원에게는 해당 지방자치단체 예산의 범위에서 수당과 여비를 지급할 수 있다. ⑤ 심의회는 위원 위촉으로 심의회가 구성된 해의 10월 말까지 다음 임기만료에 의한 지방의회의원 선거가 있는 해까지 적용할 제33조제1항에 따른 금액을 결정하고, 그 금액을 해당 지방자치단체의 장과 지방의회의 의장에게 지체 없이 통보하여야 하며, 그 금액은 다음 해부터 적용한다. 이 경우 결정은 위원장을 포함한 재적위원 3분의 2 이상의 찬성으로 의결한다. 〈개정 2008.10.8., 2014.6.3.〉 ⑥ 심의회는 제5항의 금액을 결정하려는 때에는 그 결정의 적정성과 투명성을 위하여 공청회나 객관적이고 공정한 여론조사기관을 통하여 지역주민의 의견을 수렴할 수 있는 절차를 거쳐야 하며, 그 결과를 반영하여야 한다. 다만, 심의회의 결정이 지방공무원의 보수가 인상되는 해의 그 인상률 범위에서 월정수당을 인상하려는 경우에는 지역주민의 의견수렴절차를 생략할 수 있다. 〈개정 2008.10.8., 2014.6.3.〉 ⑦ 심의회는 지방자치단체의 장이나 지방의회의 의장에게 제5항의 결정에 필요한 자료의 제출 및 관계자의 설명을 요청할 수 있다.

지방자치법	지방자치법시행령
	⑧ 지방자치단체의 장은 심의회의 위원명단, 회의록 및 제5항 전단에 따라 통보받은 사항을 지체 없이 그 지방자치단체의 인터넷 홈페이지 등에 게재하여야 한다. 〈개정 2008.10.8.〉 ⑨ 심의회의 회의는 공개하여야 한다. 다만, 출석위원 3분의 2 이상이 찬성한 경우에는 공개하지 아니할 수 있다. 〈신설 2008.10.8.〉 ⑩ 그 밖에 심의회의 구성 및 운영에 필요한 사항은 해당 지방자치단체의 조례로 정한다. 〈개정 2008.10.8.〉
제34조(상해 · 사망 등의 보상) ① 지방의회의원이 회기 중 직무(제61조 단서에 따라 개회된 위원회의 직무와 본회의 또는 위원회의 의결이나 의장의 명에 따른 폐회 중의 공무여행을 포함한다)로 인하여 신체에 상해를 입거나 사망한 경우와 그 상해나 직무로 인한 질병으로 사망한 경우에는 보상금을 지급할 수 있다. ② 제1항의 보상금의 지급기준은 대통령령으로 정하는 범위에서 해당 지방자치단체의 조례로 정한다.	**제35조(지방의회 의원의 직무상 상해 등에 대한 보상금의 지급기준 및 절차)** ① 법 제34조제2항에 따른 보상금의 지급기준은 다음 각 호에 정하는 범위에서 해당 지방자치단체의 재정능력을 고려하여 조례로 정한다. 이 경우 제2호나 제3호에 따른 보상금을 지급받은 의원이 제1호나 제2호에 해당하게 되면 제1호나 제2호에 따른 보상금을 지급하되, 그 금액은 제2호나 제3호에 따라 이미 지급한 금액을 공제한 금액으로 한다. 1. 직무로 인한 사망, 직무상 상해 · 질병으로 인한 사망의 경우 : 시 · 도의회의원 의정활동비의 2년분 상당액 2. 직무상 상해로 인한 장애의 경우 : 시 · 도의회의원 의정활동비의 1년분 상당액 3. 그 밖에 직무로 인한 상해의 경우 : 치료비 전액. 다만, 제2호에 따른 지급기준을 초과할 수 없다. ② 법 제34조제1항에 따라 직무로 인한 상해 · 사망 등의 해당 여부 및 보상금액 등을 심의하기 위하여 지방자치단체에 지방의회 의원 상해 등 보상심의회(이하 "보상심의회"라 한다)를 둔다. ③ 제2항의 보상심의회는 위원장을 포함하여 5명 이내로 구성하되, 위원장은 시 · 도의 경우에는 부시장이나 부지사, 시 · 군 및 자치구의 경우에는 부시장 · 부군수 또는 부구청장이 되고, 위원은 다음 각 호의 어느 하나에 해당하는 자 중에서 지방자치단체의 장이 임명하거나 위촉한다. 1. 해당 지방의회 의원 1명 2. 해당 지방자치단체 소속 공무원 1명 3. 의무직공무원 1명

지방자치법	지방자치법시행령
	4. 사회보장에 관한 학식과 경험이 있는 자 1명 ④ 법 제34조에 따른 보상금은 보상금을 받을 권리가 있는 자의 신청을 받아 보상심의회의 심의를 거쳐 지방자치단체의 장이 결정하여 지급한다. ⑤ 보상심의회에 출석한 위원에게는 예산의 범위에서 수당을 지급할 수 있다. 다만, 해당 지방자치단체 소속 공무원인 위원의 경우에는 그러하지 아니하다. ⑥ 이 영에 규정된 것 외에 보상금의 지급기준과 절차 등에 관하여 필요한 사항은 해당 지방자치단체의 조례로 정한다.
제35조(겸직 등 금지) ① 지방의회의원은 다음 각 호의 어느 하나에 해당하는 직을 겸할 수 없다. 〈개정 2009.4.1.〉 1. 국회의원, 다른 지방의회의 의원 2. 헌법재판소재판관, 각급 선거관리위원회 위원 3. 「국가공무원법」 제2조에 규정된 국가공무원과 「지방공무원법」 제2조에 규정된 지방공무원(「정당법」 제22조에 따라 정당의 당원이 될 수 있는 교원은 제외한다) 4. 「공공기관의 운영에 관한 법률」 제4조에 따른 공공기관(한국방송공사, 한국교육방송공사 및 한국은행을 포함한다)의 임직원 5. 「지방공기업법」 제2조에 규정된 지방공사와 지방공단의 임직원 6. 농업협동조합, 수산업협동조합, 산림조합, 엽연초생산협동조합, 신용협동조합, 새마을금고(이들 조합·금고의 중앙회와 연합회를 포함한다)의 임직원과 이들 조합·금고의 중앙회장이나 연합회장 7. 「정당법」 제22조에 따라 정당의 당원이 될 수 없는 교원 8. 다른 법령에 따라 공무원의 신분을 가지는 직 9. 그 밖에 다른 법률에서 겸임할 수 없도록 정하는 직 ② 「정당법」 제22조에 따라 정당의 당원이 될 수 있는 교원이 지방의회의원으로 당선되면 임기 중 그 교원의 직은 휴직된다. 〈신설 2009.4.1.〉 ③ 지방의회의원이 당선 전부터 제1항 각 호의 직을 제외한 다른 직을 가진 경우에는 임기개시 후 1개월 이내에, 임기 중 그 다른 직에 취임한 경우에는 취임 후 15일 이내에 지방의회의 의장에게 서면으로 신고하여야 하며, 그 방법과 절차는 해당 지방자치단체의 조례로 정한다. 〈신설 2009.4.1.〉 ④ 지방의회의장은 지방의회의원이 다른 직을 겸하는 것이 제36조제2항에 위반된다고 인정될 때에는 그 겸한 직을 사임할 것을 권고할 수 있다. 〈신설 2009.4.1.〉	

지방자치법	지방자치법시행령
⑤ 지방의회의원은 해당 지방자치단체 및 공공단체와 영리를 목적으로 하는 거래를 할 수 없으며, 이와 관련된 시설이나 재산의 양수인 또는 관리인이 될 수 없다. 〈개정 2009.4.1.〉 ⑥ 지방의회의원은 소관 상임위원회의 직무와 관련된 영리행위를 하지 못하며, 그 범위는 해당 지방자치단체의 조례로 정한다. 〈신설 2009.4.1.〉 **제36조(의원의 의무)** ① 지방의회의원은 공공의 이익을 우선하여 양심에 따라 그 직무를 성실히 수행하여야 한다. ② 지방의회의원은 청렴의 의무를 지며, 의원으로서의 품위를 유지하여야 한다. ③ 지방의회의원은 지위를 남용하여 지방자치단체·공공단체 또는 기업체와의 계약이나 그 처분에 의하여 재산상의 권리·이익 또는 직위를 취득하거나 타인을 위하여 그 취득을 알선하여서는 아니 된다. **제37조(의원체포 및 확정판결의 통지)** ① 체포나 구금된 지방의회의원이 있으면 관계 수사기관의 장은 지체 없이 해당 의장에게 영장의 사본을 첨부하여 그 사실을 알려야 한다. ② 지방의회의원이 형사사건으로 공소(公訴)가 제기되어 그 판결이 확정되면 각급 법원장은 지체 없이 해당 의장에게 이를 알려야 한다. **제38조(지방의회의 의무 등)** ① 지방의회는 지방의회의원이 준수하여야 할 지방의회의원의 윤리강령과 윤리실천규범을 조례로 정하여야 한다. ② 지방의회는 소속 의원들이 의정활동에 필요한 전문성을 확보하도록 노력하여야 한다. **제3절 권한** **제39조(지방의회의 의결사항)** ① 지방의회는 다음 사항을 의결한다. 1. 조례의 제정·개정 및 폐지 2. 예산의 심의·확정 3. 결산의 승인 4. 법령에 규정된 것을 제외한 사용료·수수료·분담금·지방세 또는 가입금의 부과와 징수 5. 기금의 설치·운용	
6. 대통령령으로 정하는 중요 재산의 취득·처분 7. 대통령령으로 정하는 공공시설의 설치·처분 8. 법령과 조례에 규정된 것을 제외한 예산 외의 의무부담이나 권리의 포기 9. 청원의 수리와 처리 10. 외국 지방자치단체와의 교류협력에 관한 사항	**제36조(중요 재산, 공공시설의 취득·설치 및 처분의 범위 등)** ① 법 제39조제1항제6호에서 "대통령령으로 정하는 중요 재산의 취득·처분"이란 「공유재산 및 물품관리법 시행령」 제7조제1항에 따른 중요 재산의 취득·처분을 말한다. ② 제1항에도 불구하고 「공유재산 및 물품 관리법 시행

지방자치법	지방자치법시행령
11. 그 밖에 법령에 따라 그 권한에 속하는 사항 ② 지방자치단체는 제1항의 사항 외에 조례로 정하는 바에 따라 지방의회에서 의결되어야 할 사항을 따로 정할 수 있다.	령」 제7조제3항에 해당하면 중요 재산의 취득 · 처분에 포함하지 아니한다. 〈개정 2014.7.7.〉 ③ 법 제39조제1항제7호에서 "대통령령으로 정하는 공공시설의 설치 · 처분"이란 법 제144조에 따라 조례나 다른 법령에 따라 설치하는 공공시설의 신 · 증설, 용도폐지 · 변경 및 공공시설로서의 성질을 유지할 것을 조건으로 국가나 다른 지방자치단체에 양여(讓與)하는 경우를 말한다. ④ 법 제39조제1항제6호 및 제7호에 모두 해당하는 경우에는 그 중 어느 하나의 규정에 따라 지방의회의 의결이 있으면 법 제39조제1항제6호 및 제7호에 따른 지방의회의 의결이 있은 것으로 본다. ⑤ 법 제39조제1항제6호 및 제7호에 따른 지방의회의 의결사항 중 중요 재산의 취득 · 처분이나 공공시설의 설치 · 처분에 관하여 다른 법령에 따라 지방의회의 의결을 받거나 의견을 청취한 경우에는 법 제39조제1항제6호 및 제7호에 따른 지방의회의 의결이 있은 것으로 본다. **제37조(교류협력의 범위)** 법 제39조제1항제10호에서 "교류협력"이란 외국 지방자치단체와의 자매결연 체결이나 국제행사의 유치 · 개최 등을 말한다.
제40조(서류제출요구) ① 본회의나 위원회는 그 의결로 안건의 심의와 직접 관련된 서류의 제출을 해당 지방자치단체의 장에게 요구할 수 있다. ② 위원회가 제1항의 요구를 할 때에는 의장에게 이를 보고하여야 한다. 〈개정 2011.7.14.〉 ③ 제1항에도 불구하고 폐회 중에 의원으로부터 서류제출요구가 있을 때에는 의장은 이를 요구할 수 있다. 〈신설 2011.7.14.〉 ④ 제1항에 따른 서류제출은 서면, 전자문서 또는 컴퓨터의 자기테이프 · 자기디스크, 그 밖에 이와 유사한 매체에 기록된 상태나 전산망에 입력된 상태로 제출할 것을 요구할 수 있다. 〈신설 2011.7.14.〉	**제38조(서류제출 요구 방법 등)** ① 법 제40조에 따른 서류제출 요구는 늦어도 그 서류 제출일 3일전까지 하여야 한다. ② 제1항의 요구를 받은 지방자치단체의 장은 법령이나 조례에서 특별히 규정한 경우 외에는 그에 따라야 한다.
제41조(행정사무 감사권 및 조사권) ① 지방의회는 매년 1회 그 지방자치단체의 사무에 대하여 시 · 도에서는 14일의 범위에서, 시 · 군 및 자치구에서는 9일의 범위에서 감사를 실시하고, 지방자치단체의 사무 중 특정 사안에 관하여 본회의 의결로 본회의나 위원회에서 조사하게 할 수 있다. 〈개정 2011.7.14.〉 ② 제1항의 조사를 발의할 때에는 이유를 밝힌 서면으로 하여야 하며, 재적의원 3분의 1 이상의 연서가 있어야 한다. ③ 지방자치단체 및 그 장이 위임받아 처리하는 국가사무	**제39조(행정사무 감사 또는 조사의 실시)** ① 법 제41조에 따른 지방자치단체의 사무에 대한 감사는 그 지방자치단체의 조례에서 정하는 바에 따라 매년 제1차 또는 제2차 정례회의 회기 내에 한다. ② 지방의회는 법 제41조에 따라 해당 지방자치단체의 사무 중 특정 사안에 관한 조사의 발의가 있을 경우에는 그 조사 여부에 관하여 의결을 한다. 지방의회가 폐회 중 또는 휴회 중인 경우 조사의 발의가 있으면 지방의회의 집회 또는 재개의 요구가 있는 것으로 본다. ③ 감사나 조사는 제41조에 따른 감사 또는 조사계획서

지방자치법	지방자치법시행령
와 시·도의 사무에 대하여 국회와 시·도의회가 직접 감사하기로 한 사무 외에는 그 감사를 각각 해당 시·도의회와 시·군 및 자치구의회가 할 수 있다. 이 경우 국회와 시·도의회는 그 감사결과에 대하여 그 지방의회에 필요한 자료를 요구할 수 있다.	에 의하여 한다. ④ 지방의회 의원은 감사 또는 조사를 할 때에 사무보조가 필요하면 지방의회사무직원의 보조를 받을 수 있다.
④ 제1항의 감사 또는 조사와 제3항의 감사를 위하여 필요하면 현지확인을 하거나 서류제출을 요구할 수 있으며, 지방자치단체의 장 또는 관계 공무원이나 그 사무에 관계되는 자를 출석하게 하여 증인으로서 선서한 후 증언하게 하거나 참고인으로서 의견을 진술하도록 요구할 수 있다.	**제40조(행정사무 감사 또는 조사위원회 등의 구성)** 지방의회는 해당 지방자치단체의 사무를 감사 또는 조사하려는 경우에는 본회의에서 하거나 소관 상임위원회별로 또는 특별위원회를 구성하여 하게 할 수 있다.
⑤ 제4항에 따른 증언에서 거짓증언을 한 자는 고발할 수 있으며, 제4항에 따라 서류제출을 요구받은 자가 정당한 사유 없이 서류를 정하여진 기한까지 제출하지 아니한 경우, 같은 항에 따라 출석요구를 받은 증인이 정당한 사유 없이 출석하지 아니하거나 선서 또는 증언을 거부한 경우에는 500만원 이하의 과태료를 부과할 수 있다. 〈개정 2011.7.14.〉 ⑥ 제5항에 따른 과태료 부과절차는 제27조를 따른다. ⑦ 제1항의 감사 또는 조사와 제3항의 감사를 위하여 필요한 사항은 「국정감사 및 조사에 관한 법률」에 준하여 대통령령으로 정하고, 제4항과 제5항의 선서·증언·감정 등에 관한 절차는 「국회에서의 증언·감정 등에 관한 법률」에 준하여 대통령령으로 정한다.	**제41조(행정사무 감사 또는 조사계획서)** ① 제40조에 따른 소관 상임위원회나 특별위원회(이하 "감사 또는 조사위원회"라 한다)는 다음 사항을 적은 감사 또는 조사계획서를 작성하여 본회의에 제출하고 그 승인을 받아 감사나 조사를 한다. 1. 감사 또는 조사위원회의 편성 2. 감사 또는 조사일정 3. 감사 또는 조사요령 4. 조사의 경우에는 그 목적 및 범위 5. 그 밖에 조례로 정하는 사항 ② 본회의는 제1항의 감사 또는 조사계획서를 검토한 다음 의결로써 승인하거나 반려한다. ③ 의장은 감사 또는 조사계획서가 본회의에서 승인되면 지체 없이 해당 지방자치단체의 장에게 통보하여야 한다. ④ 제40조에 따라 본회의에서 직접 감사 또는 조사를 할 경우에는 제1항제2호부터 제5호까지의 사항을 적은 감사 또는 조사계획서를 작성하여 의결하고 지체 없이 해당 지방자치단체의 장에게 통보하여야 한다. **제42조(행정사무 감사 또는 조사의 대상 기관)** ① 감사나 조사의 대상 기관은 다음 각 호와 같다. 〈개정 2010.11.2., 2014.9.24.〉 1. 해당 지방자치단체 2. 법 제113조부터 제116조까지의 규정에 따른 해당 지방자치단체의 소속 행정기관과 법 제117조와 제120조에 따른 하부행정기관 3. 법 제121조에 따라 설치된 교육·과학 및 체육에 관한 기관 4. 해당 지방자치단체가 설치한 법 제146조에 따른 지방공기업 5. 법 제104조제2항과 제3항에 따라 위임·위탁된 사무(지방자치단체에 위임·위탁된 사무는 제외한다)를

지방자치법	지방자치법시행령
	처리하는 단체 또는 기관. 다만, 본회의가 특히 필요하다고 의결하는 경우만 해당한다. 6. 「지방자치단체 출자·출연 기관의 운영에 관한 법률」 제2조제1항에 따른 출자·출연 기관 중 지방자치단체가 4분의 1 이상 출자하거나 출연한 법인. 다만, 본회의가 특히 필요하다고 의결하는 경우에 지방자치단체의 출자 또는 출연에 관련된 업무·회계·재산에 대하여만 실시한다. ② 지방의회는 제1항에 따른 감사 또는 조사 대상 기관의 사무가 둘 이상의 지방자치단체의 사무에 해당하면 이를 감사 또는 조사할 때에 관계 지방자치단체의 지방의회와 협의하여야 한다. **제43조(행정사무 감사 또는 조사의 방법 등)** ① 법 제41조제4항에 따른 현지확인의 통보 및 서류의 제출이나 지방자치단체의 장, 관계 공무원 또는 그 사무에 관계되는 자의 출석·증언 및 의견진술의 요구는 늦어도 그 현지확인일·서류제출일·출석일 등의 3일 전까지 의장을 통하여 하여야 한다. ② 제1항의 요구를 받은 관계인 또는 관계 기관은 법령이나 조례에서 특별히 규정한 경우 외에는 그 요구에 따라야 하며 감사 또는 조사에 협조하여야 한다. ③ 제1항의 요구를 받은 지방자치단체의 장, 관계 공무원 또는 그 사무에 관계되는 자가 그 요구에 따를 수 없는 정당한 이유가 있는 경우에는 그 이유서를 출석·증언이나 의견진술일 등의 1일전까지 의장에게 제출하여야 한다. ④ 법 제41조제5항에 따른 과태료는 해당 지방의회 의장의 통보 등으로 지방자치단체의 장이 부과하되, 과태료의 부과기준은 그 지방자치단체의 조례로 정한다. ⑤ 의장이나 위원장이 증인에게 증언을 요구할 때에는 선서하게 하여야 하며, 선서 전에 의장이나 위원장은 선서의 취지를 알리고 위증을 하면 고발될 수 있음을 알려야 한다. ⑥ 증인 선서의 방식에 관하여는 「국회에서의 증언·감정 등에 관한 법률」 제8조를 준용한다. **제44조(증인의 보호 및 실비 보상)** ① 지방의회에서 증언·진술하는 증인·참고인이 방송·보도 등에 응하지 아니한다는 의사를 표명하거나 특별한 이유로 회의의 비공개를 요구할 때에는 본회의나 위원회의 의결로 방송·보도를 금지하거나 회의의 일부 또는 전부를 공개하지 아니할 수 있다. ② 지방의회에서 증언·진술한 증인·참고인이 그 사본을 요구하면 의장의 승인을 받아 내줄 수 있다.

지방자치법	지방자치법시행령
	③ 법 제41조제4항에 따라 서류의 제출이나 증언·진술을 하기 위하여 지방의회나 그 밖의 장소에 출석한 자에게는 해당 지방자치단체의 조례에서 정하는 바에 따라 여비 등 실비를 지급한다. **제45조(행정사무 감사 또는 조사의 한계)** 감사 또는 조사는 개인의 사생활을 침해하거나 계속 중인 재판이나 수사 중인 사건의 소추에 관여할 목적으로 행사되어서는 아니 된다. **제46조(제척과 회피)** ① 지방의회 의원은 직접 이해관계가 있거나, 공정을 꾀할 수 없는 현저한 사유가 있는 경우 그 사안에 대한 감사 또는 조사에는 참여할 수 없다. ② 본회의나 감사 또는 조사위원회는 제1항의 사유가 있다고 인정하면 그 의결로 해당 지방의회의원의 감사나 조사를 중지시키고 다른 의원에게 감사하게 하거나 조사하게 하여야 한다. ③ 제2항의 조치에 대하여 해당 지방의회 의원의 이의가 있으면 본회의에서 의결하는 바에 따른다. ④ 제1항의 사유가 있는 지방의회 의원은 그 사안에 대하여만 본회의, 감사 또는 조사위원회의 허가를 받아 감사 또는 조사를 회피할 수 있다. **제47조(주의 의무)** ① 지방의회 의원은 감사 또는 조사를 하려는 때에는 그 대상 기관의 기능과 활동이 현저히 저해되거나 기밀이 누설되지 아니하도록 주의하여야 한다. ② 지방의회 의원과 사무보조자는 감사 또는 조사를 통하여 알게 된 비밀을 정당한 사유 없이 누설하여서는 아니 된다. **제48조(공개 원칙)** 감사나 조사는 공개한다. 다만, 본회의나 감사 또는 조사위원회의 의결로 공개하지 아니할 수 있다. **제49조(국가 및 시·도의 사무에 대한 감사의 방법 등)** ① 법 제41조제3항에 따라 국가사무와 시·도의 사무에 대하여 시·도의회와 시·군 및 자치구의회가 하는 감사에 관하여는 제39조부터 제48조까지 및 제50조부터 제52조까지의 규정을 각각 준용한다. ② 법 제41조제3항 후단에 따라 국회나 시·도의회가 감사를 한 지방의회에 필요한 자료를 요구하면 그에 따라야 한다.
제41조의2(행정사무 감사 또는 조사 보고에 대한 처리) ① 지방의회는 본회의의 의결로 감사 또는 조사 결과를 처리한다. ② 지방의회는 감사 또는 조사 결과 해당 지방자치단체나 기관의 시정을 필요로 하는 사유가 있을 때에는 그 시정을 요구하고, 그 지방자치단체나 기관에서 처리함이	**제50조(행정사무 감사 또는 조사 결과의 보고)** ① 감사 또는 조사위원회가 감사 또는 조사를 끝내면 그 위원회의 위원장은 지체 없이 의장에게 감사 또는 조사보고서를 제출하고, 본회의에 보고하여야 한다. ② 의장은 위원장에게 감사 또는 조사에 관한 중간보고를 하게 할 수 있다.

지방자치법	지방자치법시행령
타당하다고 인정되는 사항은 그 지방자치단체나 기관으로 이송한다. ③ 지방자치단체나 기관은 제2항에 따라 시정 요구를 받거나 이송받은 사항을 지체 없이 처리하고 그 결과를 지방의회에 보고하여야 한다. [본조신설 2011.7.14.]	**제51조** 삭제 〈2011.10.14.〉 **제52조(운영 규정)** 법 및 이 영에 규정된 것 외에 감사 또는 조사에 필요한 사항은 해당 지방자치단체의 조례로 정한다.
제42조(행정사무처리상황의 보고와 질문응답) ① 지방자치단체의 장이나 관계 공무원은 지방의회나 그 위원회에 출석하여 행정사무의 처리상황을 보고하거나 의견을 진술하고 질문에 응답할 수 있다. ② 지방자치단체의 장이나 관계 공무원은 지방의회나 그 위원회가 요구하면 출석·답변하여야 한다. 다만, 특별한 이유가 있으면 지방자치단체의 장은 관계 공무원에게 출석·답변하게 할 수 있다. ③ 제1항이나 제2항에 따라 지방의회나 그 위원회에 출석하여 답변할 수 있는 관계 공무원은 조례로 정한다.	**제53조(대리 출석·답변의 통지)** 지방자치단체의 장은 법 제42조제2항 단서에 따라 관계 공무원을 출석·답변하게 하려면 그 이유를 밝힌 서면으로 본회의나 그 위원회의 회의 시작 전까지 지방의회의 의장이나 그 위원회의 위원장에게 알려야 한다.
제43조(의회규칙) 지방의회는 내부운영에 관하여 이 법에서 정한 것 외에 필요한 사항을 규칙으로 정할 수 있다.	
제4절 소집과 회기 **제44조(정례회)** ① 지방의회는 매년 2회 정례회를 개최한다. ② 정례회의 집회일, 그 밖에 정례회의 운영에 관하여 필요한 사항은 대통령령으로 정하는 바에 따라 해당 지방자치단체의 조례로 정한다.	**제54조(정례회의 집회일 등)** ① 법 제44조에 따른 정례회 중 제1차 정례회는 매년 6월·7월 중에, 제2차 정례회는 11월·12월 중에 열어야 한다. 다만, 총선거가 실시되는 해의 제1차 정례회는 9월·10월 중에 열 수 있다. ② 제1항에 따른 정례회에서 처리하여야 할 안건은 다음 각 호와 같다. 1. 제1차 정례회는 법 제134조에 따른 결산 승인 및 그 밖에 지방의회의 회의에 부치는 안건 2. 제2차 정례회는 법 제127조에 따른 예산안의 의결 및 그 밖에 지방의회의 회의에 부치는 안건 ③ 법 및 이 영에서 정한 사항 외에 정례회의 집회일과 회기, 그 밖에 정례회의 운영에 관하여 필요한 사항은 해당 지방자치단체의 조례로 정한다.
제45조(임시회) ① 총선거 후 최초로 집회되는 임시회는 지방의회 사무처장·사무국장·사무과장이 지방의회의원 임기 개시일부터 25일 이내에 소집한다. ② 지방의회의장은 지방자치단체의 장이나 재적의원 3분의 1 이상의 의원이 요구하면 15일 이내에 임시회를 소집하여야 한다. 다만, 의장과 부의장이 사고로 임시회를 소집할 수 없으면 의원 중 최다선의원이, 최다선의원이 2명 이상인 경우에는 그 중 연장자의 순으로 소집할 수 있다. 〈개정 2011.7.14.〉 ③ 임시회의 소집은 집회일 3일 전에 공고하여야 한다.	

지방자치법	지방자치법시행령
다만, 긴급할 때에는 그러하지 아니하다. 〈개정 2011. 7.14.〉 **제46조(부의안건의 공고)** 지방자치단체의 장이 지방의회에 부의할 안건은 지방자치단체의 장이 미리 공고하여야 한다. 다만, 회의 중 긴급한 안건을 부의할 때에는 그러하지 아니하다. **제47조(개회 · 휴회 · 폐회와 회의일수)** ① 지방의회의 개회 · 휴회 · 폐회와 회기는 지방의회가 의결로 정한다. ② 연간 회의 총일수와 정례회 및 임시회의 회기는 해당 지방자치단체의 조례로 정한다. **제5절 의장과 부의장** **제48조(의장 · 부의장의 선거와 임기)** ① 지방의회는 의원 중에서 시 · 도의 경우 의장 1명과 부의장 2명을, 시 · 군 및 자치구의 경우 의장과 부의장 각 1명을 무기명투표로 선거하여야 한다. ② 지방의회의원 총선거 후 처음으로 선출하는 의장 · 부의장 선거는 최초집회일에 실시한다. 〈신설 2011.7.14.〉 ③ 의장과 부의장의 임기는 2년으로 한다. 〈개정 2011. 7.14.〉 **제49조(의장의 직무)** 지방의회의 의장은 의회를 대표하고 의사(議事)를 정리하며, 회의장 내의 질서를 유지하고 의회의 사무를 감독한다. **제50조(의장의 위원회 출석과 발언)** 지방의회의 의장은 위원회에 출석하여 발언할 수 있다. **제51조(부의장의 의장 직무대리)** 지방의회의 부의장은 의장이 사고가 있을 때에는 그 직무를 대리한다. **제52조(임시의장)** 지방의회의 의장과 부의장이 모두 사고가 있을 때에는 임시의장을 선출하여 의장의 직무를 대행하게 한다. **제53조(보궐선거)** ① 지방의회의 의장이나 부의장이 궐위(闕位)된 경우에는 보궐선거를 실시한다. ② 보궐선거로 당선된 의장이나 부의장의 임기는 전임자의 남은 임기로 한다. **제54조(의장 등을 선거할 때의 의장 직무 대행)** 제48조제1항, 제52조 또는 제53조제1항에 따른 선거(이하 이 조에서 "의장등의 선거"라 한다)를 실시하는 경우에 의장의 직무를 수행할 자가 없으면 출석의원 중 최다선의원이, 최다선의원이 2명 이상인 경우에는 그 중 연장자가 그 직무를 대행한다. 이 경우 직무를 대행하는 의원이 정당한 사유 없이 의장등의 선거를 실시할 직무를 이행하지 아니할 때에는 다음 순위의 의원이 그 직무를 대행한다.	**제55조(불신임 의결의 통고 등)** 지방의회는 법 제55조에 따라 의장이나 부의장에 대한 불신임 의결이 있으면 해당

지방자치법	지방자치법시행령
〈개정 2011.7.14.〉 **제55조(의장불신임의 의결)** ① 지방의회의 의장이나 부의장이 법령을 위반하거나 정당한 사유 없이 직무를 수행하지 아니하면 지방의회는 불신임을 의결할 수 있다. ② 제1항의 불신임의결은 재적의원 4분의 1 이상의 발의와 재적의원 과반수의 찬성으로 행한다. ③ 제2항의 불신임의결이 있으면 의장이나 부의장은 그 직에서 해임된다.	지방자치단체의 장에게 그 내용을 지체 없이 통고하여야 하며, 그 통고를 받은 지방자치단체의 장은 시·도의 경우에는 행정자치부장관에게, 시·군 및 자치구의 경우에는 시·도지사에게 그 내용을 지체 없이 보고하여야 한다. 〈개정 2008.2.29., 2013.3.23., 2014.11.19.〉
제6절 위원회 **제56조(위원회의 설치)** ① 지방의회는 조례로 정하는 바에 따라 위원회를 둘 수 있다. ② 위원회의 종류는 소관 의안과 청원 등을 심사·처리하는 상임위원회와 특정한 안건을 일시적으로 심사·처리하기 위한 특별위원회 두 가지로 한다. ③ 위원회의 위원은 본회의에서 선임한다. **제57조(윤리특별위원회)** 의원의 윤리심사 및 징계에 관한 사항을 심사하기 위하여 윤리특별위원회를 둘 수 있다. **제58조(위원회의 권한)** 위원회는 그 소관에 속하는 의안과 청원 등 또는 지방의회가 위임한 특정한 안건을 심사한다. **제59조(전문위원)** ① 위원회에는 위원장과 위원의 자치입법활동을 지원하기 위하여 의원이 아닌 전문지식을 가진 위원(이하 "전문위원"이라 한다)을 둔다. ② 전문위원은 위원회에서 의안과 청원 등의 심사, 행정사무감사 및 조사, 그 밖의 소관 사항과 관련하여 검토보고 및 관련 자료의 수집·조사·연구를 한다. ③ 위원회에 두는 전문위원의 직급과 정수 등에 관하여 필요한 사항은 대통령령으로 정한다. **제60조(위원회에서의 방청 등)** ① 위원회에서는 해당 지방의회의원이 아닌 자는 위원장의 허가를 받아 방청할 수 있다. ② 위원장은 질서를 유지하기 위하여 필요할 때에는 방청인의 퇴장을 명할 수 있다. **제61조(위원회의 개회)** ① 위원회는 본회의의 의결이 있거나 의장 또는 위원장이 필요하다고 인정할 때, 재적위원 3분의 1 이상의 요구가 있는 때에 개회한다. ② 폐회 중에는 지방자치단체의 장도 의장 또는 위원장에게 이유서를 붙여 위원회의 개회를 요구할 수 있다. [전문개정 2011.7.14.] **제62조(위원회에 관한 조례)** 위원회에 관하여 이 법에서 정한 것 외에 필요한 사항은 조례로 정한다.	**제56조(특별위원회의 설치)** ① 특별위원회는 여러 개의 상임위원회 소관과 관련되거나 특별한 사안에 대한 조사 등이 필요한 경우에 본회의의 의결로 설치할 수 있다. ② 제1항에 따라 특별위원회를 설치하려는 때에는 그 활동 기간을 정하여야 한다. 이 경우 본회의의 의결로 그 활동기간을 연장할 수 있다. ③ 특별위원회는 활동 기간이 끝나기 전까지 활동결과보고서를 본회의에 제출하여야 한다.

지방자치법	지방자치법시행령
제7절 회의 **제63조(의사정족수)** ① 지방의회는 재적의원 3분의 1 이상의 출석으로 개의(開議)한다. ② 회의 중 제1항의 정족수에 미치지 못할 때에는 의장은 회의를 중지하거나 산회(散會)를 선포한다. **제64조(의결정족수)** ① 의결 사항은 이 법에 특별히 규정된 경우 외에는 재적의원 과반수의 출석과 출석의원 과반수의 찬성으로 의결한다. ② 의장은 의결에서 표결권을 가지며, 찬성과 반대가 같으면 부결된 것으로 본다. **제64조의2(표결의 선포 등)** ① 지방의회에서 표결할 때에는 의장이 표결할 안건의 제목을 의장석에서 선포하여야 하고, 의장이 표결을 선포한 때에는 누구든지 그 안건에 관하여 발언할 수 없다. ② 표결이 끝났을 때에는 의장은 그 결과를 의장석에서 선포하여야 한다. [본조신설 2009.4.1.] **제65조(회의의 공개 등)** ①지방의회의 회의는 공개한다. 다만, 의원 3명 이상이 발의하고 출석의원 3분의 2 이상이 찬성한 경우 또는 의장이 사회의 안녕질서 유지를 위하여 필요하다고 인정하는 경우에는 공개하지 아니할 수 있다. 〈개정 2011.7.14.〉 ② 의장은 공개된 회의의 방청허가를 받은 장애인에게 정당한 편의를 제공하여야 한다. 〈신설 2011.7.14.〉 [제목개정 2011.7.14.] **제66조(의안의 발의)** ① 지방의회에서 의결할 의안은 지방자치단체의 장이나 재적의원 5분의 1 이상 또는 의원 10명 이상의 연서로 발의한다. ② 위원회는 그 직무에 속하는 사항에 관하여 의안을 제출할 수 있다. ③ 제1항 및 제2항의 의안은 그 안을 갖추어 의장에게 제출하여야 한다. ④ 제1항에 따라 의원이 조례안을 발의하는 때에는 발의의원과 찬성의원을 구분하되, 해당 조례안의 제명의 부제로 발의의원의 성명을 기재하여야 한다. 다만, 발의의원이 2명 이상인 경우에는 대표발의의원 1명을 명시하여야 한다. 〈신설 2011.7.14.〉 ⑤ 의원이 발의한 제정조례안 또는 전부개정조례안 중 의회에서 의결된 조례안을 공표 또는 홍보하는 경우에는 해당 조례안의 부제를 함께 표기할 수 있다. 〈신설 2011.7.14.〉 **제66조의2(조례안예고)** ① 지방의회는 심사대상인 조례안에 대하여 5일 이상의 기간을 정하여 그 취지, 주요 내용,	

지방자치법	지방자치법시행령
전문을 공보나 인터넷 홈페이지 등에 게재하는 방법으로 예고할 수 있다. ② 조례안예고의 방법, 절차, 그 밖에 필요한 사항은 회의규칙으로 정한다. [본조신설 2011.7.14.] **제66조의3(의안에 대한 비용추계 자료 등의 제출)** ① 지방자치단체의 장이 예산상 또는 기금상의 조치를 수반하는 의안을 발의할 경우에는 그 의안의 시행에 수반될 것으로 예상되는 비용에 대한 추계서와 이에 상응하는 재원조달방안에 관한 자료를 의안에 첨부하여야 한다. ② 제1항에 따른 비용에 대한 추계 및 재원조달방안에 대한 자료의 작성 및 제출절차 등에 관하여 필요한 사항은 해당 지방자치단체의 조례로 정한다. [본조신설 2011.7.14.] **제67조(회기계속의 원칙)** 지방의회에 제출된 의안은 회기 중에 의결되지 못한 것 때문에 폐기되지 아니한다. 다만, 지방의회의원의 임기가 끝나는 경우에는 그러하지 아니하다. **제68조(일사부재의의 원칙)** 지방의회에서 부결된 의안은 같은 회기 중에 다시 발의하거나 제출할 수 없다. **제69조(위원회에서 폐기된 의안)** ① 위원회에서 본회의에 부칠 필요가 없다고 결정된 의안은 본회의에 부칠 수 없다. 다만, 위원회의 결정이 본회의에 보고된 날부터 폐회나 휴회 중의 기간을 제외한 7일 이내에 의장이나 재적의원 3분의 1 이상이 요구하면 그 의안을 본 회의에 부쳐야 한다. ② 제1항 단서의 요구가 없으면 그 의안은 폐기된다. **제70조(의장이나 의원의 제척)** 지방의회의 의장이나 의원은 본인 · 배우자 · 직계존비속(直系尊卑屬) 또는 형제자매와 직접 이해관계가 있는 안건에 관하여는 그 의사에 참여할 수 없다. 다만, 의회의 동의가 있으면 의회에 출석하여 발언할 수 있다. **제71조(회의규칙)** 지방의회는 회의의 운영에 관하여 이 법에서 정한 것 외에 필요한 사항은 회의규칙으로 정한다.	
제72조(회의록) ① 지방의회는 회의록을 작성하고 회의의 진행내용 및 결과와 출석의원의 성명을 적어야 한다. ② 회의록에는 의장과 의회에서 선출한 의원 2명 이상이 서명하여야 한다. ③ 의장은 회의록의 사본을 첨부하여 회의의 결과를 그 지방자치단체의 장에게 통고하여야 한다. ④ 회의록은 의원에게 배부한다. 다만, 비밀로 할 필요가 있다고 의장이 인정하거나 지방의회에서 의결한 사항은 공개하지 아니한다.	**제57조(지방의회의 회의록 작성 및 보고)** ① 지방의회는 회의 내용을 속기나 녹음으로 기록 · 보존하여야 한다. ② 지방의회의 의장은 법 제72조제3항에 따른 통고를 회의가 끝난 날부터 30일 이내에 하여야 하며, 그 통고를 받은 지방자치단체의 장은 행정자치부장관이나 시 · 도지사가 요구하면 5일 이내에 회의록 사본을 첨부하여 보고하여야 한다. 〈개정 2008.2.29., 2013.3.23., 2014.11.19.〉 ③ 법 및 이 영에 규정한 것 외에 회의록에 관하여 필요

지방자치법	지방자치법시행령
	한 사항은 회의 규칙으로 정한다.
제8절 청원	
제73조(청원서의 제출) ① 지방의회에 청원을 하려는 자는 지방의회의원의 소개를 받아 청원서를 제출하여야 한다. ② 청원서에는 청원자의 성명(법인인 경우에는 그 명칭과 대표자의 성명) 및 주소를 적고 서명 · 날인하여야 한다.	**제58조(소개의견서의 첨부)** 법 제73조에 따라 지방의회에 제출하는 청원서에는 소개하는 지방의회 의원의 의견서를 첨부하여야 한다.
제74조(청원의 불수리) 재판에 간섭하거나 법령에 위배되는 내용의 청원은 수리하지 아니한다.	**제59조(청원서의 보완 요구)** 의장은 지방의회에 제출된 청원서가 그 요건을 갖추지 못한 경우에는 기간을 정하여 보완하도록 요구할 수 있다.
제75조(청원의 심사 · 처리) ① 지방의회의 의장은 청원서를 접수하면 소관 위원회나 본회의에 회부하여 심사를 하게 한다. ② 청원을 소개한 의원은 소관 위원회나 본회의가 요구하면 청원의 취지를 설명하여야 한다. ③ 위원회가 청원을 심사하여 본회의에 부칠 필요가 없다고 결정하면 그 처리결과를 의장에게 보고하고, 의장은 청원한 자에게 알려야 한다.	**제60조(운영 규정)** 법 및 이 영에 규정된 것 외에 청원에 필요한 사항은 의회 규칙으로 정한다.
제76조(청원의 이송과 처리보고) ① 지방의회가 채택한 청원으로서 그 지방자치단체의 장이 처리하는 것이 타당하다고 인정되는 청원은 의견서를 첨부하여 지방자치단체의 장에게 이송한다. ② 지방자치단체의 장은 제1항의 청원을 처리하고 그 처리결과를 지체 없이 지방의회에 보고하여야 한다.	
제9절 의원의 사직 · 퇴직과 자격심사	
제77조(의원의 사직) 지방의회는 그 의결로 소속 의원의 사직을 허가할 수 있다. 다만, 폐회 중에는 의장이 허가할 수 있다.	**제61조(의원의 사직)** ① 지방의회 의원은 사직하려면 본인이 서명하거나 도장을 찍은 사직서를 의장에게 제출하여야 한다. ② 지방의회는 법 제77조에 따른 사직의 허가 여부에 대하여는 토론하지 아니하고 표결에 부친다.
제78조(의원의 퇴직) 지방의회의 의원이 다음 각 호의 어느 하나에 해당될 때에는 의원의 직에서 퇴직된다. 1. 의원이 겸할 수 없는 직에 취임할 때 2. 피선거권이 없게 될 때(지방자치단체의 구역변경이나 없어지거나 합한 것 외의 다른 사유로 그 지방자치단체의 구역 밖으로 주민등록을 이전하였을 때를 포함한다) 3. 징계에 따라 제명될 때	
제79조(의원의 자격심사) ① 지방의회의 의원은 다른 의원의 자격에 대하여 이의가 있으면 재적의원 4분의 1 이상의 연서로 의장에게 자격심사를 청구할 수 있다. ② 피심의원(被審議員)은 자기의 자격심사에 관한 회의에 출석하여 변명은 할 수 있으나, 의결에는 참가할 수 없다.	**제62조(의원의 자격심사)** ① 법 제79조에 따른 지방의회 의원의 자격심사를 청구받은 의장은 그 청구서의 부본을 피심의원에게 송달하고 기간을 정하여 답변서를 제출하게 하여야 하며, 피심의원이 정당한 이유 없이 그 기간 내에 답변서를 제출하지 아니하면 청구서만으로 의원의 자격을 심사할 수 있다. ② 지방의회는 필요한 경우 청구의원과 피심의원을 회의에 출석하게 하여 질문할 수 있다.

지방자치법	지방자치법시행령
제80조(자격상실의결) ① 제79조제1항의 피심의원에 대한 자격상실의결은 재적의원 3분의 2 이상의 찬성이 있어야 한다. ② 피심의원은 제1항에 따라 자격상실이 확정될 때까지는 그 직을 상실하지 아니한다. **제81조(궐원의 통지)** 지방의회의 의원이 궐원(闕員)되면 의장은 15일 이내에 그 지방자치단체의 장과 관할 선거관리위원회에 알려야 한다. **제10절 질서** **제82조(회의의 질서유지)** ① 지방의회의 의원이 본회의나 위원회의 회의장에서 이 법이나 회의규칙에 위배되는 발언이나 행위를 하여 회의장의 질서를 어지럽히면 의장이나 위원장은 경고 또는 제지하거나 그 발언의 취소를 명할 수 있다. ② 제1항의 명에 따르지 아니한 의원이 있으면 의장이나 위원장은 그 의원에 대하여 당일의 회의에서 발언하는 것을 금지하거나 퇴장시킬 수 있다. ③ 의장이나 위원장은 회의장이 소란하여 질서를 유지하기 곤란하면 회의를 중지하거나 산회를 선포할 수 있다. **제83조(모욕 등 발언의 금지)** ① 지방의회의 의원은 본회의나 위원회에서 타인을 모욕하거나 타인의 사생활에 대하여 발언하여서는 아니 된다. ② 본회의나 위원회에서 모욕을 당한 의원은 모욕을 한 의원에 대하여 지방의회에 징계를 요구할 수 있다. **제84조(발언방해 등의 금지)** 지방의회의 의원은 회의 중에 폭력을 행사하거나 소란한 행위를 하여 타인의 발언을 방해할 수 없으며, 의장이나 위원장의 허가 없이 연단(演壇)이나 단상(壇上)에 올라가서는 아니 된다. **제85조(방청인에 대한 단속)** ① 방청인은 의안에 대하여 찬성·반대를 표명하거나 소란한 행위를 하여서는 아니 된다. ② 의장은 회의장의 질서를 방해하는 방청인의 퇴장을 명할 수 있으며, 필요하면 경찰관서에 인도할 수 있다. ③ 방청석이 소란하면 의장은 모든 방청인을 퇴장시킬 수 있다. ④ 방청인에 대한 단속에 관하여 제1항부터 제3항까지에 규정된 것 외에 필요한 사항은 회의규칙으로 정한다. **제11절 징계** **제86조(징계의 사유)** 지방의회는 의원이 이 법이나 자치법	③ 피심의원은 지방의회의 다른 의원으로 하여금 회의에 참석하여 변명하게 할 수 있다.

지방자치법	지방자치법시행령
규에 위배되는 행위를 하면 의결로써 징계할 수 있다. **제87조(징계의 요구)** ① 지방의회의 의장은 제86조에 따른 징계대상 의원이 있어 징계요구가 있으면 윤리특별위원회나 본회의에 회부한다. ② 제83조제1항을 위반한 의원에 대하여 모욕을 당한 의원이 징계를 요구하려면 징계사유를 적은 요구서를 의장에게 제출하여야 한다. ③ 의장은 제2항의 징계요구가 있으면 윤리특별위원회나 본회의에 회부한다. **제88조(징계의 종류와 의결)** ① 징계의 종류는 다음과 같다. 1. 공개회의에서의 경고 2. 공개회의에서의 사과 3. 30일 이내의 출석정지 4. 제명 ② 제명에는 재적의원 3분의 2 이상의 찬성이 있어야 한다. **제89조(징계에 관한 회의규칙)** 징계에 관하여 이 법에 규정된 것 외에 필요한 사항은 회의규칙으로 정한다. **제12절 사무기구와 직원**	
제90조(사무처 등의 설치) ① 시·도의회에는 사무를 처리하기 위하여 조례로 정하는 바에 따라 사무처를 둘 수 있으며, 사무처에는 사무처장과 직원을 둔다. ② 시·군 및 자치구의회에는 사무를 처리하기 위하여 조례로 정하는 바에 따라 사무국이나 사무과를 둘 수 있으며, 사무국·사무과에는 사무국장 또는 사무과장과 직원을 둘 수 있다. ③ 제1항과 제2항에 따른 사무처장·사무국장·사무과장 및 직원(이하 이 절에서 "사무직원"이라 한다)은 지방공무원으로 보한다.	**제63조(사무직원의 겸무)** 법 제90조에 따라 지방의회에 두는 사무처장·사무국장·사무과장 및 직원은 그 지방자치단체의 집행기관에 소속된 공무원에게 업무를 겸하게 할 수 있다.
제91조(사무직원의 정원과 임명) ① 지방의회에 두는 사무직원의 정수는 조례로 정한다. ② 사무직원은 지방의회의 의장의 추천에 따라 그 지방자치단체의 장이 임명한다. 다만, 지방자치단체의 장은 사무직원 중 다음 각 호의 어느 하나에 해당하는 공무원에 대한 임용권은 지방의회 사무처장·사무국장·사무과장에게 위임하여야 한다. 〈개정 2012.12.11., 2013.7.16.〉 1. 별정직공무원 2. 「지방공무원법」 제25조의5에 따른 임기제공무원 3. 대통령령으로 정하는 일반직공무원	**제63조의2(지방자치단체의 장이 임용권을 위임하는 일반직공무원의 범위)** 법 제91조제2항제3호에서 "대통령령으로

지방자치법	지방자치법시행령
	정하는 일반직공무원"이란 별표 7의2에 따른 공무원을 말한다. [본조신설 2013.11.20.]
제92조(사무직원의 직무와 신분보장 등) ① 사무처장 · 사무국장 또는 사무과장은 의장의 명을 받아 의회의 사무를 처리한다. ② 사무직원의 임용 · 보수 · 복무 · 신분보장 · 징계 등에 관하여는 이 법에서 정한 것 외에는 「지방공무원법」을 적용한다.	
제6장 집행기관 **제1절 지방자치단체의 장** **제1관 지위**	**제4장 집행기관**
제93조(지방자치단체의 장) 특별시에 특별시장, 광역시에 광역시장, 특별자치시에 특별자치시장, 도와 특별자치도에 도지사를 두고, 시에 시장, 군에 군수, 자치구에 구청장을 둔다. 〈개정 2011.5.30.〉	**제64조(지방자치단체의 장의 선서)** 지방자치단체의 장은 취임에 즈음하여 다음의 선서를 한다."나는 법령을 준수하고 주민의 복리증진 및 지역사회의 발전과 국가시책의 구현을 위하여 시 · 도지사(시장 · 군수 · 구청장)로서의 직책을 성실히 수행할 것을 엄숙히 선서합니다."
제94조(지방자치단체의 장의 선거) 지방자치단체의 장은 주민이 보통 · 평등 · 직접 · 비밀선거에 따라 선출한다. **제95조(지방자치단체의 장의 임기)** 지방자치단체의 장의 임기는 4년으로 하며, 지방자치단체의 장의 계속 재임(在任)은 3기에 한한다. **제96조(겸임 등의 제한)** ① 지방자치단체의 장은 다음 각 호의 어느 하나에 해당하는 직을 겸임할 수 없다. 〈개정 2009.4.1.〉 1. 대통령, 국회의원, 헌법재판소재판관, 각급 선거관리위원회 위원, 지방의회의원 2. 「국가공무원법」 제2조에 규정된 국가공무원과 「지방공무원법」 제2조에 규정된 지방공무원 3. 다른 법령의 규정에 따라 공무원의 신분을 가지는 직 4. 「공공기관의 운영에 관한 법률」 제4조에 따른 공공기관(한국방송공사, 한국교육방송공사 및 한국은행을 포함한다)의 임직원 5. 농업협동조합, 수산업협동조합, 산림조합, 엽연초생산협동조합, 신용협동조합 및 새마을금고(이들 조합 · 금고의 중앙회와 연합회를 포함한다)의 임직원 6. 교원 7. 「지방공기업법」 제2조에 규정된 지방공사와 지방공단의 임직원 8. 그 밖에 다른 법률이 겸임할 수 없도록 정하는 직 ② 지방자치단체의 장은 재임(在任) 중 그 지방자치단체와 영리를 목적으로 하는 거래를 하거나 그 지방자치단	

지방자치법	지방자치법시행령
체와 관계있는 영리사업에 종사할 수 없다. **제97조(지방자치단체의 폐치·분합과 지방자치단체의 장)** 지방자치단체를 폐지하거나 설치하거나 나누거나 합쳐 새로 지방자치단체의 장을 선거하여야 하는 경우에는 그 지방자치단체의 장이 선거될 때까지 시·도지사는 행정자치부장관이, 시장·군수 및 자치구의 구청장은 시·도지사가 각각 그 직무를 대행할 자를 지정하여야 한다. 다만, 둘 이상의 동격의 지방자치단체를 통·폐합하여 새로운 지방자치단체를 설치하는 경우에는 종전의 지방자치단체의 장 중에서 해당 지방자치단체의 장의 직무를 대행할 자를 지정한다. 〈개정 2008.2.29., 2013.3.23., 2014.11.19.〉	
제98조(지방자치단체의 장의 사임) ① 지방자치단체의 장은 그 직을 사임하려면 지방의회의 의장에게 미리 사임일을 적은 서면(이하 "사임통지서"라 한다)으로 알려야 한다. ② 지방자치단체의 장은 사임통지서에 적힌 사임일에 사임된다. 다만, 사임통지서에 적힌 사임일까지 지방의회의 의장에게 사임통지가 되지 아니하면 지방의회의 의장에게 사임통지가 된 날에 사임된다.	**제65조(지방자치단체의 장의 사임통지의 보고)** ① 법 제98조에 따른 지방자치단체의 장의 사임통지는 사임일 10일 전까지 하여야 한다. 다만, 부득이한 사유가 있는 경우에는 그러하지 아니하다. ② 제1항에 따라 지방자치단체의 장이 사임통지를 하였을 때에는 시·도의 경우에는 행정자치부장관에게, 시·군 및 자치구의 경우에는 시·도지사에게 이를 즉시 보고하여야 한다. 〈개정 2008.2.29., 2013.3.23., 2014.11.19.〉
제99조(지방자치단체의 장의 퇴직) 지방자치단체의 장이 다음 각 호의 어느 하나에 해당될 때에는 그 직에서 퇴직된다. 1. 지방자치단체의 장이 겸임할 수 없는 직에 취임할 때 2. 피선거권이 없게 될 때(지방자치단체의 구역변경이나 없어지거나 합한 것 외의 다른 사유로 그 지방자치단체의 구역 밖으로 주민등록을 이전하였을 때를 포함한다) 3. 제97조에 따라 지방자치단체의 장의 직을 상실할 때 **제100조(지방자치단체의 장의 체포 및 확정판결의 통지)** ① 체포 또는 구금된 지방자치단체의 장이 있으면 관계 수사기관의 장은 지체 없이 영장의 사본을 첨부하여 해당 지방자치단체에 알려야 한다. 이 경우 통지를 받은 지방자치단체는 그 사실을 즉시 행정자치부장관에게 보고하여야 한다. 시·군 및 자치구가 행정자치부장관에게 보고하는 경우에는 시·도지사를 거쳐야 한다. 〈개정 2008.2.29., 2013.3.23., 2014.11.19.〉 ② 지방자치단체의 장이 형사사건으로 공소가 제기되어 그 판결이 확정되면 각급 법원장은 지체 없이 해당 지방자치단체에 알려야 한다. 이 경우 통지를 받은 지방자치단체는 그 사실을 즉시 행정자치부장관에게 보고하여야 한다. 시·군 및 자치구가 행정자치부장관에게 보고	

지방자치법	지방자치법시행령
하는 경우에는 시·도지사를 거쳐야 한다. 〈개정 2008.2.29., 2013.3.23., 2014.11.19.〉 **제2관 권한** **제101조(지방자치단체의 통할대표권)** 지방자치단체의 장은 지방자치단체를 대표하고, 그 사무를 총괄한다. **제102조(국가사무의 위임)** 시·도와 시·군 및 자치구에서 시행하는 국가사무는 법령에 다른 규정이 없으면 시·도지사와 시장·군수 및 자치구의 구청장에게 위임하여 행한다. **제103조(사무의 관리 및 집행권)** 지방자치단체의 장은 그 지방자치단체의 사무와 법령에 따라 그 지방자치단체의 장에게 위임된 사무를 관리하고 집행한다. **제104조(사무의 위임 등)** ① 지방자치단체의 장은 조례나 규칙으로 정하는 바에 따라 그 권한에 속하는 사무의 일부를 보조기관, 소속 행정기관 또는 하부행정기관에 위임할 수 있다. ② 지방자치단체의 장은 조례나 규칙으로 정하는 바에 따라 그 권한에 속하는 사무의 일부를 관할 지방자치단체나 공공단체 또는 그 기관(사업소·출장소를 포함한다)에 위임하거나 위탁할 수 있다. ③ 지방자치단체의 장은 조례나 규칙으로 정하는 바에 따라 그 권한에 속하는 사무 중 조사·검사·검정·관리업무 등 주민의 권리·의무와 직접 관련되지 아니하는 사무를 법인·단체 또는 그 기관이나 개인에게 위탁할 수 있다. ④ 지방자치단체의 장이 위임받거나 위탁받은 사무의 일부를 제1항부터 제3항까지의 규정에 따라 다시 위임하거나 위탁하려면 미리 그 사무를 위임하거나 위탁한 기관의 장의 승인을 받아야 한다. **제105조(직원에 대한 임면권 등)** 지방자치단체의 장은 소속 직원을 지휘·감독하고 법령과 조례·규칙으로 정하는 바에 따라 그 임면·교육훈련·복무·징계 등에 관한 사항을 처리한다.	
제106조(사무인계) 지방자치단체의 장이 퇴직할 때에는 그 소관 사무의 일체를 후임자에게 인계하여야 한다.	**제66조(사무인계)** ① 법 제106조에 따른 사무인계는 임기만료로 인한 퇴직의 경우에는 새로운 지방자치단체의 장의 임기가 시작되는 날에, 임기 중에 퇴직하는 경우에는 퇴직하는 날에 그 소관사무의 전부를 새로운 지방자치단체의 장 또는 그 직무나 권한을 대행하는 자에게 인계하여야 한다. ② 제1항에 따라 직무나 권한을 대행하는 자가 사무를 인계받은 경우에는 새로운 지방자치단체의 장이 사무를 인수할 수 있게 될 때에 지체 없이 새로운 지방자치단

지방자치법	지방자치법시행령
	체의 장에게 인계하여야 한다. **제67조(사무인계서)** 제66조에 따른 사무인계는 다음 각 호의 사항을 적은 사무인계서를 작성하고 인계자 · 인수자 및 참관인이 각각 이에 기명 · 날인하는 방법으로 하여야 한다. 1. 서류 및 장부의 목록 2. 공유재산 · 물품 · 채권 · 채무등 재산의 목록 3. 예산 · 회계의 수지현계표(收支現計表) 및 잔고증명 4. 기획 중 또는 시행 중인 중요 사업 5. 그 밖의 주요 사항 **제68조(사무인계 시의 참관)** ① 사무인계를 하는 경우에는 반드시 참관인을 두어야 하며, 참관인은 인계가 끝난 즉시 인계서의 흠결 여부를 확인하여 도장을 찍어야 한다. ② 사무인계 시의 참관은 부지사 · 부시장 · 부군수 또는 부구청장이 하여야 한다. 다만, 다음 각 호의 어느 하나에 해당하는 경우에는 해당 지방자치단체의 규칙으로 정하는 자가 참관한다. 1. 결원 등의 사유로 부지사 · 부시장 · 부군수 또는 부구청장이 참관할 수 없는 경우 2. 제66조에 따라 직무나 권한을 대행하는 자가 인계를 받는 경우 3. 제66조제2항에 따라 직무나 권한을 대행하는 자가 새로운 지방자치단체의 장에게 사무인계를 하는 경우 **제69조(사무인계서류의 생략)** 제67조 각 호의 사항 중 인계 당시 갖추어 두고 있는 목록 또는 대장으로 현황을 확인할 수 있는 것은 그로써 사무인계서의 해당부분 작성에 갈음할 수 있다. 이 경우 그 뜻을 사무인계서에 적어야 한다. **제70조(운영 규정)** 법 및 이 영에 규정된 것 외에 지방자치단체의 장의 사무인계에 관하여 필요한 사항은 해당 지방자치단체의 규칙으로 정한다.
제3관 지방의회와의 관계 **제107조(지방의회의 의결에 대한 재의요구와 제소)** ① 지방자치단체의 장은 지방의회의 의결이 월권이거나 법령에 위반되거나 공익을 현저히 해친다고 인정되면 그 의결사항을 이송받은 날부터 20일 이내에 이유를 붙여 재의를 요구할 수 있다. ② 제1항의 요구에 대하여 재의한 결과 재적의원 과반수의 출석과 출석의원 3분의 2 이상의 찬성으로 전과 같은 의결을 하면 그 의결사항은 확정된다. ③ 지방자치단체의 장은 제2항에 따라 재의결된 사항이 법령에 위반된다고 인정되면 대법원에 소(訴)를 제기할 수 있다. 이 경우에는 제172조제3항을 준용한다.	**제71조(지방의회의 재의 및 절차)** ① 법 제26조와 법 제107조 또는 법 제108조에 따른 재의(再議)의 요구는 지방의회가 폐회 중일 때에도 할 수 있으며, 재의를 요구받은 지방의회는 부득이한 사유가 없으면 재의요구서가 도착한 날부터 10일 이내에 재의에 부쳐야 한다. 이 경우 폐회 중 또는 휴회 중인 기간은 이를 산입하지 아니한다. ② 지방자치단체의 장은 지방의회의 의결의 일부에 대하여 또는 그 의결을 수정하여 재의를 요구할 수 없다.

지방자치법	지방자치법시행령
제108조(예산상 집행 불가능한 의결의 재의요구) ① 지방자치단체의 장은 지방의회의 의결이 예산상 집행할 수 없는 경비를 포함하고 있다고 인정되면 그 의결사항을 이송받은 날부터 20일 이내에 이유를 붙여 재의를 요구할 수 있다. ② 지방의회가 다음 각 호의 어느 하나에 해당하는 경비를 줄이는 의결을 할 때에도 제1항과 같다. 1. 법령에 따라 지방자치단체에서 의무적으로 부담하여야 할 경비 2. 비상재해로 인한 시설의 응급 복구를 위하여 필요한 경비 ③ 제1항과 제2항의 경우에는 제107조제2항을 준용한다.	
제109조(지방자치단체의 장의 선결처분) ① 지방자치단체의 장은 지방의회가 성립되지 아니한 때(의원이 구속되는 등의 사유로 제64조에 따른 의결정족수에 미달하게 될 때를 말한다)와 지방의회의 의결사항 중 주민의 생명과 재산보호를 위하여 긴급하게 필요한 사항으로서 지방의회를 소집할 시간적 여유가 없거나 지방의회에서 의결이 지체되어 의결되지 아니할 때에는 선결처분(先決處分)을 할 수 있다. ② 제1항에 따른 선결처분은 지체 없이 지방의회에 보고하여 승인을 받아야 한다. ③ 지방의회에서 제2항의 승인을 받지 못하면 그 선결처분은 그때부터 효력을 상실한다. ④ 지방자치단체의 장은 제2항이나 제3항에 관한 사항을 지체 없이 공고하여야 한다.	**제72조(선결처분)** ① 법 제109조제1항에서 "주민의 생명과 재산보호를 위하여 긴급하게 필요한 사항"이란 다음 각 호의 어느 하나에 해당하는 것을 말한다. 〈개정 2010.12.29.〉 1. 천재지변이나 대형화재로 인한 피해의 복구 및 구호 2. 중요한 군사안보상의 지원 3. 급성감염병에 대한 예방조치 4. 그 밖에 긴급하게 조치하지 아니하면 주민의 생명과 재산에 중대한 피해가 발생할 우려가 있는 사항 ② 지방자치단체의 장은 선결처분을 하였을 때에는 시·도의 경우에는 행정자치부장관에게, 시·군 및 자치구의 경우에는 시·도지사에게 그 사실을 보고하여야 한다. 〈개정 2008.2.29., 2009.8.13., 2013.3.23., 2014.11.19.〉
제2절 보조기관 **제110조(부지사·부시장·부군수·부구청장)** ① 특별시·광역시 및 특별자치시에 부시장, 도와 특별자치도에 부지사, 시에 부시장, 군에 부군수, 자치구에 부구청장을 두며, 그 정수는 다음 각 호와 같다. 〈개정 2011.5.30.〉 1. 특별시의 부시장의 정수 : 3명을 넘지 아니하는 범위에서 대통령령으로 정한다. 2. 광역시와 특별자치시의 부시장 및 도와 특별자치도의 부지사의 정수 : 2명(인구 800만 이상의 광역시나 도는 3명)을 초과하지 아니하는 범위에서 대통령령으로 정한다. 3. 시의 부시장, 군의 부군수 및 자치구의 부구청장의 정수 : 1명으로 한다. ② 특별시·광역시 및 특별자치시의 부시장, 도와 특별자치도의 부지사는 대통령령으로 정하는 바에 따라 정무직 또는 일반직 국가공무원으로 보한다. 다만, 제1항제	**제73조(부시장·부지사 등의 수와 직급 등)** ① 법 제110조제1항에 따라 특별시의 부시장은 3명, 광역시·특별자치시의 부시장과 도 및 특별자치도의 부지사는 2명(인구 800만 이상의 광역시 및 도는 3명)으로 한다. 〈개정 2012.6.29.〉 ② 법 제110조제2항에 따라 국가공무원으로 보(補)하는 부시장·부지사(이하 "행정부시장" 또는 "행정부지사"라 한다)는 특별시의 경우에는 정무직 국가공무원으로, 광역시·특별자치시·도와 특별자치도의 경우에는 「국가공무원법」 제2조의2에 따라 고위공무원단에 속하는 일반직공무원으로 보하되, 그 직무등급(「국가공무원법」 제23조에 따라 행정자치부장관이 배정하는 직무등급을 말한다)은 행정자치부령으로 정한다. 〈개정 2008.2.29., 2008.12.31., 2012.6.29., 2013.3.23., 2014.11.19.〉 ③ 법 제110조제2항 단서에 따라 지방공무원으로 보하는

지방자치법	지방자치법시행령
1호와 제2호에 따라 특별시·광역시 및 특별자치시의 부시장, 도와 특별자치도의 부지사를 2명이나 3명 두는 경우에 1명은 대통령령으로 정하는 바에 따라 정무직·일반직 또는 별정직 지방공무원으로 보하되, 정무직과 별정직 지방공무원으로 보할 때의 자격기준은 해당 지방자치단체의 조례로 정한다. 〈개정 2009.4.1., 2011.5.30.〉 ③ 제2항의 정무직 또는 일반직 국가공무원으로 보하는 부시장·부지사는 시·도지사의 제청으로 행정자치부장관을 거쳐 대통령이 임명한다. 이 경우 제청된 자에게 법적 결격사유가 없으면 30일 이내에 그 임명절차를 마쳐야 한다. 〈개정 2008.2.29., 2013.3.23., 2014.11.19.〉 ④ 시의 부시장, 군의 부군수, 자치구의 부구청장은 일반직 지방공무원으로 보하되, 그 직급은 대통령령으로 정하며 시장·군수·구청장이 임명한다. ⑤ 시·도의 부시장과 부지사, 시의 부시장·부군수·부구청장은 해당 지방자치단체의 장을 보좌하여 사무를 총괄하고, 소속직원을 지휘·감독한다. ⑥ 제1항제1호와 제2호에 따라 시·도의 부시장과 부지사를 2명이나 3명 두는 경우에 그 사무 분장은 대통령령으로 정한다. 이 경우 부시장·부지사를 3명 두는 시·도에서는 그 중 1명에게 특정지역의 사무를 담당하게 할 수 있다.	부시장·부지사(이하 "정무부시장" 또는 "정무부지사"라 한다)는 특별시의 경우에는 정무직 지방공무원으로, 광역시·특별자치시·도와 특별자치도의 경우에는 별정직 1급상당 지방공무원 또는 지방관리관으로 보한다. 〈개정 2009.8.13., 2012.6.29.〉 ④ 행정부시장·행정부지사는 시·도의 사무를 총괄하고 소속 공무원을 감독하며, 정무부시장·정무부지사는 해당 시·도지사를 보좌하여 정책과 기획의 수립에 참여하고 그 밖의 정무적 업무를 수행한다. 다만, 시·도의 정무부시장·정무부지사는 해당 시·도의 조례로 정하는 바에 따라 행정부시장·행정부지사의 업무를 분담하여 수행할 수 있다. 〈개정 2009.8.13., 2012.6.29., 2014.6.3.〉 ⑤ 제4항 단서에 따라 행정부시장·행정부지사의 업무를 분담하여 수행하는 정무부시장·정무부지사에 대한 명칭은 조례로 정한다. 〈신설 2009.8.13.〉 ⑥ 행정부시장·행정부지사를 2명 두는 시·도의 경우에는 이를 행정(1)부시장·행정(1)부지사, 행정(2)부시장·행정(2)부지사로 하고, 그 사무분장은 별표 8에서 정하는 바에 따른다. 〈개정 2008.10.8., 2009.8.13.〉 ⑦ 시·군과 자치구의 부시장·부군수 및 부구청장의 직급은 다음 각 호의 기준에 따른다. 〈개정 2009.8.13., 2014.12.23.〉 1. 인구 10만 미만의 시·군 및 광역시의 자치구 : 지방서기관 2. 인구 50만 미만의 특별시의 자치구와 인구 10만 이상 50만 미만의 시·군 및 광역시의 자치구 : 지방 부이사관 3. 인구 50만 이상의 시·군 및 자치구 : 지방 이사관 ⑧ 제7항을 적용할 때에 인구는 해당 시·군이나 자치구에 주민등록이 되어 있는 주민 수를 기준으로 한다. 인구 변동에 따른 직급 조정 등은 다음 각 호의 기준에 따른다. 〈개정 2009.8.13.〉 1. 매 해 말 인구가 해당 시·군 또는 자치구의 부시장·부군수 또는 부구청장의 직급에 해당하는 인구기준을 2년간 연속하여 초과하면 다음 해 7월 1일에 그 직급을 상향조정한다. 2. 전년도 각 분기 말 인구를 산술평균한 인구가 해당 시·군 또는 자치구의 부시장·부군수 또는 부구청장의 직급에 해당하는 인구 기준에 2년간 연속하여 못 미치면 다음 해 7월 1일에 그 직급을 하향조정한다. 3. 시·군 또는 자치구가 신설되는 경우 신설된 시·군

지방자치법	지방자치법시행령
	또는 자치구의 부시장·부군수 또는 부구청장의 직급은 그 시·군 또는 자치구가 신설된 날 현재의 인구를 기준으로 한다. ⑨「지방행정체제 개편에 관한 특별법」 제35조제1항 후단에 따른 부시장은 지방 이사관, 별정직 2급 상당 지방공무원 또는 지방임기제공무원으로 보한다. 〈신설 2010.11.2., 2013.11.20.〉
제111조(지방자치단체의 장의 권한대행 등) ① 지방자치단체의 장이 다음 각 호의 어느 하나에 해당되면 부지사·부시장·부군수·부구청장(이하 이 조에서 "부단체장"이라 한다)이 그 권한을 대행한다. 〈개정 2011.5.30.〉 1. 궐위된 경우 2. 공소 제기된 후 구금상태에 있는 경우 3.「의료법」에 따른 의료기관에 60일 이상 계속하여 입원한 경우 ② 지방자치단체의 장이 그 직을 가지고 그 지방자치단체의 장 선거에 입후보하면 예비후보자 또는 후보자로 등록한 날부터 선거일까지 부단체장이 그 지방자치단체의 장의 권한을 대행한다. ③ 지방자치단체의 장이 출장·휴가 등 일시적 사유로 직무를 수행할 수 없으면 부단체장이 그 직무를 대리한다. ④ 제1항부터 제3항까지의 경우에 부지사나 부시장이 2명 이상인 시·도에서는 대통령령으로 정하는 순서에 따라 그 권한을 대행하거나 직무를 대리한다. ⑤ 제1항부터 제3항까지의 규정에 따라 권한을 대행하거나 직무를 대리할 부단체장이 부득이한 사유로 직무를 수행할 수 없으면 그 지방자치단체의 규칙에 정하여진 직제 순서에 따른 공무원이 그 권한을 대행하거나 직무를 대리한다. [2011.5.30. 법률 제10739호에 의하여 2010.9.2. 헌법재판소에서 헌법불합치 결정된 이 조 제1항제3호를 삭제함.]	**제74조(권한대행 및 직무대리)** ① 법 제111조제1항 및 제2항에 따라 지방자치단체의 장의 권한을 대행하는 부지사·부시장·부군수·부구청장(이하 이 조에서 "부단체장"이라 한다)은 법령과 그 지방자치단체의 조례나 규칙에서 정하는 바에 따라 그 지방자치단체의 장의 권한에 속하는 사무를 처리한다. ② 지방자치단체의 장은 법 제111조제3항에 따른 사유가 발생한 경우에는 부단체장이 직무를 대리할 범위와 기간을 미리 서면으로 정하여야 한다. ③ 법 제111조제3항에 따라 지방자치단체의 장의 직무를 대리하는 부단체장은 제2항에 따라 지방자치단체의 장이 미리 서면으로 위임하거나 지시한 사무를 처리한다. 다만, 공익상 긴급히 처리하여야 할 경우에는 위임되거나 지시된 사무 외에 지방자치단체의 장의 권한에 속하는 사무를 처리할 수 있다. ④ 법 제111조제1항 및 제2항에 따라 부단체장이 지방자치단체의 장의 권한대행을 하게 되거나 권한대행을 하지 아니하게 될 때에는 즉시 이를 지방의회에 통보하고, 시·도의 경우에는 행정자치부장관에게, 시·군·자치구의 경우에는 시·도지사에게 즉시 보고하여야 한다. 〈개정 2008.2.29., 2013.3.23., 2014.11.19.〉 ⑤ 법 제110조제1항제1호 및 제2호에 따라 부시장·부지사 3명을 두는 시·도의 경우에는 행정(1)부시장·행정(1)부지사, 행정(2)부시장·행정(2)부지사, 정무부시장·정무부지사의 순으로 시·도지사의 권한을 대행하거나 직무를 대리하고, 부시장이나 부지사 2명을 두는 시·도의 경우에는 행정부시장·행정부지사, 정무부시장·정무부지사의 순으로 시·도지사의 권한을 대행하거나 직무를 대리한다. 〈개정 2010.11.2.〉
제112조(행정기구와 공무원) ① 지방자치단체는 그 사무를 분장하기 위하여 필요한 행정기구와 지방공무원을 둔다. ② 제1항에 따른 행정기구의 설치와 지방공무원의 정원은 인건비 등 대통령령으로 정하는 기준에 따라 그 지방자치단체의 조례로 정한다. ③ 행정자치부장관은 지방자치단체의 행정기구와 지방공무원의 정원이 적정하게 운영되고 다른 지방자치단체와	

지방자치법	지방자치법시행령
의 균형이 유지되도록 하기 위하여 필요한 사항을 권고할 수 있다. 〈개정 2008.2.29., 2013.3.23., 2014.11.19.〉 ④ 지방공무원의 임용과 시험·자격·보수·복무·신분보장·징계·교육훈련 등에 관하여는 따로 법률로 정한다. ⑤ 지방자치단체에는 제1항에도 불구하고 법률로 정하는 바에 따라 국가공무원을 둘 수 있다. ⑥ 제5항에 규정된 국가공무원은 「국가공무원법」 제32조 제1항부터 제3항까지에도 불구하고 5급 이상의 국가공무원이나 고위공무원단에 속하는 공무원은 해당 지방자치단체의 장의 제청으로 소속 장관을 거쳐 대통령이 임명하고, 6급 이하의 국가공무원은 그 지방자치단체의 장의 제청으로 소속 장관이 임명한다.	
제3절 소속 행정기관	
제113조(직속기관) 지방자치단체는 그 소관 사무의 범위 안에서 필요하면 대통령령이나 대통령령으로 정하는 바에 따라 지방자치단체의 조례로 자치경찰기관(제주특별자치도에 한한다), 소방기관, 교육훈련기관, 보건진료기관, 시험연구기관 및 중소기업지도기관 등을 직속기관으로 설치할 수 있다.	**제75조(직속기관의 설치)** 지방자치단체는 소관 사무의 성격상 별도의 전문기관에서 수행하는 것이 효율적인 경우에는 법 제113조에 따라 조례로 직속기관을 설치할 수 있다. **제76조(대학 및 전문대학 등의 설치)** 지방자치단체가 제75조에 따라 직속기관 중 대학이나 전문대학 등을 설치하려는 경우에는 다음 각 호의 요건을 모두 갖추어야 한다. 1. 대학과 전문대학 등을 설치·운영할 만한 지방자치단체의 재정 지원 능력이 있을 것 2. 지역 내에 산업인력 수요가 있고 대학 및 전문대학 등이 그 인력을 공급할 필요성이 있을 것 3. 지역 간 균형 발전에 기여할 수 있을 것 4. 대학과 전문대학 등의 중장기 발전계획, 학과편성 및 학생정원이 적정할 것 5. 대학과 전문대학 등의 설치에 관하여 지역사회의 적극적인 지원이 있을 것
제114조(사업소) 지방자치단체는 특정 업무를 효율적으로 수행하기 위하여 필요하면 대통령령으로 정하는 바에 따라 그 지방자치단체의 조례로 사업소를 설치할 수 있다.	**제77조(사업소의 설치)** 지방자치단체는 다음 각 호의 요건을 갖춘 경우에는 법 제114조에 따라 사업소를 설치할 수 있다. 다만, 일정기간 후에 끝나는 사업을 추진하기 위한 경우에는 사업소를 한시적으로 설치한다. 1. 업무의 성격이나 업무량 등으로 보아 별도의 기관에서 업무를 수행하는 것이 효율적일 것 2. 사업장의 위치상 현장에서 업무를 추진하는 것이 효율적일 것
제115조(출장소) 지방자치단체는 원격지 주민의 편의와 특정지역의 개발 촉진을 위하여 필요하면 대통령령으로 정하는 바에 따라 그 지방자치단체의 조례로 출장소를 설	**제78조(출장소의 설치)** ① 지방자치단체는 다음 각 호의 요건을 갖춘 경우에는 법 제115조에 따라 출장소를 설치할 수 있다.

지방자치법	지방자치법시행령
치할 수 있다.	1. 원격지 주민의 편의를 위하여 소관 사무를 분장할 필요가 있을 것 2. 업무의 종합성과 계속성이 있을 것 3. 관할구역의 범위가 분명할 것 ② 제1항에도 불구하고 다음 각 호의 어느 하나에 해당하는 경우에는 출장소를 설치할 수 없다. 〈개정 2011.10.14.〉 1. 자치구가 아닌 구가 설치된 시(법 제7조제2항에 따른 도농 복합형태의 시는 제외한다)의 경우 2. 법 제4조의2제4항에 따라 설치된 행정동의 경우
제116조(합의제행정기관) ① 지방자치단체는 그 소관 사무의 일부를 독립하여 수행할 필요가 있으면 법령이나 그 지방자치단체의 조례로 정하는 바에 따라 합의제행정기관을 설치할 수 있다. ② 제1항의 합의제행정기관의 설치·운영에 관하여 필요한 사항은 대통령령이나 그 지방자치단체의 조례로 정한다.	**제79조(합의제 행정기관의 설치)** 지방자치단체는 다음 각 호의 어느 하나에 해당하는 경우에는 법 제116조에 따라 합의제 행정기관을 설치할 수 있다. 1. 고도의 전문지식이나 기술이 요청되는 경우 2. 중립적이고 공정한 집행이 필요한 경우 3. 주민 의사의 반영과 이해관계의 조정이 필요한 경우
제116조의2(자문기관의 설치 등) ① 지방자치단체는 그 소관 사무의 범위에서 법령이나 그 지방자치단체의 조례로 정하는 바에 따라 심의회·위원회 등의 자문기관을 설치·운영할 수 있다. ② 제1항에 따라 설치되는 자문기관은 해당 지방자치단체의 조례로 정하는 바에 따라 성격과 기능이 유사한 다른 자문기관의 기능을 포함하여 운영할 수 있다. [본조신설 2009.4.1.]	**제80조(자문기관의 설치요건)** ① 지방자치단체는 법 제116조의2제1항에 따라 심의회·위원회 등의 자문기관(이하 "자문기관"이라 한다)을 설치할 경우에는 다음 각 호의 어느 하나에 해당하는 요건을 갖추어야 한다. 1. 업무 특성상 전문적인 지식이나 경험이 있는 사람의 의견을 들어 결정할 필요가 있을 것 2. 업무의 성질상 다양한 이해관계의 조정 등 특히 신중한 절차를 거쳐 처리할 필요가 있을 것 ② 해당 지방자치단체에 설치된 다른 자문기관과 심의사항이 유사하거나 중복되는 자문기관을 설치·운영하여서는 아니 된다. [전문개정 2009.8.13.] **제80조의2(자문기관의 구성)** ① 자문기관은 설치 목적을 효율적으로 달성하는 데 필요한 인원으로 구성한다. ② 자문기관의 위원은 비상임으로 하고, 공무원이 아닌 위원의 임기는 3년을 넘지 아니하도록 하여야 한다. [본조신설 2009.8.13.] **제80조의3(자문기관의 존속기한)** ① 지방자치단체는 자문기관을 설치할 때에 계속 존속시켜야 할 명백한 사유가 없는 경우에는 해당 자문기관의 존속기한을 조례에 명시하여야 한다. ② 제1항에 따른 존속기한은 5년의 범위에서 자문기관의 목적을 달성하는 데 필요한 최소한의 기간으로 한다. [본조신설 2009.8.13.]
제4절 하부행정기관 **제117조(하부행정기관의 장)** 자치구가 아닌 구에 구청장, 읍에 읍장, 면에 면장, 동에 동장을 둔다. 이 경우 면·	

지방자치법	지방자치법시행령
동은 제4조의2제3항 및 제4항에 따른 행정면 · 행정동을 말한다. 〈개정 2009.4.1.〉	
제118조(하부행정기관의 장의 임명) ① 자치구가 아닌 구의 구청장은 일반직 지방공무원으로 보하되, 시장이 임명한다. ② 읍장 · 면장 · 동장은 일반직 지방공무원으로 보하되, 시장 · 군수 및 자치구의 구청장이 임명한다.	
제119조(하부행정기관의 장의 직무권한) 자치구가 아닌 구의 구청장은 시장의, 읍장 · 면장은 시장이나 군수의, 동장은 시장(구가 없는 시의 시장을 말한다)이나 구청장(자치구의 구청장을 포함한다)의 지휘 · 감독을 받아 소관 국가사무와 지방자치단체의 사무를 맡아 처리하고 소속 직원을 지휘 · 감독한다.	
제120조(하부행정기구) 지방자치단체는 조례로 정하는 바에 따라 자치구가 아닌 구와 읍 · 면 · 동에 그 소관 행정사무를 분장하기 위하여 필요한 행정기구를 둘 수 있다. 이 경우 면 · 동은 제4조의2제3항 및 제4항에 따른 행정면 · 행정동을 말한다. 〈개정 2009.4.1.〉	
제5절 교육 · 과학 및 체육에 관한 기관	
제121조(교육 · 과학 및 체육에 관한 기관) ① 지방자치단체의 교육 · 과학 및 체육에 관한 사무를 분장하기 위하여 별도의 기관을 둔다. ② 제1항에 따른 기관의 조직과 운영에 관하여 필요한 사항은 따로 법률로 정한다.	
제7장 재무 **제1절 재정운영의 기본원칙**	**제5장 재무**
제122조(건전재정의 운영) ① 지방자치단체는 그 재정을 수지균형의 원칙에 따라 건전하게 운영하여야 한다. ② 국가는 지방재정의 자주성과 건전한 운영을 조장하여야 하며, 국가의 부담을 지방자치단체에 넘겨서는 아니 된다. ③ 국가는 다음 각 호의 어느 하나에 해당하는 기관의 신설 · 확장 · 이전 · 운영과 관련된 비용을 지방자치단체에 부담시켜서는 아니 된다. 〈신설 2014.1.21.〉 1. 「정부조직법」과 다른 법률에 의하여 설치된 국가행정기관 및 그 소속 기관 2. 「공공기관의 운영에 관한 법률」 제4조에 따른 법인 · 단체 또는 기관 3. 국가가 출자 · 출연한 기관(재단법인, 사단법인 등을 포함한다) 4. 국가가 설립 · 조성 · 관리하는 시설 또는 단지 등을 지	

지방자치법	지방자치법시행령
원하기 위하여 설치된 기관(재단법인, 사단법인 등을 포함한다) ④ 국가는 제3항의 기관을 신설 또는 확장하거나 이전하는 위치를 선정할 경우 지방자치단체의 재정적 부담을 조건으로 하거나 입지 적합성의 선정항목으로 이용하여서는 아니 된다. 〈신설 2014.1.21.〉 **제123조(국가시책의 구현)** ① 지방자치단체는 국가시책을 달성하기 위하여 노력하여야 한다. ② 제1항에 따라 국가시책을 달성하기 위하여 필요한 경비에 대한 국고보조율과 지방비부담률은 법령으로 정한다. **제124조(지방채무 및 지방채권의 관리)** ① 지방자치단체의 장이나 지방자치단체조합은 따로 법률로 정하는 바에 따라 지방채를 발행할 수 있다. ② 지방자치단체의 장은 따로 법률로 정하는 바에 따라 지방자치단체의 채무부담의 원인이 될 계약의 체결이나 그 밖의 행위를 할 수 있다. ③ 지방자치단체의 장은 공익을 위하여 필요하다고 인정하면 미리 지방의회의 의결을 받아 보증채무부담행위를 할 수 있다. ④ 지방자치단체는 조례나 계약에 의하지 아니하고는 그 채무의 이행을 지체할 수 없다. ⑤ 지방자치단체는 법령이나 조례의 규정에 따르거나 지방의회의 의결을 받지 아니하고는 채권에 관하여 채무를 면제하거나 그 효력을 변경할 수 없다. **제2절 예산과 결산** **제125조(회계연도)** 지방자치단체의 회계연도는 매년 1월 1일에 시작하여 그 해 12월 31일에 끝난다. **제126조(회계의 구분)** ① 지방자치단체의 회계는 일반회계와 특별회계로 구분한다. ② 특별회계는 법률이나 지방자치단체의 조례로 설치할 수 있다. **제127조(예산의 편성 및 의결)** ① 지방자치단체의 장은 회계연도마다 예산안을 편성하여 시·도는 회계연도 시작 50일 전까지, 시·군 및 자치구는 회계연도 시작 40일 전까지 지방의회에 제출하여야 한다. ② 제1항의 예산안을 시·도의회에서는 회계연도 시작 15일 전까지, 시·군 및 자치구의회에서는 회계연도 시작 10일 전까지 의결하여야 한다. ③ 지방의회는 지방자치단체의 장의 동의 없이 지출예산 각 항의 금액을 증가하거나 새로운 비용항목을 설치할	

지방자치법	지방자치법시행령
수 없다. ④ 지방자치단체의 장은 제1항의 예산안을 제출한 후 부득이한 사유로 그 내용의 일부를 수정하려면 수정예산안을 작성하여 지방의회에 다시 제출할 수 있다. **제128조(계속비)** 지방자치단체의 장은 한 회계연도를 넘어 계속하여 경비를 지출할 필요가 있으면 그 총액과 연도별 금액을 정하여 계속비로서 지방의회의 의결을 받아야 한다. **제129조(예비비)** ① 지방자치단체는 예측할 수 없는 예산 외의 지출이나 예산초과지출에 충당하기 위하여 세입·세출예산에 예비비를 계상하여야 한다. ② 예비비의 지출은 다음 연도 지방의회의 승인을 받아야 한다. **제130조(추가경정예산)** ① 지방자치단체의 장은 예산을 변경할 필요가 있으면 추가경정예산안을 편성하여 지방의회의 의결을 받아야 한다. ② 제1항에 관하여는 제127조제3항과 제4항을 준용한다. **제131조(예산이 성립하지 아니할 때의 예산집행)** 지방의회에서 새로운 회계연도가 시작될 때까지 예산안이 의결되지 못하면 지방자치단체의 장은 지방의회에서 예산안이 의결될 때까지 다음의 목적을 위한 경비는 전년도 예산에 준하여 집행할 수 있다. 1. 법령이나 조례에 따라 설치된 기관이나 시설의 유지·운영 2. 법령상 또는 조례상 지출의무의 이행 3. 이미 예산으로 승인된 사업의 계속 **제131조의2(지방자치단체를 신설하는 때의 예산)** ① 지방자치단체를 폐지하거나 설치하거나 나누거나 합쳐 새로운 지방자치단체가 설치된 경우에는 지체 없이 그 지방자치단체의 예산을 편성하여야 한다. ② 제1항의 경우에 해당 지방자치단체의 장은 예산이 성립될 때까지 필요한 경상적 수입과 지출을 할 수 있다. 이 경우 수입과 지출은 새로 성립될 예산에 포함시켜야 한다. [본조신설 2011.7.14.] **제132조(재정부담을 수반하는 조례제정 등)** 지방의회는 새로운 재정부담을 수반하는 조례나 안건을 의결하려면 미리 지방자치단체의 장의 의견을 들어야 한다. **제133조(예산의 이송·고시 등)** ① 지방의회의 의장은 예산안이 의결되면 3일 이내에 지방자치단체의 장에게 이송하여야 한다. ② 지방자치단체의 장은 제1항에 따라 예산을 이송받으면 지체없이 시·도에서는 행정자치부장관에게, 시·군	

지방자치법	지방자치법시행령
및 자치구에서는 시·도지사에게 각각 보고하고, 그 내용을 고시하여야 한다. 다만, 제108조에 따른 재의요구를 할 때에는 그러하지 아니하다. 〈개정 2008.2.29., 2013.3.23., 2014.11.19.〉	
제134조(결산) ① 지방자치단체의 장은 출납 폐쇄 후 80일 이내에 결산서와 증빙서류를 작성하고 지방의회가 선임한 검사위원의 검사의견서를 첨부하여 다음 연도 지방의회의 승인을 받아야 한다. 결산의 심사결과 위법 또는 부당한 사항이 있는 경우에 지방의회는 본회의 의결 후 지방자치단체 또는 해당 기관에 변상 및 징계 조치 등 그 시정을 요구하고, 지방자치단체 또는 해당 기관은 시정요구를 받은 사항을 지체 없이 처리하여 그 결과를 지방의회에 보고하여야 한다. 〈개정 2011.7.14.〉 ② 지방자치단체의 장은 제1항에 따른 승인을 받으면 5일 이내에 시·도에서는 행정자치부장관에게, 시·군 및 자치구에서는 시·도지사에게 각각 보고하고 그 내용을 고시하여야 한다. 〈개정 2008.2.29., 2013.3.23., 2014.11.19.〉 ③ 제1항의 검사위원의 선임과 운영에 관하여 필요한 사항은 대통령령으로 정한다.	**제82조(결산 승인)** 법 제134조에 따른 지방의회의 결산 승인은 제1차 정례회의의 회기 내에 처리하여야 한다. **제83조(검사위원의 선임)** ① 법 제134조에 따른 검사위원의 수는 시·도의 경우에는 5명 이상 10명 이하, 시·군 및 자치구의 경우에는 3명 이상 5명 이하로 하되, 그 수·선임방법·운영 및 실비보상에 필요한 사항은 해당 지방자치단체의 조례로 정한다. ② 제1항에 따른 검사위원은 해당 지방의회 의원이나 공인회계사·세무사 등 재무관리에 관한 전문지식과 경험을 가진 자 중에서 선임한다. 이 경우 지방의회 의원은 검사위원 수의 3분의 1을 초과할 수 없다. ③ 지방자치단체의 상근 직원은 검사위원이 될 수 없다. **제84조(결산 검사 사항)** ① 검사위원의 결산 검사 사항은 다음 각 호와 같다. 1. 세입·세출의 결산 2. 계속비·명시이월비(明示移越費) 및 사고이월비의 결산 3. 채권 및 채무의 결산 4. 재산 및 기금의 결산 5. 금고의 결산 ② 검사위원은 지방자치단체의 장과 금고에 대하여 검사에 필요한 자료를 요구할 수 있으며, 그 요구를 받은 지방자치단체의 장과 금고는 특별한 사유가 없으면 협조하여야 한다. ③ 검사위원은 결산 검사가 끝난 후 10일 이내에 검사의견서를 해당 지방자치단체의 장에게 제출하여야 하며, 지방의회는 결산심의 시 필요하다고 인정하면 검사위원을 출석시켜 설명을 들을 수 있다.
제134조의2(지방자치단체가 없어진 때의 결산) ① 지방자치단체를 폐지하거나 설치하거나 나누거나 합쳐 없어진 지방자치단체의 수입과 지출은 없어진 날로써 마감하되, 그 지방자치단체의 장이었던 사람이 이를 결산하여야 한다. ② 제1항의 결산은 제134조제1항에 따라 사무를 인수한 지방자치단체의 의회의 승인을 받아야 한다. [본조신설 2011.7.14.]	
제3절 수입과 지출	
제135조(지방세) 지방자치단체는 법률로 정하는 바에 따라	

지방자치법	지방자치법시행령
지방세를 부과 · 징수할 수 있다. **제136조(사용료)** 지방자치단체는 공공시설의 이용 또는 재산의 사용에 대하여 사용료를 징수할 수 있다. **제137조(수수료)** ① 지방자치단체는 그 지방자치단체의 사무가 특정인을 위한 것이면 그 사무에 대하여 수수료를 징수할 수 있다. ② 지방자치단체는 국가나 다른 지방자치단체의 위임사무가 특정인을 위한 것이면 그 사무에 대하여 수수료를 징수할 수 있다. ③ 제2항에 따른 수수료는 그 지방자치단체의 수입으로 한다. 다만, 법령에 달리 정하여진 경우에는 그러하지 아니하다. **제138조(분담금)** 지방자치단체는 그 재산 또는 공공시설의 설치로 주민의 일부가 특히 이익을 받으면 이익을 받는 자로부터 그 이익의 범위에서 분담금을 징수할 수 있다. **제139조(사용료의 징수조례 등)** ① 사용료 · 수수료 또는 분담금의 징수에 관한 사항은 조례로 정한다. 다만, 국가가 지방자치단체나 그 기관에 위임한 사무와 자치사무의 수수료 중 전국적으로 통일할 필요가 있는 수수료에 관한 사항은 다른 법령의 규정에도 불구하고 대통령령으로 정하는 표준금액으로 징수하되, 지방자치단체가 다른 금액으로 징수하고자 하는 경우에는 표준금액의 100분의 50의 범위에서 조례로 가감 조정하여 징수할 수 있다. 〈개정 2012.3.21.〉 ② 사기나 그 밖의 부정한 방법으로 사용료 · 수수료 또는 분담금의 징수를 면한 자에 대하여는 그 징수를 면한 금액의 5배 이내의 과태료를, 공공시설을 부정사용한 자에 대하여는 50만원 이하의 과태료를 부과하는 규정을 조례로 정할 수 있다. ③ 제2항에 따른 과태료의 부과 · 징수, 재판 및 집행 등의 절차에 관한 사항은 「질서위반행위규제법」에 따른다. 〈개정 2009.4.1.〉 **제140조(사용료 등의 부과 · 징수, 이의신청)** ① 사용료 · 수수료 또는 분담금은 공평한 방법으로 부과하거나 징수하여야 한다. ② 사용료 · 수수료 또는 분담금의 징수는 지방세 징수의 예에 따른다. ③ 사용료 · 수수료 또는 분담금의 부과나 징수에 대하여 이의가 있는 자는 그 처분을 통지받은 날부터 90일 이내에 그 지방자치단체의 장에게 이의신청할 수 있다. ④ 지방자치단체의 장은 제3항의 이의신청을 받은 날부터 60일 이내에 이를 결정하여 알려야 한다. ⑤ 사용료 · 수수료 또는 분담금의 부과나 징수에 대하여	

지방자치법	지방자치법시행령
행정소송을 제기하려면 제4항에 따른 결정을 통지받은 날부터 90일 이내에 처분청을 당사자로 하여 소를 제기하여야 한다. ⑥ 제4항에 따른 결정기간 내에 결정의 통지를 받지 못하면 제5항에도 불구하고 그 결정기간이 지난 날부터 90일 이내에 소를 제기할 수 있다. ⑦ 제3항과 제4항에 따른 이의신청의 방법과 절차 등에 관하여는 「지방세기본법」 제118조와 제121조부터 제127조까지의 규정을 준용한다. 〈개정 2010.3.31.〉 **제141조(경비의 지출)** 지방자치단체는 그 자치사무의 수행에 필요한 경비와 위임된 사무에 관하여 필요한 경비를 지출할 의무를 진다. 다만, 국가사무나 지방자치단체사무를 위임할 때에는 이를 위임한 국가나 지방자치단체에서 그 경비를 부담하여야 한다. **제4절 재산 및 공공시설** **제142조(재산과 기금의 설치)** ① 지방자치단체는 행정목적을 달성하기 위한 경우나 공익상 필요한 경우에는 재산을 보유하거나 특정한 자금을 운용하기 위한 기금을 설치할 수 있다. ② 제1항의 재산의 보유, 기금의 설치·운용에 관하여 필요한 사항은 조례로 정한다. ③ 제1항에서 "재산"이란 현금 외의 모든 재산적 가치가 있는 물건과 권리를 말한다. **제143조(재산의 관리와 처분)** 지방자치단체의 재산은 법령이나 조례에 따르지 아니하고는 교환·양여(讓與)·대여하거나 출자 수단 또는 지급 수단으로 사용할 수 없다. **제144조(공공시설)** ① 지방자치단체는 주민의 복지를 증진하기 위하여 공공시설을 설치할 수 있다. ② 제1항의 공공시설의 설치와 관리에 관하여 다른 법령에 규정이 없으면 조례로 정한다. ③ 제1항의 공공시설은 관계 지방자치단체의 동의를 받아 그 지방자치단체의 구역 밖에 설치할 수 있다. **제5절 보칙** **제145조(지방재정운영에 관한 법률의 제정)** 지방자치단체의 재정에 관하여 이 법에 정한 것 외에 필요한 사항은 따로 법률로 정한다. **제146조(지방공기업의 설치·운영)** ① 지방자치단체는 주민의 복지증진과 사업의 효율적 수행을 위하여 지방공기업을 설치·운영할 수 있다. ② 지방공기업의 설치·운영에 관하여 필요한 사항은 따로 법률로 정한다.	

지방자치법	지방자치법시행령
제8장 지방자치단체 상호 간의 관계 **제1절 지방자치단체 간의 협력과 분쟁조정**	**제6장 지방자치단체 상호간의 관계**
제147조(지방자치단체 상호 간의 협력) 지방자치단체는 다른 지방자치단체로부터 사무의 공동처리에 관한 요청이나 사무처리에 관한 협의·조정·승인 또는 지원의 요청을 받으면 법령의 범위에서 협력하여야 한다.	
제148조(지방자치단체 상호 간의 분쟁조정) ① 지방자치단체 상호 간이나 지방자치단체의 장 상호 간 사무를 처리할 때 의견이 달라 다툼(이하 "분쟁"이라 한다)이 생기면 다른 법률에 특별한 규정이 없으면 행정자치부장관이나 시·도지사가 당사자의 신청에 따라 조정(調整)할 수 있다. 다만, 그 분쟁이 공익을 현저히 저해하여 조속한 조정이 필요하다고 인정되면 당사자의 신청이 없어도 직권으로 조정할 수 있다. 〈개정 2008.2.29., 2013.3.23., 2014.11.19.〉 ② 제1항 단서에 따라 행정자치부장관이나 시·도지사가 분쟁을 조정하는 경우에는 그 취지를 미리 당사자에게 알려야 한다. 〈개정 2008.2.29., 2013.3.23., 2014.11.19.〉 ③ 행정자치부장관이나 시·도지사가 제1항의 분쟁을 조정하고자 할 때에는 관계 중앙행정기관의 장과의 협의를 거쳐 제149조에 따른 지방자치단체중앙분쟁조정위원회나 지방자치단체지방분쟁조정위원회의 의결에 따라 조정하여야 한다. 〈개정 2008.2.29., 2013.3.23., 2014.11.19.〉 ④ 행정자치부장관이나 시·도지사는 제1항의 조정에 대하여 결정을 하면 서면으로 지체 없이 관계 지방자치단체의 장에게 통보하여야 하며, 통보를 받은 지방자치단체의 장은 그 조정결정사항을 이행하여야 한다. 〈개정 2008.2.29., 2013.3.23., 2014.11.19.〉 ⑤ 제4항의 조정결정사항 중 예산이 수반되는 사항에 대하여는 관계 지방자치단체는 필요한 예산을 우선적으로 편성하여야 한다. 이 경우 연차적으로 추진하여야 할 사항은 연도별 추진계획을 행정자치부장관이나 시·도지사에게 보고하여야 한다. 〈개정 2008.2.29., 2013.3.23., 2014.11.19.〉 ⑥ 행정자치부장관이나 시·도지사는 제1항의 조정결정에 따른 시설의 설치 또는 역무의 제공으로 이익을 받거나 그 원인을 일으켰다고 인정되는 지방자치단체에 대하여는 그 시설비나 운영비 등의 전부나 일부를 행정자치부장관이 정하는 기준에 따라 부담하게 할 수 있다. 〈개정 2008.2.29., 2013.3.23., 2014.11.19.〉	**제85조(분쟁조정 신청 및 직권조정 절차)** ① 법 제148조제1항에 따른 분쟁의 조정 신청은 분쟁 당사자의 쌍방 또는 일방이 서면으로 행정자치부장관이나 시·도지사에게 신청하여야 한다. 이 경우 분쟁 당사자의 일방이 분쟁의 조정 신청을 하였을 때에는 행정자치부장관이나 시·도지사는 이를 다른 당사자에게 알려야 한다. 〈개정 2008.2.29., 2013.3.23., 2014.11.19.〉 ② 행정자치부장관이나 시·도지사는 제1항에 따른 분쟁의 조정 신청을 받으면 이를 지체 없이 지방자치단체중앙분쟁조정위원회나 지방자치단체 지방분쟁조정위원회(이하 이 조에서 "분쟁조정위원회"라 한다)에 회부하여야 한다. 〈개정 2008.2.29., 2013.3.23., 2014.11.19.〉 ③ 법 제148조제1항 단서의 규정에 따라 행정자치부장관이나 시·도지사가 분쟁을 조정하는 경우에는 미리 서면으로 당사자에게 기간을 정하여 협의하여 분쟁을 해결하거나 분쟁조정을 신청하도록 권고하여야 하며, 그 기간 내에 분쟁이 해결되지 아니하거나 분쟁조정 신청이 없는 경우에는 제2항에 따른 분쟁조정위원회에 회부할 수 있다. 〈개정 2008.2.29., 2013.3.23., 2014.11.19.〉 ④ 제2항과 제3항에 따라 회부된 분쟁에 대하여 분쟁조정위원회가 심의·의결을 마치면 지체 없이 그 의결 내용을 행정자치부장관이나 시·도지사에게 통보하여야 한다. 〈개정 2008.2.29., 2013.3.23., 2014.11.19.〉 **제86조(이행계획의 보고)** 법 제148조제5항에 따라 행정자치부장관이나 시·도지사로부터 조정결정을 통보받은 지방자치단체의 장은 통보를 받은 날부터 30일 이내에 그 이행을 위한 계획을 작성하여 행정자치부장관이나 시·도지사에게 보고하여야 한다. 〈개정 2008.2.29., 2013.3.23., 2014.11.19.〉

지방자치법	지방자치법시행령
⑦ 행정자치부장관이나 시·도지사는 제4항부터 제6항까지의 규정에 따른 조정결정사항이 성실히 이행되지 아니하면 그 지방자치단체에 대하여 제170조를 준용하여 이행하게 할 수 있다. 〈개정 2008.2.29., 2013.3.23., 2014.11.19.〉	
제149조(지방자치단체중앙분쟁조정위원회 등의 설치와 구성 등) ① 제148조제1항에 따른 분쟁의 조정과 제156조제1항에 따른 협의사항의 조정에 필요한 사항을 심의·의결하기 위하여 행정자치부에 지방자치단체중앙분쟁조정위원회(이하 "중앙분쟁조정위원회"라 한다)와 시·도에 지방자치단체지방분쟁조정위원회(이하 "지방분쟁조정위원회"라 한다)를 둔다. 〈개정 2008.2.29., 2013.3.23., 2014.11.19.〉 ② 중앙분쟁조정위원회는 다음 각 호의 분쟁을 심의·의결한다. 1. 시·도 간 또는 그 장 간의 분쟁 2. 시·도를 달리하는 시·군 및 자치구 간 또는 그 장 간의 분쟁 3. 시·도와 시·군 및 자치구 간 또는 그 장 간의 분쟁 4. 시·도와 지방자치단체조합 간 또는 그 장 간의 분쟁 5. 시·도를 달리하는 시·군 및 자치구와 지방자치단체조합 간 또는 그 장 간의 분쟁 6. 시·도를 달리하는 지방자치단체조합 간 또는 그 장 간의 분쟁 ③ 지방분쟁조정위원회는 제2항 각 호에 해당하지 아니하는 지방자치단체·지방자치단체조합 간 또는 그 장 간의 분쟁을 심의·의결한다. ④ 중앙분쟁조정위원회와 지방분쟁조정위원회(이하 "분쟁조정위원회"라 한다)는 각각 위원장을 포함한 11명 이내의 위원으로 구성한다.	**제87조(중앙분쟁조정위원회의 위원장의 직무 및 회의 등)** ① 지방자치단체 중앙분쟁조정위원회(이하 "중앙분쟁조정위원회"라 한다)의 위원장은 위원회를 대표하고, 위원회의 업무를 총괄한다. ② 중앙분쟁조정위원회의 위원장은 위원회의 회의를 소집하고, 그 의장이 된다. ③ 중앙분쟁조정위원회의 위원장이 부득이한 사유로 직무를 수행할 수 없을 때에는 위원장이 미리 지명한 위원이 그 직무를 대행한다.
⑤ 중앙분쟁조정위원회의 위원장과 위원 중 5명은 다음 각 호에 해당하는 자 중에서 행정자치부장관의 제청으로 대통령이 임명하거나 위촉하고, 대통령령으로 정하는 중앙행정기관 소속 공무원은 당연직위원이 된다. 〈개정 2008.2.29., 2013.3.23., 2014.11.19.〉 1. 대학에서 부교수 이상으로 3년 이상 재직 중이거나 재직한 자 2. 판사·검사 또는 변호사의 직에 6년 이상 재직 중이거나 재직한 자 3. 그 밖에 지방자치사무에 관한 학식과 경험이 풍부한 자 ⑥ 지방분쟁조정위원회의 위원장과 위원 중 5명은 제5항 각 호에 해당하는 자 중에서 시·도지사가 임명하거나	**제88조(중앙분쟁조정위원회의 당연직 위원)** 법 제149조제5항에 따른 중앙분쟁조정위원회의 당연직 위원은 기획재정부차관, 행정자치부차관, 산업통상자원부차관, 환경부차관 및 국토교통부차관이 된다. 〈개정 2008.2.29., 2013.3.23., 2014.11.19.〉 **제89조(간사)** 중앙분쟁조정위원회의 사무를 처리하기 위하여 중앙분쟁조정위원회에 간사 1명과 필요한 공무원을 두되, 간사는 위원장이 행정자치부 소속 공무원 중에서 임명한다. 〈개정 2008.2.29., 2013.3.23., 2014.11.19.〉 **제90조(중앙분쟁조정위원회의 소위원회 등)** ① 중앙분쟁조정위원회는 위원회의 심의에 앞서 안건을 전문적으로 검토하기 위하여 소위원회를 둘 수 있다.

지방자치법	지방자치법시행령
위촉하고, 조례로 정하는 해당 지방자치단체 소속 공무원은 당연직위원이 된다. ⑦ 공무원이 아닌 위원장 및 위원의 임기는 3년으로 하되, 연임할 수 있다. 다만, 보궐위원의 임기는 전임자의 남은 임기로 한다. **제150조(분쟁조정위원회의 운영 등)** ① 분쟁조정위원회는 위원장을 포함한 위원 7명 이상의 출석으로 개의하고, 출석위원 3분의 2 이상의 찬성으로 의결한다. ② 분쟁조정위원회의 위원장은 분쟁의 조정과 관련하여 필요하다고 인정하면 관계 공무원, 지방자치단체조합의 직원 또는 관계 전문가를 출석시켜 의견을 듣거나 관계 기관이나 단체에 대하여 자료 및 의견 제출 등을 요구할 수 있다. 이 경우 분쟁의 당사자에게는 의견을 진술할 기회를 주어야 한다. ③ 이 법에서 정한 사항 외에 분쟁조정위원회의 구성과 운영 등에 관하여 필요한 사항은 대통령령으로 정한다.	② 소위원회는 위원장 1명을 포함하여 5명의 위원으로 구성한다. ③ 소위원회의 위원장은 행정자치부차관이 되고, 위원은 중앙분쟁조정위원회의 위원장이 안건과 관련된 분야의 위원 중에서 지명하되, 당연직 위원과 위촉직 위원을 같은 수로 한다. 〈개정 2008.2.29., 2013.3.23., 2014.11.19.〉 ④ 소위원회의 위원장은 업무수행을 위하여 필요하면 관계 공무원과 관계 전문가 등을 출석하게 하여 의견을 듣거나 관계 기관·단체 등에 대하여 자료 및 의견 제출 등을 요구할 수 있다. ⑤ 소위원회의 운영에 관하여 그 밖에 필요한 사항은 중앙분쟁조정위원회의 의결을 거쳐 위원장이 정한다. **제91조(공무원의 파견 요청 등)** ① 중앙분쟁조정위원회는 위원회의 업무수행을 위하여 필요하면 관계 중앙행정기관의 장이나 지방자치단체의 장에게 소속 공무원의 파견을 요청할 수 있다. ② 중앙분쟁조정위원회의 위원장은 제1항에 따라 파견받은 공무원에게 간사의 사무를 지원하게 할 수 있다. **제92조(수당 등)** 중앙분쟁조정위원회 및 소위원회에 출석한 위원과 관계 공무원 또는 관계 전문가에게는 예산의 범위에서 수당을 지급할 수 있다. 다만, 공무원인 위원이나 관계 공무원이 소관 업무와 직접 관련하여 출석한 경우에는 그러하지 아니하다. **제93조(운영 세칙)** 이 영에 규정된 사항 외에 중앙분쟁조정위원회 및 소위원회의 운영에 필요한 사항은 중앙분쟁조정위원회의 의결을 거쳐 위원장이 정한다. **제94조(지방분쟁조정위원회의 구성 및 운영)** ① 지방자치단체 지방분쟁조정위원회(이하 "지방분쟁조정위원회"라 한다)에 관하여는 제87조와 제92조의 규정은 준용한다. ② 이 영에 규정된 것 외에 지방분쟁조정위원회의 구성 및 운영에 필요한 사항은 시·도의 조례로 정한다.
제151조(사무의 위탁) ① 지방자치단체나 그 장은 소관 사무의 일부를 다른 지방자치단체나 그 장에게 위탁하여 처리하게 할 수 있다. 이 경우 지방자치단체의 장은 사무 위탁의 당사자가 시·도나 그 장이면 행정자치부장관과 관계 중앙행정기관의 장에게, 시·군 및 자치구나 그 장이면 시·도지사에게 이를 보고하여야 한다. 〈개정 2008.2.29., 2013.3.23., 2014.11.19.〉 ② 지방자치단체나 그 장은 제1항에 따라 사무를 위탁하려면 관계 지방자치단체와의 협의에 따라 규약을 정하여 고시하여야 한다. ③ 제2항의 사무위탁에 관한 규약에는 다음 각 호의 사	

지방자치법	지방자치법시행령
항이 포함되어야 한다. 1. 사무를 위탁하는 지방자치단체와 사무를 위탁받는 지방자치단체 2. 위탁사무의 내용과 범위 3. 위탁사무의 관리와 처리방법 4. 위탁사무의 관리와 처리에 드는 경비의 부담과 지출방법 5. 그 밖에 사무위탁에 관하여 필요한 사항 ④ 지방자치단체나 그 장은 사무위탁을 변경하거나 해지하려면 관계 지방자치단체나 그 장과 협의하여 그 사실을 고시하고, 제1항의 예에 따라 행정자치부장관과 관계 중앙행정기관의 장 또는 시·도지사에게 보고하여야 한다. 〈개정 2008.2.29., 2013.3.23., 2014.11.19.〉 ⑤ 사무가 위탁된 경우 위탁된 사무의 관리와 처리에 관한 조례나 규칙은 규약에 다르게 정하여진 경우 외에는 사무를 위탁받은 지방자치단체에 대하여도 적용한다.	
제2절 행정협의회	
제152조(행정협의회의 구성) ① 지방자치단체는 2개 이상의 지방자치단체에 관련된 사무의 일부를 공동으로 처리하기 위하여 관계 지방자치단체 간의 행정협의회(이하 "협의회"라 한다)를 구성할 수 있다. 이 경우 지방자치단체의 장은 시·도가 구성원이면 행정자치부장관과 관계 중앙행정기관의 장에게, 시·군 또는 자치구가 구성원이면 시·도지사에게 이를 보고하여야 한다. 〈개정 2008.2.29., 2013.3.23., 2014.11.19.〉 ② 지방자치단체는 협의회를 구성하려면 관계 지방자치단체 간의 협의에 따라 규약을 정하여 관계 지방의회의 의결을 각각 거친 다음 고시하여야 한다. ③ 행정자치부장관이나 시·도지사는 공익상 필요하면 관계 지방자치단체에 대하여 협의회를 구성하도록 권고할 수 있다. 〈개정 2008.2.29., 2013.3.23., 2014.11.19.〉	**제95조(행정협의회의 구성 기준)** ① 법 제152조에 따른 행정협의회(이하 "협의회"라 한다)는 광역계획 및 그 집행, 특수행정수요의 충족, 공공시설의 공동설치, 행정정보의 교환, 행정·재정업무의 조정 등의 필요를 고려하여 관계 지방자치단체 간에 구성한다. ② 제1항에 따른 행정협의회 중 수도권 행정협의회와 대도시권 행정협의회는 수도권과 대도시권 행정의 특수성을 고려하여 관련 시·도로 구성한다. **제96조(협의회 사무소의 위치)** 협의회 사무소는 공동으로 처리할 사무의 비중이 보다 큰 지방자치단체(이하 "중심지방자치단체"라 한다)에 둔다. **제97조(협의회 구성 보고)** 중심지방자치단체의 장은 법 제152조제1항에 따라 협의회를 구성하면 10일 이내에 다음 각 호의 사항을 보고하여야 한다. 1. 협의회의 명칭 2. 가입한 지방자치단체명 3. 구성목적 4. 구성일자 5. 협의회의 규약 사본
제153조(협의회의 조직) ① 협의회는 회장과 위원으로 구성한다. ② 회장과 위원은 규약으로 정하는 바에 따라 관계 지방자치단체의 직원 중에서 선임한다. ③ 회장은 협의회를 대표하며 회의를 소집하고 협의회의 사무를 총괄한다.	**제98조(회장)** 법 제153조제1항에 따른 협의회의 회장은 1명으로 하되, 회장이 부득이한 사유로 직무를 수행할 수 없을 때에는 협의회의 규약에서 정하는 바에 따라 그 직무를 대행할 자를 선임한다.

지방자치법	지방자치법시행령
제154조(협의회의 규약) 협의회의 규약에는 다음 각 호의 사항이 포함되어야 한다. 1. 협의회의 명칭 2. 협의회를 구성하는 지방자치단체 3. 협의회가 처리하는 사무 4. 협의회의 조직과 회장 및 위원의 선임방법 5. 협의회의 운영과 사무 처리에 필요한 경비의 부담이나 지출방법 6. 그 밖에 협의회의 구성과 운영에 관하여 필요한 사항 **제155조(협의회의 자료제출요구 등)** 협의회는 사무를 처리하기 위하여 필요하다고 인정하면 관계 지방자치단체의 장에게 자료 제출, 의견 개진, 그 밖에 필요한 협조를 요구할 수 있다. **제156조(협의사항의 조정)** ① 협의회에서 합의가 이루어지지 아니한 사항에 대하여 관계 지방자치단체의 장이 조정(調整) 요청을 하면 시ㆍ도 간의 협의사항에 대하여는 행정자치부장관이, 시ㆍ군 및 자치구 간의 협의사항에 대하여는 시ㆍ도지사가 조정할 수 있다. 다만, 관계되는 시ㆍ군 및 자치구가 2개 이상의 시ㆍ도에 걸치는 경우에는 행정자치부장관이 조정할 수 있다. 〈개정 2008.2.29., 2013.3.23., 2014.11.19.〉 ② 행정자치부장관이나 시ㆍ도지사가 제1항에 따라 조정을 하려면 관계 중앙행정기관의 장과의 협의를 거쳐 제149조에 따른 분쟁조정위원회의 의결에 따라 조정하여야 한다. 〈개정 2008.2.29., 2013.3.23., 2014.11.19.〉 **제157조(협의회의 협의 및 사무처리의 효력)** ① 협의회를 구성한 관계 지방자치단체는 협의회가 결정한 사항이 있으면 그 결정에 따라 사무를 처리하여야 한다. ② 제156조제1항에 따라 행정자치부장관이나 시ㆍ도지사가 조정한 사항에 관하여는 제148조제3항부터 제6항까지의 규정을 준용한다. 〈개정 2008.2.29., 2013.3.23., 2014.11.19.〉 ③ 협의회가 관계 지방자치단체나 그 장의 명의로 한 사무의 처리는 관계 지방자치단체나 그 장이 한 것으로 본다. **제158조(협의회의 규약변경 및 폐지)** 지방자치단체가 협의회의 규약을 변경하거나 협의회를 없애려는 경우에는 제152조제1항과 제2항을 준용한다. **제3절 지방자치단체조합** **제159조(지방자치단체조합의 설립)** ① 2개 이상의 지방자치단체가 하나 또는 둘 이상의 사무를 공동으로 처리할 필	**제99조(회의)** ① 협의회는 정기 또는 수시로 회의를 개최한다. ② 정기회는 상ㆍ하반기로 나누어 연 2회 소집하고 임시회는 규약에서 정하는 바에 따라 관계 지방자치단체의 장이 요구할 때에 회장이 소집한다. ③ 행정자치부장관이나 시ㆍ도지사는 개최할 필요성이 있다고 인정되는 협의회에 대하여 시ㆍ도가 구성원인 경우에는 행정자치부장관이, 시ㆍ군 또는 자치구가 구성원인 경우에는 시ㆍ도지사가 그 개최를 권고할 수 있다. 〈개정 2008.2.29., 2013.3.23., 2014.11.19.〉 ④ 회장은 회의가 있을 때마다 협의회의 안건을 준비하여 관계 지방자치단체의 장에게 미리 배포하여야 한다. ⑤ 협의회를 개최한 때에는 회의록을 작성하여야 한다. ⑥ 회장은 협의회 개최 후 14일 이내에 시ㆍ도가 구성원인 경우에는 행정자치부장관에게, 시ㆍ군 또는 자치구가 구성원인 경우에는 시ㆍ도지사에게 협의회 개최 상황을 보고하여야 한다. 〈개정 2008.2.29., 2013.3.23., 2014.11.19.〉 **제100조(자문위원)** ① 협의회는 그 협의 사항에 관하여 자문하기 위하여 자문위원을 둘 수 있다. ② 자문위원은 국가의 특별행정기관의 장, 지방의회 의원, 관련 공공단체의 장 및 관계 전문가 중에서 협의회의 승인을 받아 회장이 위촉한다. **제101조(운영 규정)** 법 및 이 영에 규정된 것 외에 협의회의 운영에 필요한 사항은 행정자치부령으로 정한다. 〈개정 2008.2.29., 2013.3.23., 2014.11.19.〉

지방자치법	지방자치법시행령
요가 있을 때에는 규약을 정하여 그 지방의회의 의결을 거쳐 시·도는 행정자치부장관의, 시·군 및 자치구는 시·도지사의 승인을 받아 지방자치단체조합을 설립할 수 있다. 다만, 지방자치단체조합의 구성원인 시·군 및 자치구가 2개 이상의 시·도에 걸치는 지방자치단체조합은 행정자치부장관의 승인을 받아야 한다. 〈개정 2008.2.29., 2013.3.23., 2014.11.19.〉 ② 지방자치단체조합은 법인으로 한다. **제160조(지방자치단체조합의 조직)** ① 지방자치단체조합에는 지방자치단체조합회의와 지방자치단체조합장 및 사무직원을 둔다. ② 지방자치단체조합회의의 위원과 지방자치단체조합장 및 사무직원은 지방자치단체조합규약으로 정하는 바에 따라 선임한다. ③ 관계 지방자치단체의 의회 의원과 그 지방자치단체의 장은 제35조제1항과 제96조제1항에도 불구하고 지방자치단체조합회의의 위원이나 지방자치단체조합장을 겸할 수 있다. **제161조(지방자치단체조합회의와 지방자치단체조합장의 권한)** ① 지방자치단체조합회의는 지방자치단체조합의 규약으로 정하는 바에 따라 지방자치단체조합의 중요 사무를 심의·의결한다. ② 지방자치단체조합회의는 지방자치단체조합이 제공하는 역무에 대한 사용료·수수료 또는 분담금을 제139조제1항에 따른 조례의 범위 안에서 정할 수 있다. ③ 지방자치단체조합장은 지방자치단체조합을 대표하며 지방자치단체조합의 사무를 총괄한다. **제162조(지방자치단체조합의 규약)** 지방자치단체조합의 규약에는 다음 각 호의 사항이 포함되어야 한다. 1. 지방자치단체조합의 명칭 2. 지방자치단체조합을 구성하는 지방자치단체 3. 사무소의 위치 4. 지방자치단체조합의 사무 5. 지방자치단체조합회의의 조직과 위원의 선임방법 6. 집행기관의 조직과 선임방법 7. 지방자치단체조합의 운영 및 사무처리에 필요한 경비의 부담과 지출방법 8. 그 밖에 지방자치단체조합의 구성과 운영에 관한 사항 **제163조(지방자치단체조합의 지도·감독)** ① 시·도가 구성원인 지방자치단체조합은 행정자치부장관의, 시·군 및 자치구가 구성원인 지방자치단체조합은 1차로 시·도지사의, 2차로 행정자치부장관의 지도·감독을 받는다. 다만, 지방자치단체조합의 구성원인 시·군 및 자치구가 2	

지방자치법	지방자치법시행령
개 이상의 시·도에 걸치는 지방자치단체조합은 행정자치부장관의 지도·감독을 받는다. 〈개정 2008.2.29., 2013.3.23., 2014.11.19.〉 ② 행정자치부장관은 공익상 필요하면 지방자치단체조합의 설립이나 해산 또는 규약의 변경을 명할 수 있다. 〈개정 2008.2.29., 2013.3.23., 2014.11.19.〉 **제164조(지방자치단체조합의 규약변경 및 해산)** ① 지방자치단체조합의 규약을 변경하거나 지방자치단체조합을 해산하려는 경우에는 제159조제1항을 준용한다. ② 지방자치단체조합을 해산한 경우에 그 재산의 처분은 관계 지방자치단체의 협의에 따른다.	
제4절 지방자치단체의 장 등의 협의체 **제165조(지방자치단체의 장 등의 협의체)** ① 지방자치단체의 장이나 지방의회의 의장은 상호 간의 교류와 협력을 증진하고, 공동의 문제를 협의하기 위하여 다음 각 호의 구분에 따라 각각 전국적 협의체를 설립할 수 있다. 1. 시·도지사 2. 시·도의회의 의장 3. 시장·군수·자치구의 구청장 4. 시·군·자치구의회의 의장 ② 제1항 각 호의 전국적 협의체가 모두 참가하는 지방자치단체 연합체를 설립할 수 있다. ③ 제1항에 따른 협의체나 제2항에 따른 연합체를 설립한 때에는 그 협의체의 대표자는 지체 없이 행정자치부장관에게 신고하여야 한다. 〈개정 2008.2.29., 2013.3.23., 2014.11.19.〉 ④ 제1항에 따른 협의체나 제2항에 따른 연합체는 지방자치에 직접적인 영향을 미치는 법령 등에 관한 의견을 행정자치부장관에게 제출할 수 있으며, 행정자치부장관은 제출된 의견을 관계 중앙행정기관의 장에게 통보하여야 한다. 〈개정 2008.2.29., 2011.7.14., 2013.3.23., 2014.11.19.〉 ⑤ 관계 중앙행정기관의 장은 제4항에 따라 통보된 내용에 대하여 통보를 받은 날부터 2개월 이내에 타당성을 검토하여 행정자치부장관에게 그 결과를 통보하여야 하고, 행정자치부장관은 통보받은 검토 결과를 해당 협의체나 연합체에 지체 없이 통보하여야 한다. 이 경우 관계 중앙행정기관의 장은 검토 결과 타당성이 없다고 인정하면 구체적인 사유 및 내용을 명시하여 통보하여야 하며, 타당하다고 인정하면 관계 법령에 그 내용이 반영될 수 있도록 적극 협력하여야 한다. 〈신설 2011.7.14., 2013.3.23., 2014.11.19.〉	**제102조(협의체의 설립 신고 등)** ① 법 제165조에 따라 지방자치단체의 장이나 지방의회의 의장이 전국적 협의체를 설립하였을 때에는 다음 각 호의 사항을 행정자치부장관에게 신고하여야 한다. 신고한 사항을 변경하였을 때에도 또한 같다. 〈개정 2008.2.29., 2013.3.23., 2014.11.19.〉 1. 설립취지 2. 협의체의 명칭 3. 협의체의 조직과 운영 등에 관한 사항 4. 창립총회의 회의록 5. 대표자·임원 및 회원의 성명 ② 제1항에 따른 신고는 행정자치부령으로 정하는 서식에 따른다. 〈개정 2008.2.29., 2013.3.23., 2014.11.19.〉

지방자치법	지방자치법시행령
⑥ 제1항에 따른 협의체나 제2항에 따른 연합체는 지방자치와 관련된 법률의 제정·개정 또는 폐지가 필요하다고 인정하는 경우에는 국회에 서면으로 의견을 제출할 수 있다. 〈신설 2011.7.14.〉 ⑦ 제1항에 따른 협의체나 제2항에 따른 연합체의 설립신고와 운영, 그 밖에 필요한 사항은 대통령령으로 정한다. 〈개정 2011.7.14.〉	
제9장 국가의 지도·감독	**제7장 국가의 지도·감독**
제166조(지방자치단체의 사무에 대한 지도와 지원) ① 중앙행정기관의 장이나 시·도지사는 지방자치단체의 사무에 관하여 조언 또는 권고하거나 지도할 수 있으며, 이를 위하여 필요하면 지방자치단체에 자료의 제출을 요구할 수 있다. ② 국가나 시·도는 지방자치단체가 그 지방자치단체의 사무를 처리하는 데에 필요하다고 인정하면 재정지원이나 기술지원을 할 수 있다.	**제103조(지방자치단체의 사무에 대한 지원 및 보고 청취)** ① 중앙행정기관의 장이나 시·도지사는 법 제166조와 제167조에 따른 조언·권고 또는 지도를 위하여 필요하다고 인정하면 지방자치단체의 장이나 관계 공무원의 회의를 소집할 수 있다. ② 중앙행정기관의 장이나 시·도지사는 국가나 지방자치단체의 중요정책이나 시책수립·결정·집행과정 등에서 정책이나 시책의 실효성을 높이기 위하여 필요하다고 인정하면 지방자치단체의 장에게 지역주민의 여론이나 지역실태 등에 관하여 보고하게 할 수 있다.
제167조(국가사무나 시·도사무 처리의 지도·감독) ① 지방자치단체나 그 장이 위임받아 처리하는 국가사무에 관하여 시·도에서는 주무부장관의, 시·군 및 자치구에서는 1차로 시·도지사의, 2차로 주무부장관의 지도·감독을 받는다. ② 시·군 및 자치구나 그 장이 위임받아 처리하는 시·도의 사무에 관하여는 시·도지사의 지도·감독을 받는다.	
제168조(중앙행정기관과 지방자치단체 간 협의조정) ① 중앙행정기관의 장과 지방자치단체의 장이 사무를 처리할 때 의견을 달리하는 경우 이를 협의·조정하기 위하여 국무총리 소속으로 행정협의조정위원회를 둔다. 〈개정 2011.7.14.〉 ② 행정협의조정위원회는 위원장 1명을 포함하여 13명 이내의 위원으로 구성한다. 〈개정 2011.7.14.〉 ③ 행정협의조정위원회의 위원은 다음 각 호의 사람이 되고, 위원장은 제3호에 따른 위촉위원 중에서 국무총리가 위촉한다. 〈신설 2011.7.14., 2013.3.23., 2014.11.19.〉 1. 기획재정부장관, 행정자치부장관, 국무조정실장 및 법제처장 2. 안건과 관련된 중앙행정기관의 장과 시·도지사 중 위원장이 지명하는 사람 3. 그 밖에 지방자치에 관한 학식과 경험이 풍부한 사람 중에서 국무총리가 위촉하는 사람 4명	**제104조(행정협의조정위원회 위원의 임기)** 법 제168조제1항에 따른 행정협의조정위원회(이하 "행정협의조정위원회"라 한다)의 위원장과 위촉위원의 임기는 2년으로 한다. 다만, 보궐위원의 임기는 전임위원 임기의 남은 기간으로 한다. [전문개정 2011.10.14.] **제105조(행정협의조정위원회의 기능 및 협의조정 절차)** ① 행정협의조정위원회는 중앙행정기관의 장이나 지방자치단체의 장의 신청에 의하여, 당사자 간에 사무를 처리할 때에 의견을 달리하는 사항에 대하여 협의·조정한다. ② 제1항에 따른 협의·조정의 신청은 당사자의 쌍방 또는 일방이 서면으로 행정협의조정위원회의 위원장에게 신청하여야 한다. 이 경우 시·도지사는 행정자치부장관을, 시장·군수·구청장은 시·도지사와 행정자치부장관을 거쳐야 한다. 〈개정 2008.2.29., 2013.3.23., 2014.11.19.〉 ③ 행정협의조정위원회의 위원장은 제2항에 따른 신청을

지방자치법	지방자치법시행령
④ 그 밖에 행정협의조정위원회의 구성과 운영 등에 필요한 사항은 대통령령으로 정한다. 〈신설 2011.7.14.〉	받으면 이를 지체 없이 국무총리에게 보고하고 행정자치부장관, 관계 중앙행정기관의 장 및 해당 지방자치단체의 장에게 통보하여야 한다. 〈개정 2008.2.29., 2013.3.23., 2014.11.19.〉 ④ 행정협의조정위원회의 위원장은 제1항에 따른 협의·조정사항에 관한 결정을 하면 지체 없이 서면으로 국무총리에게 보고하고 행정자치부장관·관계 중앙행정기관의 장 및 해당 지방자치단체의 장에게 통보하여야 하며, 통보를 받은 관계 중앙행정기관의 장과 그 지방자치단체의 장은 그 협의·조정 결정사항을 이행하여야 한다. 〈개정 2008.2.29., 2013.3.23., 2014.11.19.〉 **제106조(회의)** 행정협의조정위원회는 재적위원 과반수의 출석으로 개의하고, 출석위원 3분의 2 이상의 찬성으로 의결한다. **제107조(실무위원회)** ① 행정협의조정위원회(이하 이 조에서 "위원회"라 한다)는 심의에 앞서 당사자 간의 긴밀한 협조 및 의견 조정과 위원회로부터 위임받은 사무를 처리하기 위하여 위원회에 행정협의조정위원회 실무위원회(이하 "실무위원회"라 한다)를 둔다. ② 실무위원회는 위원장 1명을 포함하여 9명 이내의 실무위원으로 구성한다. ③ 실무위원회의 위원장은 국무조정실장이 되고, 실무위원은 기획재정부차관, 행정자치부차관, 법제처차장, 안건과 관련된 중앙행정기관의 차관 및 지방자치단체의 행정부시장·부지사가 된다. 〈개정 2008.2.29., 2013.3.23., 2014.11.19.〉 ④ 실무위원회의 운영에 필요한 사항은 위원회의 의결을 거쳐 위원장이 정한다. **제108조(간사)** ① 행정협의조정위원회와 실무위원회의 사무를 처리하기 행정협의조정위원회와 실무위원회에 각각 간사 1명과 필요한 공무원을 둔다. ② 행정협의조정위원회의 간사는 행정자치부 지방행정정책관이 되고, 실무위원회의 간사는 행정자치부 소속 2급부터 5급까지의 공무원 중에서 실무위원장이 지명한다. 〈개정 2008.2.29., 2008.12.31., 2013.3.23., 2014.11.19.〉 **제109조(관계 기관에 대한 협조 요청)** 행정협의조정위원회와 실무위원회의 위원장은 업무수행을 위하여 필요하면 관계 공무원과 관계 전문가 등을 출석하게 하여 의견을 듣거나 관계 기관·단체 등에 대하여 자료 및 의견 제출 등을 요구할 수 있다. **제110조(준용)** 행정협의조정위원회에 관하여는 제87조 및 제91조부터 제93조까지의 규정을 준용한다. 이 경우 "중

지방자치법	지방자치법시행령
	앙분쟁조정위원회"는 "행정협의조정위원회"로, "소위원회"는 "실무위원회"로 본다.
제169조(위법 · 부당한 명령 · 처분의 시정) ① 지방자치단체의 사무에 관한 그 장의 명령이나 처분이 법령에 위반되거나 현저히 부당하여 공익을 해친다고 인정되면 시 · 도에 대하여는 주무부장관이, 시 · 군 및 자치구에 대하여는 시 · 도지사가 기간을 정하여 서면으로 시정할 것을 명하고, 그 기간에 이행하지 아니하면 이를 취소하거나 정지할 수 있다. 이 경우 자치사무에 관한 명령이나 처분에 대하여는 법령을 위반하는 것에 한한다. ② 지방자치단체의 장은 제1항에 따른 자치사무에 관한 명령이나 처분의 취소 또는 정지에 대하여 이의가 있으면 그 취소처분 또는 정지처분을 통보받은 날부터 15일 이내에 대법원에 소(訴)를 제기할 수 있다.	**제111조(명령 · 처분의 취소 · 정지 등의 보고)** 주무부장관이나 지방자치단체의 장은 다음 각 호의 어느 하나에 해당하는 사항이 있으면 즉시 행정자치부장관에게 통보하거나 보고하여야 한다. 이 경우 시장 · 군수 및 자치구의 구청장은 시 · 도지사를 거쳐 보고하여야 한다. 〈개정 2008.2.29., 2013.3.23., 2014.11.19.〉 1. 법 제169조제1항에 따라 주무부장관이나 시 · 도지사가 시정명령을 한 경우와 명령 · 처분을 취소하거나 정지한 경우 2. 법 제169조제2항에 따라 대법원에 소를 제기한 경우 또는 그에 따른 대법원의 판결이 있는 경우
제170조(지방자치단체의 장에 대한 직무이행명령) ① 지방자치단체의 장이 법령의 규정에 따라 그 의무에 속하는 국가위임사무나 시 · 도위임사무의 관리와 집행을 명백히 게을리하고 있다고 인정되면 시 · 도에 대하여는 주무부장관이, 시 · 군 및 자치구에 대하여는 시 · 도지사가 기간을 정하여 서면으로 이행할 사항을 명령할 수 있다. ② 주무부장관이나 시 · 도지사는 해당 지방자치단체의 장이 제1항의 기간에 이행명령을 이행하지 아니하면 그 지방자치단체의 비용부담으로 대집행하거나 행정상 · 재정상 필요한 조치를 할 수 있다. 이 경우 행정대집행에 관하여는 「행정대집행법」을 준용한다. ③ 지방자치단체의 장은 제1항의 이행명령에 이의가 있으면 이행명령서를 접수한 날부터 15일 이내에 대법원에 소를 제기할 수 있다. 이 경우 지방자치단체의 장은 이행명령의 집행을 정지하게 하는 집행정지결정을 신청할 수 있다.	**제112조(직무이행명령 등의 통보 및 보고)** 법 제170조에 따라 주무부장관(제1호와 제2호의 경우만 해당한다)이나 지방자치단체의 장은 다음 각 호의 어느 하나에 해당하는 사항이 있으면 행정자치부장관에게 즉시 통보하거나 보고하여야 한다. 이 경우 시장 · 군수 및 자치구의 구청장은 시 · 도지사를 거쳐 보고하여야 한다. 〈개정 2008.2.29., 2013.3.23., 2014.11.19.〉 1. 법 제170조제1항에 따라 주무부장관이나 시 · 도지사가 이행명령을 한 경우 2. 법 제170조제2항에 따라 주무부장관이나 시 · 도지사가 대집행(代執行)하거나 행정 · 재정상 필요한 조치를 한 경우 3. 법 제170조제3항에 따라 대법원에 소를 제기하거나 집행정지결정을 신청한 경우 또는 그에 따른 대법원의 판결 · 결정이 있는 경우 4. 지방자치단체의 장이 이행명령을 이행한 경우
제171조(지방자치단체의 자치사무에 대한 감사) ①행정자치부장관이나 시 · 도지사는 지방자치단체의 자치사무에 관하여 보고를 받거나 서류 · 장부 또는 회계를 감사할 수 있다. 이 경우 감사는 법령위반사항에 대하여만 실시한다. 〈개정 2008.2.29., 2010.6.8., 2013.3.23., 2014.11.19.〉 ② 행정자치부장관 또는 시 · 도지사는 제1항에 따라 감사를 실시하기 전에 해당 사무의 처리가 법령에 위반되는지 여부 등을 확인하여야 한다. 〈신설 2010.6.8., 2013.3.23., 2014.11.19.〉	**제113조** 삭제 〈2010.10.13.〉
제171조의2(지방자치단체에 대한 감사 절차 등) ① 주무부장관, 행정자치부장관 또는 시 · 도지사는 이미 감사원 감사 등이 실시된 사안에 대하여는 새로운 사실이 발견	

지방자치법	지방자치법시행령
되거나 중요한 사항이 누락된 경우 등 대통령령으로 정하는 경우를 제외하고는 감사대상에서 제외하고 종전의 감사결과를 활용하여야 한다. 〈개정 2013.3.23., 2014.11.19.〉 ② 주무부장관과 행정자치부장관은 다음 각 호의 어느 하나에 해당하는 감사를 실시하고자 하는 때에는 지방자치단체의 수감부담을 줄이고 감사의 효율성을 높이기 위하여 같은 기간 동안 함께 감사를 실시할 수 있다. 〈개정 2013.3.23., 2014.11.19.〉 1. 제167조에 따른 주무부장관의 위임사무 감사 2. 제171조에 따른 행정자치부장관의 자치사무 감사 ③ 제167조, 제171조 및 제2항에 따른 감사에 대한 절차 · 방법 등 필요한 사항은 대통령령으로 정한다. [본조신설 2010.6.8.]	
제172조(지방의회 의결의 재의와 제소) ① 지방의회의 의결이 법령에 위반되거나 공익을 현저히 해친다고 판단되면 시 · 도에 대하여는 주무부장관이, 시 · 군 및 자치구에 대하여는 시 · 도지사가 재의를 요구하게 할 수 있고, 재의요구를 받은 지방자치단체의 장은 의결사항을 이송받은 날부터 20일 이내에 지방의회에 이유를 붙여 재의를 요구하여야 한다. ② 제1항의 요구에 대하여 재의의 결과 재적의원 과반수의 출석과 출석의원 3분의 2 이상의 찬성으로 전과 같은 의결을 하면 그 의결사항은 확정된다. ③ 지방자치단체의 장은 제2항에 따라 재의결된 사항이 법령에 위반된다고 판단되면 재의결된 날부터 20일 이내에 대법원에 소를 제기할 수 있다. 이 경우 필요하다고 인정되면 그 의결의 집행을 정지하게 하는 집행정지결정을 신청할 수 있다. ④ 주무부장관이나 시 · 도지사는 재의결된 사항이 법령에 위반된다고 판단됨에도 불구하고 해당 지방자치단체의 장이 소(訴)를 제기하지 아니하면 그 지방자치단체의 장에게 제소를 지시하거나 직접 제소 및 집행정지결정을 신청할 수 있다. ⑤ 제4항에 따른 제소의 지시는 제3항의 기간이 지난 날부터 7일 이내에 하고, 해당 지방자치단체의 장은 제소 지시를 받은 날부터 7일 이내에 제소하여야 한다. ⑥ 주무부장관이나 시 · 도지사는 제5항의 기간이 지난 날부터 7일 이내에 직접 제소할 수 있다. ⑦ 제1항에 따라 지방의회의 의결이 법령에 위반된다고 판단되어 주무부장관이나 시 · 도지사로부터 재의요구지시를 받은 지방자치단체의 장이 재의를 요구하지 아니하는 경우(법령에 위반되는 지방의회의 의결사항이 조례	**제114조(지방의회 의결의 재의 및 제소 등의 보고)** 지방자치단체의 장은 다음 각 호의 어느 하나에 해당하는 경우에는 행정자치부장관과 주무부장관에게 즉시 그 내용을 보고하여야 한다. 이 경우 시장 · 군수 및 자치구의 구청장은 시 · 도지사를 거쳐 보고하여야 한다. 〈개정 2008.2.29., 2013.3.23., 2014.11.19.〉 1. 법 제26조제3항, 법 제107조제1항 또는 법 제108조제1항에 따라 해당 지방자치단체의 장이 재의를 요구한 경우 또는 그에 따른 지방의회의 의결이 있는 경우 2. 법 제172조제1항 및 제2항에 따라 시 · 도지사가 시 · 군 및 자치구의 지방의회 의결에 대하여 재의를 요구하게 한 경우 또는 그에 따른 지방의회의 의결이 있는 경우 3. 법 제107조제3항 및 법 제172조제3항에 따라 지방자치단체의 장이 재의결된 사항에 대하여 대법원에 소를 제기하거나 집행정지결정을 신청한 경우 또는 그에 따른 대법원의 판결 · 결정이 있는 경우 4. 법 제172조제4항에 따라 시 · 도지사가 시장 · 군수 및 자치구의 구청장에게 제소를 지시한 경우나 직접 제소하거나 집행정지결정을 신청한 경우 또는 그에 따른 대법원의 판결 · 결정이 있는 경우 5. 법 제172조제7항에 따라 시 · 도지사가 대법원에 직접 제소하거나 집행정지결정을 신청한 경우 또는 그에 따른 대법원의 판결 · 결정이 있는 경우 **제115조(주무부장관의 통보)** 주무부장관은 다음 각 호의 어느 하나에 해당하는 경우에는 행정자치부장관에게 즉시 그 내용을 통보하여야 한다. 〈개정 2008.2.29., 2013.3.23., 2014.11.19.〉

지방자치법	지방자치법시행령
안인 경우로서 재의요구지시를 받기 전에 그 조례안을 공포한 경우를 포함한다)에는 주무부장관이나 시·도지사는 제1항에 따른 기간이 지난 날부터 7일 이내에 대법원에 직접 제소 및 집행정지결정을 신청할 수 있다. ⑧ 제1항에 따른 지방의회의 의결이나 제2항에 따라 재의결된 사항이 둘 이상의 부처와 관련되거나 주무부장관이 불분명하면 행정자치부장관이 재의요구 또는 제소를 지시하거나 직접 제소 및 집행정지결정을 신청할 수 있다. 〈개정 2008.2.29., 2013.3.23., 2014.11.19.〉	1. 법 제172조제1항에 따라 주무부장관이 시·도지사에게 재의를 요구하게 한 경우 2. 법 제172조제4항에 따라 주무부장관이 시·도지사에게 제소를 지시하거나 직접 제소하거나 집행정지결정을 신청한 경우나 그에 따른 대법원의 판결·결정이 있는 경우 3. 법 제172조제7항에 따라 주무부장관이 대법원에 직접 제소 및 집행정지결정을 신청한 경우와 그에 따른 대법원의 판결·결정이 있는 경우 **제116조(판결 등의 공시)** 제114조제3호·제4호 및 제5호에 따른 대법원의 판결·결정이 있는 경우에는 해당 지방자치단체의 장은 공보·게시판·전산망 또는 일간신문에 그 사실을 즉시 공시하여야 한다.
제10장 서울특별시 등 대도시와 세종특별자치시 및 제주특별자치도의 행정특례 〈개정 2011.5.30.〉	**제8장 대도시 행정의 특례**
제173조(자치구의 재원) 특별시장이나 광역시장은 「지방재정법」에서 정하는 바에 따라 해당 지방자치단체의 관할 구역 안의 자치구 상호 간의 재원을 조정하여야 한다. 〈개정 2014.5.28.〉	**제117조(자치구의 재원 조정)** ① 법 제173조에 따른 자치구 상호 간의 조정 재원은 해당 시세(市稅) 중 「지방세기본법」 제8조제1항제1호 각 목에 따른 보통세(광역시의 경우에는 「지방세법」 제7장제3절에 따른 주민세 재산분 및 같은 법 제8장제3절에 따른 지방소득세 종업원분은 제외한다)로 한다. ② 자치구 상호 간의 재원 조정 방법을 정하는 조례에는 조정교부금의 교부율·산정방법 및 교부시기 등이 포함되어야 한다. [전문개정 2012.6.29.]
제174조(특례의 인정) ① 서울특별시의 지위·조직 및 운영에 대하여는 수도로서의 특수성을 고려하여 법률로 정하는 바에 따라 특례를 둘 수 있다. ② 세종특별자치시와 제주특별자치도의 지위·조직 및 행정·재정 등의 운영에 대하여는 행정체제의 특수성을 고려하여 법률로 정하는 바에 따라 특례를 둘 수 있다. 〈개정 2011.5.30.〉	
제175조(대도시에 대한 특례인정) 서울특별시·광역시 및 특별자치시를 제외한 인구 50만 이상 대도시의 행정, 재정운영 및 국가의 지도·감독에 대하여는 그 특성을 고려하여 관계 법률로 정하는 바에 따라 특례를 둘 수 있다. 〈개정 2011.5.30.〉	**제118조(대도시 인정 기준)** 법 제175조에 따라 특례를 둘 수 있는 인구 50만 이상 대도시는 해당 관할 구역에 전년도 말일 주민등록이 되어 있는 주민 수를 기준으로 2년 간 연속하여 매해 말일 인구가 50만 이상인 시를 말한다. 다만, 인구 50만 이상 대도시가 된 이후에 인구가 감소하여 전년도 각 분기 말일 인구를 산술평균한 인구가 2년 간 연속하여 50만에 미치지 아니하면 그 다음 해부터 인구 50만 이상 대도시에서 제외한다. [본조신설 2008.10.8.]

지방자치법	지방자치법시행령
부칙 〈제12844호, 2014.11.19.〉 (정부조직법) **제1조**(시행일) 이 법은 공포한 날부터 시행한다. 다만, 부칙 제6조에 따라 개정되는 법률 중 이 법 시행 전에 공포되었으나 시행일이 도래하지 아니한 법률을 개정한 부분은 각각 해당 법률의 시행일부터 시행한다. **제2조부터 제5조까지 생략** **제6조**(다른 법률의 개정) ①부터 〈114〉까지 생략 〈115〉 지방자치법 일부를 다음과 같이 개정한다. 제4조제3항 각 호 외의 부분, 같은 조 제4항 전단, 같은 조 제5항 전단, 같은 조 제6항 · 제8항 · 제9항, 제4조의2제1항 본문, 제5조제2항, 제28조, 제97조 본문, 제100조제1항 후단, 같은 조 제2항 후단, 제110조제3항 전단, 제112조제3항, 제133조제2항 본문, 제134조제2항, 제148조제1항 본문, 같은 조 제2항부터 제4항까지, 같은 조 제5항 후단, 같은 조 제6항 · 제7항, 제149조제5항 각 호 외의 부분, 제151조제1항 후단, 같은 조 제4항, 제152조제1항 후단, 같은 조 제3항, 제156조제1항 본문 · 단서, 같은 조 제2항, 제157조제2항, 제159조제1항 본문 · 단서, 제163조 제1항 본문 · 단서, 같은 조 제2항, 제165조제3항 · 제4항, 같은 조 제5항 전단, 제168조제3항제1호, 제171조제1항 전단, 같은 조 제2항, 제171조의2제1항, 같은 조 제2항 각 호 외의 부분, 같은 항 제2호 및 제172조제8항 중 "안전행정부장관"을 각각 "행정자치부장관"으로 한다. 제149조제1항 중 "안전행정부"를 "행정자치부"로 한다. 〈116〉부터 〈258〉까지 생략 **제7조** 생략	**부칙** 〈제25869호, 2014.12.23.〉 **제1조(시행일)** 이 영은 공포한 날부터 시행한다. **제2조(부시장·부군수 등의 직급 상향조정에 관한 경과조치)** 이 영 시행 전에 임명된 부시장·부군수 및 부구청장에 대해서는 이 영의 직급기준에 따른 부시장·부군수 및 부구청장이 임명될 때까지 제73조제7항제1호 및 제2호의 개정규정에도 불구하고 종전의 규정에 따른다.

참고문헌

참고문헌

1. 단행본

최민수, 『지방의회운영』, 서강출판사, 2010.

권영성, 『헌법학원론』, 법문사, 2012,

박균성, 『행정법론(상)(하)』, 박영사, 2013.

박균성, 『행정법강의』, 박영사, 2014.

김동희, 『행정법(II)』, 박영사, 2012.

김남진 · 김연태, 『행정법(II)』, 법문사, 2010.

정일섭, 『한국지방자치론』, 대영문화사, 2010.

이승종, 『지방자치론』, 박영사, 2014.

김종범, 『예산실무』, 지방행정연수원, 지방공무원교육원 공통교재, 2010.

박봉국, 『지방의회과정론』, 박영사, 2006.

박성호, 『지방자치제도와 운영』, 지방혁신인력개발원 사이버 교재, 2005.

박윤흔, 『최신 행정법강의(상)(하)』, 박영사, 2009.

박영도, 『입법학 입문』, 한국법제연구원, 2008.

서우선, 『지방의회운영방법론』, 법문사, 1997.

박응격, 『지방자치의 이해』, 신조사, 2015

유지태 · 박종수, 『행정법신론』, 박영사, 2011.

이기우, 『지방자치법』, 대영문화사, 2007.

이재성, 『지방재정조정제도』, 지방혁신인력개발원 지방공무원교육원 공통교재, 2007.

이주희, 『지방자치법 이론과 운영』, 서강출판사, 2010.

정하중, 『행정법개론』, 법문사, 2012.

정세욱, 『지방자치학』, 법문사, 2000.

조정찬, 『자치법규 입안 및 심사』, 행정자치부 지방행정연수원 지방의정관리자과정 교재, 2002.

조정찬, 『지방자치관련해설』, 법제처, 법률교육교재 I, 2005.

정종필, 『지방재정의 이해』, 지방행정연수원 5급 승진리더과정 교재, 2010.

최우용, 『지방자치법의 주요쟁점』, 동방문화사, 2014.

이청수, 『지방의회론』, 백산출판사, 2014.

홍정선, 『신지방자치법학』, 박영사, 2015.

홍정선, 『행정법원론(상)(하)』, 박영사, 2014.

신원득 외, 『지방의회 관련 법령 및 자치법규 개선연구』, 경기개발연구원, 2010.

강기홍, 『지방자치법의 기능적 한계극복방안』, 지방행정연구원, 2009.

2. 논문

김수연, 「지방자치단체장의 연임제도에 대한 小考」, 자치발전 ,2014.

김남진, 「지방자치법 축조해설 및 논점」, 지방행정, 1992.4.~1994.8.

정태용, 「위원회 관련 법안의 입안심사요령」, 법제, 2011.

김재규, 「조례입법에 대한 대법원 판례 분석」, 법제, 1998.

박윤흔, 「법령과 조례와의 관계」, 고시계, 1992.

백완기, 「2000년대 지방행정문화」, 한국지방행정연구소, 2000년대 지방행정의 좌표, 1985.

서우선, 「자치행정과 지방의회임시회 활동」, 자치공론, 1996.

이용우, 「집행기관의 선결처분권에 대한 문제점과 제언」, 자치의정, 2004.

김병록, 「조례제정권의 문제점과 개선방향」, 토지공법연구, 2009.

심익섭, 「기초의회의 의정활동 활성화 방안」, 한국지방자치학회보, 1997.
이기우, 「지방자치단체의 조례제정권과 법률유보의 원칙」, 지방자치, 1992..
이영희, 「지방의회의 예산 · 결산심의의 요령」, 한국지방행정연구원, 1995.
이혜영, 「지방의회 규칙의 법적 성격과 입법방향」, 한국지방자치법학회, 2009.
안영훈, 「지방자치단체의 기관구성 다양화 방안」, 한국지방행정연구원, 2006.
김호정, 「지방자치와 한국헌법의 과제」, 외법논집, 2011.
이주희, 「조례의 실효성 확보를 위한 입법정책에 관한 연구」, 자치학회보, 2000.
조정찬, 「주민의 권리 · 의무에 관한 조례입법권 보장방안」, 법제, 1998.
하혜영, 「지방자치단체장직 인수위원회 설치에 미친 영향요인에 대한 연구」, 한국지방자치학회보, 2015.

3. 정부 및 지방자치단체

경기도, 『지방자치법 해설집』, 2000.
경기도 지방공무원교육원, 『재정행정반교재』, 1990.
국가전문행정연수원, 『지방의회 제도와 운영(Ⅰ)』, 2000.
시 · 도공무원교육원, 『지방자치제도』, 2012.
국회사무처, 『지방의회의원 연수교재』, 2012.
법제처, 『법률교육교재(Ⅰ)』, (자치입법실무 및 지방자치관계법 해설), 2000.
법제처, 『법률교육교재(Ⅱ)』, (지방재정법해설, 행정절차법 해설등), 2000.
서울특별시의회사무처, 『지방의회운영의 절차와 실무』, 2013.
한국지방자치법학회, 『지방자치법주해』, 박영사, 2004.
한국지방자치학회, 『한국지방자치론』, 삼영사, 2000.
한국지방행정연구원, 『지방재정 운영의 투명성 강화방안』, 2013.
한국지방행정연구원, 『지방자치단체 부단체장제도의 다양화 방안』, 2012.
행정안전부, 『지방자치제도』, 2012.

행정안전부, 『지방의회 운영 가이드북』, 2012.

행정자치부, 『지방자치단체 예산편성 운영기준 및 기금운용계획수립기준』, 2015.

행정자치부, 『지방자치단체 광역행정 업무편람』, 2014.

행정안전부, 『지방자치단체 재의 · 제소조례 모음집』, 2010.

행정자치부, 『행정자치백서』, 2014.

행정자치부, 『협업우수사례집』, 2014.

행정안전부, 『자치법규 입법실무』, 2013.

행정안전부 지방행정연수원, 『자치법규 이해 및 입안실무 교육자료』, 2012.

외교통상부 통상교섭본부, 『투자자-국가 간 분쟁해결절차(ISD) 설명자료』, 2011.

법제처, 『법제업무편람』, 2011.

법제처, 『알기 쉬운 법령 정비기준(제4판)』, 2011.

법제처, 『자치법규 기본과정 교육자료』, 2012.

시 · 도, 『자치입법 실무편람』

행정자치부 · 한국지방행정연구, 『지방자치시대의 분쟁사례집』, 1999.

4. 외국문헌

- Achterberg, Norbert, Allgemeines Verwaltungsrecht, 2. Auflage, 1986.
- Detterbeck, Steffen, Allgemeines Verwaltungsrecht, 6. Auflage, 2008.
- Maurer, Hartmut, Allgemeines Verwaltungsrecht, 17. Auflage, 2009.
- Wolff/Bachof/Stober/Kluth, Verwaltungsrecht Ⅰ, 12. Auflage, 2007.
- Bailey, Stephen, Cross on Principles of Local Government Law, London: Sweet and Maxwell, 1992.
- Bowman, Ann O'M and Richard C. Kearney, State and Local Government, 2nd ed., Boston : Houghton Mifflin Company, 1993.
- Byrne, Tony, Local Government in Britain(London: Penguin Books), 1990.

- Cross, Martin and David Mallen, Local Government and Politics(England : Longman Inc.), 1987.
- Gabrieli Langfeld, Hannes Wezel, Guido Wolf, Biirgerschaftliches Engagement als Kultur der Teilhabe, in: Gabrieli Langfeld, Hannes Wezel, Guido Wolf(Hrsg.), Biirgergesellschaft konkret, 2001.
- Deutsch, M/P. T. Coleman, eds. The Handbook of Conflict Resolution, San Francisco, CA: Jossey-Bass. 2000.
- Keon S. Chi, "Local Government Associations and Local Autonomy in U.S.A.", The Role of Local Government Associations and Local Autonomy, Manfred Ziemek & Chang Cho, eds., Center for Local Autonomy, HanYang University, 1993.
- Werner Heun, Allocation of Tasks and Regimes of Public Finance Responsibilities Between the Federal and Other Levels of Government, in: Eibe Riedel(Hrsg.), Aufgabenverteilung und Finanzregimes im Verhältnis Zwischen dem Zentralstaat und seinen Untereinheiten, Baden - Baden, 2001.

- 兼子仁 · 礒野弥生編著, 「地方自治法」, 學陽書房, 1989.
- 兼子仁, 「條例おめぐる法律問題」東京 : 學陽書房.1980.
- 簏兒島重治, 「地方自治體法」, ぎょうせい, 1985.
- 小高 剛 外5入共著, 「地方自治の 論点」, 有斐閣, 1990.
- 日本地方自治學會編, 「條例と地方自治」, 敬文堂, 1992.
- 自治省行政局行政課編, 地方自治關係實例判例集, ぎょうせい, 1989.
- 田中二郎, 「條例の性質と效カ」, 東京 : 酒井書店, 1980.
- 地方自治 · その實態と進路, 坂田期雄, きよぅせい(日本, 東京), 平成元年. 都市問題, 東京市政調査會, 2001年3月號

찾아보기

찾아보기

저자 약력

한 수 동 (韓秀東)

- 韓國外國語大學校 卒業
- 서울大學校 行政大學院 卒業
- 第32回 行政高等考試 合格
- 서울特別市長 秘書官
- 國務總理 國務調整室 評價課長
- 서울特別市 審査分析, 組織擔當官
- 서울特別市議會 議政擔當官
- 서울特別市 서울醫療院 行政副院長
- 미국 Colorado university at denver, visting scholar
- 中國 山東大學校 東北亞經濟研究所 研究員 및 法學院 招聘教授
- 現) 서울特別市 九老區 副區廳長

  國民大學校 行政大學院 外來教授

지방자치법강의

초판 1쇄 2015년 11월 5일
초판 2쇄 2015년 11월 20일
초판 3쇄 2015년 12월 1일

지은이 한 수 동
펴낸이 김 용 성
펴낸곳 법률출판사
주 소 서울시 동대문구 휘경동 187-20 오스카빌딩 4층
전 화 02) 962-9154
팩 스 02) 962-9156
등 록 제1-1982호
ISBN 978-89-5821-268-3 13360
홈페이지 www.lnbpress.com
이메일 lawnbook@hanmail.net

정 가 30,000원